权威·前沿·原创

皮书系列为

“十二五”“十三五”国家重点图书出版规划项目

皮书系列

2018年

智 库 成 果 出 版 与 传 播 平 台

社长致辞

蓦然回首，皮书的专业化历程已经走过了二十年。20年来从一个出版社的学术产品名称到媒体热词再到智库成果研创及传播平台，皮书以专业化为主线，进行了系列化、市场化、品牌化、数字化、国际化、平台化的运作，实现了跨越式的发展。特别是在党的十八大以后，以习近平总书记为核心的党中央高度重视新型智库建设，皮书也迎来了长足的发展，总品种达到600余种，经过专业评审机制、淘汰机制遴选，目前，每年稳定出版近400个品种。“皮书”已经成为中国新型智库建设的抓手，成为国际国内社会各界快速、便捷地了解真实中国的最佳窗口。

20年孜孜以求，“皮书”始终将自己的研究视野与经济社会发展中的前沿热点问题紧密相连。600个研究领域，3万多位分布于800余个研究机构的专家学者参与了研创写作。皮书数据库中共收录了15万篇专业报告，50余万张数据图表，合计30亿字，每年报告下载量近80万次。皮书为中国学术与社会发展实践的结合提供了一个激荡智力、传播思想的入口，皮书作者们用学术的话语、客观翔实的数据谱写出了中国故事壮丽的篇章。

20年跬步千里，“皮书”始终将自己的发展与时代赋予的使命与责任紧紧相连。每年百余场新闻发布会，10万余次中外媒体报道，中、英、俄、日、韩等12个语种共同出版。皮书所具有的凝聚力正在形成一种无形的力量，吸引着社会各界关注中国的发展，参与中国的发展，它是我们向世界传递中国声音、总结中国经验、争取中国国际话语权最主要的平台。

皮书这一系列成就的取得，得益于中国改革开放的伟大时代，离不开来自中国社会科学院、新闻出版广电总局、全国哲学社会科学规划办公室等主管部门的大力支持和帮助，也离不开皮书研创者和出版者的共同努力。他们与皮书的故事创造了皮书的历史，他们对皮书的拳拳之心将继续谱写皮书的未来！

现在，“皮书”品牌已经进入了快速成长的青壮年时期。全方位进行规范化管理，树立中国的学术出版标准；不断提升皮书的内容质量和影响力，搭建起中国智库产品和智库建设的交流服务平台和国际传播平台；发布各类皮书指数，并使之成为中国指数，让中国智库的声音响彻世界舞台，为人类的发展做出中国的贡献——这是皮书未来发展的图景。作为“皮书”这个概念的提出者，“皮书”从一般图书到系列图书和品牌图书，最终成为智库研究和社会科学应用对策研究的知识服务和成果推广平台这整个过程的操盘者，我相信，这也是每一位皮书人执着追求的目标。

“当代中国正经历着我国历史上最为广泛而深刻的社会变革，也正在进行着人类历史上最为宏大而独特的实践创新。这种前无古人的伟大实践，必将给理论创造、学术繁荣提供强大动力和广阔空间。”

在这个需要思想而且一定能够产生思想的时代，皮书的研创出版一定能创造出新的更大的辉煌！

社会科学文献出版社社长

中国社会学会秘书长

2017年11月

社会科学文献出版社简介

社会科学文献出版社（以下简称“社科文献出版社”）成立于1985年，是直属于中国社会科学院的人文社会科学学术出版机构。成立至今，社科文献出版社始终依托中国社会科学院和国内外人文社会科学界丰厚的学术出版和专家学者资源，坚持“创社科经典，出传世文献”的出版理念、“权威、前沿、原创”的产品定位以及学术成果和智库成果出版的专业化、数字化、国际化、市场化的经营道路。

社科文献出版社是中国新闻出版业转型与文化体制改革的先行者。积极探索文化体制改革的先进方向和现代企业经营决策机制，社科文献出版社先后荣获“全国文化体制改革工作先进单位”、中国出版政府奖·先进出版单位奖，中国社会科学院先进集体、全国科普工作先进集体等荣誉称号。多人次荣获“第十届韬奋出版奖”“全国新闻出版行业领军人才”“数字出版先进人物”“北京市新闻出版广电行业领军人才”等称号。

社科文献出版社是中国人文社会科学学术出版的大社名社，也是以皮书为代表的智库成果出版的专业强社。年出版图书2000余种，其中皮书400余种，出版新书字数5.5亿字，承印与发行中国社科院院属期刊72种，先后创立了皮书系列、列国志、中国史话、社科文献学术译库、社科文献学术文库、甲骨文书系等一大批既有学术影响又有市场价值的品牌，确立了在社会学、近代史、苏东问题研究等专业学科及领域出版的领先地位。图书多次荣获中国出版政府奖、“三个一百”原创图书出版工程、“五个‘一’工程奖”、“大众喜爱的50种图书”等奖项，在中央国家机关“强素质·做表率”读书活动中，入选图书品种数位居各大出版社之首。

社科文献出版社是中国学术出版规范与标准的倡议者与制定者，代表全国50多家出版社发起实施学术著作出版规范的倡议，承担学术著作规范国家标准的起草工作，率先编撰完成《皮书手册》对皮书品牌进行规范化管理，并在此基础上推出中国版芝加哥手册——《社科文献出版社学术出版手册》。

社科文献出版社是中国数字出版的引领者，拥有皮书数据库、列国志数据库、“一带一路”数据库、减贫数据库、集刊数据库等4大产品线11个数据库产品，机构用户达1300余家，海外用户百余家，荣获“数字出版转型示范单位”“新闻出版标准化先进单位”“专业数字内容资源知识服务模式试点企业标准化示范单位”等称号。

社科文献出版社是中国学术出版走出去的践行者。社科文献出版社海外图书出版与学术合作业务遍及全球40余个国家和地区，并于2016年成立俄罗斯分社，累计输出图书500余种，涉及近20个语种，累计获得国家社科基金中华学术外译项目资助76种、“丝路书香工程”项目资助60种、中国图书对外推广计划项目资助71种以及经典中国国际出版工程资助28种，被五部委联合认定为“2015-2016年度国家文化出口重点企业”。

如今，社科文献出版社完全靠自身积累拥有固定资产3.6亿元，年收入3亿元，设置了七大出版分社、六大专业部门，成立了皮书研究院和博士后科研工作站，培养了一支近400人的高素质与高效率的编辑、出版、营销和国际推广队伍，为未来成为学术出版的大社、名社、强社，成为文化体制改革与文化企业转型发展的排头兵奠定了坚实的基础。

宏观经济类

经济蓝皮书

2018年中国经济形势分析与预测

李平 / 主编　2017年12月出版　定价：89.00元

◆　本书为总理基金项目，由著名经济学家李扬领衔，联合中国社会科学院等数十家科研机构、国家部委和高等院校的专家共同撰写，系统分析了2017年的中国经济形势并预测2018年中国经济运行情况。

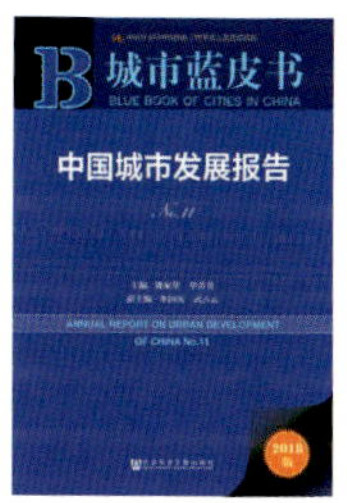

城市蓝皮书

中国城市发展报告 No.11

潘家华　单菁菁 / 主编　2018年9月出版　估价：99.00元

◆　本书是由中国社会科学院城市发展与环境研究中心编著的，多角度、全方位地立体展示了中国城市的发展状况，并对中国城市的未来发展提出了许多建议。该书有强烈的时代感，对中国城市发展实践有重要的参考价值。

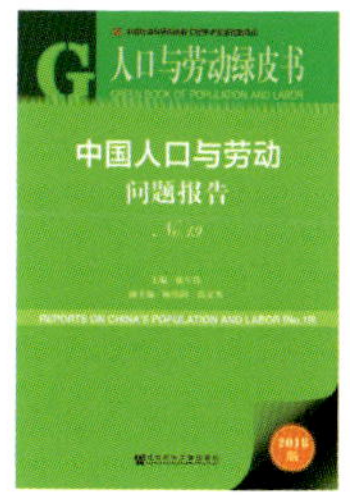

人口与劳动绿皮书

中国人口与劳动问题报告 No.19

张车伟 / 主编　2018年10月出版　估价：99.00元

◆　本书为中国社会科学院人口与劳动经济研究所主编的年度报告，对当前中国人口与劳动形势做了比较全面和系统的深入讨论，为研究中国人口与劳动问题提供了一个专业性的视角。

中国省域竞争力蓝皮书

中国省域经济综合竞争力发展报告（2017 ～ 2018）

李建平　李闽榕　高燕京 / 主编　2018 年 5 月出版　估价：198.00 元

◆　本书融多学科的理论为一体，深入追踪研究了省域经济发展与中国国家竞争力的内在关系，为提升中国省域经济综合竞争力提供有价值的决策依据。

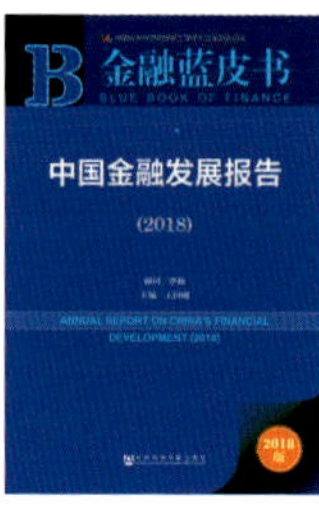

金融蓝皮书

中国金融发展报告（2018）

王国刚 / 主编　2018 年 6 月出版　估价：99.00 元

◆　本书由中国社会科学院金融研究所组织编写，概括和分析了 2017 年中国金融发展和运行中的各方面情况，研讨和评论了 2017 年发生的主要金融事件，有利于读者了解掌握 2017 年中国的金融状况，把握 2018 年中国金融的走势。

区域经济类

京津冀蓝皮书

京津冀发展报告（2018）

祝合良　叶堂林　张贵祥 / 等著　2018 年 6 月出版　估价：99.00 元

◆　本书遵循问题导向与目标导向相结合、统计数据分析与大数据分析相结合、纵向分析和长期监测与结构分析和综合监测相结合等原则，对京津冀协同发展新形势与新进展进行测度与评价。

社会政法类

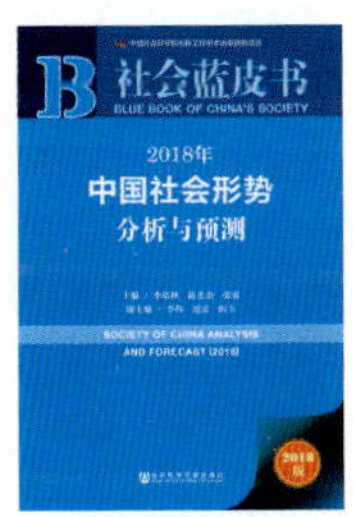

社会蓝皮书

2018 年中国社会形势分析与预测

李培林　陈光金　张翼 / 主编　2017 年 12 月出版　定价：89.00 元

◆　本书由中国社会科学院社会学研究所组织研究机构专家、高校学者和政府研究人员撰写，聚焦当下社会热点，对 2017 年中国社会发展的各个方面内容进行了权威解读，同时对 2018 年社会形势发展趋势进行了预测。

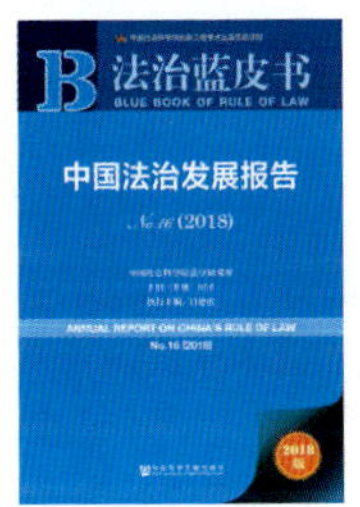

法治蓝皮书

中国法治发展报告 No.16（2018）

李林　田禾 / 主编　2018 年 3 月出版　定价：128.00 元

◆　本年度法治蓝皮书回顾总结了 2017 年度中国法治发展取得的成就和存在的不足，对中国政府、司法、检务透明度进行了跟踪调研，并对 2018 年中国法治发展形势进行了预测和展望。

教育蓝皮书

中国教育发展报告（2018）

杨东平 / 主编　2018 年 3 月出版　定价：89.00 元

◆　本书重点关注了 2017 年教育领域的热点，资料翔实，分析有据，既有专题研究，又有实践案例，从多角度对 2017 年教育改革和实践进行了分析和研究。

社会体制蓝皮书

中国社会体制改革报告 No.6（2018）

龚维斌 / 主编　2018 年 3 月出版　定价：98.00 元

◆　本书由国家行政学院社会治理研究中心和北京师范大学中国社会管理研究院共同组织编写，主要对 2017 年社会体制改革情况进行回顾和总结，对 2018 年的改革走向进行分析，提出相关政策建议。

社会心态蓝皮书

中国社会心态研究报告（2018）

王俊秀　杨宜音 / 主编　2018 年 12 月出版　估价：99.00 元

◆　本书是中国社会科学院社会学研究所社会心理研究中心“社会心态蓝皮书课题组”的年度研究成果，运用社会心理学、社会学、经济学、传播学等多种学科的方法进行了调查和研究，对于目前中国社会心态状况有较广泛和深入的揭示。

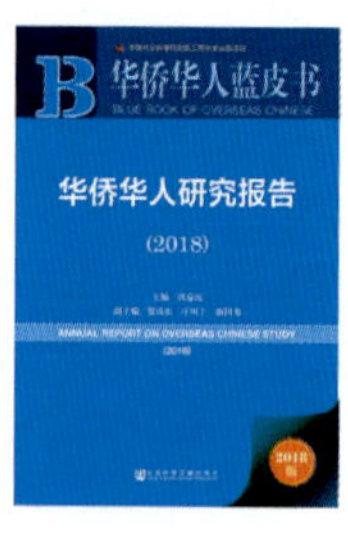

华侨华人蓝皮书

华侨华人研究报告（2018）

贾益民 / 主编　2017 年 12 月出版　估价：139.00 元

◆　本书关注华侨华人生产与生活的方方面面。华侨华人是中国建设 21 世纪海上丝绸之路的重要中介者、推动者和参与者。本书旨在全面调研华侨华人，提供最新涉侨动态、理论研究成果和政策建议。

民族发展蓝皮书

中国民族发展报告（2018）

王延中 / 主编　2018 年 10 月出版　估价：188.00 元

◆　本书从民族学人类学视角，研究近年来少数民族和民族地区的发展情况，展示民族地区经济、政治、文化、社会和生态文明“五位一体”建设取得的辉煌成就和面临的困难挑战，为深刻理解中央民族工作会议精神、加快民族地区全面建成小康社会进程提供了实证材料。

产 业 经 济 类

房地产蓝皮书

中国房地产发展报告 No.15（2018）

李春华　王业强 / 主编　2018 年 5 月出版　估价：99.00 元

◆　2018 年《房地产蓝皮书》持续追踪中国房地产市场最新动态，深度剖析市场热点，展望 2018 年发展趋势，积极谋划应对策略。对 2017 年房地产市场的发展态势进行全面、综合的分析。

新能源汽车蓝皮书

中国新能源汽车产业发展报告（2018）

中国汽车技术研究中心　日产（中国）投资有限公司
东风汽车有限公司 / 编著　2018 年 8 月出版　估价：99.00 元

◆　本书对中国 2017 年新能源汽车产业发展进行了全面系统的分析，并介绍了国外的发展经验。有助于相关机构、行业和社会公众等了解中国新能源汽车产业发展的最新动态，为政府部门出台新能源汽车产业相关政策法规、企业制定相关战略规划，提供必要的借鉴和参考。

行 业 及 其 他 类

旅游绿皮书

2017 ~ 2018 年中国旅游发展分析与预测

中国社会科学院旅游研究中心 / 编　2018 年 1 月出版　定价：99.00 元

◆　本书从政策、产业、市场、社会等多个角度勾画出 2017 年中国旅游发展全貌，剖析了其中的热点和核心问题，并就未来发展作出预测。

中国陶瓷产业蓝皮书
中国陶瓷产业发展报告（2018）
著(编)者：左和平 黄速建
2018年10月出版 / 估价：99.00元
PSN B-2016-573-1/1

装备制造业蓝皮书
中国装备制造业发展报告（2018）
著(编)者：徐东华
2018年12月出版 / 估价：118.00元
PSN B-2015-505-1/1

行业及其他类

“三农”互联网金融蓝皮书
中国“三农”互联网金融发展报告（2018）
著(编)者：李勇坚 王弢
2018年8月出版 / 估价：99.00元
PSN B-2016-560-1/1

SUV蓝皮书
中国SUV市场发展报告（2017～2018）
著(编)者：靳军 2018年9月出版 / 估价：99.00元
PSN B-2016-571-1/1

冰雪蓝皮书
中国冬季奥运会发展报告（2018）
著(编)者：孙承华 伍斌 魏庆华 张鸿俊
2018年9月出版 / 估价：99.00元
PSN B-2017-647-2/3

彩票蓝皮书
中国彩票发展报告（2018）
著(编)者：益彩基金 2018年6月出版 / 估价：99.00元
PSN B-2015-462-1/1

测绘地理信息蓝皮书
测绘地理信息供给侧结构性改革研究报告（2018）
著(编)者：库热西·买合苏提
2018年12月出版 / 估价：168.00元
PSN B-2009-145-1/1

产权市场蓝皮书
中国产权市场发展报告（2017）
著(编)者：曹和平
2018年5月出版 / 估价：99.00元
PSN B-2009-147-1/1

城投蓝皮书
中国城投行业发展报告（2018）
著(编)者：华景斌
2018年11月出版 / 估价：300.00元
PSN B-2016-514-1/1

城市轨道交通蓝皮书
中国城市轨道交通运营发展报告（2017～2018）
著(编)者：崔学忠 贾文峥
2018年3月出版 / 定价：89.00元
PSN B-2018-694-1/1

大数据蓝皮书
中国大数据发展报告（No.2）
著(编)者：连玉明 2018年5月出版 / 估价：99.00元
PSN B-2017-620-1/1

大数据应用蓝皮书
中国大数据应用发展报告No.2（2018）
著(编)者：陈军君 2018年8月出版 / 估价：99.00元
PSN B-2017-644-1/1

对外投资与风险蓝皮书
中国对外直接投资与国家风险报告（2018）
著(编)者：中债资信评估有限责任公司
中国社会科学院世界经济与政治研究所
2018年6月出版 / 估价：189.00元
PSN B-2017-606-1/1

工业和信息化蓝皮书
人工智能发展报告（2017～2018）
著(编)者：尹丽波 2018年6月出版 / 估价：99.00元
PSN B-2015-448-1/6

工业和信息化蓝皮书
世界智慧城市发展报告（2017～2018）
著(编)者：尹丽波 2018年6月出版 / 估价：99.00元
PSN B-2017-624-6/6

工业和信息化蓝皮书
世界网络安全发展报告（2017～2018）
著(编)者：尹丽波 2018年6月出版 / 估价：99.00元
PSN B-2015-452-5/6

工业和信息化蓝皮书
世界信息化发展报告（2017～2018）
著(编)者：尹丽波 2018年6月出版 / 估价：99.00元
PSN B-2015-451-4/6

工业设计蓝皮书
中国工业设计发展报告（2018）
著(编)者：王晓红 于炜 张立群 2018年9月出版 / 估价：168.00元
PSN B-2014-420-1/1

公共关系蓝皮书
中国公共关系发展报告（2017）
著(编)者：柳斌杰 2018年1月出版 / 定价：89.00元
PSN B-2016-579-1/1

公共关系蓝皮书
中国公共关系发展报告（2018）
著(编)者：柳斌杰　　2018年11月出版 / 估价：99.00元
PSN B-2016-579-1/1

管理蓝皮书
中国管理发展报告（2018）
著(编)者：张晓东　　2018年10月出版 / 估价：99.00元
PSN B-2014-416-1/1

轨道交通蓝皮书
中国轨道交通行业发展报告（2017）
著(编)者：仲建华 李闽榕
2017年12月出版 / 定价：98.00元
PSN B-2017-674-1/1

海关发展蓝皮书
中国海关发展前沿报告（2018）
著(编)者：干春晖　　2018年6月出版 / 估价：99.00元
PSN B-2017-616-1/1

互联网医疗蓝皮书
中国互联网健康医疗发展报告（2018）
著(编)者：芮晓武　　2018年6月出版 / 估价：99.00元
PSN B-2016-567-1/1

黄金市场蓝皮书
中国商业银行黄金业务发展报告（2017～2018）
著(编)者：平安银行　　2018年6月出版 / 估价：99.00元
PSN B-2016-524-1/1

会展蓝皮书
中外会展业动态评估研究报告（2018）
著(编)者：张敏 任中峰 聂鑫焱 牛盼强
2018年12月出版 / 估价：99.00元
PSN B-2013-327-1/1

基金会蓝皮书
中国基金会发展报告（2017~2018）
著(编)者：中国基金会发展报告课题组
2018年6月出版 / 估价：99.00元
PSN B-2013-368-1/1

基金会绿皮书
中国基金会发展独立研究报告（2018）
著(编)者：基金会中心网　　中央民族大学基金会研究中心
2018年6月出版 / 估价：99.00元
PSN G-2011-213-1/1

基金会透明度蓝皮书
中国基金会透明度发展研究报告（2018）
著(编)者：基金会中心网
清华大学廉政与治理研究中心
2018年9月出版 / 估价：99.00元
PSN B-2013-339-1/1

建筑装饰蓝皮书
中国建筑装饰行业发展报告（2018）
著(编)者：葛道顺 刘晓一
2018年10月出版 / 估价：198.00元
PSN B-2016-553-1/1

金融监管蓝皮书
中国金融监管报告（2018）
著(编)者：胡滨　　2018年3月出版 / 定价：98.00元
PSN B-2012-281-1/1

金融蓝皮书
中国互联网金融行业分析与评估（2018～2019）
著(编)者：黄国平 伍旭川　　2018年12月出版 / 估价：99.00元
PSN B-2016-585-7/7

金融科技蓝皮书
中国金融科技发展报告（2018）
著(编)者：李扬 孙国峰　　2018年10月出版 / 估价：99.00元
PSN B-2014-374-1/1

金融信息服务蓝皮书
中国金融信息服务发展报告（2018）
著(编)者：李平　　2018年5月出版 / 估价：99.00元
PSN B-2017-621-1/1

金蜜蜂企业社会责任蓝皮书
金蜜蜂中国企业社会责任报告研究（2017）
著(编)者：殷格非 于志宏 管竹笋
2018年1月出版 / 定价：99.00元
PSN B-2018-693-1/1

京津冀金融蓝皮书
京津冀金融发展报告（2018）
著(编)者：王爱俭 王璟怡　　2018年10月出版 / 估价：99.00元
PSN B-2016-527-1/1

科普蓝皮书
国家科普能力发展报告（2018）
著(编)者：王康友　　2018年5月出版 / 估价：138.00元
PSN B-2017-632-4/4

科普蓝皮书
中国基层科普发展报告（2017～2018）
著(编)者：赵立新 陈玲　　2018年9月出版 / 估价：99.00元
PSN B-2016-568-3/4

科普蓝皮书
中国科普基础设施发展报告（2017～2018）
著(编)者：任福君　　2018年6月出版 / 估价：99.00元
PSN B-2010-174-1/3

科普蓝皮书
中国科普人才发展报告（2017～2018）
著(编)者：郑念 任嵘嵘　　2018年7月出版 / 估价：99.00元
PSN B-2016-512-2/4

科普能力蓝皮书
中国科普能力评价报告（2018～2019）
著(编)者：李富强 李群　　2018年8月出版 / 估价：99.00元
PSN B-2016-555-1/1

临空经济蓝皮书
中国临空经济发展报告（2018）
著(编)者：连玉明　　2018年9月出版 / 估价：99.00元
PSN B-2014-421-1/1

福建旅游蓝皮书
福建省旅游产业发展现状研究（2017~2018）
著(编)者：陈敏华 黄远水 2018年12月出版 / 估价：128.00元
PSN B-2016-591-1/1

福建自贸区蓝皮书
中国(福建)自由贸易试验区发展报告(2017~2018)
著(编)者：黄茂兴 2018年6月出版 / 估价：118.00元
PSN B-2016-531-1/1

甘肃蓝皮书
甘肃经济发展分析与预测（2018）
著(编)者：安文华 罗哲 2018年1月出版 / 定价：99.00元
PSN B-2013-312-1/6

甘肃蓝皮书
甘肃商贸流通发展报告（2018）
著(编)者：张应华 王福生 王晓芳
2018年1月出版 / 定价：99.00元
PSN B-2016-522-6/6

甘肃蓝皮书
甘肃县域和农村发展报告（2018）
著(编)者：包东红 朱智文 王建兵
2018年1月出版 / 定价：99.00元
PSN B-2013-316-5/6

甘肃农业科技绿皮书
甘肃农业科技发展研究报告（2018）
著(编)者：魏胜文 乔德华 张东伟
2018年12月出版 / 估价：198.00元
PSN B-2016-592-1/1

甘肃气象保障蓝皮书
甘肃农业对气候变化的适应与风险评估报告（No.1）
著(编)者：鲍文中 周广胜
2017年12月出版 / 定价：108.00元
PSN B-2017-677-1/1

巩义蓝皮书
巩义经济社会发展报告（2018）
著(编)者：丁同民 朱军 2018年6月出版 / 估价：99.00元
PSN B-2016-532-1/1

广东外经贸蓝皮书
广东对外经济贸易发展研究报告（2017~2018）
著(编)者：陈万灵 2018年6月出版 / 估价：99.00元
PSN B-2012-286-1/1

广西北部湾经济区蓝皮书
广西北部湾经济区开放开发报告（2017~2018）
著(编)者：广西壮族自治区北部湾经济区和东盟开放合作办公室
广西社会科学院
广西北部湾发展研究院
2018年5月出版 / 估价：99.00元
PSN B-2010-181-1/1

广州蓝皮书
广州城市国际化发展报告（2018）
著(编)者：张跃国 2018年8月出版 / 估价：99.00元
PSN B-2012-246-11/14

广州蓝皮书
中国广州城市建设与管理发展报告（2018）
著(编)者：张其学 陈小钢 王宏伟 2018年8月出版 / 估价：99.00元
PSN B-2007-087-4/14

广州蓝皮书
广州创新型城市发展报告（2018）
著(编)者：尹涛 2018年6月出版 / 估价：99.00元
PSN B-2012-247-12/14

广州蓝皮书
广州经济发展报告（2018）
著(编)者：张跃国 尹涛 2018年7月出版 / 估价：99.00元
PSN B-2005-040-1/14

广州蓝皮书
2018年中国广州经济形势分析与预测
著(编)者：魏明海 谢博能 李华
2018年6月出版 / 估价：99.00元
PSN B-2011-185-9/14

广州蓝皮书
中国广州科技创新发展报告（2018）
著(编)者：于欣伟 陈爽 邓佑满 2018年8月出版 / 估价：99.00元
PSN B-2006-065-2/14

广州蓝皮书
广州农村发展报告（2018）
著(编)者：朱名宏 2018年7月出版 / 估价：99.00元
PSN B-2010-167-8/14

广州蓝皮书
广州汽车产业发展报告（2018）
著(编)者：杨再高 冯兴亚 2018年7月出版 / 估价：99.00元
PSN B-2006-066-3/14

广州蓝皮书
广州商贸业发展报告（2018）
著(编)者：张跃国 陈杰 荀振英
2018年7月出版 / 估价：99.00元
PSN B-2012-245-10/14

贵阳蓝皮书
贵阳城市创新发展报告No.3（白云篇）
著(编)者：连玉明 2018年5月出版 / 估价：99.00元
PSN B-2015-491-3/10

贵阳蓝皮书
贵阳城市创新发展报告No.3（观山湖篇）
著(编)者：连玉明 2018年5月出版 / 估价：99.00元
PSN B-2015-497-9/10

贵阳蓝皮书
贵阳城市创新发展报告No.3（花溪篇）
著(编)者：连玉明 2018年5月出版 / 估价：99.00元
PSN B-2015-490-2/10

贵阳蓝皮书
贵阳城市创新发展报告No.3（开阳篇）
著(编)者：连玉明 2018年5月出版 / 估价：99.00元
PSN B-2015-492-4/10

贵阳蓝皮书
贵阳城市创新发展报告No.3（南明篇）
著(编)者：连玉明 2018年5月出版 / 估价：99.00元
PSN B-2015-496-8/10

贵阳蓝皮书
贵阳城市创新发展报告No.3（清镇篇）
著(编)者：连玉明 2018年5月出版 / 估价：99.00元
PSN B-2015-489-1/10

贵阳蓝皮书
贵阳城市创新发展报告No.3（乌当篇）
著(编)者：连玉明　2018年5月出版 / 估价：99.00元
PSN B-2015-495-7/10

贵阳蓝皮书
贵阳城市创新发展报告No.3（息烽篇）
著(编)者：连玉明　2018年5月出版 / 估价：99.00元
PSN B-2015-493-5/10

贵阳蓝皮书
贵阳城市创新发展报告No.3（修文篇）
著(编)者：连玉明　2018年5月出版 / 估价：99.00元
PSN B-2015-494-6/10

贵阳蓝皮书
贵阳城市创新发展报告No.3（云岩篇）
著(编)者：连玉明　2018年5月出版 / 估价：99.00元
PSN B-2015-498-10/10

贵州房地产蓝皮书
贵州房地产发展报告No.5（2018）
著(编)者：武廷方　2018年7月出版 / 估价：99.00元
PSN B-2014-426-1/1

贵州蓝皮书
贵州册亨经济社会发展报告（2018）
著(编)者：黄德林　2018年6月出版 / 估价：99.00元
PSN B-2016-525-8/9

贵州蓝皮书
贵州地理标志产业发展报告（2018）
著(编)者：李发耀 黄其松　2018年8月出版 / 估价：99.00元
PSN B-2017-646-10/10

贵州蓝皮书
贵安新区发展报告（2017～2018）
著(编)者：马长青 吴大华　2018年6月出版 / 估价：99.00元
PSN B-2015-459-4/10

贵州蓝皮书
贵州国家级开放创新平台发展报告（2017～2018）
著(编)者：申晓庆 吴大华 季泓
2018年11月出版 / 估价：99.00元
PSN B-2016-518-7/10

贵州蓝皮书
贵州国有企业社会责任发展报告（2017～2018）
著(编)者：郭丽　2018年12月出版 / 估价：99.00元
PSN B-2015-511-6/10

贵州蓝皮书
贵州民航业发展报告（2017）
著(编)者：申振东 吴大华　2018年6月出版 / 估价：99.00元
PSN B-2015-471-5/10

贵州蓝皮书
贵州民营经济发展报告（2017）
著(编)者：杨静 吴大华　2018年6月出版 / 估价：99.00元
PSN B-2016-530-9/9

杭州都市圈蓝皮书
杭州都市圈发展报告（2018）
著(编)者：洪庆华 沈翔　2018年4月出版 / 定价：98.00元
PSN B-2012-302-1/1

河北经济蓝皮书
河北省经济发展报告（2018）
著(编)者：马树强 金浩 张贵　2018年6月出版 / 估价：99.00元
PSN B-2014-380-1/1

河北蓝皮书
河北经济社会发展报告（2018）
著(编)者：康振海　2018年1月出版 / 定价：99.00元
PSN B-2014-372-1/3

河北蓝皮书
京津冀协同发展报告（2018）
著(编)者：陈璐　2017年12月出版 / 定价：79.00元
PSN B-2017-601-2/3

河南经济蓝皮书
2018年河南经济形势分析与预测
著(编)者：王世炎　2018年3月出版 / 定价：89.00元
PSN B-2007-086-1/1

河南蓝皮书
河南城市发展报告（2018）
著(编)者：张占仓 王建国　2018年5月出版 / 估价：99.00元
PSN B-2009-131-3/9

河南蓝皮书
河南工业发展报告（2018）
著(编)者：张占仓　2018年5月出版 / 估价：99.00元
PSN B-2013-317-5/9

河南蓝皮书
河南金融发展报告（2018）
著(编)者：喻新安 谷建全
2018年6月出版 / 估价：99.00元
PSN B-2014-390-7/9

河南蓝皮书
河南经济发展报告（2018）
著(编)者：张占仓 完世伟
2018年6月出版 / 估价：99.00元
PSN B-2010-157-4/9

河南蓝皮书
河南能源发展报告（2018）
著(编)者：国网河南省电力公司经济技术研究院
河南省社会科学院
2018年6月出版 / 估价：99.00元
PSN B-2017-607-9/9

河南商务蓝皮书
河南商务发展报告（2018）
著(编)者：焦锦淼 穆荣国　2018年5月出版 / 估价：99.00元
PSN B-2014-399-1/1

河南双创蓝皮书
河南创新创业发展报告（2018）
著(编)者：喻新安 杨雪梅
2018年8月出版 / 估价：99.00元
PSN B-2017-641-1/1

黑龙江蓝皮书
黑龙江经济发展报告（2018）
著(编)者：朱宇　2018年1月出版 / 定价：89.00元
PSN B-2011-190-2/2

湖南城市蓝皮书
区域城市群整合
著(编)者：童中贤 韩未名　2018年12月出版 / 估价：99.00元
PSN B-2006-064-1/1

湖南蓝皮书
湖南城乡一体化发展报告（2018）
著(编)者：陈文胜 王文强 陆福兴
2018年8月出版 / 估价：99.00元
PSN B-2015-477-8/8

湖南蓝皮书
2018年湖南电子政务发展报告
著(编)者：梁志峰　2018年5月出版 / 估价：128.00元
PSN B-2014-394-6/8

湖南蓝皮书
2018年湖南经济发展报告
著(编)者：卞鹰　2018年5月出版 / 估价：128.00元
PSN B-2011-207-2/8

湖南蓝皮书
2016年湖南经济展望
著(编)者：梁志峰　2018年5月出版 / 估价：128.00元
PSN B-2011-206-1/8

湖南蓝皮书
2018年湖南县域经济社会发展报告
著(编)者：梁志峰　2018年5月出版 / 估价：128.00元
PSN B-2014-395-7/8

湖南县域绿皮书
湖南县域发展报告（No.5）
著(编)者：袁准 周小毛 黎仁寅
2018年6月出版 / 估价：99.00元
PSN G-2012-274-1/1

沪港蓝皮书
沪港发展报告（2018）
著(编)者：尤安山　2018年9月出版 / 估价：99.00元
PSN B-2013-362-1/1

吉林蓝皮书
2018年吉林经济社会形势分析与预测
著(编)者：邵汉明　2017年12月出版 / 定价：89.00元
PSN B-2013-319-1/1

吉林省城市竞争力蓝皮书
吉林省城市竞争力报告（2017~2018）
著(编)者：崔岳春 张磊
2018年3月出版 / 定价：89.00元
PSN B-2016-513-1/1

济源蓝皮书
济源经济社会发展报告（2018）
著(编)者：喻新安　2018年6月出版 / 估价：99.00元
PSN B-2014-387-1/1

江苏蓝皮书
2018年江苏经济发展分析与展望
著(编)者：王庆五 吴先满
2018年7月出版 / 估价：128.00元
PSN B-2017-635-1/3

江西蓝皮书
江西经济社会发展报告（2018）
著(编)者：陈石俊 龚建文　2018年10月出版 / 估价：128.00元
PSN B-2015-484-1/2

江西蓝皮书
江西设区市发展报告（2018）
著(编)者：姜玮 梁勇
2018年10月出版 / 估价：99.00元
PSN B-2016-517-2/2

经济特区蓝皮书
中国经济特区发展报告（2017）
著(编)者：陶一桃　2018年1月出版 / 估价：99.00元
PSN B-2009-139-1/1

辽宁蓝皮书
2018年辽宁经济社会形势分析与预测
著(编)者：梁启东 魏红江　2018年6月出版 / 估价：99.00元
PSN B-2006-053-1/1

民族经济蓝皮书
中国民族地区经济发展报告（2018）
著(编)者：李曦辉　2018年7月出版 / 估价：99.00元
PSN B-2017-630-1/1

南宁蓝皮书
南宁经济发展报告（2018）
著(编)者：胡建华　2018年9月出版 / 估价：99.00元
PSN B-2016-569-2/3

内蒙古蓝皮书
内蒙古精准扶贫研究报告（2018）
著(编)者：张志华　2018年1月出版 / 定价：89.00元
PSN B-2017-681-2/2

浦东新区蓝皮书
上海浦东经济发展报告（2018）
著(编)者：周小平 徐美芳
2018年1月出版 / 定价：89.00元
PSN B-2011-225-1/1

青海蓝皮书
2018年青海经济社会形势分析与预测
著(编)者：陈玮　2018年1月出版 / 定价：98.00元
PSN B-2012-275-1/2

青海科技绿皮书
青海科技发展报告（2017）
著(编)者：青海省科学技术信息研究所
2018年3月出版 / 定价：98.00元
PSN G-2018-701-1/1

山东蓝皮书
山东经济形势分析与预测（2018）
著(编)者：李广杰　2018年7月出版 / 估价：99.00元
PSN B-2014-404-1/5

山东蓝皮书
山东省普惠金融发展报告（2018）
著(编)者：齐鲁财富网
2018年9月出版 / 估价：99.00元
PSN B2017-676-5/5

山西蓝皮书
山西资源型经济转型发展报告（2018）
著(编)者：李志强　　2018年7月出版 / 估价：99.00元
PSN B-2011-197-1/1

陕西蓝皮书
陕西经济发展报告（2018）
著(编)者：任宗哲 白宽犁 裴成荣
2018年1月出版 / 定价：89.00元
PSN B-2009-135-1/6

陕西蓝皮书
陕西精准脱贫研究报告（2018）
著(编)者：任宗哲 白宽犁 王建康
2018年4月出版 / 定价：89.00元
PSN B-2017-623-6/6

上海蓝皮书
上海经济发展报告（2018）
著(编)者：沈开艳　　2018年2月出版 / 定价：89.00元
PSN B-2006-057-1/7

上海蓝皮书
上海资源环境发展报告（2018）
著(编)者：周冯琦 胡静　　2018年2月出版 / 定价：89.00元
PSN B-2006-060-4/7

上海蓝皮书
上海奉贤经济发展分析与研判（2017～2018）
著(编)者：张兆安 朱平芳　　2018年3月出版 / 定价：99.00元
PSN B-2018-698-8/8

上饶蓝皮书
上饶发展报告（2016～2017）
著(编)者：廖其志　　2018年6月出版 / 估价：128.00元
PSN B-2014-377-1/1

深圳蓝皮书
深圳经济发展报告（2018）
著(编)者：张骁儒　　2018年6月出版 / 估价：99.00元
PSN B-2008-112-3/7

四川蓝皮书
四川城镇化发展报告（2018）
著(编)者：侯水平 陈炜　　2018年6月出版 / 估价：99.00元
PSN B-2015-456-7/7

四川蓝皮书
2018年四川经济形势分析与预测
著(编)者：杨钢　　2018年1月出版 / 定价：158.00元
PSN B-2007-098-2/7

四川蓝皮书
四川企业社会责任研究报告（2017～2018）
著(编)者：侯水平 盛毅　　2018年5月出版 / 估价：99.00元
PSN B-2014-386-4/7

四川蓝皮书
四川生态建设报告（2018）
著(编)者：李晟之　　2018年5月出版 / 估价：99.00元
PSN B-2015-455-6/7

四川蓝皮书
四川特色小镇发展报告（2017）
著(编)者：吴志强　　2017年11月出版 / 定价：89.00元
PSN B-2017-670-8/8

体育蓝皮书
上海体育产业发展报告（2017~2018）
著(编)者：张林 黄海燕
2018年10月出版 / 估价：99.00元
PSN B-2015-454-4/5

体育蓝皮书
长三角地区体育产业发展报（2017～2018）
著(编)者：张林　　2018年6月出版 / 估价：99.00元
PSN B-2015-453-3/5

天津金融蓝皮书
天津金融发展报告（2018）
著(编)者：王爱俭 孔德昌
2018年5月出版 / 估价：99.00元
PSN B-2014-418-1/1

图们江区域合作蓝皮书
图们江区域合作发展报告（2018）
著(编)者：李铁　　2018年6月出版 / 估价：99.00元
PSN B-2015-464-1/1

温州蓝皮书
2018年温州经济社会形势分析与预测
著(编)者：蒋儒标 王春光 金浩
2018年6月出版 / 估价：99.00元
PSN B-2008-105-1/1

西咸新区蓝皮书
西咸新区发展报告（2018）
著(编)者：李扬 王军
2018年6月出版 / 估价：99.00元
PSN B-2016-534-1/1

修武蓝皮书
修武经济社会发展报告（2018）
著(编)者：张占仓 袁凯声
2018年10月出版 / 估价：99.00元
PSN B-2017-651-1/1

偃师蓝皮书
偃师经济社会发展报告（2018）
著(编)者：张占仓 袁凯声 何武周
2018年7月出版 / 估价：99.00元
PSN B-2017-627-1/1

扬州蓝皮书
扬州经济社会发展报告（2018）
著(编)者：陈扬
2018年12月出版 / 估价：108.00元
PSN B-2011-191-1/1

长垣蓝皮书
长垣经济社会发展报告（2018）
著(编)者：张占仓 袁凯声 秦保建
2018年10月出版 / 估价：99.00元
PSN B-2017-654-1/1

遵义蓝皮书
遵义发展报告（2018）
著(编)者：邓彦 曾征 龚永育
2018年9月出版 / 估价：99.00元
PSN B-2014-433-1/1

地方发展类-社会

安徽蓝皮书
安徽社会发展报告（2018）
著(编)者：程桦　　2018年6月出版 / 估价：99.00元
PSN B-2013-325-1/1

安徽社会建设蓝皮书
安徽社会建设分析报告（2017~2018）
著(编)者：黄家海 蔡宪
2018年11月出版 / 估价：99.00元
PSN B-2013-322-1/1

北京蓝皮书
北京公共服务发展报告（2017~2018）
著(编)者：施昌奎　　2018年6月出版 / 估价：99.00元
PSN B-2008-103-7/8

北京蓝皮书
北京社会发展报告（2017~2018）
著(编)者：李伟东
2018年7月出版 / 估价：99.00元
PSN B-2006-055-3/8

北京蓝皮书
北京社会治理发展报告（2017~2018）
著(编)者：殷星辰　　2018年7月出版 / 估价：99.00元
PSN B-2014-391-8/8

北京律师蓝皮书
北京律师发展报告 No.4（2018）
著(编)者：王隽　　2018年12月出版 / 估价：99.00元
PSN B-2011-217-1/1

北京人才蓝皮书
北京人才发展报告（2018）
著(编)者：敏华　　2018年12月出版 / 估价：128.00元
PSN B-2011-201-1/1

北京社会心态蓝皮书
北京社会心态分析报告（2017~2018）
北京市社会心理服务促进中心
2018年10月出版 / 估价：99.00元
PSN B-2014-422-1/1

北京社会组织管理蓝皮书
北京社会组织发展与管理（2018）
著(编)者：黄江松
2018年6月出版 / 估价：99.00元
PSN B-2015-446-1/1

北京养老产业蓝皮书
北京居家养老发展报告（2018）
著(编)者：陆杰华 周明明
2018年8月出版 / 估价：99.00元
PSN B-2015-465-1/1

法治蓝皮书
四川依法治省年度报告No.4（2018）
著(编)者：李林 杨天宗 田禾
2018年3月出版 / 定价：118.00元
PSN B-2015-447-2/3

福建妇女发展蓝皮书
福建省妇女发展报告（2018）
著(编)者：刘群英　　2018年11月出版 / 估价：99.00元
PSN B-2011-220-1/1

甘肃蓝皮书
甘肃社会发展分析与预测（2018）
著(编)者：安文华 谢增虎 包晓霞
2018年1月出版 / 定价：99.00元
PSN B-2013-313-2/6

广东蓝皮书
广东全面深化改革研究报告（2018）
著(编)者：周林生 涂成林
2018年12月出版 / 估价：99.00元
PSN B-2015-504-3/3

广东蓝皮书
广东社会工作发展报告（2018）
著(编)者：罗观翠　　2018年6月出版 / 估价：99.00元
PSN B-2014-402-2/3

广州蓝皮书
广州青年发展报告（2018）
著(编)者：徐柳 张强
2018年8月出版 / 估价：99.00元
PSN B-2013-352-13/14

广州蓝皮书
广州社会保障发展报告（2018）
著(编)者：张跃国　　2018年8月出版 / 估价：99.00元
PSN B-2014-425-14/14

广州蓝皮书
2018年中国广州社会形势分析与预测
著(编)者：张强 郭志勇 何镜清
2018年6月出版 / 估价：99.00元
PSN B-2008-110-5/14

贵州蓝皮书
贵州法治发展报告（2018）
著(编)者：吴大华　　2018年5月出版 / 估价：99.00元
PSN B-2012-254-2/10

贵州蓝皮书
贵州人才发展报告（2017）
著(编)者：于杰 吴大华
2018年9月出版 / 估价：99.00元
PSN B-2014-382-3/10

贵州蓝皮书
贵州社会发展报告（2018）
著(编)者：王兴骥　　2018年6月出版 / 估价：99.00元
PSN B-2010-166-1/10

杭州蓝皮书
杭州妇女发展报告（2018）
著(编)者：魏颖
2018年10月出版 / 估价：99.00元
PSN B-2014-403-1/1

河北蓝皮书
河北法治发展报告（2018）
著(编)者：康振海　2018年6月出版 / 估价：99.00元
PSN B-2017-622-3/3

河北食品药品安全蓝皮书
河北食品药品安全研究报告（2018）
著(编)者：丁锦霞
2018年10月出版 / 估价：99.00元
PSN B-2015-473-1/1

河南蓝皮书
河南法治发展报告（2018）
著(编)者：张林海　2018年7月出版 / 估价：99.00元
PSN B-2014-376-6/9

河南蓝皮书
2018年河南社会形势分析与预测
著(编)者：牛苏林　2018年5月出版 / 估价：99.00元
PSN B-2005-043-1/9

河南民办教育蓝皮书
河南民办教育发展报告（2018）
著(编)者：胡大白　2018年9月出版 / 估价：99.00元
PSN B-2017-642-1/1

黑龙江蓝皮书
黑龙江社会发展报告（2018）
著(编)者：王爱丽　2018年1月出版 / 定价：89.00元
PSN B-2011-189-1/2

湖南蓝皮书
2018年湖南两型社会与生态文明建设报告
著(编)者：卞鹰　2018年5月出版 / 估价：128.00元
PSN B-2011-208-3/8

湖南蓝皮书
2018年湖南社会发展报告
著(编)者：卞鹰　2018年5月出版 / 估价：128.00元
PSN B-2014-393-5/8

健康城市蓝皮书
北京健康城市建设研究报告（2018）
著(编)者：王鸿春 盛继洪
2018年9月出版 / 估价：99.00元
PSN B-2015-460-1/2

江苏法治蓝皮书
江苏法治发展报告No.6（2017）
著(编)者：蔡道通 龚廷泰
2018年8月出版 / 估价：99.00元
PSN B-2012-290-1/1

江苏蓝皮书
2018年江苏社会发展分析与展望
著(编)者：王庆五 刘旺洪
2018年8月出版 / 估价：128.00元
PSN B-2017-636-2/3

民族教育蓝皮书
中国民族教育发展报告（2017·内蒙古卷）
著(编)者：陈中永
2017年12月出版 / 定价：198.00元
PSN B-2017-669-1/1

南宁蓝皮书
南宁法治发展报告（2018）
著(编)者：杨维超　2018年12月出版 / 估价：99.00元
PSN B-2015-509-1/3

南宁蓝皮书
南宁社会发展报告（2018）
著(编)者：胡建华　2018年10月出版 / 估价：99.00元
PSN B-2016-570-3/3

内蒙古蓝皮书
内蒙古反腐倡廉建设报告 No.2
著(编)者：张志华　2018年6月出版 / 估价：99.00元
PSN B-2013-365-1/1

青海蓝皮书
2018年青海人才发展报告
著(编)者：王宇燕　2018年9月出版 / 估价：99.00元
PSN B-2017-650-2/2

青海生态文明建设蓝皮书
青海生态文明建设报告（2018）
著(编)者：张西明 高华　2018年12月出版 / 估价：99.00元
PSN B-2016-595-1/1

人口与健康蓝皮书
深圳人口与健康发展报告（2018）
著(编)者：陆杰华 傅崇辉
2018年11月出版 / 估价：99.00元
PSN B-2011-228-1/1

山东蓝皮书
山东社会形势分析与预测（2018）
著(编)者：李善峰　2018年6月出版 / 估价：99.00元
PSN B-2014-405-2/5

陕西蓝皮书
陕西社会发展报告（2018）
著(编)者：任宗哲 白宽犁 牛昉
2018年1月出版 / 定价：89.00元
PSN B-2009-136-2/6

上海蓝皮书
上海法治发展报告（2018）
著(编)者：叶必丰　2018年9月出版 / 估价：99.00元
PSN B-2012-296-6/7

上海蓝皮书
上海社会发展报告（2018）
著(编)者：杨雄 周海旺
2018年2月出版 / 定价：89.00元
PSN B-2006-058-2/7

社会建设蓝皮书
2018年北京社会建设分析报告
著(编)者：宋贵伦 冯虹 2018年9月出版 / 估价：99.00元
PSN B-2010-173-1/1

深圳蓝皮书
深圳法治发展报告（2018）
著(编)者：张骁儒 2018年6月出版 / 估价：99.00元
PSN B-2015-470-6/7

深圳蓝皮书
深圳劳动关系发展报告（2018）
著(编)者：汤庭芬 2018年8月出版 / 估价：99.00元
PSN B-2007-097-2/7

深圳蓝皮书
深圳社会治理与发展报告（2018）
著(编)者：张骁儒 2018年6月出版 / 估价：99.00元
PSN B-2008-113-4/7

生态安全绿皮书
甘肃国家生态安全屏障建设发展报告（2018）
著(编)者：刘举科 喜文华
2018年10月出版 / 估价：99.00元
PSN G-2017-659-1/1

顺义社会建设蓝皮书
北京市顺义区社会建设发展报告（2018）
著(编)者：王学武 2018年9月出版 / 估价：99.00元
PSN B-2017-658-1/1

四川蓝皮书
四川法治发展报告（2018）
著(编)者：郑泰安 2018年6月出版 / 估价：99.00元
PSN B-2015-441-5/7

四川蓝皮书
四川社会发展报告（2018）
著(编)者：李羚 2018年6月出版 / 估价：99.00元
PSN B-2008-127-3/7

四川社会工作与管理蓝皮书
四川省社会工作人力资源发展报告（2017）
著(编)者：边慧敏 2017年12月出版 / 定价：89.00元
PSN B-2017-683-1/1

云南社会治理蓝皮书
云南社会治理年度报告（2017）
著(编)者：晏雄 韩全芳
2018年5月出版 / 估价：99.00元
PSN B-2017-667-1/1

地方发展类-文化

北京传媒蓝皮书
北京新闻出版广电发展报告（2017～2018）
著(编)者：王志 2018年11月出版 / 估价：99.00元
PSN B-2016-588-1/1

北京蓝皮书
北京文化发展报告（2017～2018）
著(编)者：李建盛 2018年5月出版 / 估价：99.00元
PSN B-2007-082-4/8

创意城市蓝皮书
北京文化创意产业发展报告（2018）
著(编)者：郭万超 张京成 2018年12月出版 / 估价：99.00元
PSN B-2012-263-1/7

创意城市蓝皮书
天津文化创意产业发展报告（2017～2018）
著(编)者：谢思全 2018年6月出版 / 估价：99.00元
PSN B-2016-536-7/7

创意城市蓝皮书
武汉文化创意产业发展报告（2018）
著(编)者：黄永林 陈汉桥 2018年12月出版 / 估价：99.00元
PSN B-2013-354-4/7

创意上海蓝皮书
上海文化创意产业发展报告（2017～2018）
著(编)者：王慧敏 王兴全 2018年8月出版 / 估价：99.00元
PSN B-2016-561-1/1

非物质文化遗产蓝皮书
广州市非物质文化遗产保护发展报告（2018）
著(编)者：宋俊华 2018年12月出版 / 估价：99.00元
PSN B-2016-589-1/1

甘肃蓝皮书
甘肃文化发展分析与预测（2018）
著(编)者：马廷旭 戚晓萍 2018年1月出版 / 定价：99.00元
PSN B-2013-314-3/6

甘肃蓝皮书
甘肃舆情分析与预测（2018）
著(编)者：王俊莲 张谦元 2018年1月出版 / 定价：99.00元
PSN B-2013-315-4/6

广州蓝皮书
中国广州文化发展报告（2018）
著(编)者：屈哨兵 陆志强 2018年6月出版 / 估价：99.00元
PSN B-2009-134-7/14

广州蓝皮书
广州文化创意产业发展报告（2018）
著(编)者：徐咏虹 2018年7月出版 / 估价：99.00元
PSN B-2008-111-6/14

海淀蓝皮书
海淀区文化和科技融合发展报告（2018）
著(编)者：陈名杰 孟景伟 2018年5月出版 / 估价：99.00元
PSN B-2013-329-1/1

河南蓝皮书
河南文化发展报告（2018）
著(编)者：卫绍生　　2018年7月出版 / 估价：99.00元
PSN B-2008-106-2/9

湖北文化产业蓝皮书
湖北省文化产业发展报告（2018）
著(编)者：黄晓华　　2018年9月出版 / 估价：99.00元
PSN B-2017-656-1/1

湖北文化蓝皮书
湖北文化发展报告（2017~2018）
著(编)者：湖北大学高等人文研究院
中华文化发展湖北省协同创新中心
2018年10月出版 / 估价：99.00元
PSN B-2016-566-1/1

江苏蓝皮书
2018年江苏文化发展分析与展望
著(编)者：王庆五 樊和平　　2018年9月出版 / 估价：128.00元
PSN B-2017-637-3/3

江西文化蓝皮书
江西非物质文化遗产发展报告（2018）
著(编)者：张圣才 傅安平　　2018年12月出版 / 估价：128.00元
PSN B-2015-499-1/1

洛阳蓝皮书
洛阳文化发展报告（2018）
著(编)者：刘福兴 陈启明　　2018年7月出版 / 估价：99.00元
PSN B-2015-476-1/1

南京蓝皮书
南京文化发展报告（2018）
著(编)者：中共南京市委宣传部
2018年12月出版 / 估价：99.00元
PSN B-2014-439-1/1

宁波文化蓝皮书
宁波“一人一艺”全民艺术普及发展报告（2017）
著(编)者：张爱琴　　2018年11月出版 / 估价：128.00元
PSN B-2017-668-1/1

山东蓝皮书
山东文化发展报告（2018）
著(编)者：涂可国　　2018年5月出版 / 估价：99.00元
PSN B-2014-406-3/5

陕西蓝皮书
陕西文化发展报告（2018）
著(编)者：任宗哲 白宽犁 王长寿
2018年1月出版 / 定价：89.00元
PSN B-2009-137-3/6

上海蓝皮书
上海传媒发展报告（2018）
著(编)者：强荧 焦雨虹　　2018年2月出版 / 定价：89.00元
PSN B-2012-295-5/7

上海蓝皮书
上海文学发展报告（2018）
著(编)者：陈圣来　　2018年6月出版 / 估价：99.00元
PSN B-2012-297-7/7

上海蓝皮书
上海文化发展报告（2018）
著(编)者：荣跃明　　2018年6月出版 / 估价：99.00元
PSN B-2006-059-3/7

深圳蓝皮书
深圳文化发展报告（2018）
著(编)者：张骁儒　　2018年7月出版 / 估价：99.00元
PSN B-2016-554-7/7

四川蓝皮书
四川文化产业发展报告（2018）
著(编)者：向宝云 张立伟　　2018年6月出版 / 估价：99.00元
PSN B-2006-074-1/7

郑州蓝皮书
2018年郑州文化发展报告
著(编)者：王哲　　2018年9月出版 / 估价：99.00元
PSN B-2008-107-1/1

✤ 皮书起源 ✤

“皮书”起源于十七、十八世纪的英国，主要指官方或社会组织正式发表的重要文件或报告，多以“白皮书”命名。在中国，“皮书”这一概念被社会广泛接受，并被成功运作、发展成为一种全新的出版形态，则源于中国社会科学院社会科学文献出版社。

✤ 皮书定义 ✤

皮书是对中国与世界发展状况和热点问题进行年度监测，以专业的角度、专家的视野和实证研究方法，针对某一领域或区域现状与发展态势展开分析和预测，具备原创性、实证性、专业性、连续性、前沿性、时效性等特点的公开出版物，由一系列权威研究报告组成。

✤ 皮书作者 ✤

皮书系列的作者以中国社会科学院、著名高校、地方社会科学院的研究人员为主，多为国内一流研究机构的权威专家学者，他们的看法和观点代表了学界对中国与世界的现实和未来最高水平的解读与分析。

✤ 皮书荣誉 ✤

皮书系列已成为社会科学文献出版社的著名图书品牌和中国社会科学院的知名学术品牌。2016 年，皮书系列正式列入“十三五”国家重点出版规划项目；2013~2018 年，重点皮书列入中国社会科学院承担的国家哲学社会科学创新工程项目；2018 年，59 种院外皮书使用“中国社会科学院创新工程学术出版项目”标识。

中国皮书网

（网址：www.pishu.cn）

发布皮书研创资讯，传播皮书精彩内容
引领皮书出版潮流，打造皮书服务平台

栏目设置

关于皮书：何谓皮书、皮书分类、皮书大事记、皮书荣誉、
皮书出版第一人、皮书编辑部

最新资讯：通知公告、新闻动态、媒体聚焦、网站专题、视频直播、下载专区

皮书研创：皮书规范、皮书选题、皮书出版、皮书研究、研创团队

皮书评奖评价：指标体系、皮书评价、皮书评奖

互动专区：皮书说、社科数托邦、皮书微博、留言板

所获荣誉

2008 年、2011 年，中国皮书网均在全国新闻出版业网站荣誉评选中获得“最具商业价值网站”称号；

2012 年，获得“出版业网站百强”称号。

网库合一

2014 年，中国皮书网与皮书数据库端口合一，实现资源共享。

更多信息请登录

皮书数据库
http：//www.pishu.com.cn

中国皮书网
http：//www.pishu.cn

皮书微博
http：//weibo.com/pishu

皮书微信“皮书说”

请到当当、亚马逊、京东或各地书店购买，也可办理邮购

咨询 / 邮购电话： 010-59367028　59367070

邮　　箱： duzhe@ssap.cn

邮购地址： 北京市西城区北三环中路甲29号院3号楼
华龙大厦13层读者服务中心

邮　　编： 100029

银行户名： 社会科学文献出版社

开户银行： 中国工商银行北京北太平庄支行

账　　号： 0200010019200365434

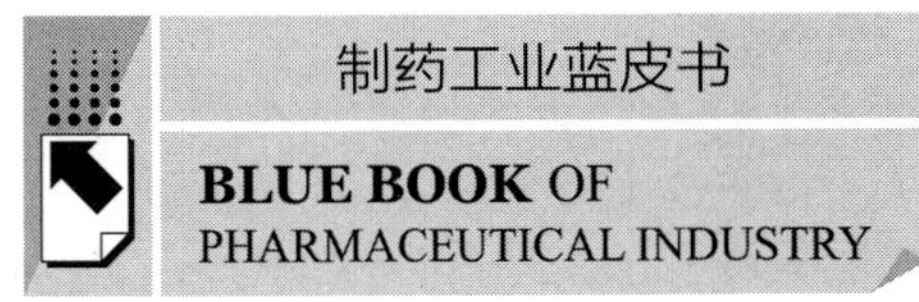

中国制药工业发展报告（2018）

ANNUAL REPORT ON THE DEVELOPMENT OF CHINA'S PHARMACEUTICAL INDUSTRY(2018)

中国化学制药工业协会
主　　编／余鲁林　温再兴
执行主编／潘广成　曲继广

图书在版编目(CIP)数据

中国制药工业发展报告.2018 / 佘鲁林，温再兴主编. --北京：社会科学文献出版社，2018.9
（制药工业蓝皮书）
ISBN 978-7-5201-3321-0

Ⅰ.①中… Ⅱ.①佘… ②温… Ⅲ.①制药工业-工业发展-研究报告-中国-2018 Ⅳ.①F426.7

中国版本图书馆CIP数据核字(2018)第192920号

制药工业蓝皮书
中国制药工业发展报告（2018）

主　　编 / 佘鲁林　温再兴
执行主编 / 潘广成　曲继广

出 版 人 / 谢寿光
项目统筹 / 邓泳红
责任编辑 / 吴　敏

出　　版 / 社会科学文献出版社 · 皮书出版分社（010）59367127
地址：北京市北三环中路甲29号院华龙大厦　邮编：100029
网址：www.ssap.com.cn
发　　行 / 市场营销中心（010）59367081　59367018
印　　装 / 三河市龙林印务有限公司

规　　格 / 开 本：787mm × 1092mm　1/16
印 张：27　字 数：410千字
版　　次 / 2018年9月第1版　2018年9月第1次印刷
书　　号 / ISBN 978-7-5201-3321-0
定　　价 / 198.00元

皮书序列号 / PSN B-2018-748-1/1

制药工业蓝皮书编委会

主　　编　佘鲁林　温再兴

执行主编　潘广成　曲继广

顾　　问　任德权　张文周　于明德　白慧良　赖诗卿　吴海东

编　　委　（按姓氏笔画排列）

王学恭　王桂华　王善春　龙本威　付明仲
史建会　冯国安　左　敏　朱长军　刘文富
刘革新　刘晓悍　汲　涌　李文明　陈用博
何光杰　邰汉君　沈松泉　张代铭　张自然
张承绪　张宝瑞　张建平　张春波　张意龙
周　军　周　惠　郑　鸿　昝安胜　洪　浩
姚桐利　柯尊洪　贺端湜　顾根生　郭泰鸿
屠永锐　康　玮　雷　英　褚淑贞

编 辑 组　平　青　王长在　于保国　谢维平　殷文娟
沈贤姬　宋淑杰　刘　佳　金联亚　郑　鹏
王　宏　韩庆生　申　雨　王　鑫　朱　林
黄胜炎　蔡德山　徐铮奎　齐继成　张　伦
张　骁

摘　要

本书为“制药工业蓝皮书”的年度报告，即《中国制药工业发展报告（2018）》，全书共 10 大篇章，分为总报告、政策法规篇、行业发展篇、专题报告篇、科技创新篇、绿色制药篇、信用建设篇、区域发展篇、国际合作篇及附录，围绕制药工业的发展及相关热点问题进行重点分析和研究。总报告就中国制药工业“十二五”时期发展情况进行了回顾、2017 年运行情况进行了分析，并对“十三五”时期发展情况进行了展望。

除了总报告外，其他篇章均对制药工业的相关政策、各业态发展情况及企业转型创新趋势等问题进行了探讨。政策法规篇对医保支付制度改革对药品使用的影响进行了分析，对医药新政对制药工业的影响进行了政策解读，对仿制药相关政策进行了深入分析。行业发展篇对 2017 年制药工业上市公司运行、产融结合情况进行了分析，分析和展望了我国大输液行业，对 OTC 药物的发展进行了全面分析，对抗生素产业的可持续发展进行了探讨。专题报告篇对口服固体制剂生产新技术的开发应用进行了分析，介绍了几种药物及药物中间体合成工艺，对阵痛新药及帕金森病的研发进展进行了阐述，对 2017 年降糖药市场进行了分析。科技创新篇解读了由 8 家中外协会、商会机构发布的《医药创新宣言》，对中国医药创新进行了深度分析，对“十二五”期间国家批准的阿帕替尼、埃克替尼、西达苯胺和康柏西普等 4 个Ⅰ类新药的研发、生产、市场开拓进行了介绍。绿色制药篇对中国推进绿色制药、实现可持续发展进行了深入分析。信用建设篇全面介绍了制药行业信用体系建设情况、GSK 发布的社会责任报告。区域发展篇主要对我国制药工业大省——江苏、山东的制药工业发展现状进行了分析和展望。国际合作篇对中国医药产业国际化进行了分析，介绍了 2017 年 APEC 中小企业商业伦理论坛相关情况，跨国药企在中国的发展情况，中欧合作、中俄合作情况，日本药品市场最新动向，科伦药业参与“一带一路”建设情况。本报告的附录部分介绍了2017年FDA、CFDA批准上市的新药，2017年中国化学制药工业协会品牌榜，2017年化学药主要产品产量。

本书是一部系统反映我国制药工业发展的年度报告，具有权威性、全面性、系统性、前瞻性及实用性等特点，资料丰富、内容翔实、数据准确，与行业现状与国际前沿结合紧密，是研究和指导制药工业发展、推进医药供给侧结构性改革的重要贡献，具有较高的参考价值。

关键词： 制药工业　政策法规　科技创新　绿色环保　国际合作

目　录

Ⅰ　总报告

Ⅱ　政策法规篇

Ⅲ　行业发展篇

Ⅳ 专题报告篇

Ⅴ 科技创新篇

Ⅵ 绿色制药篇

Ⅶ 信用建设篇

Ⅷ 区域发展篇

Ⅸ 国际合作篇

X 附录

皮书数据库阅读**使用指南**

总 报 告

General Report

B.1 中国制药工业发展现状与展望

潘广成*

摘 要： 制药工业是关系国计民生的重要产业，是“中国制造2025”和战略性新兴产业的重点领域。制药工业涉及化学药（原料药、制剂）、生物药（疫苗、生物制品）、中成药、药用辅料、制药装备。本报告就中国制药工业“十二五”时期发展情况进行了回顾、2017年运行情况进行了分析，并对“十三五”时期发展情况进行了展望。展望未来，我国制药工业发展前景广阔。

关键词： 制药工业 “十二五” “十三五”

* 潘广成，中国化学制药工业协会执行会长，高级工程师。

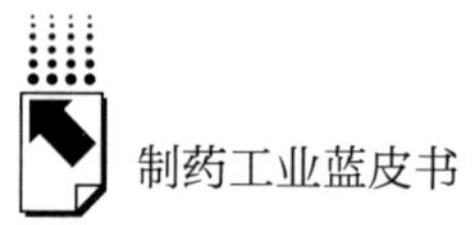

一 引言

中国制药工业与人民利益密切相关，它的产生和发展，对中华民族的生存繁衍、兴旺发达起了重要作用。当代中国的制药工业涉及化学药（原料药、制剂）、生物药（疫苗、生物制品）、中成药、药用辅料、制药装备，是防病、治病、卫生、保健不可缺少的重要专用物资，必须质量可靠、安全有效、及时供应。中国制药工业既是社会主义的经济事业，又是人民的保健福利事业。在今后的社会主义现代化建设中，制药工业仍将肩负着保护人民身体健康、发展生产力的光荣任务。

制药工业是关系国计民生的重要产业，是“中国制造 2025”和战略性新兴产业的重要领域，是推进健康中国建设的重要保障。“十三五”时期是全面建成小康社会决胜阶段，也是我国制药工业整体跃升时期。

本文基于以上背景，对中国制药工业“十二五”时期发展情况进行了回顾、对 2017 年运行情况进行了分析、对“十三五”时期发展情况进行了展望。

二 中国制药工业“十二五”时期发展情况回顾

中国制药工业“十二五”时期取得较好业绩，主要体现在以下六个方面。

（一）规模效益快速增长

“十二五”期间，规模以上制药工业增加值增长 13.4%，占全国工业增加值的比重从 2.3% 提高至 3.0%。2015 年，规模以上企业实现主营业务收入 26885 亿元，实现利润总额 2768 亿元，“十二五”期间两者平均增速分别为 17.4% 和 14.5%，始终居工业各行业前列。在规模效益快速增长的同时，产品品种日益丰富，产量大幅提高，在保供应、稳增长、调结构等方面发挥了积极作用。

（二）创新能力显著提高

2015 年规模以上企业研发投入 450 亿元，较 2010 年翻两番。在“重大新药创制”科技重大专项推动下，涌现出一批高质量创新成果。“十二五”期间，210 个创新药获批开展临床研究，埃克替尼、阿帕替尼、西达本胺、康柏西普等 15 个 I 类新药获批生产，110 多个新化学仿制药上市，中药质量控制与安全性技术水平提升。以屠呦呦获得诺贝尔奖为代表，我国医药创新进一步得到国际认可。

（三）质量管理不断加强

国家药品标准提高行动计划继续推进，《中国药典》（2015 版）发布执行，药品标准进一步与国际接轨。全产业链各环节质量管理不断健全，《药品生产质量管理规范（2010 年修订）》（药品 GMP）全面实施。一批优势企业生产质量管理与国际先进水平接轨，累计 600 多个原料药品种和 60 多家制剂企业达到国际先进水平 GMP 要求。

（四）技术装备大幅度升级

“十二五”时期全行业完成固定资产投资超过 2 万亿元，规模较“十一五”时期大幅增长，增速居工业各行业前列，促进了医药工业技术装备水平整体跃升。生产过程自动化、智能化水平明显提高，生物催化、手性合成、调释给药等先进技术得到产业化应用，中成药全过程质量控制水平提高、生物药大规模高效培养接近国际先进水平。

（五）重组整合快速推进

企业兼并重组数量增多，规模扩大，“十二五”期间收购兼并交易额达 1500 亿元以上。大型企业进一步做大做强，工业主营业务收入超过 100 亿元

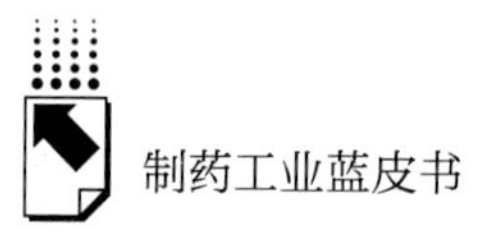

的企业达到 16 家，一批创新型中小企业高速发展。产业和金融深度融合，89 家企业在国内外证券市场上市，另有 200 余家企业在新三板挂牌，创业投资、股权投资基金大量投向医药领域，促进了行业资源整合和企业核心竞争力提升。

（六）国际化步伐加快

出口稳定增长，2015 年出口额达 564 亿美元。出口结构改善，制剂出口比重加大，面向发达国家市场的制剂销售实现突破。药品研发加快，与国际接轨，累计上百个仿制药获得欧美国家注册批件，50 多个新药开展国际临床研究。境外投资以设立研发中心转向建立生产基地，超亿美元的境外并购项目达 10 个以上。

但制药工业在发展过程中仍存在一些问题，主要表现在：原始创新能力不强，基础研究和强化研究能力薄弱，高质量创新成果少；产品质量升级任务紧迫，化学仿制药、中成药、药用辅料等领域质量标准和质量水平亟待提高；药品供应存在短板，低价药、儿童用药和罕见病药短缺情况仍有发生；清洁生产和“三废”治理水平较低，化学原料药可持续发展能力不足；行业集中度低，企业多、小、散，产品同质化和重复建设突出；国际竞争能力弱，出口产品附加值低；研发、营销等环节存在不规范行为，影响行业良性竞争和健康发展。

三　2017年中国制药工业运行情况分析

2017 年，通过供给侧结构性改革，我国国民经济总体向好发展。GDP 实现 87.7 万亿元，同比增长 6.9%。全国规模以上工业企业实现主营业务收入 116 万亿元，同比增长 11.08%；实现利润总额 7.5 万亿元，同比增长 21.04%；实现出口交货值 12.3 万亿元，同比增长 10.72%。

2017 年，制药工业总体平稳健康发展。规模以上制药工业企业实现主营业务收入 2.98 万亿元，同比增长 12.24%；实现利润总额 3520 亿元，同比增长 16.57%；实现出口交货值 2023 亿元，同比增长 11.08%。

表 1　2017 年医药制造工业主要经济指标完成情况

指标	全国工业合计			医药工业合计			化学药品工业（化学原料药 + 化学制剂）		
	2017 年	2016 年	同比增长（%）	2017 年	2016 年	同比增长（%）	2017 年	2016 年	同比增长（%）
企业数（家）	385369	-	-	8793	-	0	2454	-	-
主营业务收入（万元）	11646238116	10484769187	11.08	298260057	265741180	12.24	133323074	117397110	13.57
利润总额（万元）	751871101	621165645	21.04	35196972	30192977	16.57	16063771	13423131	19.67
出口交货值（万元）	1232298306	1112980546	10.72	20233044	18215567	11.08	8388141	7636376	9.84
指标	中成药工业			生物、生化制品工业			制药机械工业		
	2017 年	2016 年	同比增长（%）	2017 年	2016 年	同比增长（%）	2017 年	2016 年	同比增长（%）
企业数（家）	1657	-	-	983	-	-	130	-	-
主营业务收入（万元）	57353314	52906398	8.41	33109843	29616414	11.8	1867284	1733059	7.74
利润总额（万元）	7072101	6428230	10.02	4989588	3935765	26.78	147401	160467	-8.14
出口交货值（万元）	510186	418227	21.99	3372851	2846389	18.5	186446	179516	3.86

资料来源：国家统计局年报。

其中，化学药品工业规模以上工业企业实现主营业务收入 1.3 万亿元，同比增长 13.57%；实现利润总额 1606 亿元，同比增长 19.67%；实现出口交货值 839 亿元，同比增长 9.84%。

中成药工业规模以上工业企业实现主营业务收入 5736 亿元，同比增长 8.41%；实现利润总额 707 亿元，同比增长 10.02%；实现出口交货值 51 亿元，同比增长 21.99%。

生物、生化制品工业规模以上工业企业实现主营业务收入 3311 亿元，同比增长 11.8%；实现利润总额 499 亿元，同比增长 26.78%；实现出口交货值 337 亿元，同比增长 18.5%。

制药机械工业规模以上工业企业实现主营业务收入 187 亿元，同比增长 7.74%；实现利润总额 15 亿元，同比增长 -8.14%；实现出口交货值 19 亿元，同比增长 3.86%。

据中国海关数据统计，2017 年，我国医药保健品进出口额 1166.76 亿美元，同比增长 12.64%。其中，出口 607.99 亿美元，扭转了 2016 年下降的局面，同比增长 9.44%，增幅达近五年最高值；进口 558.77 亿美元，同比增长 16.34%；对外贸易顺差 49.22 亿美元。

2017 年制药工业经济运行主要特点如下。

表 2　2017 年中国医药保健品进出口商品分类统计

单位：亿美元,%

商品分类	进出口			进口			出口			顺差
	进出口额	同比	占比	进口额	同比	占比	出口额	同比	占比	
总　　计	1166.76	12.64	100.00	558.77	16.34	100.00	607.99	9.44	100.00	49.22
中 药 类	51.97	8.25	4.45	15.57	26.06	2.79	36.4	2.07	5.99	20.83
中 成 药	6.18	12.99	0.53	3.68	14.37	0.66	2.5	11.03	0.41	-1.18
保 健 品	5.63	28.21	0.48	3.23	69.51	0.58	2.41	-3.35	0.4	-0.82
西 药 类	694.19	15.95	59.50	339.63	19.64	60.78	354.56	12.62	58.32	14.92
西药原料	378.4	13.84	32.43	87.23	14.3	15.61	291.17	13.71	47.89	203.95
西 成 药	206.12	19.2	17.67	171.57	21.66	30.70	34.56	8.32	5.68	-137.01
生 化 药	109.67	17.42	9.4	80.84	21.48	14.47	28.83	7.36	4.74	-52.01

资料来源：2017 年中国医药保健品进出口商品分类统计。

（一）运行质量不断提高

近几年来，制药工业运行质量一直处于我国各工业行业前列。从主营业务收入、利润总额增速来看，制药工业运行质量不断提高。制药工业坚持供给侧结构性改革，调整产品结构，实现了提质增效与转型升级。

（二）进出口贸易增长较快

2017 年，我国医药保健品进出口额达 1166.76 亿美元，同比增长 12.64%，其中，原料药产品进出口贸易经过两年调整后重现较快增长局面，进出口额再创新高，达到 378.40 亿美元，同比增长 13.84%。

（三）技术创新成果显著

以“十二五”期间埃克替尼、阿帕替尼、西达本胺、康柏西普等 I 类新药上市为重要标志，制药工业创新发展进入了一个新阶段。2017 年，制药工业技术创新方面又有新的突破。一批创新产品，经过价格谈判，进入国家医保目录。一批创新药物获批上市。同时，在开展国际临床试验、国际联合开发方面，进展较快。

（四）对外投资日趋活跃

随着国家“一带一路”建设的推进，制药企业对外投资呈现逐年上升的趋势。科伦药业、复星医药、绿叶制药、上药集团、哈药集团、康弘药业、华海药业、人福医药、恒瑞医药、亚宝药业等企业走在行业的前列。

（五）产融结合促进发展

医药产业通过和金融市场结合，实现了自身的快速发展。上市公司是反映行业发展的晴雨表。目前，中国医药行业境内外上市公司近 300 家。随着我国人口老龄化，健康产业必然获得极大的发展，这是制药工业长期向好的基础。在中金公司和《财富》发布的《2017 中国公司市值 500 强名单》中，医药行业入围 33 家，其中医药行业最高排名是恒瑞医药，列第 61 位，市值 1861.68 亿元，贡献率为 9.94%。

（六）绿色制药势头良好

中国是原料药生产出口大国。积极推广原料药绿色生产技术，树立绿色示范企业，增强绿色制造能力，提升绿色发展水平，促进制药行业提质增效和转型升级。在这方面，凯莱英医药、华北制药、科伦药业、常州四药、天津金耀等企业发挥了很好的示范作用。

当然，在 2017 年制药工业的运行中还存在一些现实问题。产品结构调整、产业转型升级的任务仍然很重；特色原料药的生产供应不足，价格垄断现象时有发生；短缺药品的政策支持力度不够，企业生产积极性不高，尚不能满足供应；环保投入欠缺，环保压力增大。这些问题有待于制药工业企业在今后的生产经营中予以解决。

四 中国制药工业“十三五”时期的展望

（一）“十三五”时期面临的形势

1. 市场需求稳定增长

从全球看，发达经济体医药市场增速回升，新兴医药市场需求旺盛，生物技术药物和化学仿制药在用药结构中占比提高，为我国医药出口带来新的机遇。从国内看，国民经济保持中高速增长，居民可支配收入增加和消费结构升级，健康中国建设稳步推进，医保体系进一步健全，人口老龄化和全面两孩政策实施，即将继续推动医药市场较快增长。

2. 技术进步不断加快

精准医疗、转化医学为新药开发和疾病诊疗提供了全新方向，基于新靶点、新机制和突破性技术的新药不断出现，肿瘤免疫治疗、细胞治疗等新技术转化步伐加快。互联网、健康大数据与医药产品、医疗服务紧密结合，为产业升级注入了新动力。

3. 产业政策更加有利

《中国制造2025》将生物医药作为重点发展领域，国家继续把生物医药等战略性新兴产业作为国民经济支柱产业加快培育，“重大新药创制”科技重大专项等科技计划继续实施，为医药工业创新能力、品牌质量、智能制造和绿色发展水平提升提供有利的政策支持。

4. 行业监管持续强化

药品审评制度改革全面实施，药品注册分类调整，注册标准提高，审评速度加快，药品上市许可持有人制度试点，仿制药质量和疗效一致性评价推进，全过程质量监管加强，促进技术创新、优胜劣汰和产品质量提升。新修订的《环境保护法》实施，环保标准提高和监督加强，对制药工业绿色发展提出更高要求。

5. 医改政策不断完善

医药卫生体制改革全面深化，公立医院改革及分级诊疗制度加快推进，市场主导的药品价格形成机制逐步建立，以“双信封”制、直接挂网、价格谈判、定点生产为主的药品分类采购政策全面实施，医保支付标准逐步建立，医保控费及医疗机构综合控费措施推行，对制药工业发展态势和竞争格局将产生深远影响。

“十三五”时期，制药工业面临较好的发展机遇。但也要看到，发达国家依靠技术变革与技术突破正在形成新的竞争优势，其他新兴市场国家已在仿制药国际竞争中赢得先机；前期支撑我国制药工业高速增长的动力正在减弱，各种约束条件不断强化，结构性矛盾进一步凸显，亟须加快增长动力的新旧转换，制药工业持续健康发展仍面临不少困难和挑战。

（二）“十三五”时期的主要任务

1. 增强产业创新能力

完善产学研用协同创新体系。发挥政府的引导和推动作用，营造激励创新的政策环境。强化企业技术创新主体地位，发挥骨干企业整合科技资源的

作用，扶持掌握关键技术的研发型小型企业发展。建立符合研发特点的投入、收益、风险分担机制，加快研发成果产业化。

推动创新升级。引导企业提高创新质量，培育重点产品，满足重要需求，解决重大问题，提升产业化技术水平。

加强研发支撑。支持建设临床前药效评价平台，规范药品临床试验基地（GCP 基地）的建设和管理，优化国家级科技创新基地布局，统筹国家临床医学研究中心建设，提高临床研究质量，满足新产品开发和药品上市后质量评价的需要，促进科技成果转化应用。

2. 提高质量安全水平

强化企业质量主体责任，推动企业严格执行 GMP 要求，采用先进的质量管理方法和质量控制技术，贯彻质量源于设计理念（QbD），建立覆盖产品全生命周期的质量管理体系和全产业链质量追溯体系，提升全过程质量管理水平。

推动重点领域质量提升。全面提升基本药物质量水平，落实仿制药质量和疗效一致性评价要求，完成国家基本药物口服固体制剂的一致性评价任务。

加强质量品牌建设。引导企业增强品牌意识，保护和传承中药传统品牌，鼓励发展非处方药（OTC 药物）知名品牌，培育通用名药物大品种，形成一批销售额 20 亿元以上的品牌仿制药。

3. 提升供应保障能力

保障短缺药供应。建立药品短缺预警体系，综合运用监管、医保、价格、采购、使用等政策，引导企业开发和生产短缺药，重点解决罕见病药、儿童用药缺乏和急救药、低价药供应保障能力弱等问题。

完善国家医药储备体系。充分发挥国家医药储备功能，提升储备资源利用效率。在应急保障的基础上，建立常态短缺药品储备。

满足多样化市场需求。鼓励企业在发展重大疾病治疗药物的同时，对已有产品开展各种形式的微创新，提升患者体验，提高患者依从性，满足多层次、个性化的市场需求。

4. 推动绿色改造升级

提升行业清洁生产水平。研发和应用全过程控污减排技术，采用循环型生产方式，淘汰落后工艺，规范生产和精细操作，减少污染物生成，提高资源综合利用水平。

建设绿色工厂和绿色园区。以厂房集约化、生产洁净化、废物资源化、能源低碳化为目标，打造一批低排放绿色工厂。积极试点医药工业园区清洁生产，建设高标准园区。

提升全行业“环境、职业健康和安全”（EHS）管理水平。制订制药行业 EHS 标准和指南，指导企业建立 EHS 管理体系，最大限度减少环境污染、安全事故和职业病发生，培育履行社会责任、以人为本、可持续发展的企业文化。

5. 推进两化深度融合

以信息技术创新研发设计手段。支持企业建立基于信息化集成的研发平台，开发计算机辅助药物设计、模拟筛选、成效性评价、结构分析和对比研究，提高药物研究水平和效率。提高制药工程项目的数字化设计水平，建立从设计到运行维护的数字化管理平台，实现工程项目全生命周期管理。

提高生产过程自动化和信息化水平。提高制药设备的自动化、数字化、智能化水平，采用工业互联网、物联网、大数据和云计算等信息化技术，为生产过程的自动化和决策提供支撑。推动“制造执行系统”（MES）在生产过程中的应用。

应用信息技术改进质量管理。建立生产质量信息实时监控系统，实现质量数据的自动采集、管理和可追溯，保证数据的真实性和完整性。

6. 优化产业组织结构

推进行业重组整合。通过提高注册、质量、节能、环保、安全生产等标准，严格市场准入，形成市场倒逼机制，促进企业重组和落后企业退出。支持企业强强结合，培育具有国际竞争力的大型企业集团。

拓宽企业兼并渠道。实施上市许可人制度试点，发展专业化委托生产业务，着力化解产能过剩。支持中小企业上市，促使企业规范公司治理结构，

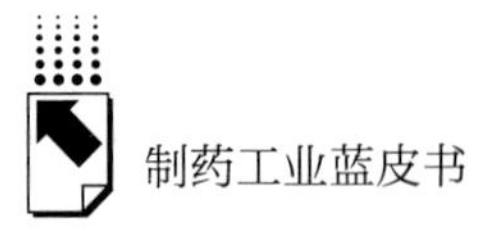

转换经营机制。鼓励社会资本发展并购基金，拓宽企业兼并重组融资渠道。

引导产业集聚发展。根据行业发展需要，结合各地资源禀赋和环境承载能力，科学规划产业集聚区。落实京津冀协同发展、长江经济带战略、粤港澳大湾区战略，引导跨区域资源整合。

7. 提高国际化发展水平

优化出口结构，促进出口增长。巩固化学原料药国际竞争地位，提高精深加工出口比重，增加符合先进水平 GMP 要求的品种数量。立足原料药产业优势，实施制剂国际化战略，全面提高我国制剂出口规模比重和产品附加值，重点拓展发达国家市场和新兴医药市场。

加强国际技术合作。优化投资环境，深化与国外医药企业合作，推动引资、引技、引智有机结合，实现合作共赢。支持企业建立跨境研发合作平台，充分利用国际资源，发掘全球创新成果。鼓励新药国际临床研究，实现创新药走向国际市场和参与国际竞争。

推动国际产能合作。落实“一带一路”建设的要求。鼓励企业利用制造优势，在适宜地区开展收购兼并和投资建厂。推动化学原料药产能国际合作。引进和培养国际化人才，提高研发注册、生产质量、市场销售各环节的国际化经营能力。

8. 拓展新领域发展新业态

大力推进“互联网 + 医药”，发展智慧医药产品，实现数据资源互联互通和共享。指导疾病诊断、药物评价和新药开发，发展基于大数据的医疗决策支持系统。

培育新的健康需求。发展大健康产品，支持医药企业向健康营养品、功能食品、化妆品，以及健康、预防、治未病等领域延伸。

推动生产性服务业和服务型制造发展。大力发展合同生产、合同研发、医药电子商务、生物技术服务等新型生产服务业，促进分工进一步细化，提高效率和降低成本。围绕生物技术药物和化学药制剂，鼓励建立若干个以从事合同生产为主的高标准药品生产基地。

（三）“十三五”发展重点

1. 化学药

（1）化学新药。紧跟国际医药发展趋势，开展重大疾病新药研发，重点发展针对恶性肿瘤、心脑血管疾病、糖尿病、精神性疾病、神经退行性疾病、自身免疫性疾病、耐药菌感染、病毒感染等疾病的创新药物，特别是采用新靶点、新作用机制的新药。根据疾病细分和精准医疗的趋势，发展针对我国特定疾病亚群的新药、新复方制剂、诊断伴随产品。

（2）化学仿制药。加快临床急需、新专利到期药物的仿制药开发，提高患者用药可及性。提高仿制药质量水平，重点结合仿制药质量和疗效一致性评价提高口服固体制剂生产技术和质量控制水平。

（3）高端制剂。重点发展脂质体、脂微球、纳米制剂等新型注射给药系统，口服速释、缓控释、多颗粒系统等口服调试给药系统，经皮和粘膜给药系统，儿童等特殊人群适用剂型等。

（4）临床短缺药物。加强罕见病药、儿童药等临床短缺药物开发，加快临床必需但副作用较大药物的换代产品开发。

（5）产业化技术。重点开发应用原料药晶型控制、酶法合成、手性合成、微反应连续合成、碳纤维吸附、分子蒸馏等新技术，以及发酵菌渣等固体废物的无害化处理和资源化利用技术，提高原料药清洁生产水平；发展高端制药产业化技术，提高口服固体制剂工艺技术和质量控制水平。

2. 生物药

（1）抗体药物。重点开发针对肿瘤、免疫系统疾病、心血管疾病和感染性疾病的抗体药物。

（2）重组蛋白药物。重点针对糖尿病、病毒感染、肿瘤等疾病，开发免疫原性低、稳定性好、靶向性强、长效、生物利用度高的新产品。

（3）疫苗。重点开发针对高致病性流感、疟疾、登革热、结核、艾滋病、埃博拉、寨卡、中东呼吸综合症等重大传染病的疫苗，提高疫苗的应急研发和产业化能力。

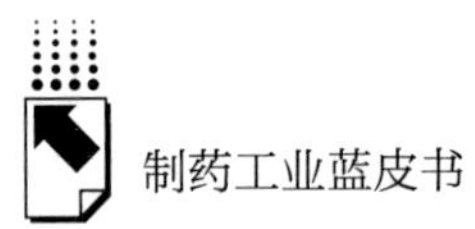

（4）核酸药物和细胞治疗产品。重点发展 RNA 干扰药物、基因治疗药物以及干细胞和免疫细胞等细胞治疗产品，包括 CAR－T 等细胞治疗产品。

（5）产业化技术。重点发展大规模、高表达抗体生产技术，抗体偶联药物，双功能抗体等新型抗体制备技术，重组蛋白质长效制剂技术，基于细胞基质的大规模流感疫苗高产技术，细胞治疗产品制备技术，重组人白蛋白的大规模表达和纯化技术。根据重点产品，建立与国际先进水平接轨的质量控制技术。

3. 中药

（1）中成药。针对心脑血管疾病、自身免疫性疾病、妇儿科疾病、消化科疾病等中医优势病种，挖掘经典名方，开发复方、有效部位及有效成分中药新药，加快推进疗效确切、临床价值高的中药创新的研发和产业化。

（2）产业化技术。重点发展中药成分规模化高效分离与制备技术，符合中药特点的缓控释、经皮和粘膜给药、物理改性和掩味等新型制剂技术，提升生产过程质量控制水平，提高检验检测技术与标准。

4. 药用辅料

发展基于“功能相关性指标”的系列化药用辅料，细分产品规模，提高质量，满足仿制药质量和疗效一致性评价的需要，重点发展纤维素及其衍生物、高质量淀粉及可溶性淀粉、聚山梨酯、聚乙二醇、磷脂、注射用吸附剂、新型材料胶囊等系列产品。开发用于高端制剂、可提供特定功能的辅料和功能性材料。重点发展丙交酯乙交酯共聚物、聚乳酸等注射用控制材料，PEG 化磷脂抗体修饰用磷脂等功能性合成磷脂，玻璃酸钠靶向衍生物及壳聚糖靶向衍生物等。

5. 制药设备

重点发展缓控释、透皮吸收、粉雾剂等新型制剂工艺设备，大规模生物反应器及其附属系统，蛋白质高效分离和纯化设备，柔性化无菌制剂生产线，连续化固体制剂生产设备，先进粉体工程设备，异物化学检测设备，高速智能包装生产线，适用特殊岗位的工业机器人等。提高制药设备的集成化、连续化、自动化、信息化、智能化水平。

展望未来，我国制药工业发展前景广阔。到“十三五”末期，中国具有自主知识产权的新药的国际市场份额将大幅提高，制药工业向中高端迈进，为实现由制药大国向制药强国转变奠定坚实的基础。

政策法规篇

Policies and Regulations

B.2
医保支付制度改革对药品使用的影响

赖诗卿 *

摘　要： 医保支付制度改革对药品市场影响很大。进入医保药品目录的产品占国内药品市场的60%左右，医保已是药品市场的最大买家。确立医保支付制度的目标是改革的核心问题，有效地控制药价虚高、过度医疗、药占比等突出问题是医改面临的重大课题。将改革目标锁定在医保支付方式上，确定“总额预付，按病种付费，医保支付标准”三项制度，从原来的后付制转为预付制。实际上就是一种包干制。在这种付费方式下，医院的管理，医生的诊疗，药品采购、药价的形式，企业的营销，政府的监管都将随之发生转变。

* 赖诗卿，国家卫生健康委员会体改司监察专员、客座教授。

关键词： 医保支付制度　分级诊疗　总额控制　行为监管

2017 年 6 月 20 日国务院办公厅印发《关于进一步深化基本医疗保险支付方式改革的指导意见》（国办发〔2017〕55 号，以下简称《指导意见》），这是我国最权威、最系统、最全面的医保支付方式改革的纲领性文件。政策覆盖三大医保（城镇职工医保、城市居民医保、新农合）所有的基金支付，内容涵盖预算管理、各种支付方式适用范围的选择、确定支付标准的协商谈判、医疗行为的监管和考核、费用结算办法以及相应的配套措施。

医保支付制度改革对药品市场影响很大。当前医保药品约占中国药品市场的 60%，医保已是药品市场最大购买方。据近年数据分析，医药制造业收入增速与医保基金支出增速基本趋于一致，医保基金成为决定药品行业增速的最大变量。

一　为什么要推进医保支付制度改革

原来的医保支付主要是按项目付费、按比例报销。这种支付方式存在以下问题：①刺激过度医疗；②推高药品耗材价格；③盲目引入高端医疗设备技术；④控费难度大。新一轮医改以来采用行政手段治理药价虚高和医疗机构过度医疗的成效甚微。这些行政手段包括原来的药品价格管理、药品集中采购以及控制药占比等。厘清行政管制和市场机制的关系一直是医改面临的一个重大课题。强基层、保基本、建机制，越来越需要医保支付制度改革来协同推进。

二　医保支付制度改革的内容

（一）改革目标

支付方式仅仅是政策工具，是为改革目标服务的，所以确立医保支付制度的目标是改革的核心问题。《指导意见》提出以下三个目标。

一是保障权益。保障参保人员权益，保证参保患者能够获得高质量的医疗服务。

二是控制费用。规范医疗服务行为、控制医疗费用不合理增长。

三是促进医改。充分发挥医保在医改中的基础性作用。

什么是基础性作用？习近平总书记指出，“要健全医保支付机制，健全利益调控机制，引导群众有序就诊，让医院有动力合理用药、控制成本、有动力合理收治和转诊患者、激发医疗机构规范行为控制成本的内在动力”。

所以这个基础性作用包括两个方面：一方面是促进医疗机构改变运行机制，激发医疗机构规范行为、控制成本、合理收治和转诊患者的内生动力；另一方面是推动医疗服务资源合理配置，引导医疗资源合理配置和患者有序就医，支持建立分级诊疗模式和基层医疗卫生机构健康发展。

（二）医保支付制度的基本原则

一是坚持保基本，坚持以收定支、收支平衡、略有结余；二是建立机制，医保支付制度改革的核心不在于账怎么算，而在于发挥医保第三方优势，通过建立机制，提高医疗机构自我管理的积极性，促进医疗机构从规模扩张向内涵式发展转变。

涉及两个核心机制——激励约束机制和协商谈判机制。

一是激励约束机制。医保付费方式不仅要实现控制费用的功能，更重要的是健全医保对医疗行为的激励约束机制和“结余留用、合理超支分担”风险分担机制。

二是协商谈判机制。可以促使医疗服务市场价格的形成。目前大部分药品价格由市场决定，但医疗服务价格还是政府定价，医保被动埋单。建立健全医保经办机构与医疗机构间公开平等的谈判协商机制，其一是可以促使政府定价转变为市场形成价格；其二是可以推动行政管制转变为契约化管理，医保与医疗机构建立平等的关系。在平等协商的基础上，通过供需双方权衡利弊，探索如何在保障医保、医院、患者这三者之间正常利益关系的同时，维持医疗服务质量和费用的平衡。

（三）分类改革

在总额预付的基础上，实行多元复合式医保支付方式。针对不同医疗服务特点，推进医保支付方式分类改革。

一是针对住院医疗服务，主要按病种、疾病诊断相关分组付费。

二是针对长期、慢性病住院医疗服务，可按床日付费。

三是针对基层医疗服务，可按人头付费，积极探索将按人头付费与慢性病管理结合。

四是针对不宜打包付费的复杂病例和门诊费用，可按项目付费。

五是探索符合中医药服务特点的支付方式，鼓励提供和使用适宜的中医药服务。

（四）改革重点：推行按病种付费

从国际经验看，按病种付费是住院费用支付的主要方式，而且将所有住院疾病都纳入按病种付费的 DRGs 更是国际住院费用支付方式改革的主流趋势。

住院费用占医保费用的大头，把住院按病种付费作为医保支付方式改革的重点，也就抓住了医保费用管理的“牛鼻子”。按病种付费，一方面能够控制病种的整体费用；另一方面能充分体现不同病种的资源消耗差异，特别是医生的技术劳动价值，是医保控费与医疗服务良性发展的一个平衡。

1. 按病种付费的三个关键

一是病种选择。对诊疗方案和出入院标准比较明确、诊疗技术比较成熟、临床路径稳定、综合服务成本差异不大的疾病实行按病种付费。根据国际疾病分类（ICD-10）、手术与操作编码系统（ICD-9-CM-3），确定具体病种，以住院手术病种及部分单纯性治疗项目为主，逐步将日间手术及符合条件的中西医病种门诊治疗纳入医保基金病种付费范围。所谓“日间手术”，就是一天内能完成并且出院的手术。这在大医院占很大比重，但由于目前的医保政策没有把日间手术纳入医保报销的范畴，患者只好住院手术，加重医院床位的紧张程度，浪费医疗资源，增加医保基金支出。

二是病种费用确定。要建立健全谈判协商机制，以既往费用数据和医保基金支付能力为基础，在保证疗效的基础上科学合理确定中西医病种付费标准，引导适宜技术使用，节约医疗费用。同时做好按病种收费、付费政策衔接，合理确定收费、付费标准，由医保基金和个人共同分担。建立医保付费病种支付标准动态调整机制。

三是医疗服务项目技术规范。实现全国范围内医疗服务项目名称和内涵的统一。逐步统一疾病分类编码（ICD－10）、手术与操作编码系统，明确病历及病案首页书写规范，制定完善符合基本医疗需求的临床路径等行业技术标准，为推行按病种付费打下良好的基础。

2. 开展按疾病诊断相关分组（DRG）付费试点

从国际经验看，DRG 是平衡医院、医保和患者三者关系的政策工具，有利于提高诊疗绩效、保障医疗质量、医保精准支付、促进机制转变。

DRG 是政策工具不是改革目标，是建立机制不是为了控费，只是付费方式之一。按疾病诊断相关分组（DRG）付费需要医院全员发动，包括临床医生、病案专家、IT 专家密切配合。需要一套规范，包括“疾病分类与代码（GB/T14396—2016），即中国 ICD－10 国标版”、“中国临床疾病诊断规范术语集”和“中国医疗服务操作分类与编码（CCHI）”；需要统一的疾病诊断标准和治疗标准；需要科学的诊疗规范。涉及三个核心工作：一是统一DRG 分组，二是 DRG 权重赋值，三是一整套配套的管理制度。

按病种付费就是打包收付费。这种付费方式下病人使用的药品、医用耗材和检查检验都成为医院诊疗服务的成本，而不是医院获得收益的手段。所以对医院和医生的行为会发生根本性的改变。

（五）完善按人头付费、按床日付费等支付方式

有条件的地区可探索将签约居民的门诊基金按人头支付给基层医疗卫生

机构或家庭医生团队，患者向医院转诊的，由基层医疗卫生机构或家庭医生团队支付一定的转诊费用。

鼓励医疗机构做好健康管理。逐步从糖尿病、高血压、慢性肾功能衰竭等治疗方案标准、评估指标明确的慢性病入手，开展特殊慢性病按人头付费（在美国慢性病患者运动记录与医保费用挂钩）。

对于精神病、安宁疗护、医疗康复等需要长期住院治疗且日均费用较稳定的疾病，可采取按床日付费的方式，同时加强对平均住院天数、日均费用以及治疗效果的考核评估。

（六）促进分级诊疗制度建设

结合分级诊疗模式和家庭医生签约服务制度建设，引导参保人员优先到基层首诊，对符合规定的转诊住院患者可以连续计算起付线，将符合规定的家庭医生签约服务费纳入医保支付范围。

探索对纵向合作的医疗联合体等分工协作模式实行医保总额付费，合理引导双向转诊，发挥家庭医生在医保控费方面的“守门人”作用。

鼓励定点零售药店做好慢性病用药供应保障，患者可凭处方自由选择在医疗机构或到医疗机构外购药。

（七）加强医保基金预算管理，完善总额控制办法

1. 为什么要预算管理、总额控制

世界上没有十全十美的付费方式，各种付费方式都有自己的缺点。按病种付费、DRGs 可以控制单个病种的医疗费用支出，但不能控制所有住院的医疗费用总支出，医疗机构仍然可以通过低标准入院、重复和分解住院等方式来增加住院总费用支出；按床日付费只能控制单日的医疗费用，但可能会通过增加住院天数促使住院费用不合理地增长；按人头付费虽然可以控制门诊总费用的支出，但无法对住院费用产生约束，甚至有可能因为控制门诊费用诱发不合理住院的增加。

在当前医疗服务行为失范、医疗机构粗放扩张式发展、医疗资源配置严

重失衡的情况下，各种支付方式及其复合式组合可能都无法控制医疗总费用的过快增长。所以《指导意见》特别强调，要加强医保基金的预算管理、完善总额控制。全面实施总额控制是医保支付方式改革的基础。

2. 完善总额控制的具体管理措施和方法

一是完善“直分法”。将预算指标“直接”分解到医疗机构的方法称为“直分法”。2012 年人社部出台的《关于开展基本医疗保险付费总额控制的意见》所规范的就是这种形式的总额控制。目前多数统筹地区都是采用“直分法”。

二是探索“点数法”。点数法就是不把预算指标分解到每家医疗机构，代之以仅仅实行统筹地区层面的总额控制，并把地区范围的总额控制和全面的按病种付费充分融合起来的支付方法，地方称为“按病种分值付费”。简单来讲，点数法有六个步骤：确定分配的基金总额；确定医疗机构的等级系数；确定病种；确定每个病种的点数；计算点值（预算总额/总点数）；确定年终每个医疗机构的基金预算分配额，如某医院全年的总点数×点值×医院等级系数。

三是医保总额预付制应该建立“结余留用、超支合理分担”的激励约束机制。

3. 坚定不移推行医保基金总额控制

一是实现三个全覆盖。实现所有统筹地区全覆盖、实现三项医保制度全覆盖、实现所有医疗服务项目和费用全覆盖。二是控制个人费用负担。在实行医保基金总额控制的同时，进一步全面实行医疗总费用的总额控制，控制个人自付的经济负担。三是精细化。从粗放型总额控制向精细型总额控制下复合式支付过渡，包括依据大数据分析，更加科学合理地确定医疗机构总额控制指标。四是动态化。完善医保经办机构与医疗机构的协商谈判机制，建立考核评价体系和动态调整机制。

（八）支付标准科学　合理确定医保

2015 年 5 月国家发改委出台《推进药品价格改革的意见》（发改价格

〔2015〕904 号）。除麻醉药品和第一类精神药品外，取消原政府制定的药品价格，提出了医保部门拟定医保药品支付标准的规则，探索建立引导药品价格合理形成的机制。药品价格管理开始由“最高零售价格”向“医保支付标准”模式转变。

制度内涵：医保基金支付药品和医疗服务项目费用的结算基准。

政策目标：发现市场真实价格，引导价格合理形成。

两种方法：竞争性药品的医保支付标准采用同类产品参考价的办法，垄断性产品采用谈判的办法。

三个要素：一是一致性评价的进程，决定是用商品名还是用通用名；二是数据信息标准化，决定药品价格信息采集的准确性和可比较性；三是药物经济学评价和合理的数据分析模型，决定支付标准的科学性。

（九）医保对医疗行为的监管

监管重点：实行医疗费用和医疗质量双控制。

分类考核：将考核结果与医保基金支付挂钩。

智能监控：实现医保费用结算从部分审核向全面审核转变，从事后纠正向事前提示、事中监督转变，从单纯管制向监督、管理、服务相结合转变。

探索医保医师制度：探索将医保监管延伸到医务人员医疗服务行为的有效方式，将监管考核结果向社会公布，促进医疗机构强化医务人员管理。

（十）协同推进医药卫生体制相关改革

医保支付方式改革必须三医联动。建立区域内医疗卫生资源总量、医疗费用总量与经济发展水平、医保基金支付能力相适应的宏观调控机制，控制医疗费用过快增长。推行临床路径管理，提高诊疗行为透明度。建立医疗机构效率和费用信息公开机制，将费用、患者负担水平等指标定期公开，接受社会监督，并为参保人就医选择提供参考。完善公立医疗机构内部绩效考核和收入分配机制，引导医疗机构建立以合理诊疗为核心的绩效考核评价体系，体现多劳多得、优劳优酬。规范和推动医务人员多点执业。

三　医保支付制度改革对药品使用的影响

（一）两个机制的影响

“结余留用、合理超支分担”的激励和风险分担机制，将促进医疗机构运行机制转变，药品、耗材、检查检验从原来的收入变为成本，将促进医疗机构从规模扩张向内涵式发展转变。这是医改的关键，也是医保支付方式改革目标所在。协商谈判机制将促使药品和医疗服务市场价格的形成，进一步推进市场化进程。

（二）三大制度的影响

总额预付、按病种付费、医保支付标准三项制度都是从原来的后付制转变为预付制。实际上就是一种包干制。在这种付费方式下，医院管理行为、医生诊疗行为、药品采购方式、药价形成机制、企业营销模式、政府监管方式都将随之发生转变。

这是一个伟大变革的时代，达尔文在《物种起源》中对丛林法则有过经典论述：存活下来的物种，不是那些最强壮的种群，也不是那些智力最高的种群，而是那些对变化做出最积极反应的物种。

B.3
医药新政对制药工业的影响

张自然*

摘　要： 2015年《国务院关于改革药品医疗器械审评审批制度的意见》（国发〔2015〕44号）发布以来，中国制药工业掀起了以创新为基调的空前变革，一方面对已上市的17万个批文开启了一致性评价，另一方面实施药品上市许可人制度，使药品批文与药品生产企业解绑，终止新的药品生产企业的继续上马，提高行业产能利用率。

关键词： 一致性评价　药品上市许可人制度　制药工业

一　仿制药一致性评价对医药工业的影响

仿制药一致性评价是指对已经批准上市的仿制药，按与原研药品质量和疗效一致的原则，分期分批进行质量一致性评价。2012年2月，国务院印发《国家药品安全"十二五"规划》，明确提出"部分仿制药质量与国际先进水平存在较大差距"。2015年11月发布《关于开展仿制药质量和疗效一致性评价的意见（征求意见稿）》，2016年3月5日国务院办公厅下发《关于开展仿制药质量和疗效一致性评价的意见》，2016年5月26日国家食药监总局对仿制药一致性评价最后定稿，发布关于落实《关于开展仿制药质量和疗效一致性评价的意见》有关事项的公告，并列出2018年底前须完成

* 张自然，中投中财基金管理有限公司执行董事、博士。

仿制药一致性评价品种目录，也就是国家基本药物目录（2012 年版）中 2007 年 10 月 1 日前批准上市的化学药品仿制药口服固体制剂。一致性评价工作对中国的制药工业有着非常积极的影响。

（一）有利于提高药品的有效性

我国仿制药在保障百姓健康和推动中国医疗卫生事业发展中发挥了不可替代的作用，但部分品种在质量和疗效上跟原研药存在一定差异。通过一致性评价工作，我国仿制药质量能够得到大幅提升，百姓用药的有效性也能随之得到保障，如上海医药工业研究院以双氯芬酸钠为例的研究表明，国产的与原研的扶他林相比，相对生物利用度方面差距明显。

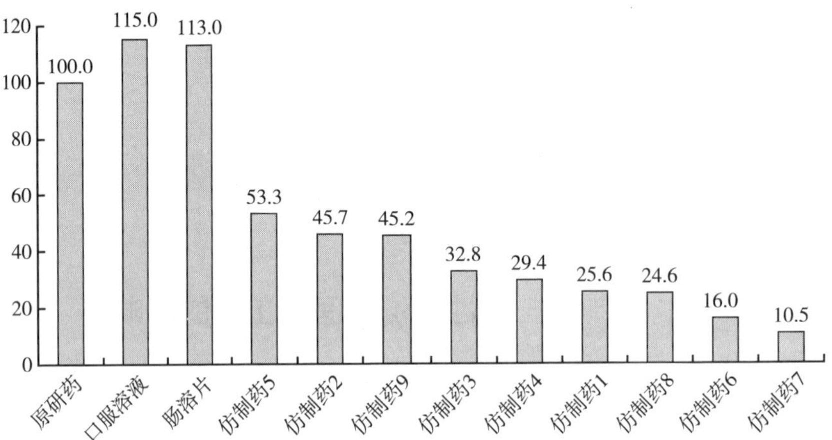

图 1　我国仿制药与被仿制原研药差距明显：以扶他林（双氯芬酸钠）为例

资料来源：上海医药工业研究院。

（二）有利于提升医药行业发展质量

进一步推动医药产业国际化。我国是制药大国，但并非制药强国。在国际医药市场，我国还是以原料药出口为主，制剂出口无论是品种还是金额，所占的比重都较小，而造成这一现象的根本原因在于制剂水平相对落后。仿制药一致性评价，将持续提高我国的药用辅料、包材以及仿制药质量，加快我国医药产业的优胜劣汰、转型升级步伐，提升我国制剂生产水平，进一步推动我国制剂产品走向国际市场，提高国际竞争能力。如中国的仿制药被美国 FDA 的认可程度逐渐增加。

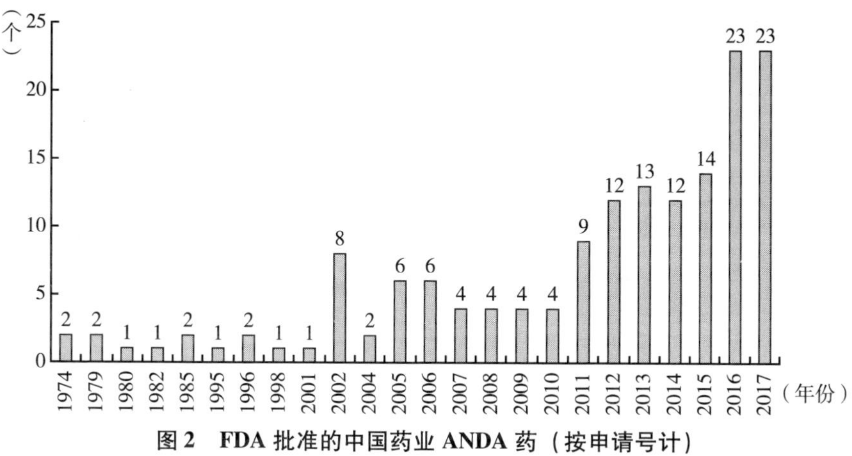

图 2　FDA 批准的中国药业 ANDA 药（按申请号计）

资料来源：上海医药工业研究院。

（三）提高行业集中度

我国通过 GMP 的药企有 4300 多家，绝大多数是仿制药企业，“小、散、乱”现象突出，也是受到一致性评价政策冲击的主要对象；目前 CFDA 共批准 16 万多个药品批文，将近一半的是僵尸批文。通过一致性评价工作，将不能通过一致性评价的药品淘汰出局，从而淘汰过剩产能、提高行业集中度、提高行业利润率，最终促进医药行业发展。

中国已上市的药品批文众多，但利用率很低，且质量堪忧，通过一致性评价将对行业进行彻底洗牌。

表 1　中国药品品种、批文利用率

单位：个，%

类别	总数	上市销售数	占比
品种	16738	11946	71.40
批文	162483	69220	42.60

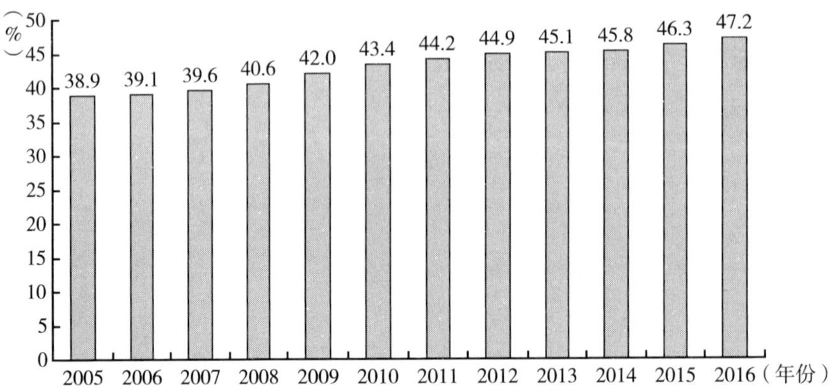

图3　医药工业企业百强集中度上升趋势

二　药品上市许可持有人制度对医药工业的影响

药品上市许可持有人（MAH）制度是欧美和日本等发达国家和地区在药品监管领域的通行做法，该制度的最大特点在于药品生产许可和上市许可的申请相互独立。目前，我国仍然施行“生产文号”制度，即药品属于生产厂家，而 MAH 制度下药品属于持有人，可委托不同厂家进行生产。2016 年 6 月，CFDA 公布了《药品上市许可持有人制度试点方案》，在北京、天津、上海等 10 个省份进行 MAH 制度试点。

（一）促使药品生产许可和上市许可分离

MAH 制度带来的最直接改变是药品生产许可和上市许可的申请相互独立。以日本为例，2005 年前施行生产和上市合并管理的审批制度，药品获得上市许可需要与生产企业绑定。2005 年 4 月，日本开始执行 MAH 制度，实现了从“生产许可”到“上市许可”的转变，获得生产许可的药品可直接委托拥有生产许可证的生产商进行代加工。MAH 制度的引入进一步促进了日本制药工业的发展（主要制药公司开始重组，剥离其生产部门），为新药研发和委托生产提供了更好的政策环境，同时也加强了持有人的责任。伴随新《药事法》的实施以及 PDMA 评审效率的改进，日本制药企业全面进入自主研发时代。

中国制药工业产能利用率固体制剂为 40% ~50%、注射剂为 60% ~70%。

（二）促进专业分工

MAH 制度有利于产业结构调整和资源配置，提高产业集中度。MAH 制度使得研发能力强的公司和个人可以单独拥有产品，把利润相对较低的制造环节剥离，实现专业分工。同时，研发实力弱的公司可能面临被淘汰的风险；而大型制药企业可以利用生产制造方面的优势与持证人合作，实现资源配置优化。

（三）直接利好 CMO（合同加工外包）企业

MAH 制度可催生出生产订单，具备较强生产能力的企业可最大限度利用自身资源承接委托生产等外包服务，打造生产端核心竞争力，促进自身发展。

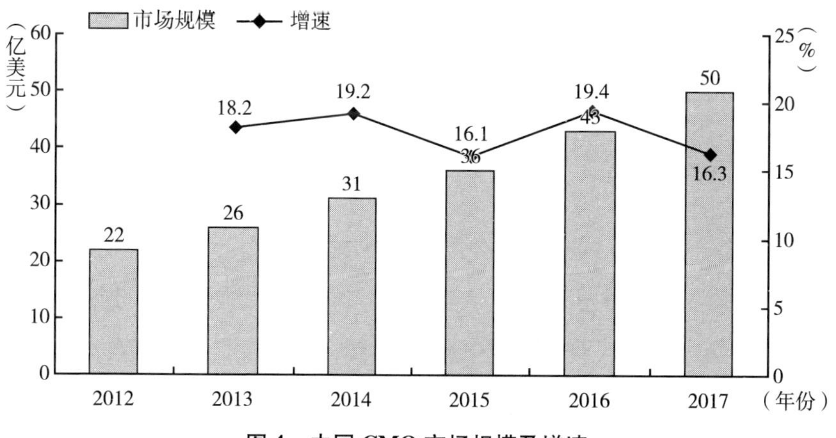

图 4　中国 CMO 市场规模及增速

资料来源：Informa，合全药业公开转让说明书，中信证券研究部。

B.4
关于促进仿制药发展的相关政策解读

赖诗卿 *

摘　要：　本文对国务院发布的《关于改革完善仿制药供应保障及使用政策的意见》做了深层次的解析。从如何有效引导高质量有序仿制、优化医药产业结构、加强仿制药技术攻关、强化药品知识产权保护、鼓励新药创制、明确药品专利实施强制许可路径、提升仿制药质量疗效等方面阐述了文件的重点精神，并指出应坚持鼓励创新和鼓励仿制并重的原则，解决“用得上”“用得好”“用得起”的问题，实现我国由制药大国向制药强国的跨越。

关键词：　政策解读　仿制药　供应保障　使用政策

2018 年 3 月 21 日国务院办公厅印发《关于改革完善仿制药供应保障及使用政策的意见》（国办发〔2018〕20 号），坚持鼓励创新和鼓励仿制并重的原则，从促进仿制药研发、提升仿制药质量疗效、完善支持政策等三个方面提出十五条具体措施，重点要解决“用得上”“用得好”“用得起”的问题，推动我国由制药大国向制药强国的跨越。

---

* 赖诗卿，国家卫生健康委员会体改司监察专员、客座教授。

一　我国仿制药发展基本情况

（一）仿制药是与被仿制药具有相同的活性成分、剂型、给药途径和治疗作用的替代药品

中国经历过“缺医少药”的历史，那时政府鼓励药品生产，药品曾一度存在重复仿制和低水平生产等问题。直到 2007 年国家药监局修订了《药品注册管理办法》，仿制药才开始按照国际标准审核。

2015 年 8 月国务院印发《关于改革药品医疗器械审评审批制度的意见》（国发〔2015〕44 号），将仿制药审批标准从“仿已有国家标准的药品”调整为“仿与原研药品质量和疗效一致的药品”。2016 年 3 月国办印发《关于开展仿制药质量和疗效一致性评价的意见》，要求化学药品新注册分类前批准上市的仿制药品，在质量和疗效上与原研药能够一致，在临床上与原研药可以相互替代。

（二）我国是仿制药大国，但不是仿制药制造强国

我国制药企业 90% 以上都是仿制药企业。仿制药市场规模占整体药品市场规模的 60% 以上，化学药市场规模占全部市场规模的 95%。但我国仿制药在 WHO 药品预认证项目中，通过认证的品种尚不足印度的 1/10，每年获得美国 FDA 批准的仿制药在 10 种左右。仿制药的市场份额与原研产品甚至进口仿制药相比存在较大差距。

（三）国外专利药品价格高，难以形成“专利悬崖”现象

针对专利药的高价，国际上普遍大力发展仿制药。通常仿制药大量上市后的 6 个月内，价格会降到专利药的 20% 左右，而专利药的销售额会下降 70%，这种现象被称为“专利悬崖”。

但“专利悬崖”现象在中国难以形成。很多进口药原料都是中国制造、

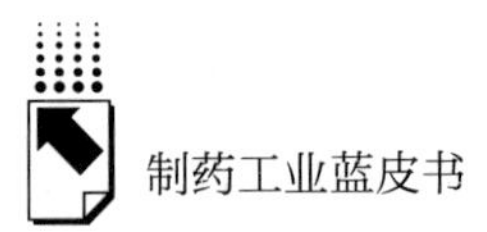

中国生产、中国包装，过了专利期后，仍然价格不降、销量不减。很多在全球销售极度萎缩的产品在中国仍然大放异彩。据中国医药保健品进出口商会2017年的进出口数据，我国西药进口额为171.57亿美元，核算人民币1158.4亿元，列前十的品种多为专利到期药物。

问题在哪里？我国仿制药研发能力弱、投入不足；低水平仿制、重复仿制；针对不少到期的进口专利药，国内尚没有实现仿制；生物药仿制能力不强，新兴的抗肿瘤类专利过期生物药方面，在我国只有少数几种实现仿制。

（四）仿制药政策的国际经验

国际上普遍采取鼓励创新和鼓励仿制并重的政策取向。印度主要通过制定严格的药品专利授予标准、对“常青专利”予以严格限制、注重发挥强制许可的威慑作用、鼓励有能力的企业积极提出强制许可申请等措施，促进仿制药的发展。印度从仿制药起步，经过50多年的发展，已经是全球主要药物出口国家和美国仿制药的最大进口来源国，占据全球仿制药20%的市场份额。美国通过简化仿制药审评审批流程、推进仿制药替代使用、建立“桔皮书”制度、适度实施药品强制许可等政策，促进仿制药发展。美国为全球最大医药市场，2016年处方药市场中，89%为仿制药，过去10年仿制药为美国节约了约1.68万亿美元的医疗费用。中国有着更大的用药群体，更需要通过仿制药来增加药品供应和减轻医药负担，必须加快制定仿制药供应保障及使用政策。

（五）仿制药的作用和价值

一是仿制药可以打破药品市场垄断格局，形成竞争，促使药品价格下降。据美国FDA 2011年统计，第1个仿制药价格一般会降低到原研药的94%；自第2个仿制药开始，价格降幅加大，平均下降到52%的水平；到第9个仿制药，价格将下降到20%。

二是做好仿制药是发展医药工业和形成研发能力的前提。仿制药并非不需要研发，尽管专利失效，但仍然存在工艺合成等问题。生产出具有生物等效性的药品，需要制药企业拥有较高的研发水平和扎实的工业基础。

二 《关于改革完善仿制药供应保障及使用政策的意见》的解析

（一）在促进仿制药研发方面采取的措施

一是制定鼓励仿制的药品目录。如何有效引导高质量有序仿制、优化医药产业结构，是文件的重要着力点。对临床必需、疗效确切、供应短缺的药品，重大传染病、突发公共卫生事件所需药品，罕见病、儿童用药和专利到期前一年尚没有提出注册申请的药品，制定鼓励仿制的药品目录，及时发布药品供求信息。对列入目录内的药品注册申请优先审评审批。同时建立中国上市药品目录集，公示技术规范，引导仿制药科学研发。

二是加强仿制药技术攻关。将鼓励仿制药品的关键共性技术研究列入国家相关科技计划。健全产学研医用协同创新机制，建立仿制药技术攻关联盟。发挥企业的主导作用和医院、科研机构、高等院校的基础支撑作用，联动研发药用原辅料、包装材料和制剂。

三是强化药品知识产权保护。加强药品知识产权保护、鼓励新药创制，符合我国建设创新型国家和促进医药产业创新发展的需求，对保护和激发我国民族医药创新活力将会发挥积极作用。

药品是关系到公众健康的特殊商品，因对药品的知识产权的过度保护而带来的垄断必然抬高药品的价格。按照鼓励新药创制和鼓励仿制药研发并重的原则，进一步研究完善与我国经济社会发展水平和产业发展阶段相适应的药品知识产权保护制度，既要鼓励创新，也要鼓励仿制，在健康权与药品知识产权间取得平衡。

国家要着重实施专利质量提升工程，培育更多的药品核心知识产权、原始知识产权、高价值知识产权。加强知识产权领域反垄断执法，在充分保护药品创新的同时，防止知识产权滥用。要建立完善药品领域专利预警机制，降低仿制药企业专利侵权风险。

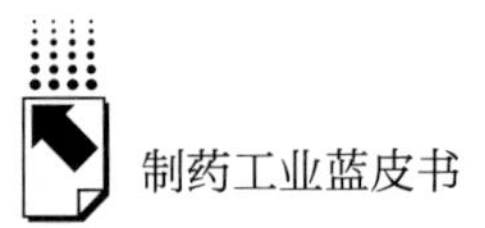

四是明确药品专利实施强制许可路径。药品专利强制许可是指专利行政部门依照专利法规定，不经药品专利权人同意，直接允许其他单位或个人实施其发明创造的一种许可方式，又称非自愿许可。

药品专利强制许可制度是 TRIPS（关贸总协定知识产权保护协议）赋予各国平衡药品专利独占权与患者健康权之间利益冲突的非常规措施。世界贸易组织在《多哈宣言》协议中明确指出世界贸易组织成员可使用药品专利强制许可的权利。《多哈宣言》明确指出当成员处于诸如艾滋病、疟疾、结核病和其他流行病造成的公众健康危机时，即构成可以实施药品专利强制许可的“紧急状态”。

我国《专利法》明确规定，有下列情形之一的，国务院专利行政部门根据具备实施条件的单位或者个人的申请，可以给予实施专利强制许可。

一是专利权人自专利权被授予之日起满 3 年，且自提出专利申请之日起满 4 年，无正当理由未实施或者未充分实施其专利。

二是专利权人行使专利权的行为被依法认定为垄断行为，为消除或者减少该行为对竞争产生的不利影响。

三是在国家出现紧急状态或者非常情况时，或者为了公共利益的目的，国务院专利行政部门可以给予实施专利强制许可。

文件明确了依法分类实施药品专利强制许可的以下路径。

一是鼓励专利权人自愿许可。

二是有条件的单位和个人依法提出强制许可请求。

三是设置应急通道。在国家出现重特大传染病疫情及其他突发公共卫生事件或防治重特大疾病药品出现短缺、对公共卫生安全或公共健康造成严重威胁等非常情况时，由国家依法实施强制许可。

从各国实施的案例来看，发达国家多将“强制许可”作为专利药品的供应保障问题（可获得性）的主要措施。而发展中国家更希望通过实施强制许可，允许仿制药在专利期内合法上市，试图减轻艾滋病和恶性肿瘤领域由高价专利药所造成的较大的公共财政负担，但也易引发国际贸易争端。

（二）在提升仿制药质量疗效方面采取的措施

一是加快推进仿制药质量和疗效一致性评价工作。这是对仿制药质量的历史补课。2016 年 3 月 5 日国务院办公厅发布《关于开展仿制药质量和疗效一致性评价的意见》，明确提出 2007 年 10 月 1 日前批准上市口服化药，在 2018 年底前必须完成一致性评价，逾期未完成的，不予再注册。20 号文件要求对临床使用量大、金额占比高的品种，要加快工作进度；对临床必需、价格低廉的品种，要采取政策支持措施。

二是提高药用原辅料和包装材料质量。强化药品质量全过程、全环节管理，同步提高原辅料和包装材料质量。

原料药是制剂中的活性成分，其质量和一些关键的理化性质是决定制剂质量以及安全性、有效性的重要因素。辅料可影响制剂的生产以及活性成分从制剂中的释放、吸收，也可影响活性成分和制剂的稳定性等，进而影响药品的安全性和有效性。辅料本身的质量也可能带来安全性隐患。如果同一来源的辅料在不同批次之间存在较大的质量差异，会影响制剂质量及批间质量一致性。即使同一品名的辅料也可能具有不同的质量特性、物理性质，对制剂的生产和质量会产生不同的影响。

三是提高工艺制造水平。提高关键设备的研究制造能力和设备性能，提升关键工艺过程控制水平。推进药品生产质量控制信息化建设，实现生产过程实时在线监控。完善企业生产工艺变更管理制度。

药品工艺制造水平是影响药品制剂质量的核心内容。我国制药设备在净化能力、在线清洗、在线监控水平方面还有待进一步提高，在生产连续化、自动化、人性化方面与发达国家相比还有差距。

行业普遍忽视生产过程控制对保证药品质量以及批件质量一致性的重要作用，处方工艺研究不系统、不充分，难以真正识别出可能影响制剂质量的各种风险因素，难以保证药品质量和整个生命周期内的质量一致性。

因此，要提高仿制药质量，必须提高药品工艺制造水平，深入系统开展处方工艺研究，识别影响制剂关键质量属性的关键物料属性和关键工艺参数，建立完善的控制策略，保证制剂质量在其整个生命周期内的稳定。

我国在药品注册申请时，已加强对处方工艺研究中关键工艺步骤、工艺参数界定、生产过程控制等方面的技术要求。

四是严格药品审评审批。完善仿制药注册申请的技术标准和指南体系，提高仿制药质量安全水平和审评审批效率，对仿制药按与原研药质量和疗效一致的原则受理和开展审评审批。优先审评审批国家实施专利强制许可的药品、国家鼓励仿制的药品以及国家科技重大专项支持的仿制药。

五是加强药品质量监管。加快推进覆盖仿制药全生命周期的质量管理和质量追溯制度，严肃查处数据造假、偷工减料、掺杂使假等违法违规行为，强化责任追究。

（三）完善支持政策，改善使用环境

发展仿制药就是为了替代原研产品，美国是仿制药替代率最高的国家，1984 年所有的州都颁布了仿制药替代法，即使是商品名处方，只要处方上不标明不可替代，药师就可以配发仿制药。其中有 12 个州要求实施强制替代。欧洲的丹麦、芬兰、法国、挪威、西班牙也实施同类替代政策。2002 年瑞典宣布实施最低价仿制药替代政策，在药品采购、药品使用和医保支付三个环节促进仿制药的替代使用。

一是按药品通用名编制采购目录，及时将符合条件的仿制药纳入采购目录范围，并及时启动采购程序，促进质量和疗效一致的仿制药与原研药平等竞争。

二是促进仿制药替代使用。将质量和疗效一致的仿制药纳入与原研药可相互替代药品目录，在说明书、标签中予以标注，便于医务人员和患者选择使用。同时，加强药事管理，严格落实按药品通用名开具处方的要求。加强医疗机构药品合理使用情况考核，强化药师在处方审核和药品调配中的作用。

三是发挥基本医疗保险的激励作用。加快制定医保药品支付标准，与原研药品质量和疗效一致的仿制药，按照通用名原则和原研药按相同标准支

付。建立完善基本医疗保险药品目录动态调整机制，及时将符合条件的仿制药纳入医保目录。对进入基本医疗保险药品目录中的药品不得按商品名或生产厂家进行限定。及时更新医保信息系统，确保符合条件的仿制药能及时进入目录，纳入医保支付范围。

四是落实税收优惠政策和价格政策。鼓励地方结合实际出台支持仿制药转型升级的政策措施，加大扶持力度，支持仿制药企业工艺改造。推进药品价格改革，完善以市场为导向的价格形成机制，做好采购、医保等政策的衔接。加强价格监测预警，严厉打击价格垄断等违法违规行为。

五是加强与相关国际组织和国家的交流。加快药品研发、注册、上市销售的国际化步伐，支持企业开展国际产能合作，建立跨境研发合作平台，推动仿制药产业国际化。

六是加大宣传引导力度，提升使用仿制药信心，改变不合理用药习惯，推动仿制药的替代使用。

B.5
加速仿制药替代原研药，降低药费支出

张自然*

摘　要： 本文就如何通过加速发展 ANDA（仿制药）来降低药费进行分析。美国虽然药品研发能力很强，但仍然是全球最大的仿制药市场，据 IMS 统计，2013 年全球仿制药市场规模达 1600 亿美元，其中美国为 500 亿美元。中国现存的 17 万个药品批文绝大多数是仿制药，中国仿制药市场规模接近 5000 亿元。

关键词： 仿制药　一致性评价　药费

一　通过仿制药降药费国际经验

仿制药的价格将随着参与仿制药生产企业数量的增多而相应下降，当市场存在 2～5 家企业竞争时，价格迅速下滑到 33%～52%，竞争企业越多，则价格将降得越低。

据 IMS 统计，2007～2016 年，仿制药为美国医疗卫生体系共计节省了 1.67 万亿美元。

---

* 张自然，中投中财基金管理有限公司执行董事、博士。

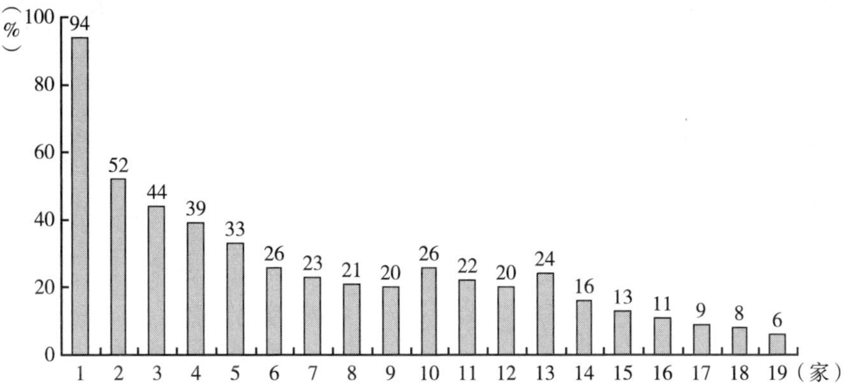

图 1　仿制药厂商数量与相对原研药价格关系：平均单剂量相对价格

资料来源：《新英格兰医学杂志》。

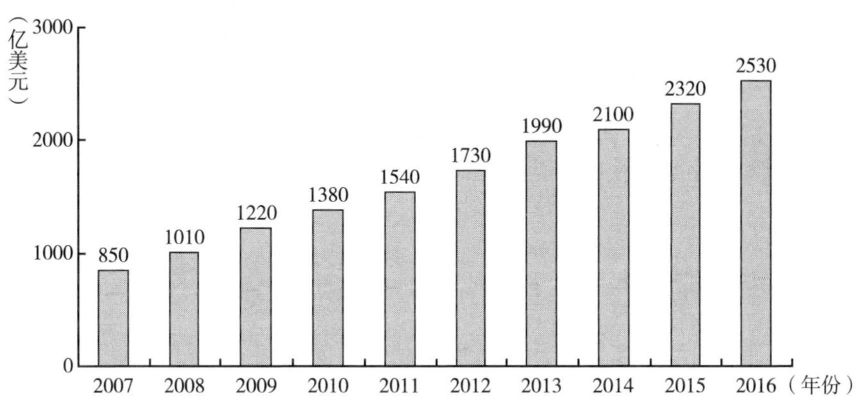

图 2　美国仿制药节省医疗卫生费用金额

资料来源：IMS。

二　中国的仿制药因何没能降药费

（一）质量差异

长期以来，我国的仿制药质量与原研药有着巨大的差距，也就不可能像国外仿制药那样来替代原研药，从而降低药费支出。以扶他林（双氯芬酸钠）为例，国产仿制药的生物利用度与原研药存在较大差异，如图3所示。

可以看出，国产药与原研药生物利用度差异明显。

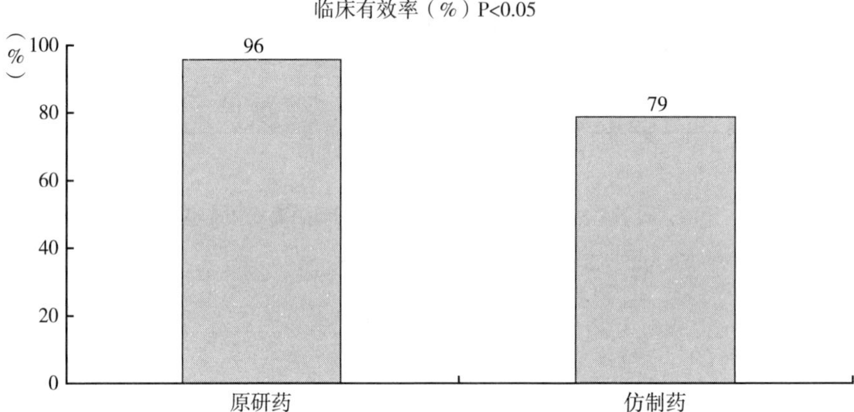

图3 阿奇雷素原研药临床有效性远高于仿制药

资料来源：CNKI，光大证券研究所。

（二）招标层次

招标时，国产药与原研药及过期专利药不能在同一质量层次，原研药及过期专利药价格也就难以降低。

表1 国产仿制药与原研药中标价格比较

药品通用名	规格	中标价（元）	厂家	中标省份	中标时间	原研药/仿制药（价格）
兰索拉唑肠溶胶囊	30mg×14粒	141.73	天津武田	重庆	2016年4月28日	2.24倍
	30mg×7粒	32.43	深圳致君			
	30mg×14粒	63.30	上海爱的发制药			
硫酸氢氯吡格雷片	75mg×7片	114.00	赛诺菲	四川	2016年4月19日	2.31倍
		49.28	乐普医疗			
		62.12	信立泰			

续表

药品通用名	规格	中标价(元)	厂家	中标省份	中标时间	原研药/仿制药(价格)
阿托伐他汀钙片	10mg×7 片	24.67	嘉林药业	重庆	2016 年 4 月 28 日	1.9 倍
		46.87	辉瑞制药			
瑞舒伐他汀	10mg×7 片	54.52	IPR	重庆	2016 年 4 月 28 日	1.81 倍
		39.88	海正药业			
	5mg×7 片	30.11	先声东元			
		38.23	京新药业			
阿卡波糖片	50mg×30 片	45.77	华东医药	重庆	2016 年 4 月 28 日	1.41 倍
		64.34	拜耳制药			
平均值						1.93 倍

资料来源：药智网，海通证券研究所。

三　中国将如何通过仿制药降药费

发展仿制药的基本途径有：对存量批文进行一致性评价，同时加速仿制药的研发。

（一）一致性评价

1. 已通过一致性评价的品种

目前，已通过一致性评价的共有 15 个品种（22 个品规），其中 289 目录之外的品种达 10 个（17 个品规），可见企业看到了一致性评价的市场潜力，主动加快了一致性评价的进程。国务院和 CFDA 在多个重磅文件中都提出对通过一致性评价的品种给予医保支付、招标采购、资金支持三个方面的优待，目前绝大多数省份也出台了一致性评价优惠政策（见表 2）。

2. 注射剂一致性评价

2017 年 12 月 22 日 CDE 发布了《已上市化学仿制药（注射剂）一致性评价技术要求（征求意见稿）》，2018 年 3 月 13 日 CDE 又发布了《药物注射剂研发技术指导意见》，将注射剂一致性评价提上了议事日程。和口服固体制剂相比，注射剂覆盖范围更广，涉及企业更多。2016 年我国注射剂用药规模达 7577 亿元，而临床使用的西药中注射剂超过 70%，其实，已有多家企业在做相关准备工作。截至 2017 年 11 月 20 日，拟进行一致性评价的注射剂品种有 66 个，提出注射剂参比制剂备案的企业已有 52 家。

表 2　各省份落地一致性评价品种优惠政策

<table>
<tr><th>省份</th><th colspan="3">优待政策</th></tr>
<tr><td>广西、黑龙江、湖北、吉林、辽宁、内蒙古、山东、山西、陕西、天津、西藏、新疆</td><td rowspan="3">招标采购优待</td><td>列入第 1 组</td><td></td></tr>
<tr><td>云南、江苏、宁夏、青海</td><td>列入第 2 组</td><td>资金奖励</td></tr>
<tr><td>贵州、河南、四川、海南</td><td>列入第 3 组</td><td>税收减免</td></tr>
<tr><td>安徽</td><td colspan="3">资金奖励</td></tr>
<tr><td>福建</td><td colspan="3">医保支持，资金支持</td></tr>
<tr><td>甘肃</td><td colspan="3">资金奖励；招标采购优待，直接纳入联合采购</td></tr>
<tr><td>上海</td><td colspan="3">财政补贴，优先纳入带量采购</td></tr>
<tr><td>浙江</td><td colspan="3">招标采购优待，同原研药品同等对待</td></tr>
<tr><td>江西</td><td colspan="3">资金支持</td></tr>
</table>

表 3　已经提交备案资料的注射剂品种

单位：家

品种名称	备案企业数	批准上市企业数
吉西他滨	11	14
甘草酸	6	78
重组人胰岛素	5	1
万古霉素	3	5
阿奇霉素	1	85
氨溴索	1	41
奥美拉唑	1	85
奥沙利铂	1	19
丙泊酚	1	8

续表

品种名称	备案企业数	批准上市企业数
伏立康唑	1	5
肝素	1	20
兰索拉唑	1	14
磷酸肌酸	1	6
硫辛酸	1	10
美罗培南	1	11
泮托拉唑	1	64
天麻素	1	31
紫杉醇	1	38

资料来源：搜狐。

表 4　已经提交备案资料的注射剂企业

单位：个

企业名称	备案品种数	申请参比药物数
辉瑞制药	20	20
吉林英联生物制药	8	
礼来制药	7	7
诺和诺德制药	7	7
深圳翰宇药业	6	
深圳万乐药业	5	
优时比制药	4	4
正大天晴药业集团	4	3
广东星昊药业	3	
广州一品红制药	3	
哈药集团生物工程	3	
杭州九源基因工程	3	
赫升瑞制药	3	3
湖南五洲通药业	3	
齐鲁制药	3	
西安利君制药	3	
浙江医药股份新昌制药厂	3	

资料来源：搜狐。

（二）仿制药

今后一段时间，将有多个药品专利到期，这将有巨大的市场空间供仿制药替代。

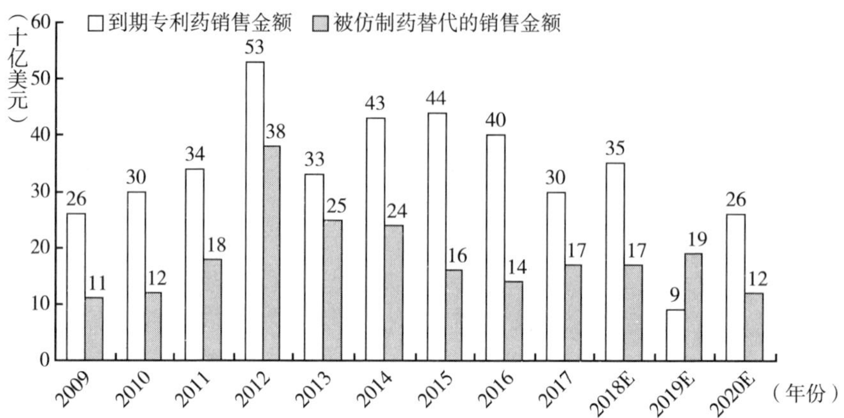

图4　到期专利药及仿制药替代市场潜力

资料来源：FDA，Bloomberg，东兴证券研究所。

对尚未上市的在研仿制药而言，完善专利制度是关键，2017 年 10 月 8 日发布的《关于深化审评审批制度改革鼓励药品医疗器械创新的意见》提出，完善专利制度的具体措施，包括建立上市药品目录集、探索建立药品专利链接制度、开展药品专利期限补偿制度试点、完善和落实药品试验数据保护制度等。

1. 建立上市药品目录集

通过列出专利和独占信息，保护专利权人合法权益，降低专利侵权风险，从而增强仿制药研发的积极性。

2017 年 12 月 29 日，首版《中国上市药品目录集》发布，共收录了 131 个品种、203 个品种规格，其中包括通过仿制药质量和疗效一致性评价的 13 个品种（17 个品规）。CFDA 将对新批准上市的新注册分类药品以及通过仿制药质量和疗效一致性评价的药品直接纳入《中国上市药品目录集》，实时更新。

在美国，第一个向 FDA 递交 ANDA 并含有 PIV 声明的仿制药，如果专利挑战成功，则 FDA 将给予 180 天的市场独占期。在这 180 天内，FDA 不再批准其他的 ANDA 持有人上市。在独占期，该仿制药将迅速抢占市场，并获取高额利润。

表 5　首仿药 180 天独占期的市场价值

单位：亿美元

专利药品牌	仿制药挑战者	预期利润
礼来的百忧解	BARR	8
默克的舒降之	TEVA	8
赛诺菲的泰素	IVAX	4.5
赛诺菲的波立维	APOTEX	2.5

资料来源：公司公告，中信证券研究部。

2. 探索建立药品专利链接制度

建立专利强制许可药品优先审评审批制度。

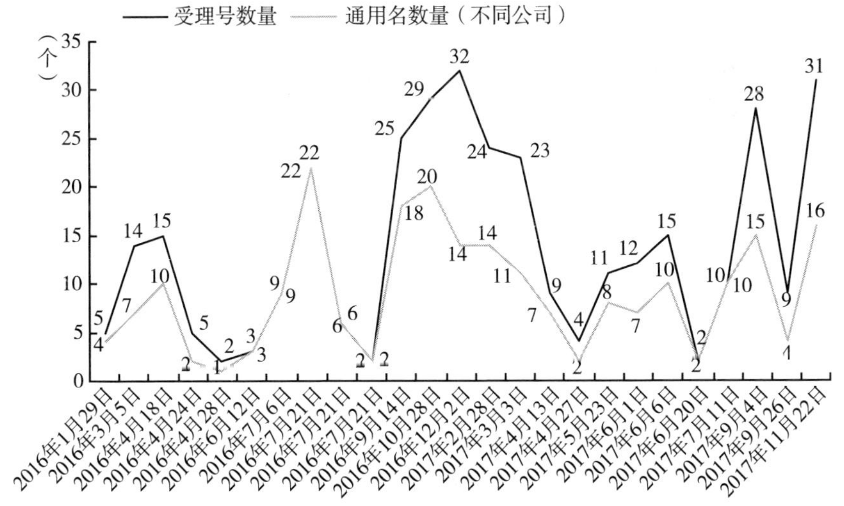

图 5　优先审评审批情况

资料来源：CDE，中国银河证券研究部。

2017 年 10 月 20 日，CDE 发布了关于征求《首批专利权到期、终止、无效尚且无仿制申请的药品清单》意见的通知，以引导仿制药研发生产。

表 6　国内药企重要专利挑战事件

项目	挑战单位	时间	药物	专利挑战结果
国内市场	石药集团	2014	甲磷酸伊马替尼	专利挑战成功,产品上市
	方正医药研究所	2015	盐酸莫西沙星氯化钠注射液	制剂专利被北京市高级人民法院宣告无效(2015),产品正申报上市(2017)
	双鹭药业	2017	来那度胺	专利挑战成功,产品上市
	信立泰	2017	普格瑞洛	化合物专利被国家知识产权局宣告无效
美国市场	华海药业	2017	帕罗西汀	专利挑战成功,产品上市

资料来源：公司公告，中信证券研究部。

随着国内药企科研水平的不断提高，中国制药企业的仿制药也得到了 FDA 的认可，中国药企取得 ANDA 的数量由 2008 年的 4 个上升到 2017 年的 38 个（见图 6）。其中，仅华海药业美国分公司普林斯通 2017 年就在 FDA 获得了 10 个 ANDA 的批准（见图 7），同时还对“在中国境内用同一批生产线生产并在美国、欧盟药品审批机构同步申请上市且通过了其现场检查的药品注册申请”给予优先审评审批资格等优待措施。

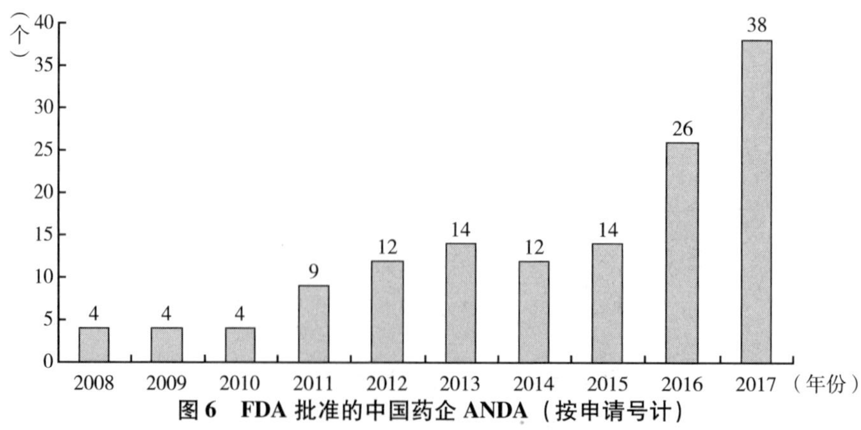

图 6　FDA 批准的中国药企 ANDA（按申请号计）

资料来源：药智网。

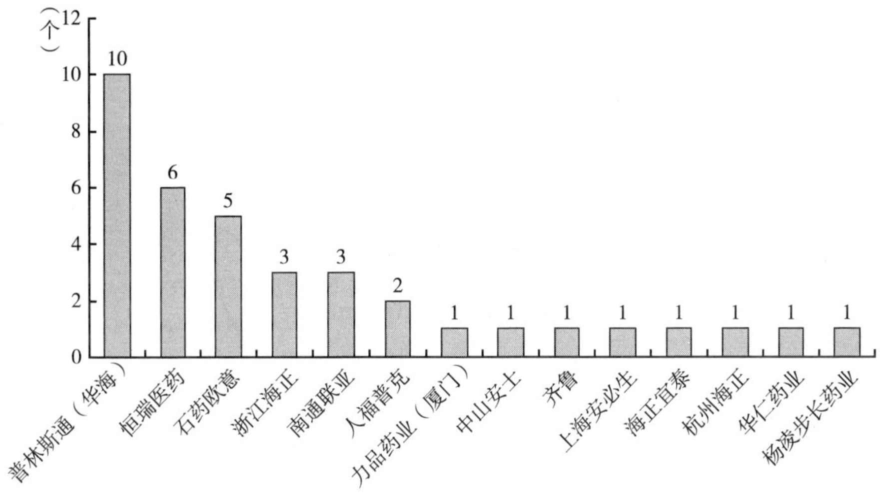

图 7　2017 年中国药企获 FDA 批准 ANDA 数排名（按申请号计）

资料来源：药智网。

建议相关部门加快一致性评价进程，对通过一致性评价的产品在招标采购和医保支付等方面和原研药实行同等待遇。同时，不断完善专利制度，完善仿制药研发环境，加速仿制药进展，多举并进，不断提高原研药替代率，以切实减轻患者负担。

行业发展篇

Industry Development

B.6 2017年制药工业上市公司运行情况分析

李文明*

摘　要： 上市公司数据是反映行业发展情况的重要指标。本文从172家制药工业上市公司公开披露的2017年年报入手，分析其收入规模、盈利水平、研发投入、市值规模、经营举措和战略布局等情况，总结中国制药工业的发展现状及未来趋势。

关键词： 上市公司　制药工业　战略布局

2017年中国经济运行总体平稳、稳中向好。经济活力、动力和潜力不

* 李文明，北京和君咨询有限公司合伙人、医药投资研究中心主任、执业药师。

断释放，稳定性、协调性和可持续性明显增强。中国经济已由高速增长阶段转向高质量发展阶段。

近年来，在药品一致性评价、鼓励创新、两票制及控制药占比等政策的影响下，中国的制药行业正在进行着深刻的结构调整和转型升级。笔者从2017年沪深两地上市的172家制药工业上市公司年报披露的信息中，分析其收入规模及增长、盈利水平、研发投入、市值规模及增长和战略实施等情况，总结中国制药工业的发展现状及未来趋势。

一 概况

2017年，172家制药工业上市公司合计实现总收入为5498亿元，同比增速为15.63%，扣非后归属于母公司净利润（以下简称“扣非净利”）为614亿元，同比增速为13.51%。由于“两票制”在全国各地的推行，部分制药企业营销模式发生变化，出现了增收不增利的现象，造成了整个行业扣非利润增速略低于收入增速的现象。

表1 制药工业上市公司收入及扣非净利情况

子行业	上市公司（家）	2016年总收入（亿元）	2017年总收入（亿元）	同比增速（%）	2016年扣非归母净利润（亿元）	2017年扣非归母净利润（亿元）	同比增速（%）
化学制剂	57	2040.35	2305.74	13.01	195.78	218.39	11.55
化学原料药	26	379.24	469.95	23.92	50.52	55.96	10.76
中药	67	2100.22	2434.41	15.91	241.02	272.20	12.94
生物制药	22	235.36	288.17	22.44	53.78	67.63	25.76
合计/平均	172	4755.17	5498.27	15.63	541.11	614.19	13.51

资料来源：Wind，和君整理。

在制药工业上市公司中，中药和化学制剂企业数量较多，规模较大，收入和扣非净利的增速接近于行业平均水平。

化学原料药和生物制品企业数量较少，规模也相应较小，收入和扣非净利的增速容易受到个别公司的影响。比如，化学原料药企业扣非净利的增速远远低于收入增速，主要是因为浙江医药和海普瑞出现了收入增长但扣非净利下滑的情况，如果剔除这两家公司的数据，化学原料药子行业的收入和扣非净利均呈现出24%左右的高速增长，这与原料药行业高景气周期密切相关。生物制品子行业收入和扣非净利增速均有较好的表现，主要是因为疫苗领域经历了2016年山东疫苗事件后出现爆发式增长，智飞生物、康泰生物等疫苗企业均有不俗的业绩表现。

二　收入规模及增长排名

按照2017年上市公司总收入排名，康美药业、云南白药和白云山位列前三，但事实上，这三家企业都含有较大规模的商业流通业务，如果剔除商业和贸易，排名前三的企业应该是白云山、恒瑞医药和步长制药。与国际制药巨头相比，国内制药工业上市公司的规模体量还很小，20家上市制药企业收入总和约2661亿元人民币（折合409亿美元）不及罗氏一家企业的制药业务收入。

从收入增速来看，科伦药业增速最快，达到33.49%，主要是因为“两票制”下营销改革及输液板块逐步回暖拉动公司整体业绩增长；其次是复星医药和人福医药，增幅均超过了25%，两家公司除内生式增长外，还凭借外延式并购加速业绩增长，如复星医药并购印度制药企业Gland Pharma，人福医药收购Ansell全球两性健康业务。

表2　国内制药工业上市公司收入排名

单位：亿元，%

排序	股票代码	公司简称	2016年收入	2017年收入	同比增速
1	600518. SH	康美药业	216. 42	264. 77	22. 34
2	000538. SZ	云南白药	224. 11	243. 15	8. 50
3	600332. SH	白云山	200. 36	209. 54	4. 58
4	600196. SH	复星医药	146. 29	185. 34	26. 69

续表

排序	股票代码	公司简称	2016 年收入	2017 年收入	同比增速
5	600535. SH	天士力	139. 45	160. 94	15. 41
6	600079. SH	人福医药	123. 31	154. 46	25. 26
7	603858. SH	步长制药	123. 21	138. 64	12. 52
8	600276. SH	恒瑞医药	110. 94	138. 36	24. 72
9	600085. SH	同仁堂	120. 91	133. 76	10. 63
10	600664. SH	哈药股份	141. 27	120. 18	-14. 93
11	002422. SZ	科伦药业	85. 66	114. 35	33. 49
12	000999. SZ	华润三九	89. 82	111. 20	23. 81
13	600380. SH	健康元	97. 22	107. 79	10. 88
14	600267. SH	海正药业	97. 33	105. 72	8. 61
15	600129. SH	太极集团	77. 88	87. 35	9. 84
16	000513. SZ	丽珠集团	76. 52	85. 31	11. 49
17	600420. SH	现代制药	91. 26	85. 18	-6. 66
18	600812. SH	华北制药	80. 82	77. 09	-4. 62
19	000423. SZ	东阿阿胶	63. 17	73. 72	16. 70
20	600062. SH	华润双鹤	54. 95	64. 22	16. 87
合计/平均			2360. 89	2661. 04	12. 71

资料来源：Wind，和君整理。

表 3　全球制药 TOP10 收入与研发投入情况

公司	2017 年制药业务收入(亿美元)	制药业务同比增长(%)	研发投入(亿美元)	2017 年中国区销售额(亿元)	同比增长(%)
罗氏	443. 68	12. 34	103. 92	113. 41	5. 05
辉瑞	525. 40	-0. 53	76. 57	233. 16	18. 00
艾伯维	282. 16	10. 39	49. 82	8. 59	20. 35
强生	362. 56	8. 34	105. 54	—	—
赛诺菲	366. 63	4. 20	66. 97	149. 12	13. 17
默沙东	353. 90	1. 00	100. 00	97. 76	7. 85
诺华	330. 00	1. 35	89. 72	118. 91	6. 60
吉利德	256. 62	-15. 55	33. 74	—	—
GSK	240. 38	7. 00	62. 35	45. 42	17. 51
安进	228. 49	-1. 00	35. 62	—	—

资料来源：Igeahub。

三　盈利规模及增长排名

按照2017年上市公司扣非净利排名，康美药业、恒瑞医药和云南白药位列前三，分别达到40.28亿元、31.01亿元和27.81亿元，三家公司多年来该项指标及其他核心财务指标均呈现稳健增长态势。

从增速来看，白云山增速最快，达到80.71%，主要是业务结构及产品结构调整导致整体毛利率提升所致；亿帆医药的增速为76.95%，仅次于白云山，主要是主打原料药产品价格上涨及主要子公司所得税率调整带来公司原料药板块净利润的大幅提升所致；片仔癀的增速排名第三，为48.40%，主要源于公司营销改革带来的终端布局持续扩大和深入，推动核心产品销量快速增长（见表4）。

表4　国内制药工业上市公司扣非归属净利润排名

单位：亿元，%

排序	股票代码	公司简称	2016年扣非归属净利润	2017年扣非归属净利润	同比增速
1	600518. SH	康美药业	33. 14	40. 28	21. 55
2	600276. SH	恒瑞医药	25. 90	31. 01	19. 76
3	000538. SZ	云南白药	27. 00	27. 81	3. 01
4	600196. SH	复星医药	20. 93	23. 46	12. 10
5	000423. SZ	东阿阿胶	17. 39	19. 61	12. 73
6	600332. SH	白云山	10. 71	19. 36	80. 71
7	000623. SZ	吉林敖东	15. 58	17. 08	9. 66
8	002001. SZ	新和成	11. 48	16. 46	43. 46
9	603858. SH	步长制药	15. 38	14. 53	-5. 55
10	002294. SZ	信立泰	13. 80	13. 95	1. 14
11	600535. SH	天士力	11. 55	13. 16	13. 91
12	002019. SZ	亿帆医药	7. 09	12. 54	76. 95
13	600566. SH	济川药业	9. 02	11. 54	28. 00
14	000999. SZ	华润三九	10. 70	11. 24	5. 11

续表

排序	股票代码	公司简称	2016年扣非归属净利润	2017年扣非归属净利润	同比增速
15	600085. SH	同仁堂	9. 10	9. 99	9. 75
16	600867. SH	通化东宝	6. 23	8. 35	34. 00
17	000513. SZ	丽珠集团	6. 82	8. 20	20. 16
18	600062. SH	华润双鹤	6. 58	8. 16	24. 09
19	000813. SZ	德展健康	6. 62	7. 89	19. 23
20	600436. SH	片仔癀	5. 22	7. 75	48. 40
合计/平均			270. 23	322. 39	19. 30

资料来源：Wind，和君整理。

四　研发投入及增长排名

按照2017年制药工业上市公司研发投入排名，恒瑞医药、复星医药和科伦药业位列前三，分别达到17.59亿元、15.29亿元和8.46亿元。与之相对应，三家公司的研发管线储备也较为雄厚，经过多年研发投入，目前相继进入收获期，新药品种有望在未来几年陆续获批上市。

康弘药业、贝达药业和亿帆医药研发投入增速最快，分别达到139.18%、135.69%和64.55%（见表5）。康弘药业和贝达药业都曾经依靠创新药获得了较大的发展，目前也在加大投入，丰富研发管线。

表5　国内制药工业上市公司研发投入排名

单位：亿元，%

排序	股票代码	公司简称	2016年研发投入	2017年研发投入	同比增速
1	600276. SH	恒瑞医药	11. 84	17. 59	48. 53
2	600196. SH	复星医药	11. 06	15. 29	38. 26
3	002422. SZ	科伦药业	6. 13	8. 46	37. 94
4	600267. SH	海正药业	7. 75	8. 44	8. 92
5	600380. SH	健康元	6. 09	7. 05	15. 76

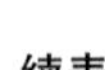

续表

排序	股票代码	公司简称	2016年研发投入	2017年研发投入	同比增速
6	600535. SH	天士力	4. 40	6. 16	39. 95
7	600079. SH	人福医药	5. 02	6. 03	19. 99
8	000513. SZ	丽珠集团	4. 75	5. 76	21. 22
9	603858. SH	步长制药	4. 59	5. 53	20. 50
10	002019. SZ	亿帆医药	2. 71	4. 45	64. 55
11	002294. SZ	信立泰	3. 00	4. 39	46. 37
12	600521. SH	华海药业	3. 64	4. 38	20. 38
13	300558. SZ	贝达药业	1. 62	3. 81	135. 69
14	600332. SH	白云山	3. 30	3. 73	12. 99
15	002773. SZ	康弘药业	1. 46	3. 50	139. 18
16	000661. SZ	长春高新	2. 65	3. 49	31. 76
17	600420. SH	现代制药	3. 65	3. 38	-7. 52
18	002001. SZ	新和成	2. 53	3. 36	32. 68
19	300142. SZ	沃森生物	3. 11	3. 33	7. 17
20	000999. SZ	华润三九	2. 80	3. 26	16. 43
合计/平均			92. 10	121. 38	31. 79

资料来源：Wind，和君整理。

五　市值规模及增长排名

按照2017年制药工业上市公司市值排名，共有四家上市公司市值超过千亿元，其中恒瑞医药、康美药业和复星医药位列前三，分别达到1943亿元、1112亿元和1098亿元。

新和成、复星医药和恒瑞医药市值增速最快，分别达到125. 39%、99. 22%和81. 92%（见表6）。新和成的市值大幅增长主要源于主打产品涨价带来的业绩大幅提升，而复星医药和恒瑞医药的市值快速增长则源于资本市场对创新药的追捧。

表 6　国内制药工业上市公司市值排名

单位：亿元，%

排序	股票代码	公司简称	2016 年总市值	2017 年总市值	同比增速
1	600276. SH	恒瑞医药	1068. 09	1943. 09	81. 92
2	600518. SH	康美药业	883. 08	1112. 24	25. 95
3	600196. SH	复星医药	551. 07	1097. 85	99. 22
4	000538. SZ	云南白药	793. 03	1060. 04	33. 67
5	002252. SZ	上海莱士	1146. 59	986. 59	-13. 95
6	600332. SH	白云山	376. 57	494. 22	31. 24
7	002001. SZ	新和成	213. 43	481. 05	125. 39
8	002294. SZ	信立泰	305. 86	472. 69	54. 55
9	300122. SZ	智飞生物	263. 52	449. 12	70. 43
10	600085. SH	同仁堂	430. 37	442. 16	2. 74
11	002773. SZ	康弘药业	383. 21	416. 31	8. 64
12	002411. SZ	必康股份	414. 48	408. 66	-1. 40
13	000423. SZ	东阿阿胶	352. 32	394. 18	11. 88
14	600867. SH	通化东宝	311. 83	391. 72	25. 62
15	600535. SH	天士力	448. 29	384. 43	-14. 24
16	600436. SH	片仔癀	276. 26	381. 30	38. 02
17	002422. SZ	科伦药业	232. 13	358. 56	54. 47
18	603858. SH	步长制药	649. 76	346. 76	-46. 63
19	000513. SZ	丽珠集团	225. 81	339. 47	50. 34
20	600521. SH	华海药业	229. 78	314. 00	36. 65
合计/平均			9555. 48	12274. 45	28. 45

注：市值按年度最后一个交易日收盘价计算。
资料来源：Wind，和君整理。

六　主要经营举措

按照制药工业上市公司年报披露，多数制药企业在积极应对行业的结构调整，主要经营举措包括产品结构、渠道结构和终端结构的布局和调整。

（一）产品结构的布局和调整

随着 2017 年底首批 17 个一致性评价品种通过，一致性评价的推进工作进入快车道。按照预定的计划，2018 年底前应完成 289 个基药品种、17740 个批文的评价工作，未完成一致性评价的药品将被注销文号，而且自第一家品种通过一致性评价后，三年后不再受理其他药品生产企业相同品种的一致性评价申请。如此严苛的规定，给广大药企的时间和机会并不多。上市药企，当然不愿放弃这样的机会，纷纷投入到一致性评价中来。比如，华海药业，7 个品种首批通过一致性评价，10 个品种正在申报生产批件；复星医药，推进中的一致性评价项目 39 项；现代制药，1 个品种首批通过一致性评价，后续持续梳理开展一致性评价产品 64 个，遴选并计划开展产品 52 个。

对于中药企业而言，也投入资金对主导产品开展再评价和增加临床适应症的工作，如以岭药业的通心络胶囊治疗缺血性脑卒中、养正消积胶囊改善晚期非小细胞肺癌患者化疗生活质量、津力达颗粒治疗 2 型糖尿病、莲花清瘟治疗非流感病毒性肺炎等多项循证医学项目稳步推进；步长制药在稳心颗粒成功进行循证临床试验的基础上，继续推进脑心通胶囊、丹红注射液等主导产品的循证医学再评价，通过临床数据来验证产品的疗效。

（二）渠道模式重构和变革

“两票制”的落地实施，让一些中小型流通企业失去生存土壤，对一些制药企业来说，不得不重构渠道网络，从而带来经营模式和财务数据的一些变化，这从 2017 年部分制药工业上市公司的年报中可见一斑。如科伦药业顺应“两票制”政策，减少营销中间环节，加大销售终端客户的开发和掌控力度，市场维护费和管理费用大幅增加；长生生物为适应新的监管要求，调整了原有的自营与经销商结合的销售模式，继而采取与推广服务商合作的方式开展销售工作，在销售收入增长的基础上，也带来了销售费用的快速增长。

（三）基层终端的布局和渗透

随着公立医院改革的进一步推进，控制药占比和取消药品加成等举措对传统的公立医院市场造成重大影响，处方外流成为趋势。零售药店和基层医疗市场逐渐受到一部分药企的重视，如双鹤药业加强对县域市场的布局，在基层市场开展持续的医生和患者教育，引领基层用药。通化东宝加强在基层医生教育方面的精力与资金投入，帮助县及县级以下基层医院加强糖尿病诊治能力建设的工作，巩固公司在基层糖尿病胰岛素治疗领域的行业龙头和市场地位。

七　战略布局方向

根据制药工业上市公司年报披露，多数制药企业为了适应未来行业的发展，已经或正在进行一些战略布局。

（一）创新药

长期以来，中国的绝大多数制药企业以生产仿制药为主，导致企业创新能力不足，产品缺乏国际竞争力。随着产业的不断发展、政策的扶持、资本的关注，国内越来越多的企业开始布局创新药领域。

恒瑞医药在创新药方面布局较早，目前已经上市了两个创新药品种——艾瑞昔布和阿帕替尼。除此之外，还有 17 个创新药品种处于临床开发阶段。康弘药业的创新药品种康柏西普已经上市，同时在眼科、中枢神经系统、消化系统等领域继续创新并丰富系列专利品种结构。此外，科伦药业、信立泰等多家药企也在积极布局创新药领域。

（二）制剂国际化

中国在原料药领域是出口大国，但制剂出口一直规模很小，尤其在欧美市场。最近几年，华海药业和恒瑞医药等一批制药企业的国际化步伐加快，并在国际市场上取得了一些突破。

华海药业已经从特色原料药企业转型为具有国际竞争优势的仿制药企业，截至 2017 年底，在美国上市销售产品已达 48 个，其中 15 个产品市场份额领先。恒瑞医药有十几个产品在欧美市场销售，实现销售收入 6.37 亿元，几个创新药获准在海外开展临床试验。

（三）大健康

随着人们的生活水平不断提高、健康意识不断增强，疾病的预防与健康管理越来越受到重视。部分药企开始沿着诊疗向前后端延伸，如健康产品、日化、健康管理和康复等。

云南白药，以用户需求为导向，在大健康领域内构建覆盖范围更广的产品生态体系，建立健康现代新生活方式的产品生态族群，满足消费者多样化健康需求。片仔癀，制定了“一核两翼”大健康发展战略，在坚持做好医药生产核心产业的前提下，努力发展医药流通、日化化妆品、保健食品等产业。白云山、以岭药业等企业也在发展主业的同时积极构建大健康产业链。

（四）生物药

在全球药品市场，生物药早已占据重要地位，阿达木单抗更是凭借 184 亿美元的销售额雄踞药王宝座。而在中国，排名前十的畅销药榜单中目前还看不到生物药的影子。随着国内医药市场的逐渐规范，临床价值逐渐成为评价药物的核心，一些疗效确切的生物药将成为市场的潜力股。一些制药上市公司也在布局生物药领域。

复星医药是较早布局生物药领域的上市药企之一，目前开展的生物创新药 8 项、生物类似药 14 项。其中，生物类似药利妥昔单抗已经递交上市申请，曲妥珠单抗生物类似药和阿达木单抗生物类似药有望于 2018 年递交上市申请。

丽珠集团布局了多个单抗产品市场，临床研究呈现加速和国际化趋势，研发管线中既有确定性较高的传统靶点，如 TNF－α、CD20、HER－2、PD1/PD－L1，也有 OX40 等新兴免疫检查点靶点。

华兰生物、天士力、步长制药等上市公司也在积极布局生物制药领域。

八　总结

2017 年是中国医药产业变革的元年。“两票制”、一致性评价、控制药占比等实施——来自医改政策的压力，疾病谱变化、健康消费意识提高——来自市场的需求，风险投资、上市、并购——来自资本的推动，CART 技术、PD-1、人工智能等——来自技术的力量，中国的医药产业已经进入结构调整和产业升级的时代。

对于制药企业来说，如何应对产业变革带来的机遇与挑战？从现实看，应围绕政策、临床需求和市场的变化不断调整产品结构、渠道结构和终端结构；从未来看，应回归行业的本质，紧紧围绕消费者的健康需求，以创新为驱动，实现企业的产品升级和模式升级，最终带动整个产业的转型升级。

B.7

中国医药产业发展环境及趋势

郃汉君*

摘　要： 医药产业是受政策影响最敏感的。随着近两年来国家颁布的一系列政策的逐步落实，医药产业的发展发生了巨大的变化，本文从政策环境的角度分析政策给产业带来的巨大变化。

关键词： 优先审评　一致性评价　两票制　医保目录

一　近年医药行业政策路径

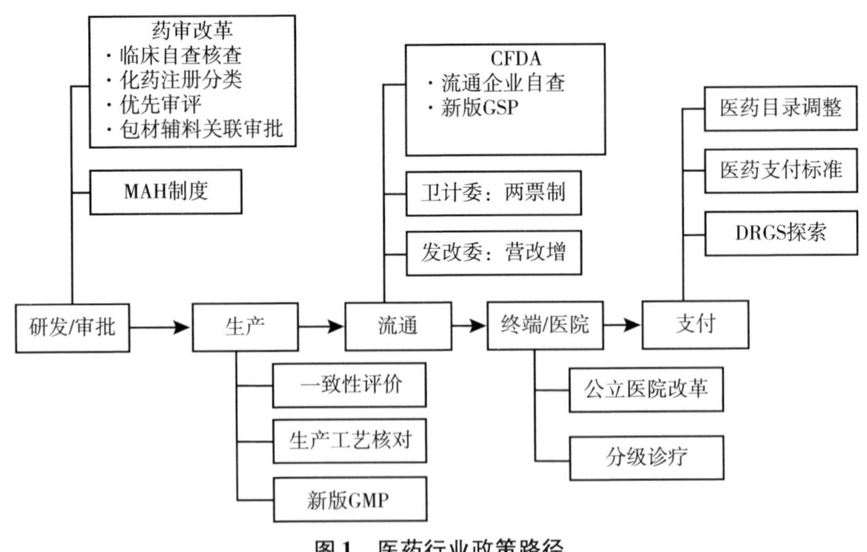

图1　医药行业政策路径

---

* 郃汉君，中国金瑞金融集团有限公司董事长。

二 医药行业政策导向

医药行业从运营情况来看，主要分为医药工业和医药商业两大类。其中医药工业可分为七大子行业，分别为化学原料药制造业、化学制剂制造业、生物制剂制造业、医疗器械制造业、卫生材料制造业、中成药制造业、中药饮片制造业。

（一）医保目录

近日，国家发布了2017年版的医保目录，合计含有2535个品种。2017版国家医保目录合计增加品种数为西药133个、中药206个。新版国家医保目录有利于药企提升市场竞争力。

（二）优先评审

2016年来，国家食品药品监督管理总局药品审评中心为落实《食品药品监管总局关于解决药品注册申请积压实行优先审评审批的意见》的要求，拟定了《实施优先审评如何确定申请人的原则》，随后公示了多批优先评审品种，以供产品选择研究使用。

（三）仿制药一致性评价

为落实《国务院办公厅关于开展仿制药质量和疗效一致性评价的意见》（国办发〔2016〕8号）文件精神，国家食品药品监督管理总局药品审评中心起草了《仿制药质量和疗效一致性评价受理审查指南（需一致性评价品种）（征求意见稿）》《仿制药质量和疗效一致性评价受理审查指南（境内共线生产并在欧美日上市品种）（征求意见稿）》及相关单据，现向社会公开征求意见。

（四）两票制

医药流通行业增速放缓，毛利率下滑，集中度稳步提升。2017年“两

票制”将在各医改试点省份逐步推开，药品流通压缩，渠道集约化发展，全国性医药商业在渠道商务成本、配送渠道、回款及综合服务上占据明显优势，地方龙头商业与当地医疗机构保持良好的合作关系，龙头企业有望在“两票制”的行业洗牌中胜出。

（五）处方外流

2016 年的《深化医药卫生体制改革 2016 年重点工作任务》就指出，“禁止医院限制处方外流”，患者可自主选择在医院门诊药房或凭处方到零售药店购药。处方外流的政策趋势和市场趋势已经形成，且十分清晰。预估到 2020 年医院处方外流的整体规模会在 2000 亿元以上。

三　医药行业支付端压力略减

支付端——压力略减，医保资金存量博弈导致用药结构优化。在经历了 2012 ~2014 年 3 年的强控费压力后，2015 ~2016 年连续两年筹资端增速高于支出端增速，控费压力略减（2017 年 1 ~4 月增速异常是因为两保合一和

图 2　城镇基本医疗保险筹资及支出增速情况

三保合一的持续推进）。

在可预计的医保资金增速放缓状态下（医保基本上实现全覆盖，城镇职工受到平均工资增速影响、城镇居民和新农合受到财政支出增速影响），未来增速控制不是主基调，存量博弈将是主基调，“支出”结构优化必将导致用药结构优化。行业内结构性机会将精彩纷呈。

四　从三个数据端口来跟踪医药产业运行情况

（一）统计局

数据显示，医药制造业行业收入增速在经历了2015年低点后2016年至2017年第一季度走出低位，回暖维稳态势明显，回到10%以上，趋势向好（但部分受两票制实行影响）。

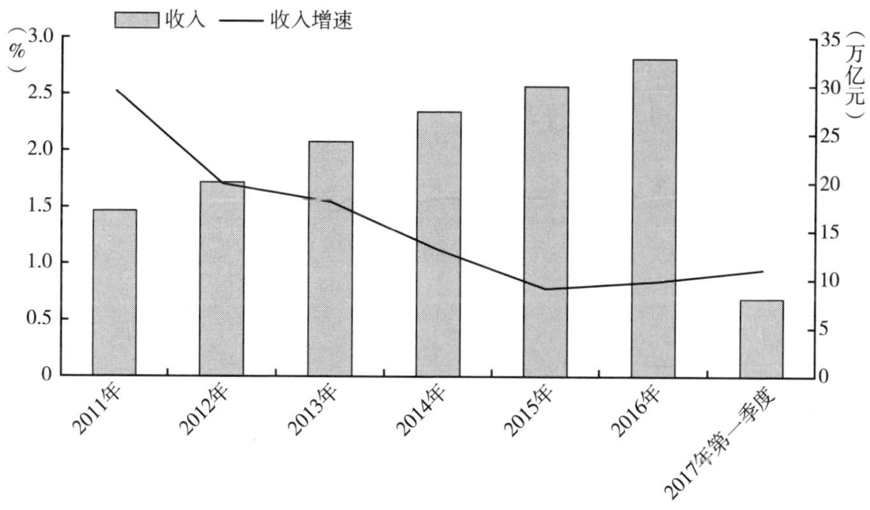

图3　医药制造业收入及其增速

（二）样本医院

样本医院终端销售增速在经历了2015年低点后，2016年走出低位，呈现回暖维稳态势。

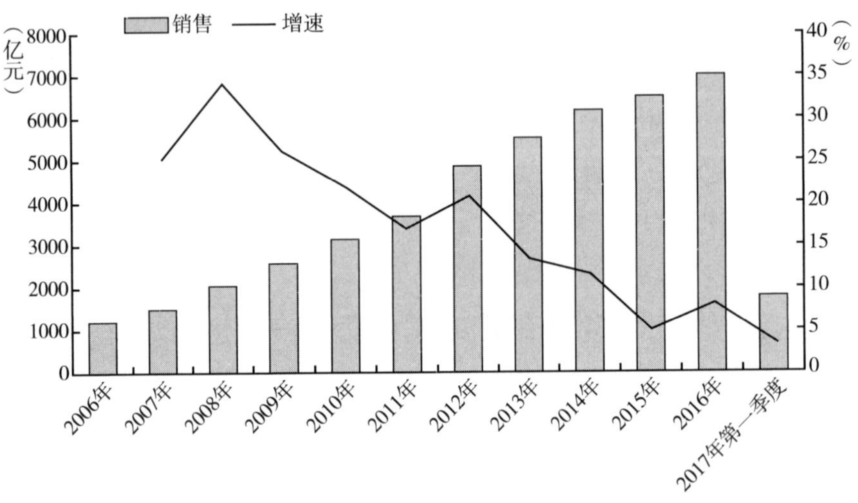

图4　样本医院终端销售及其增速

（三）上市公司

上市公司数据同样呈现趋势，但强者恒强的态势愈加明显——行业龙头＞上市公司＞行业平均。

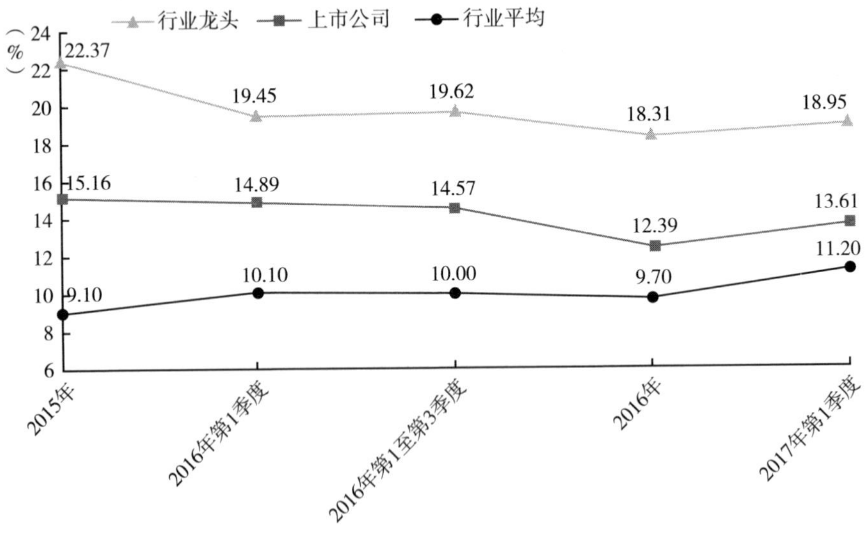

图5　上市公司收入增速

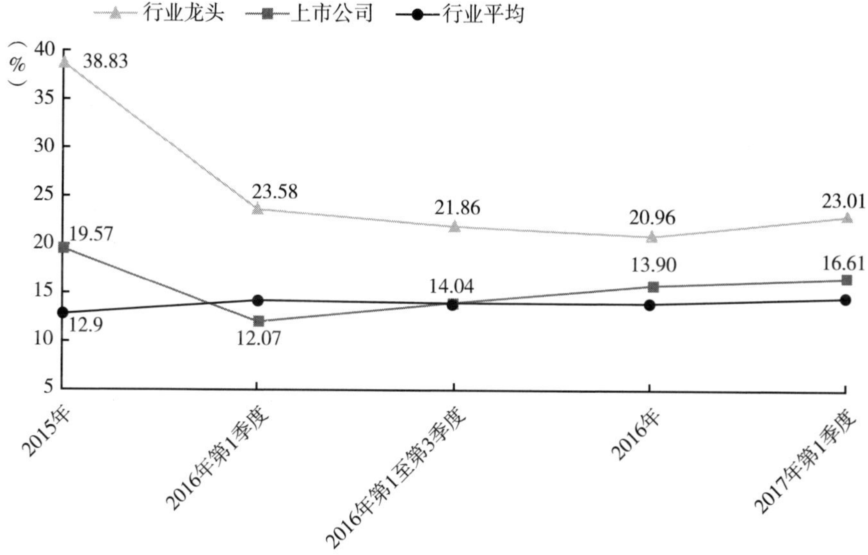

图 6　上市公司扣非后净利增速

五　医药行业收入利润增速放缓

产业收入及利润增速放缓，但利润率有所提升。

医药制造业收入增速自 2013 年开始下滑，直到 2016 年 2 月才开始回暖。

2007～2012 年医药制造业收入增速维持在 20% 以上（医保增量资金、新医改增量资金不断进入，刺激行业扩容），2013 年开始逐年缓慢下降，2016 年 2 月降至最低点，增速为个位数，之后趋于稳定，与医保每年扩容速度相当，在 10% 左右。

化学药品制剂的收入增速及利润增速与医药制造业基本趋同，由于化学药品制剂数据截至 2015 年 10 月后就没有再更新，我们通过医药制造业整体趋势来判断化学药品制剂的增速趋势。

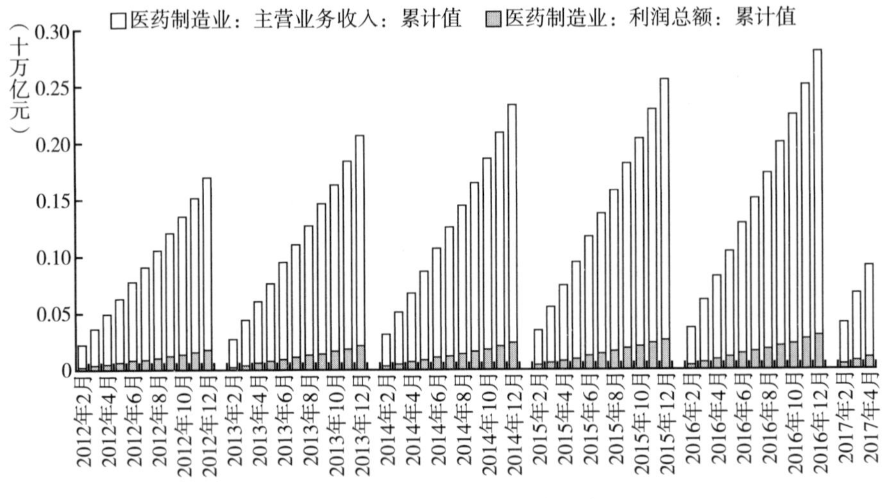

图 7　医药制造业收入及净利润

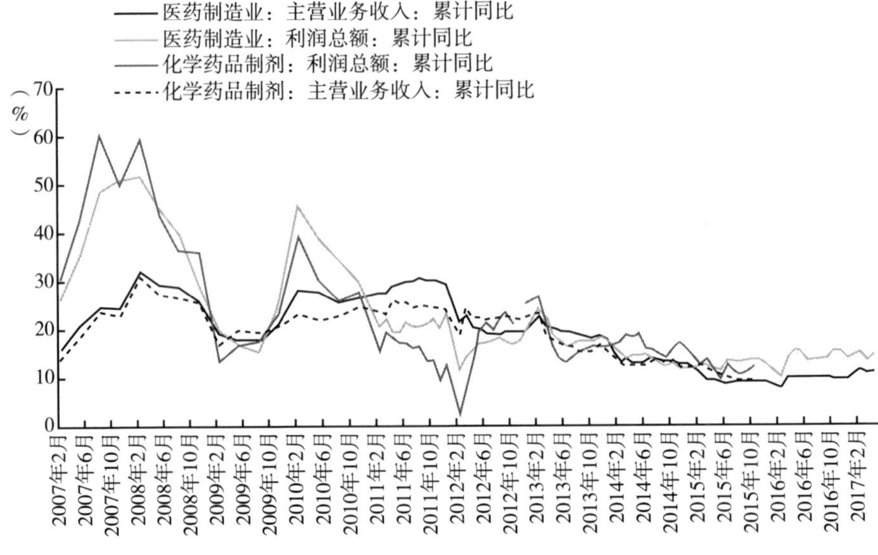

图 8　医药制造业及化学药品制剂收入及利润增速变化

六　未来5年行业结构化是主基调

如果说 2002 ~ 2011 年是行业支付端扩容带来的野蛮扩张的 10 年，

2011 ~2015 年是行业医保控费下的增速收敛的 5 年，那么 2016 年以后就是在政策供给制改革及支付端变革双重推动下的结构优化的 5 年，行业增速有望进入新常态，维持在 10% ~13%，整体向好，并将出现大分化。而 2017 年资本市场经历了估值均化，大市值白马龙头估值提升，随着结构优化、良币驱劣币的进行，一线低估值大市值白马龙头估值溢价会持续，中盘成长性白马及细分行业将引领风骚、迎风起舞。

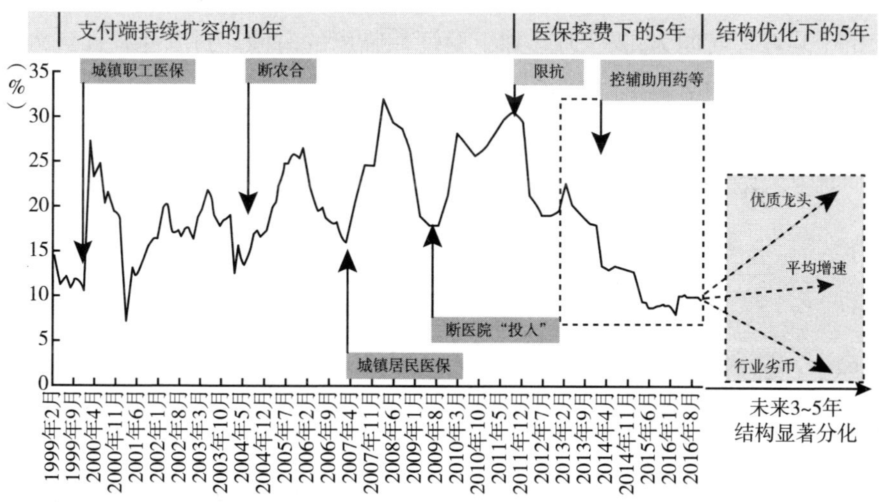

图 9 医药制造业及化学药品制剂收入及利润增速变化

七 未来行业五大变化——变化一

优先审评制度密集落地（部分优质企业市场准入逻辑的大变革）。

2016 年是优先审评制度的元年，至今优先审评已经发布了共计 20 批品种（有一次未纳入批次中），进入密集落地的时期。优先审评制度的初衷是解决药品注册申请积压的状态，解决某些临床急需、市场短缺的药品注册申请排队的问题。药品获批的速度对于行业、企业、资本都极为重要。对于行业来说，优先审评制度使有限的审评资源向创新和临床急需品种倾斜，鼓励

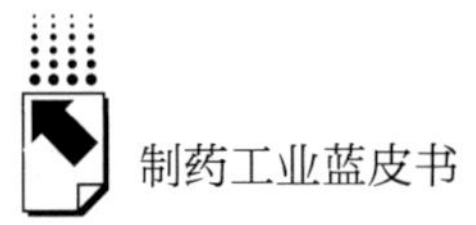

创新；对于企业来说，优先审评制度明显减少了新药排队时间，加快新药上市；而对于资本来说，优先审评制度明显缩短新药上市周期，也就意味着能够更快地看到投资的回报。从长期看，是优质企业在药审体系变革后市场准入逻辑的巨大变革，是弯道超车的大好时机，从短期看，有望为其形成持续性的催化剂。

在优先审评制度执行之前，从 2014 年 CFDA 公布的数据可以看到，首仿药（过去的 3.1 类新药）申请临床的平均审评时间为 28 个月，而申请上市的平均审评时间为 42 个月，加上验证性临床的时间超过 7 年，而进入优先审评的品种明显提速（见图 10）。

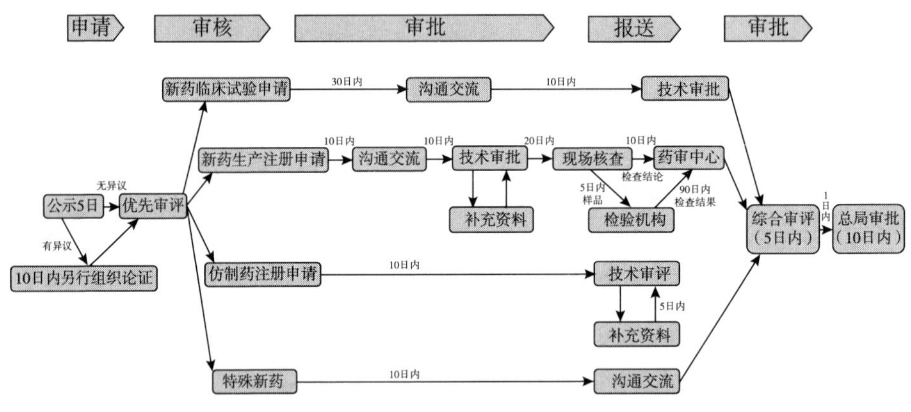

图 10　优先审评品种明显提速

八　未来行业五大变化——变化二

一致性评价配套文件持续出台。

为了改变国产仿制药低效、重复、浪费资源且无国际竞争力的历史遗留问题，政府从 2012 年开始推行一致性评价，但是当时由于选择标准以及各方博弈等一直搁浅，直到 2015 年下半年才开始加速推进，2016 年 3 月 5 日，国务院出台《关于开展仿制药质量和疗效一致性评价的意见》，意味着一致性评价工作全面展开，2016 年 5 月 26 日 CFDA 出台总局关于落实开展仿制药质量和疗效一致性评价有关事项的公告，明确了 289 个品种共 17740 个批文（涉及 1817 家国内生产企业、42 家进口药品企业）应在 2018 年底前完成一致性评价，而通过一致性评价的品种，将会受到政策优待：

（1）在医保支付方面予以适当支持；

（2）医疗机构应优先采购并在临床中优先选用；

（3）同品种药品通过一致性评价的生产企业达到 3 家以上的，在药品集中采购等方面不再选用未通过一致性评价的品种；

（4）通过一致性评价药品生产企业的技术改造，在符合有关条件的情况下，可以申请中央基建投资、产业基金等资金支持。

一致性评价仍是 2017 年药监部门重点推进的任务。可以从政府和企业两个层面来观察一致性评价的进展。一致性评价最直接的利好是 CRO 公司和药用辅料公司，应持续关注其发展，同时要重点关注多个品种进行一致性评价的公司。

从政府层面来看，一致性评价的配套文件不断落地。从 2016 年第一季度末开始，一致性评价的配套文件就开始密集落地，而在 2017 年上半年同样延续了这个趋势，在内客上也考虑得更加完善、细致。

表 1　2017 年上半年一致性评价相关政策

发文时间	政策
2017 年 12 月 7 日	总局关于发布仿制药质量和疗效一致性评价临床有效性试验一般考虑的通告
2017 年 2 月 17 日	总局关于发布仿制药质量和疗效一致性评价工作中改规格药品（口服固体制剂）评价一般考虑等 3 个技术指南的通告
2017 年 2 月 27 日	仿制药一致性评价生物等效性试验培训资料
2017 年 4 月 5 日	总局关于发布仿制药质量和疗效一致性评价品种分类指导意见的通告
2017 年 4 月 28 日	总局办公厅公开征求化学仿制药口服固体制剂一致性评价复核检验技术指南（征求意见稿）的意见

续表

发文时间	政策
2017年5月18日	总局办公厅公开征求胃肠道局部作用药物、电解质平衡用药仿制药质量和疗效一致性评价及特殊药品生物等效性试验申请有关事宜意见（征求意见稿）的意见
2017年5月18日	总局关于发布仿制药质量和疗效一致性评价研制现场核查指导原则等4个指导原则的通告
2017年6月10日	总局办公厅公开征求《关于仿制药质量和疗效一致性评价工作有关事项的公告（征求意见稿）》意见
2017年6月10日	总局办公厅公开征求《仿制药质量和疗效一致性评价受理审查指南（需一致性评价品种）（征求意见稿）》《仿制药质量和疗效一致性评价受理审查指南（境内共线生产并在欧美日上市品种）（征求意见稿》及相关单据意见

九　未来行业五大变化——变化三

（一）两票制在省级层面持续落地

2017年1月9日，国家两票制相关文件出台，各省陆续发布两票制实施细则，由于医药行业80%的药企为底价代理模式，在两票制下将向高开模式转变，对药企、销售、配送等整条产业链都有着深远的影响。

（二）两票制在省级层面的推进可以分为药品两票制和耗材两票制，整体来说药品两票制推进速度要快于耗材两票制

截至5月31日，共计23个省份出台药品两票制的具体执行时间。其中，18个省份在官网上正式发布文件，为福建、安徽、青海、重庆、陕西、湖南、四川、北京、江西、黑龙江、海南、山西、河北、辽宁、甘肃、浙江、内蒙古、广西，5个省份为网传文件，分别为宁夏、广东、吉林、湖北、云南。

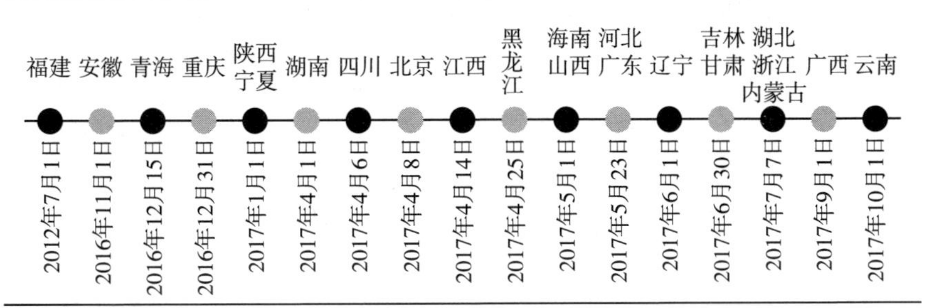

图 11　药品两票制落地时间表

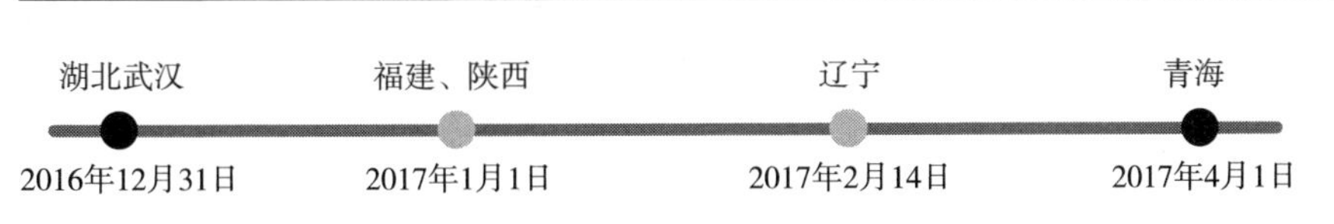

图 12　耗材两票制落地时间表

十　未来行业五大变化——变化四

各省招标进度有所推进（关注招标后效应）。

进入 2017 年后，各省招标进度有所推进。除开执行药交所模式的广东和重庆以外，目前已有北京、天津、河北、内蒙古、浙江、安徽、山东、福建、黑龙江、湖南、广西、四川、西藏、甘肃等 14 个省份已经完成新一轮的招标，山西、江苏、上海、河南、云南、宁夏、青海、新疆等 8 个省份已经进入此轮招标的中后期，仅有吉林、辽宁、湖北、海南、贵州、陕西等 6 个省份处于招标初期阶段。关于招标后效应，从产业角度，一般各省招标后还面临着医院药事会的市场准入问题，一般需要 6 个月至 1 年半不等的时间，再加上医院上量时间，一般需要 1 年后才慢慢进入到招标后效应放量时间。

表 2　各省招标进展

省份	基药	非基药	低价药
北京	议价执行	议价执行	议价执行
天津	中标执行	中标执行	议价执行
河北	议价执行	议价执行	议价执行
山西	中标执行	采集各省价格数据	议价执行
内蒙古	中标执行	中标执行	议价执行
江苏	入围公示	入围公示	入围公示
浙江	中标执行	中标执行	议价执行
上海	GPO 模式分批招标	CPO 模式分批招标	议价执行
安徽	中标执行	中标执行	议价执行
山东	中标执行	中标执行	议价执行
江西	中标公示	中标公示	议价执行
福建	中标执行	中标执行	中标执行
黑龙江	中标执行	中标执行	议价执行
吉林	方案出台	方案山台	议价执行
辽宁	公示审核资料	公示审核资料	议价执行
湖北	方案出台	方案出台	议价执行
湖南	中标执行	中标执行	议价执行
河南	公示审核结果	公示审核结果	议价执行
广东	药交所模式	药交所模式	议价执行
广西	中标执行	中标执行	议价执行
海南	中标执行	方案出台	议价执行
四川	中标执行	中标执行	议价执行
重庆	药交所模式	药交所模式	议价执行
云南	价格核实	价格核实	议价执行
贵州	公示限价	公示限价	分批申报
西藏	中标执行	中标执行	议价执行
陕西	中标执行	方案出台	议价执行
甘肃	中标执行	中标执行	议价执行
宁夏	中标公示	中标公示	价格监测调整
青海	分批进行	分批进行	议价执行
新疆	中标公示	中标公示	中标公示

十一　未来行业五大变化——变化五

新版医保目录出台，支付端角色向主动支付转变。

2017 年 2 月 23 日，人社部时隔七年发布了新版医保目录，净调入 339 个品种，其中化药净增加 133 个，中成药净增加 206 个，而儿童药新增 91 个。此次医保目录出台，整体上符合医保作为支付方由被动方向主动方发展的大趋势，其中最为明显的就是对之前在医保目录中的营养性用药、辅助性用药进行使用上的大规模限制，医药行业已经进入结构优化时代。在新时代背景下，在新版医保目录下更为受益的企业是多品种新进、未来集团军作战的企业。

4 月 14 日，人社部确定 44 个品种进入谈判目录范围，共收录国产药品 19 个、进口药品 25 个，其中西药品种 36 个、中药品种 8 个，按治疗领域可划分为肿瘤药 20 种、心脑血管 12 种、抗感染 3 种、眼病 2 种、肾病 2 种、精神病 2 种、糖尿病 1 种、多发性硬化病 1 种、罕见病 1 种。此次医保谈判目录涉及 12 家 A 股或港股的上市公司，从草根调研的情况看，近期医保谈判的价格有望出台。受益与否还要看具体情况，从长期来看，支付端问题的解决对企业品种成长是有利的，否则企业也不会应标，但是短期影响要看降价幅度与中短期放量预期之间的博弈。

表 3　A 股 2017 年医药行业重大并购事件（截至 2017 年 8 月 2 日）

单位：万元

股票代码	股票名称	最新披露日期	重组进度	重组事件	重组形式	交易总价值	独立财务顾问
600420. SH	现代制药	2017 年 3 月 9 日	完成	现代制药定增收购 11 家医药公司及相关经营性资产	发行股份购买资产	773864. 81	中信证券
600211. SH	西藏药业	2017 年 2 月 23 日	股东大会通过	西藏药业收购 IMDUR 产品，品牌和相关资产	协议收购	124142. 20	

续表

股票代码	股票名称	最新披露日期	重组进度	重组事件	重组形式	交易总价值	独立财务顾问
600763. SH	通策医疗	2017 年 1 月 25 日	董事会预案	通策医疗非公开募集资金收购及增资瑞弘思创获其 100% 股权	增资	134602. 39	
600161. SH	天坛生物	2017 年 5 月 20 日	完成	天坛生物出售北生研 100% 的股权和长春祈健 51% 的股权	协议收购	180590. 00	中金公司
600671. SH	天目药业	2017 年 6 月 27 日	董事会预案	天目药业定增收购德昌药业 100% 股权	发行股份购买资产	36000. 00	财达证券
603108. SH	润达医疗	2017 年 5 月 9 日	董事会预案	润达医疗定增收购瑞莱生物 100% 股权	发行股份购买资产	117900. 00	国金证券
300254. SZ	仟源医药	2017 年 4 月 6 日	证监会受理	仟源医药非公开发行募集资金收购普德药业 100% 股权	协议收购	300108. 96	
002044. SZ	美年健康	2017 年 7 月 13 日	发审委通过	美年健康定增收购慈铭体检 72. 22% 股权	发行股份购买资产	269741. 70	华泰联合
600896. SH	览海投资	2017 年 1 月 26 日	完成	览海投资拟收购和风置业 95% 股权及债权	二级市场收购(含产权交易所)	123480. 44	国泰君安
300233. SZ	金城医药	2017 年 3 月 17 日	完成	金城医药定增收购朗依制药 100% 股权	发行股份购买资产	188000. 00	中信证券
000028. SZ	国药一致	2017 年 1 月 4 日	完成	国药一致定增收购 4 家医药公司	发行股份购买资产	350398. 47	中金公司
600511. SH	国药股份	2017 年 6 月 8 日	完成	国药股份定增收购多家标的公司股权	发行股份购买资产	614452. 94	中金公司
002675. SZ	东诚药业	2017 年 7 月 17 日	董事会预案	东诚药业支付现金及发行股份收购安迪科 100% 股权	发行股份购买资产	160000. 00	民生证券

表 4　医药行业重组事件

单位：万元

股票名称	最新披露日期	重组进度	重组事件	重组形式	重组目的	交易总价值	独立财务顾问
太和华美	2017 年 1 月 4 日	董事会预案	太和华美定增收购爱康德诺 100%股权	发行股份购买资产	多元化战略	15100.00	东莞证券
诺泰生物	2017 年 4 月 21 日	完成	诺泰生物发行股份购买三个标的方股权	发行股份购买资产	横向整合	24431.68	南京证券
开拓药业	2017 年 7 月 20 日	董事会预案	开拓药业购买 2017 - G - 5 地块	协议收购	横向整合	964	国信证券
金芙蓉	2017 年 3 月 16 日	董事会预案	金芙蓉定增收购江苏泰诺 100%股权	发行股份购买资产	横向整合	18100.00	安信证券
华诚生物	2017 年 1 月 25 日	董事会预案	华诚生物收购海富生物 100%股权	协议收购	横向整合	1000.00	中信建投证券
合全药业	2017 年 1 月 4 日	董事会预案	合全药业发行股份购买上海药明康德拥有的 PDS 部门全部资产及负债暨关联交易	发行股份购买资产	多元化战略	152000.00	中金公司
国龙医疗	2017 年 5 月 23 日	完成	国龙医疗定增收购奈升咨询 100%股权	发行股份购买资产	横向整合	77	财通证券
创扬医药	2017 年 7 月 22 日	董事会预案	创扬医药发股收购中马橡塑 100%股权	发行股份购买资产	横向整合	9800.00	德邦证券
奥美达	2017 年 4 月 12 日	失败	奥美达发行股份购买高视远望 100%股权和明望医疗 90%股权	发行股份购买资产	多元化战略	9287.05	国信证券

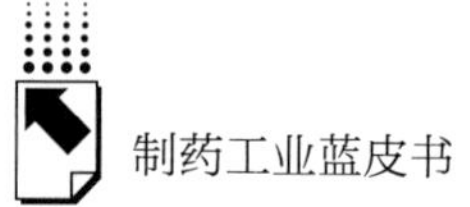

十二　金融体系

（一）中国金融体系简图

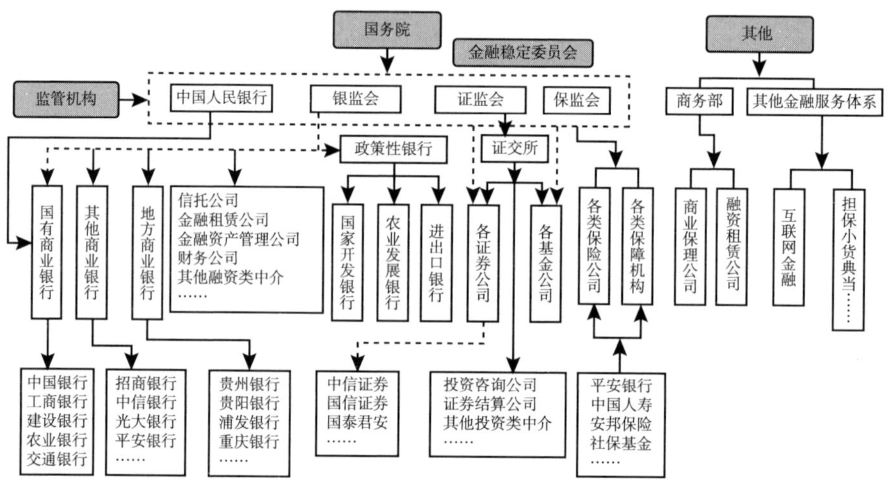

图 13　中国金融体系

（二）中国金融市场的运行

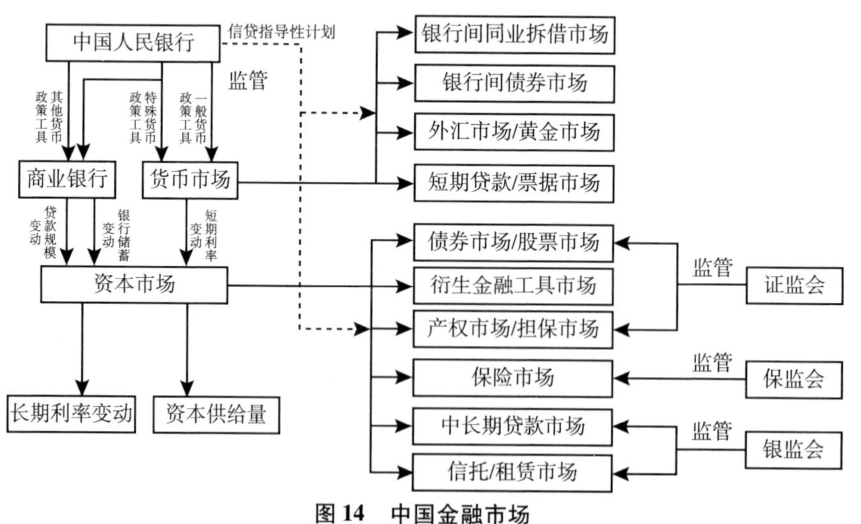

图 14　中国金融市场

十三　多层次资本市场及债券市场

（一）中国多层次资本市场体系

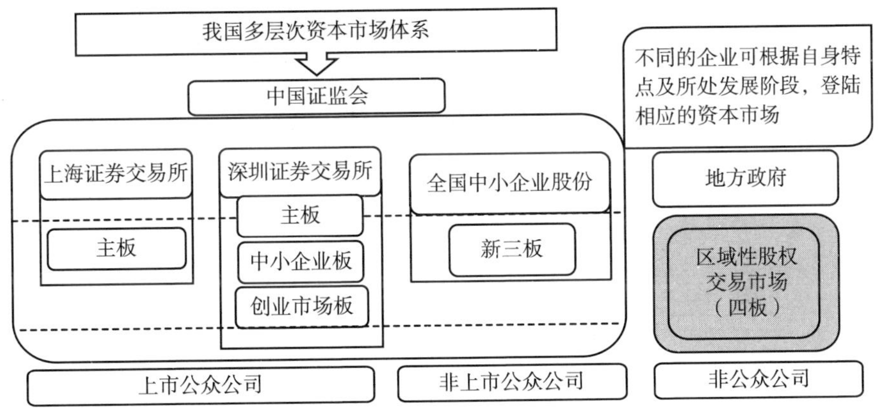

图 15　中国多层次资本市场体系

（二）中美资本市场比较

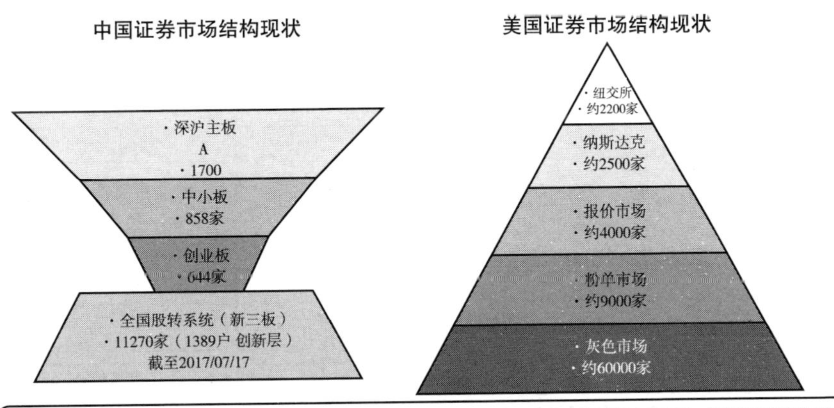

图 16　中美资本市场

（三）多层次资本市场简介

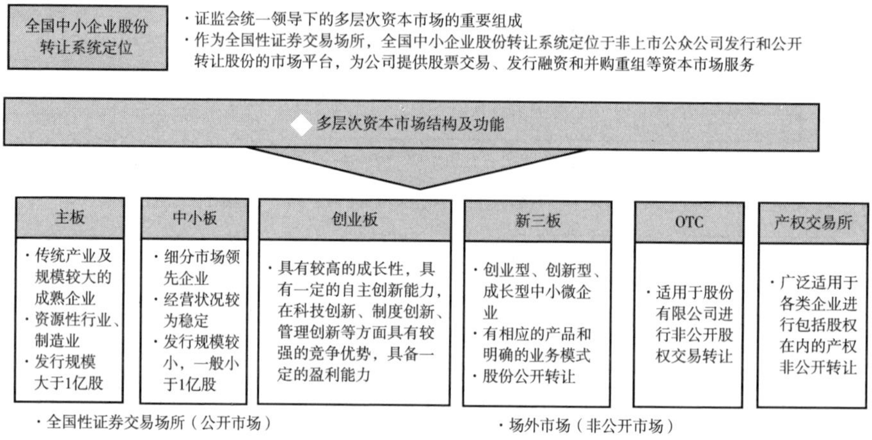

全国中小企业股份转让系统定位

· 证监会统一领导下的多层次资本市场的重要组成
· 作为全国性证券交易场所，全国中小企业股份转让系统定位于非上市公众公司发行和公开转让股份的市场平台，为公司提供股票交易、发行融资和并购重组等资本市场服务

◆ 多层次资本市场结构及功能

主板	中小板	创业板	新三板	OTC	产权交易所
· 传统产业及规模较大的成熟企业 · 资源性行业、制造业 · 发行规模大于1亿股	· 细分市场领先企业 · 经营状况较为稳定 · 发行规模较小，一般小于1亿股	· 具有较高的成长性，具有一定的自主创新能力，在科技创新、制度创新、管理创新等方面具有较强的竞争优势，具备一定的盈利能力	· 创业型、创新型、成长型中小微企业 · 有相应的产品和明确的业务模式 · 股份公开转让	· 适用于股份有限公司进行非公开股权交易转让	· 广泛适用于各类企业进行包括股权在内的产权非公开转让

· 全国性证券交易场所（公开市场）

· 场外市场（非公开市场）

图 17　多层次资本市场

（四）新三板和创业板、中小板的主要区别

	新三板	创业板	中小板
主体资格	股份公司	股份公司	股份公司
持续经营	两年	三年	三年
盈利要求	不要求	两年净利润超过1000万元	三年净利润超过3000万元
持续盈利能力	不要求	要求	要求
股本要求	不少于500万元	发行后不少于3000万元	3000万元
审批机构	全国股转公司	证监会	证监会
发行批准	备案制	核准制	核准制
保荐期	主板券商终身督导	三年	两年
交易模式	做市、协议、集中竞价	集中竞价、连续竞价	集中竞价、连续竞价
投资者构成	机构投资者为主、符合适当性条件的个人	机构、个人并重	机构、个人并重

图 18　新三板、创业板和中小板

（五）挂牌新三板的优势

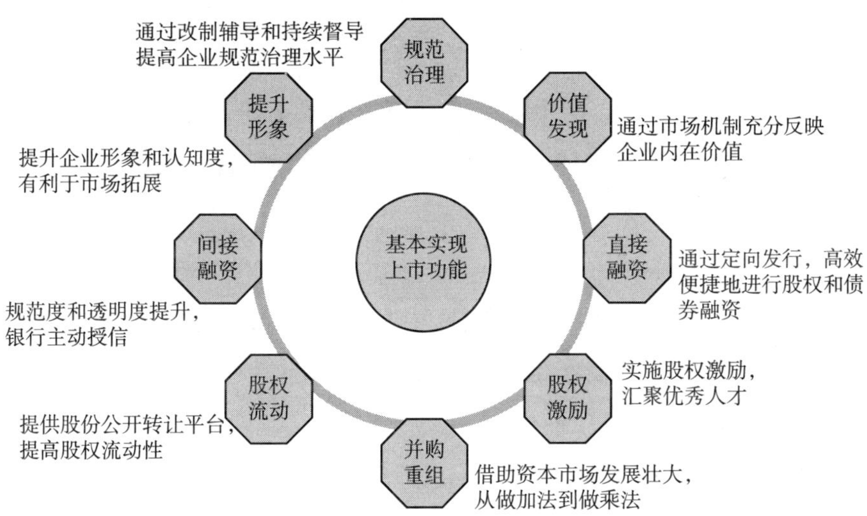

图 19　挂牌新三板的优势

（六）模拟新三板挂牌整体时间规划（含改制）

若是新三板企业，通常需要 6～12 个月，集中 3 个月制作申报材料；非新三板企业由于改制，整个上市历程一般需多 3～4 个月。假设从现在开始启动 IPO 事宜，具体阶段如图 20 所示。

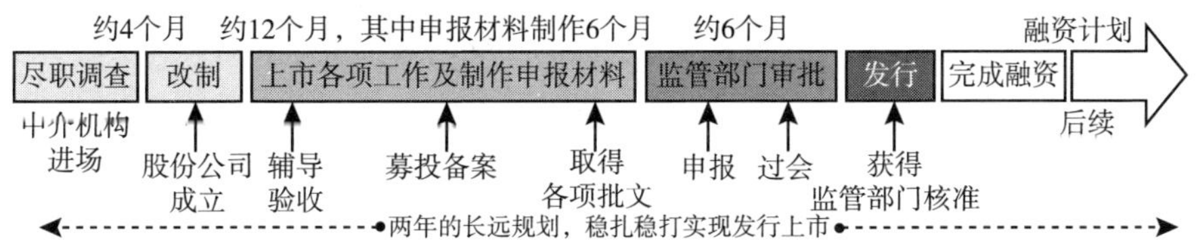

图 20　模拟新三板挂牌整体时间规划

1. 股份制改制（略）

确定改制基准日。

2. 辅导备案并验收

证监部门要求辅导时间一般为 4 个月，每 2 个月进行一次验收，最后一次验收前需由证监部门对所有辅导对象进行统一考试，通过后方能验收。

3. 取得各项批文

需取得工商、税务、环保、土地、海关（如有进出口业务）、劳动保障、质监、住房公积金管理中心等主管部门出具的报告期内无重大违法证明，整个过程约需 3 个月。

4. 申报材料制作

保荐机构出具招股说明书等材料，律师出具法律意见书，会计师出具审计报告。全套申报材料制作约需 6 个月。

5. 发行上市

提前走访各主要机构投资者，积极推介公司股票，以获取高认购倍数与高发行市盈率。

（七）我国债券市场整体架构

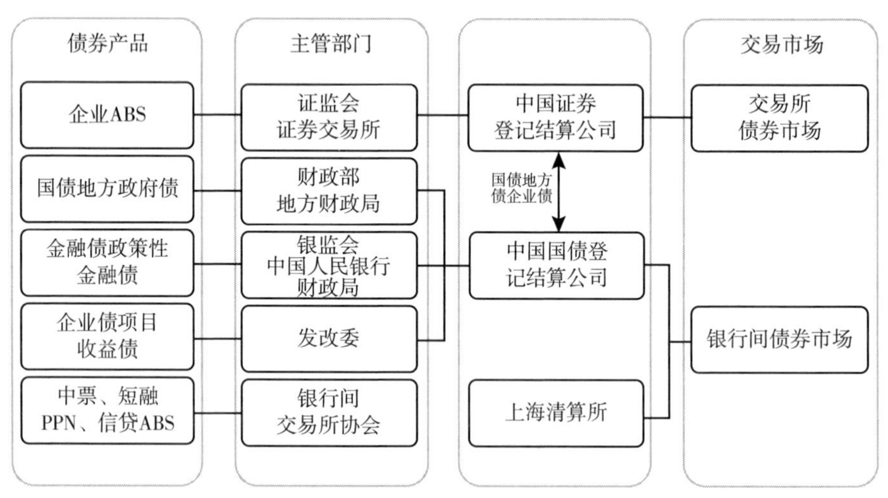

图 21　债券市场架构

（八）债券分类管理

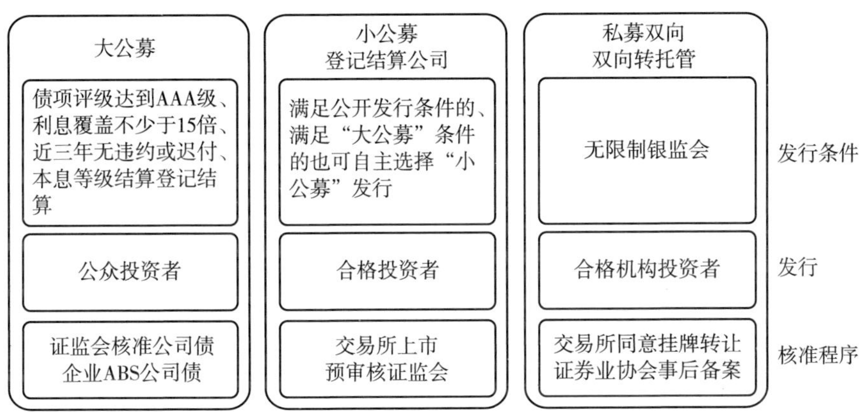

图 22　债券分类管理

（九）我国债券市场的发行方式

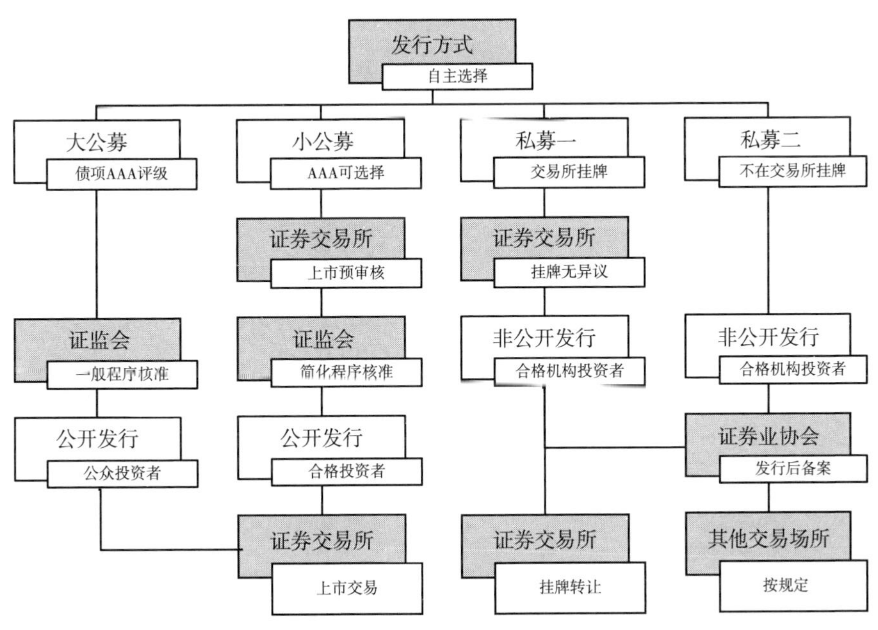

图 23　债券市场发行方式

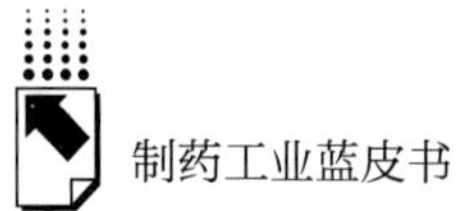

十四　融资工具

（一）企业生命周期与融资工具匹配

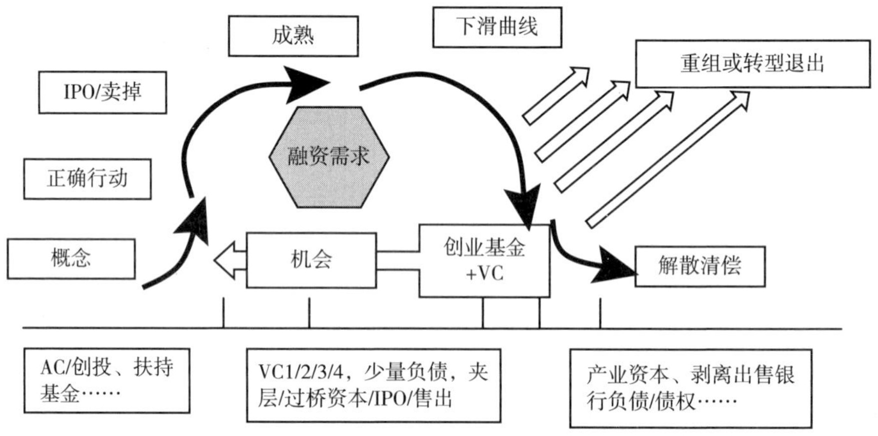

图 24　企业生命周期与融资工具匹配 I

（二）企业生命周期与融资工具匹配

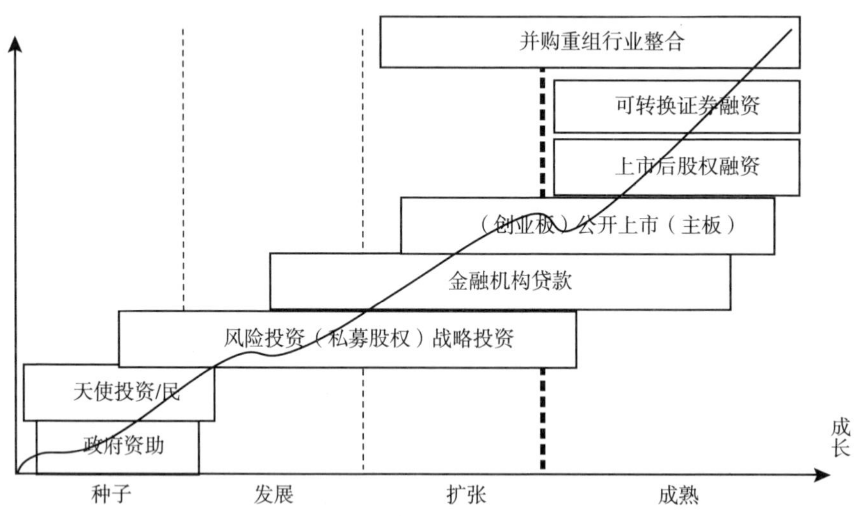

图 25　企业生命周期与融资工具匹配 II

（三）企业主要融资形式

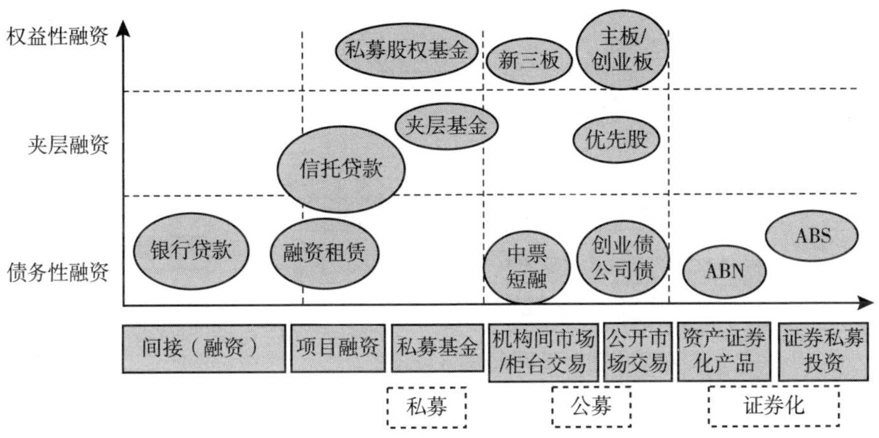

图 26　企业融资形式

（四）并购重组概念及范围

并购重组主要包括上市公司控制权转让（收购）、资产重组（购买、出售资产）、股份回购、合并、分立等对上市公司股权结构、资产和负债结构、利润及业务产生重大影响的活动。

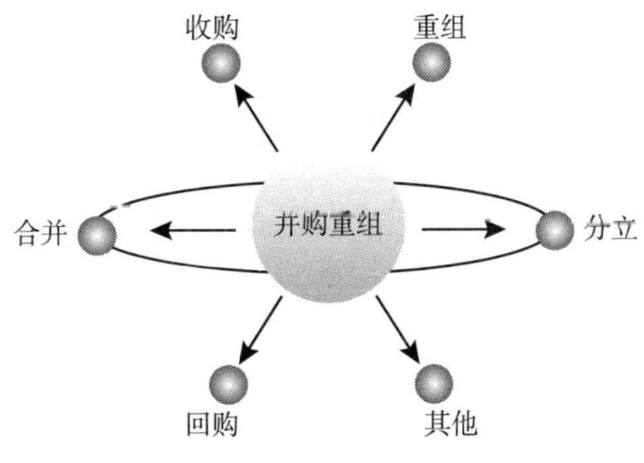

图 27　并购重组范围

（五）法规体系

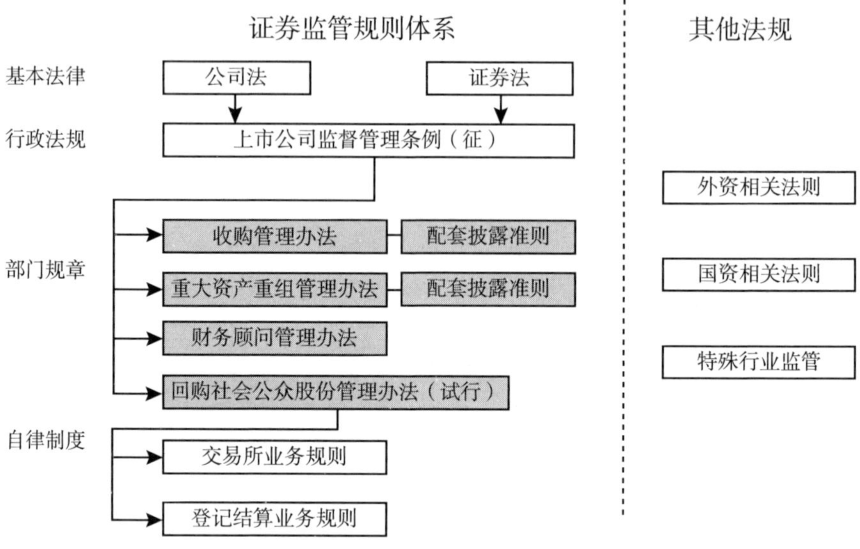

图 28　法规体系

（六）并购基金融资形式

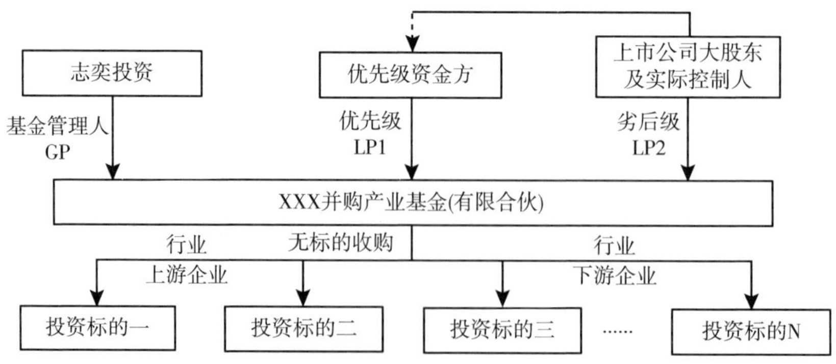

图 29　并购基金融资形式

十五　结构化定增基金融资形式

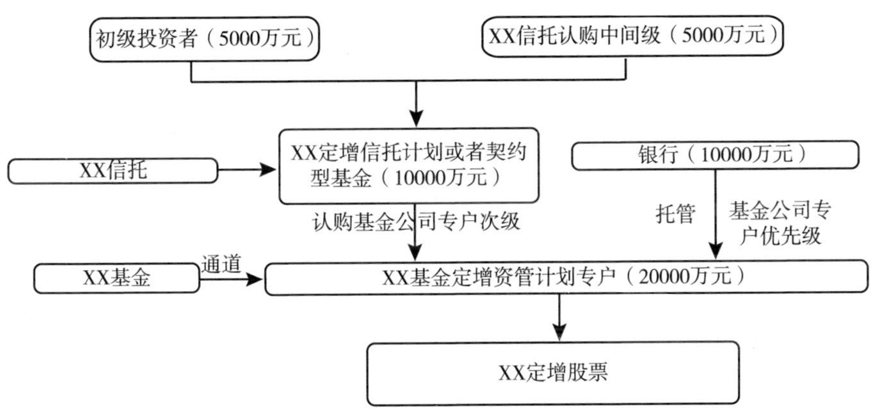

普通的结构化定增结构（1:1:2结构化）

图 30　结构化定增基金融资形式

十六　融资租赁的融资模式

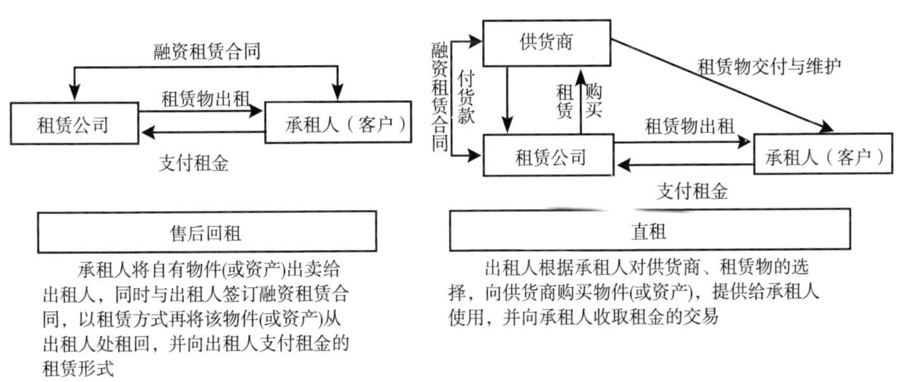

图 31　融资租赁的融资模式

十七　商业保理的融资模式

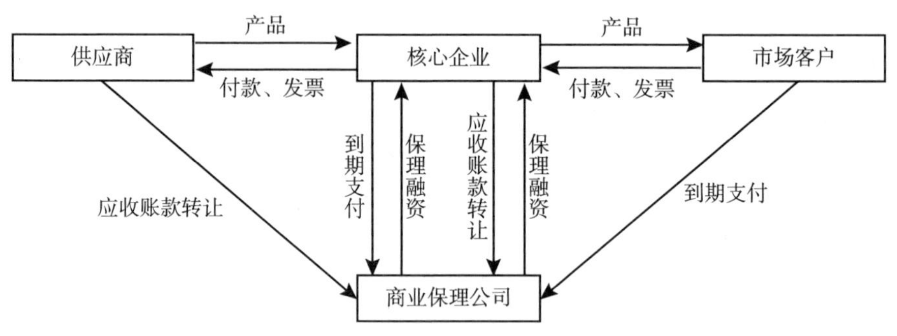

图 32　商业保理的融资模式

十八　创新类融资工具——资产证券化

（一）资产证券化的原理

资产证券化是以特定资产所产生的未来稳定、可预期的现金流为支持，是发行证券的一种融资方式。资产证券化通过结构安排将资产转化为证券，实现了两个目的：一是将资产的风险和收益转移给特殊目的载体 SPV，实现与发起人的破产隔离；二是由 SPV 发行偿付顺序不同、信用等级各异的证券，实现风险与收益的再分割。

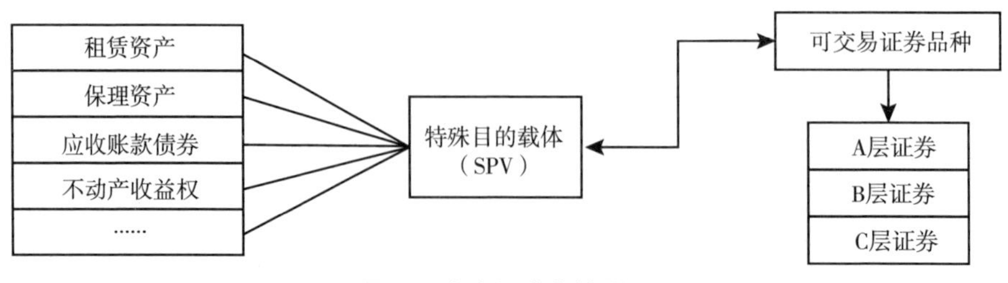

图 33　资产证券化的原理

（二）创新类融资工具——资产证券化产品设计中的定价与发行

表 5　资产证券化产品设计要点

定价原则：市场参照品种 + 风险补偿	较为常用的参照品种是期限相近的中短期企业债或短期融资券，在此基础上再加上流动性利差等风险补偿 也可选择期限相近的国债作为参照品种，在此基础上加上信用利差和流动性利差等风险补偿 也可选择期限相近的资产证券化产品作为参照品种
定价原则：市场参照品种 + 风险补偿	较为常用的参照品种是期限相近的中短期企业债或短期融资券，在此基础上再加上流动性利差等风险补偿 也可选择期限相近的国债作为参照品种，在此基础上加上信用利差和流动性利差等风险补偿 也可选择期限相近的资产证券化产品作为参照品种
发行：是证券化运作中最关键的一环	高优先级：四大国有商业银行和少数全国股份制商业银行是高等级证券化产品的主要投资者，证券投资基金也有少量参与，整体来说，高等级产品的投资者群体相对较为广泛 次优先级：规模较小的城商行、农村合作银行以及农信社等机构者，体现了明显的风险和收益的偏好差别，该档次产品的发行策略是通过合理定价以保障产品最终获得足额认购 次级：风险容忍度较高且追求绝对收益的市场机构。次级档产品销售是证券化销售中的重点，关系到产品是否能够成功发行以及用于证券化的贷款是否能够“出表”

（三）创新类融资工具——资产证券化产品设计

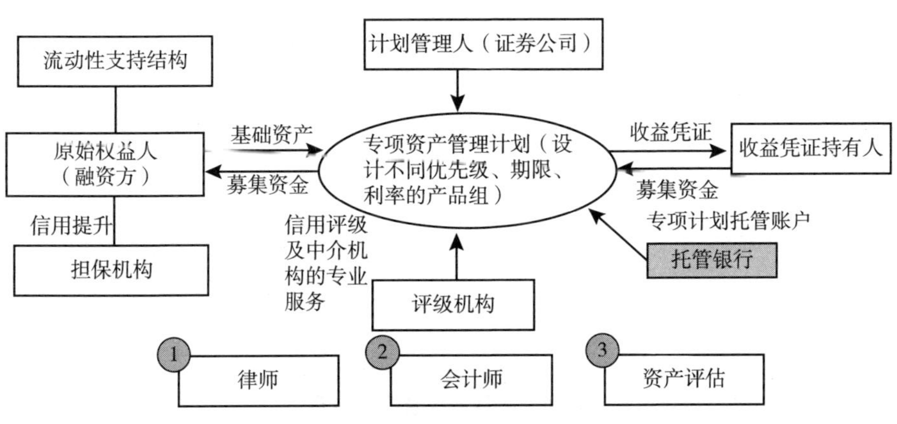

图 34　资产证券化产品设计

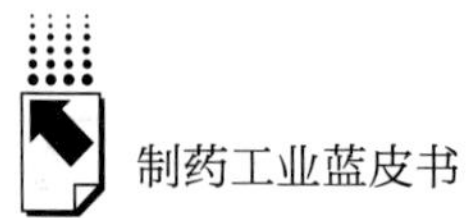

（四）应收账款/保理债权资产证券化

应收账款指企业基于购销类合同、在生产与销售环节形成的企业债权，包括集团内的关联应收账款、与企业之间的非关联应收账款。

保理债权是将企业之间的应收账款卖给保理公司，是实现出让方融入资金的一种现代债权融资方式。

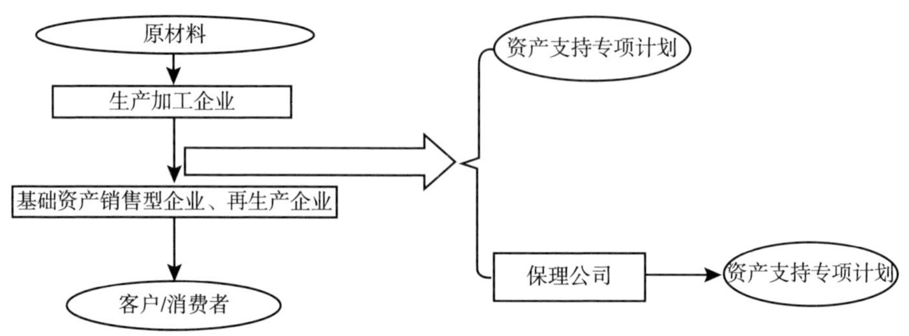

图 35　应收账款/保理债权资产证券化

（五）租赁债权资产证券化

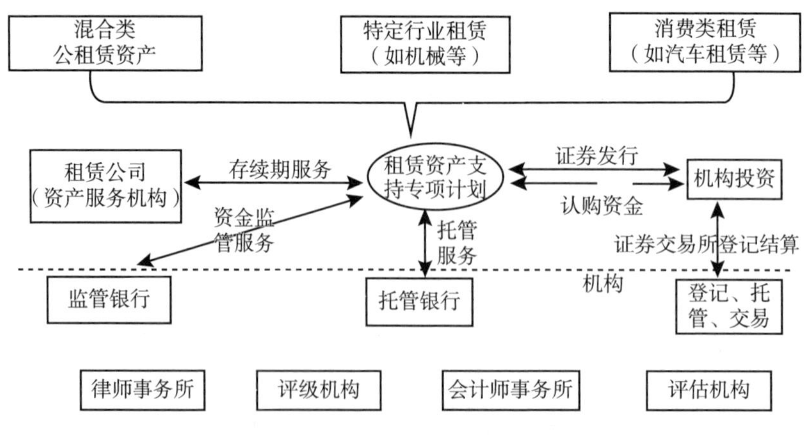

图 36　租赁债权资产证券化

十九　产融结合

（一）A 股及新三板医药类公司数量及平均估值统计

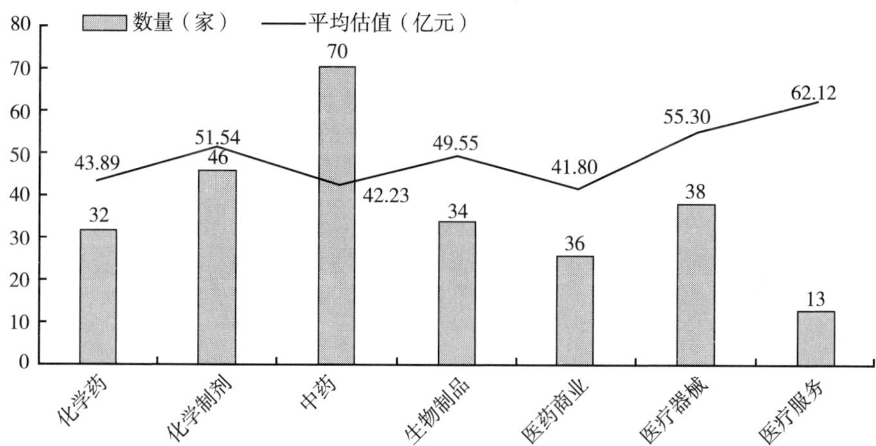

图 37　A 股医药生物类上市公司情况

注：按申万行业分类标准统计。

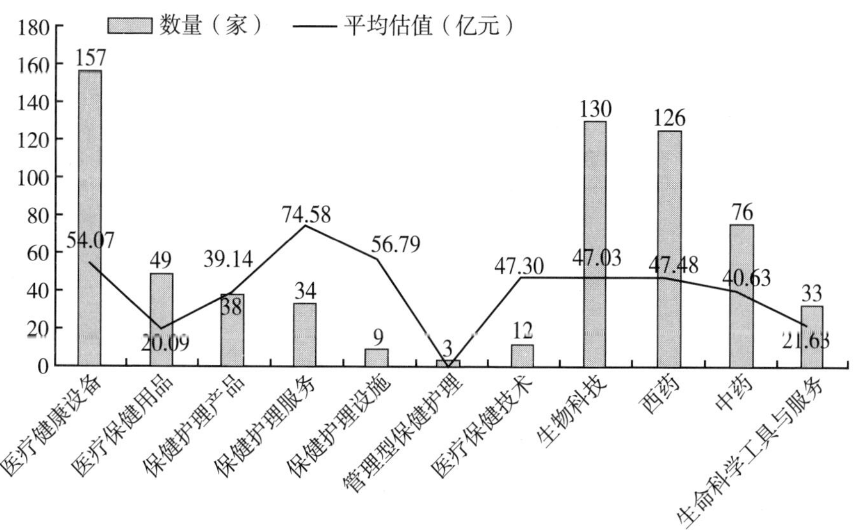

图 38　新三板医药生物类上市公司情况

注：按 Wind 行业分类标准统计。

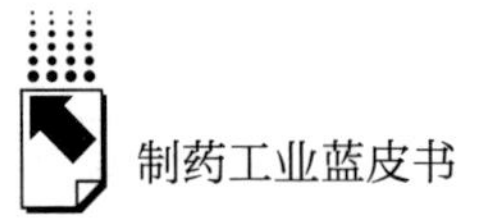

（二）医药行业直接融资情况

新增IPO企业中，医药企业占7.75%。A股定向增发企业中，医药企业占7.46%。

新三板新增挂牌企业中，医药企业占6.04%。新三板定向增发的企业中，医药企业占4.43%。

表6　医药行业直接融资情况

单位：家，亿元

项目	上市总数量	医药企业数量	总金额	涉及金额
IPO	736	57	2922972.73	144558.71
A股定向增发	1891	141	36327.05	1843.74
新三板挂牌	9777	591	25393.45	1883.46
新三板定向增发	7309	324	3509.32	147.03

资料来源：Wind。

（三）医药企业资产证券化案例

表7　华润医药商业集团应收账款一期资产支持专项计划2017年5月18日成立

分类	产品简称	期限（年）	预期收益率（%）	发行规模（亿元）	面值（元）	还本付息方式
优先级	优先级01	1.5	5.29	17.61	100	单利按年付息，到期一次性还本，最后一期利随本清
	优先级02	1.5	5.5	1.47	100	
次级	次级01	1.5	0	1.47	100	到期按约定顺序分配
	次级02	1.5		0.42	100	
信用评级	中诚信证券评估有限公司给予优先级01资产支持证券的评级为AAA级、优先级02资产支持证券的评级为AA级					
推广对象	由合格投资者认购					

续表

分类	产品简称	期限（年）	预期收益率(%)	发行规模（亿元）	面值（元）	还本付息方式
托管银行	中国农业银行股份有限公司北京市分行					
登记机构	中国证券登记结算有限公司上海分公司					
流动性安排	优先级资产支持证券和次级02资产支持证券可通过上海证券交易所和固定收益证券综合电子平台进行转让					

注：项目基础资产包含华润医药及其所属14家子公司的应收账款，发行规模为20.97亿元。原始权益人：华润医药商业集团有限公司；担任财务顾问、监管银行、托管银行：农行；主办券商：东方花旗证券有限公司；计划管理人：农银汇理（上海）资产管理有限公司。

（四）商业保理公司资产证券化案例

表8　西部证券—尉邦中技保理资产支持专项计划2017年3月31日成立

分类	产品简称	期限(年)	预期收益率(%)	发行规模（亿元）	面值(元)	还本付息方式
优先级	优先级01	1	5.55	3.78	100	按季付息，过手摊还
	优先级02	1	5.90	0.99	100	
	优先级03	3	6.50	2.58	100	
次级	次级			1.65	100	
信用评级		联合信用评级有限公司给予优先级01资产支持证券的评级为AAA 优先级02资产支持证券的评级为AA+ 优先级03资产支持证券的评级为AA				
推广对象		由合格机构投资者认购				
托管银行		上海银行股份有限公司北京分行				
登记机构		中国证券登记结算有限公司上海分公司				
流动性安排		优先级资产支持证券金额可在上海证券交易所的固定收益证券综合电子平台进行转让				

注：项目基础资产包为尉邦保理及中技保理公司保理资产，发行规模为9亿元。原始权益人：尉邦商业保理（上海）有限公司、北京中技商业保理有限公司；主办券商：西部证券股份有限公司；计划管理人：西部证券股份有限公司。

（五）融资租赁公司资产证券化案例

表 9　远东租赁六期资产支持专项计划 2016 年 12 月 27 日成立

分类	产品简称	期限（年）	预期收益率(%)	发行规模（万元）	面值（元）	还本付息方式
优先级	优先级 A	1.87	5.28	33.46	100	按季付息，过手摊还
	优先级 B	3.72	6.5	3.45	100	
次级	次级	4.68	0	2.29	100	到期如有剩余进行兑付
信用评级	专项计划资产支持证券优先 A 级获得上海新世纪资信评估投资服务有限公司给予的 AAA 评级、优先 B 级获得 AA 评级					
推广对象	由合格投资者认购					
托管银行	中国农业银行股份有限公司上海分行					
登记机构	中国证券登记结算有限公司上海分公司					
流动性安排	上海证券交易所综合协议交易平台进行转让					

注：项目基础资产远东租赁债权资产，发行规模为 39.2 亿元。原始权益人：远东国际租赁有限公司；主办券商：华泰证券股份有限公司、国海证券股份有限公司、光大证券股份有限公司、安信证券股份有限公司；计划管理人：华泰证券股份有限公司。

（六）中国化学制药工业协会

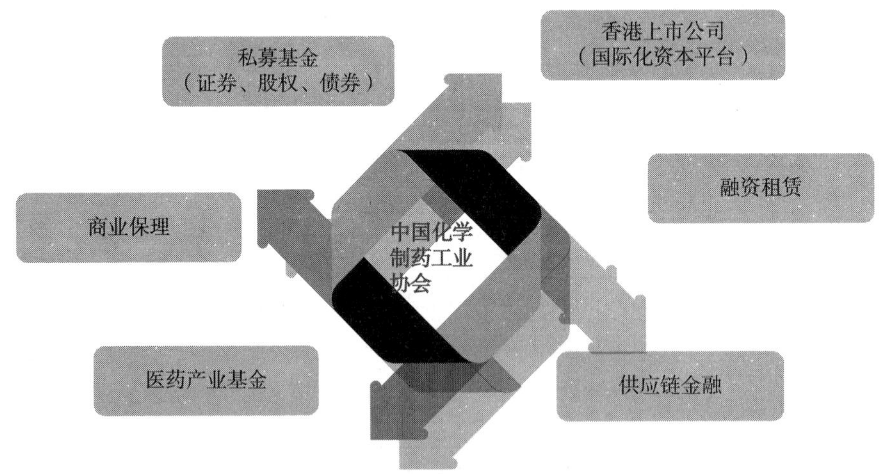

图 39　中国化学制药工业协会

B.8

中国大输液行业发展现状与展望

史建会*

摘　要： 本文简要介绍我国大输液制剂的主要品种及行业的发展现状，分析目前存在的问题和面临的挑战，从专业角度建议理顺市场秩序、调整竞争格局、完善质量控制、创新包装形式和加快“走出去”步伐等，以促使我国大输液行业健康发展。

关键词： 大输液　品种　竞争格局

党的十九大报告指出，实施健康中国战略、健全药品供应保障制度，将作为提高保障和改善民生的一项重要内容。医药产业是关系国计民生的重要产业，是国家“十三五”重点培育的战略性新兴产业之一。中国老龄化进程加快、医保体系不断健全、居民支付能力增强、居民健康意识及全民医疗保障水平不断提升，持续刺激医药产品的需求增长。

大输液作为我国医药行业的五大重要制剂（五大制剂是指片剂、胶囊剂、注射剂、粉针剂、输液剂）之一，也是化学药品制剂行业中十分重要的剂型。输液治疗是现代临床药物治疗的重要手段，在治疗某些疾病和挽救患者生命方面有着不可替代的作用。改革开放 40 年来，大输液制剂产品的规格、种类和包装形式不断增加，从过去的 30 ~ 50 种已增加到近 120 种，特别是治疗用输液品种，在新药开发政策鼓励下各种抗感染、心血管等治疗

---

* 史建会，石家庄四药有限公司党委书记兼董事会秘书、工商管理硕士。

用药物输液品种得到较快增加。尤其是近 30 年来大输液产业始终保持着快速的发展势头，年均增长率达两位数。

一　大输液品种及生产规模现状

输液（Infusion）系指经静脉途径滴注输入体内的大容量注射液（Large Volume Parenteral，LVP），一般是指超过 50ml 容量的注射液。在临床上主要用于调整体内水和电解质以及酸碱的平衡，提供人体必需的碳水化合物、脂肪、氨基酸以及维生素等营养成分，维持循环血容量、降低颅内压等功能。从药物给药系统分析，输液由于具有速效、高效、控释给药特点，成为临床抢救危重病人和静脉治疗药物的不可缺少的载体或溶媒，在现代临床上占有极为重要的地位。

二　我国大输液的主要种类

大输液按临床用途大致可分为：体液平衡用输液、营养用输液、血容量扩张用输液、治疗用药物输液。

（一）体液平衡用输液

体液平衡用输液主要有电解质输液和酸碱平衡输液两类。电解质输液临床上主要用于纠正病人体内水和电解质代谢紊乱、维持体液渗透压和恢复人体的正常生理功能。目前，我国生产的此类产品有 0.9% 氯化钠和复方氯化钠输液等。近年来，电解质输液已从单一电解质逐步过渡到复方电解质，并进一步发展为乳酸林格氏液或各种浓度的含糖复方电解质输液，为临床应用提供方便。酸碱平衡输液临床主要用于纠正体液的酸碱平衡。碳酸氢钠是纠正代谢性酸中毒最适宜的输液，作用迅速，疗效确切。

（二）营养用输液

营养用输液系通过静脉途径为患者提供人体必需的碳水化合物（糖）、

脂肪、氨基酸、维生素以及微量元素等营养素，使不能正常进食或超高代谢的患者仍能维持良好的营养状态，帮助渡过危重的病程，获得继续治疗和痊愈的机会。此类输液按营养成分组成可以分为碳水化合物（糖类）输液、脂肪乳输液、氨基酸类输液、维生素和微量元素输液等。

（三）血容量扩张用输液（俗称“代血浆”）

目前，国内外研究的代血浆种类已达 30 多种，但临床实际应用仅为 5 ~ 6 种，主要有右旋糖酐、羟乙基淀粉以及改性明胶等。右旋糖酐中按分子量大小可分中、低、小三种，主要用于增加血容量，防止失血性休克等。

（四）治疗用药物输液

随着输液工业生产的发展和临床治疗的需要，近年来国内外将治疗作用确切，必须从静脉途径输液的稳定药物或药物小水针或粉针剂制成输液剂，从而大大加快了这类输液的开发速度，包括抗感染药、抗肿瘤药、心血管用药、中药提取物等。

此外，目前临床上经常使用透析液和各类冲洗液，虽不属上述范围，但由于其生产工艺和质量要求与输液相同，对生产企业而言，也应包括在输液生产之列。

三　我国大输液生产现状

大输液是我国医药行业五大重要制剂之一，是化学药制剂产品中历来生产负荷率和能力利用率最高的剂型。近 30 年来，我国大输液生产行业得到长足发展，历经快速增长期、瓶颈期、稳定发展期后，目前整体稳中向好，呈现稳步、健康发展的良好态势。

（一）生产集中度不断提升

在大输液行业，欧、美、日等国家或地区市场集中现象非常明显，输液

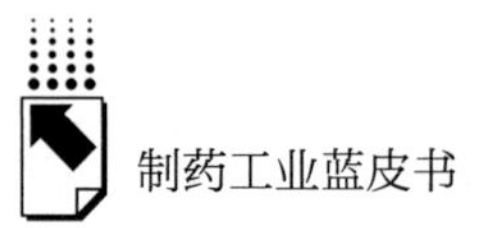

生产企业数量少、规模大，如美国的百特公司占据了全美80%的输液市场；在欧洲，大输液市场基本上被费森尤斯、贝朗、百特克林泰克和法玛西亚四大公司占领；在日本，大冢公司占有50%左右的市场份额。在我国，90年代中后期，大输液生产企业数量众多、规模较小，行业集中度偏低。2008年，我国大输液生产企业排前10的厂家的集中度仅为48.4%，明显低于欧、美、日等发达国家或地区的行业集中度。但是随着产业政策调整、集中招标政策全面实施、医保支付制度和药占比政策变化，以及受“限抗”和三甲以上医院取消门诊输液等政策限制和影响，输液市场价格和份额下降，生产成本上升，规模较小的企业难以维持。行业龙头企业抓住机会实施并购重组战略，大输液企业生产规模不断扩大，行业市场集中度有所提升。目前，我国大输液生产厂家有300家左右，产能超过1亿元的只有30家左右，排前10的厂商的市场占有率约为2/3。2017年，整个大输液行业的深度整合效应开始显现，众多中小企业退出，生产回归理性，行业稳步复苏，龙头企业逐步受益。

（二）生产品种日渐丰富，不断满足临床需求

输液品种约有200种，我国已能生产约120种，经常生产的约有50种，其中普通输液所占比重较大，治疗性和新型营养型品种仍然较少，但基本可满足市场需求。科伦药业是中国输液行业中品种最为齐全的医药制造企业，年报数据显示，截至2017年12月31日，该公司已拥有118个品种共280种规格的输液产品。

（三）包装形式多元化

输液包装大体经历了玻璃瓶包装、塑料瓶包装、多层共挤膜包装（软袋）以及直立袋包装等形式变化。普通输液瓶加盖橡胶塞、内垫涤纶膜曾是我国20世纪50年代以来大输液的主要包装形式，到20世纪90年代中期陆续有吉林四平巨能药业、浙江济民药业等多个厂家建成塑料瓶输液生产线。2000年后，由于玻璃瓶存在易破损、不便运输、占用仓储面积大、易

造成药液污染等缺点，塑料瓶输液生产进入快速增长期。科伦药业、石家庄四药、双鹤药业纷纷抢抓时机，投产塑料瓶输液产品。此间，我国的几家中外合资输液生产企业基本上采用的是塑料瓶或软袋包装。

塑料瓶和软袋包装相对于玻璃瓶在质量、存储、运输和用药安全等方面有着显著的优势。随着国内对包装关键技术的自主研发取得突破，生产设备不断更新，大大降低了塑料软包装的生产成本。居民生活水平提高和用药安全意识的增强促使居民选择消费安全性更高的塑料软包装大输液产品，并不断创新。2015 年 1 月，科伦药业首创拳头产品可立袋输液获国家科技进步二等奖，紧随其后的石家庄四药直立袋输液也取得多项专利，二者被业内誉为“输液双骄”。

伴随大输液包装结构调整的“西风东渐”，我国与发达国家相比差距逐步缩小。在欧美等发达国家，软袋、塑料瓶包装的输液产品已经成为市场主流，美国软塑包装的使用率占到 90%，欧洲为 70%。截至 2017 年末，我国玻璃瓶输液市场份额不断萎缩，软塑包装输液的市场份额持续增加，尤其是非 PVC 软袋的市场份额快速增加，大体形成“2∶4∶4”（玻璃瓶占 20%，塑料瓶占 40%，非 PVC 软袋占 40%）的市场格局。

（四）技术创新不断引领产业升级

由于临床用量大，体液平衡用输液一直占据大输液市场最大的市场份额，占整个输液市场份额的 70% 以上。但由于进入门槛低，体液平衡用输液市场竞争十分激烈，众多小企业都处于微利和保本的边缘。

由于普通输液存在刚性需求，临床用量大，具有较大规模的输液生产企业将继续生产该类产品以维持市场份额、分摊固定成本、获得稳定现金流。同时，为了提高市场竞争力、加快大输液新产品的上市速度、提高盈利能力，资本技术实力强大的龙头企业纷纷加大研发投入，多以“原料 + 输液制剂”并重方式进行开发，延长产品链条，以提升高毛利、高附加值的营养用输液、治疗用药物输液所占比重，不断优化大输液品种结构，推动我国输液产业结构升级。

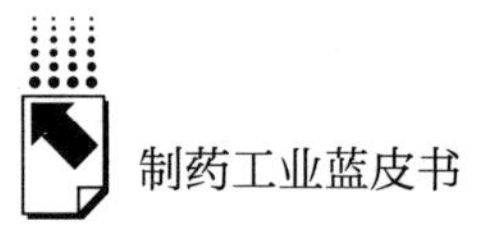

对输液产品的开发研制，发达国家的趋向是品规齐全、品种系列化。在电解质输液剂、营养输液剂、血浆代用剂、透析液、治疗药输液剂等类别下，发达国家的各种输液品规多达近千种，对一个品种可开发各种剂型和规格，方便医生根据不同的需要来选择相应的品种。以氨基酸为例，有结晶氨基酸、无糖无电解质氨基酸、含葡萄糖氨基酸、含糖和电解质氨基酸、营养用复合氨基酸、肝肾病人用氨基酸等近百种。而治疗药注射剂品种则集中为抗高血压药、抗微生物药、抗肿瘤药、心脏病药等10余类，约260个品种。在这些方面，我国输液产品开发和市场空间巨大。

四　我国输液行业面临的挑战

尽管我国大输液生产近年来整体呈现良好的发展态势，但市场恶意竞争、研发水平相对落后等问题在一定程度上制约着行业进步。

（一）市场竞争加剧

输液产销集中度较低，且品种过于集中，使得不少输液企业的生存环境日益恶化。一些小型企业为减小经营压力、获取生存空间，在药品集中采购过程中不惜采取恶意低价的方式进行竞标，从而引发大输液市场价格的恶性竞争，“一瓶输液不如一瓶矿泉水”是竞争白热化的真实写照。

相对于其他药品而言，大输液销售终端较为单一，其中主要使用对象是大中型医疗机构。此类医院对输液质量的关注胜于价格，因此可以给输液生产企业带来较高的利润，故而成为知名大输液生产企业的主要争夺目标。科伦药业、石家庄四药、双鹤药业、华仁药业、齐都药业等国产品牌，及百特、费森尤斯、大冢等外资品牌，这些行业主流企业占据着中高端市场。

（二）输液新产品研发能力匮乏

新药研发历来面临投入高、风险大、周期长等难题，而近年来新药审评难度加大、过程复杂冗长，使得药企普遍为之困扰。与医药产业发达国家相比，我国医药产业研发投入少、水平低更是一直存在的大问题。在美国，医药企业用于新药研发的资金投入比例在15%～20%，而在我国，该比例平均不足2%。作为化学药剂型之一的大输液同样如此，由此造成新品种少、自主研发的品种更少，开发的品种主要是类别较低的仿制药品种，创新药几乎为“零”。

（三）大输液仿制药品质量与原研药差距较大

国内尚未建立完善的注射剂仿制药品一致性评价体系。目前，我国注射剂产品主要是仿制药物，大部分仿制药生产仅仅是参照国外原研的质量标准和基本的药典标准要求，甚至有些是依照其他仿制药的标准来生产，而对生产过程中的控制条件、原料晶型及杂质谱与药效、安全性相关条件未进行全面的考察，从而导致国产注射剂产品与原研药在安全和有效性上存在较大差距。

党的十九大指出，我国经济已由高速增长阶段转向高质量发展阶段，正处在转变发展方式、优化经济结构、转换增长动力的攻坚期，必须坚持质量第一、效益优先，以供给侧结构性改革为主线，推动经济发展质量变革、效率变革、动力变革。2017年12月22日，国家食品药品监督管理总局药品审评中心（CDE）发布《已上市化学仿制药（注射剂）一致性评价技术要求（征求意见稿）》，虽然只是“技术要求”文件，未明确具体执行时间及节点，但还是引起了业界的巨大震动。口服固体制剂一致性评价的阵痛还未结束，注射剂再评价也要来了。对已经走上国际化之路的大型药企来说，无疑又是一次发展机会，但对国内大部分制药企业尤其是中小型企业来说，又将是一次残酷的淘汰战，毕竟生存环境已和从前大不相同。面对即将临近的新一轮挑战，是被迫淘汰还是涅槃重生？令业内外拭目以待。

五　大输液龙头企业的坚守与转型

自2012年起，各地陆续有叫停门诊输液的单家医院，这场“限抗、限输”风波至今仍未平息，且有更加严峻的趋势。2017年，各省纷纷加大限输力度，输液市场容量渐趋萎缩，同时招标和议价的影响使得输液进入微利时代。在行业寒冬中，一批以输液类为主营业务的药企不断谋求升级和转型。

（一）科伦药业：提升毛利，继续巩固龙头地位

科伦药业是中国输液行业中品种最为齐全的医药制造企业，截至2017年末，已拥有118个品种共280种规格的输液产品。

2017年，科伦药业实现营业收入114.35亿元，同比增长33.49%，净利润8.11亿元，同比增长30%。该公司输液产品销售收入为75.78亿元，同比增长26.12%，毛利率为63.7%。这主要归功于公司输液制剂产品结构持续优化，并通过节能降耗等管理措施进一步降低生产成本，使得整体毛利额和毛利率增加。

科伦药业作为大输液行业的龙头，已把大输液制剂板块定位为战略后方。2018年，科伦将持续推进品种结构调整，通过全面对标学习、提高效益、降低成本，使大输液制剂板块整体毛利得以提升，继续巩固和加强公司在输液领域的领先地位。

从2010年科伦药业提出“三发驱动”战略至今，公司构建起驱动企业发展的三架发动机。从保持科伦在输液领域的绝对领先地位，到逐渐掌握抗生素的全球话语权，再到通过研发体系建设和多元化技术创新积累起企业基业长青的终极驱动力量。

目前，科伦药业通过创新与技术提升、产品结构升级进一步巩固在输液领域的领先地位；抗生素板块，川宁项目将为企业可持续发展提供源源不断的动力；创新药物研发方面，科伦药业已经迈入收获期，众多新产品陆续获批将使科伦药业占据创新制高点。

（二）华润双鹤：业务平台扩展到“1+1+6”

华润双鹤是较早进入输液领域的制药企业之一，近年来受到输液限用、辅助用药限用、医保控费、二次议价等政策影响，且各省新标执行进度慢于

预期，该企业的输液业务营业收入增速逐年趋缓，2016 年为 21.07 亿元，2017 年为 23.18 亿元。

该公司近几年来一直在加快业务转型，在提高非输液业务收入占比的同时，通过包材结构调整、降本增效提升输液业务盈利水平。目前，该公司非输液业务收入占比逾六成，其中，慢病普药业务收入同比增长 23%，专科业务收入同比增长 10%。

华润双鹤的数据显示，2017 年公司聚焦“突破”和“增量”两个主题，继续推进业务转型。在市场营销方面，打造慢病平台，输液业务全面实现区域产销一体化运营，精耕细作区域市场；在生产制造方面，聚焦重点产品质量提升与工艺改进，形成差异化质量层次；在产品发展方面，围绕“1+1+6”战略领域（即一个慢病业务平台，一个输液业务平台，心脑血管、儿科、肾科、精神/神经、麻醉镇痛、呼吸六个专科领域）和临床需求，多途径引进产品、升级产品线，攻关仿制药一致性评价项目；在并购融合方面，加大外延并购力度，对成功并购的企业进行资源协同与整合，推广共赢、增长的资源协同模式。

（三）石四药集团：借力行业整合提高市场占有率

提及大输液的三大巨头，除了在 A 股的科伦药业及华润双鹤外，还有在香港上市的石四药集团。

随着大输液行业的汰弱留强，龙头企业的竞争优势地位越来越明显，石四药集团的市场占有率明显提高，市场优势带来的经济效益逐步体现。2017 年，石四药大输液销售量价齐升，市场版图迅速扩张，实现营收 30.76 亿港元（约 26.61 亿元人民币），同比增长 30.3%；毛利率增长 7.1 个百分点至 58.7%，毛利率位居行业前列；净利润 6.65 亿港元（约 5.75 亿元人民币），同比增长 35.8%。

石四药集团根据市场发展需求设定了不同形式的包装规模，拥有全球行业自动化程度和装备水平最高的生产线。由于石四药集团采取一地集中生产模式，规模优势有效保证了产品质量一致性，同时也确保了成本、生产、质

量、人员等生产要素的可控性。

石四药集团2017年年报显示，虽然政策环境和市场经营环境仍然处于困难的状态，但展望2018年，集团要继续主导产品直立软袋、软袋和安瓿水针产品的市场推广和运作；2018年大输液的销量目标15亿瓶（袋），其中非PVC软袋输液5.5亿袋，同比增长14.8%，直立软袋输液完成2.8亿袋，同比增长38.3%。

在保持业内产销第一梯队优势的同时，石四药还将大力培育发展新动能，抢抓医药产业结构深度调整的机遇，积极巩固从中间体、原料药到制剂的全产业链竞争优势。位于沧州渤海新区的原料产业园项目已于2017年10月全面开工建设，预计项目一期将于2018年末试产。

（四）华仁药业：向“医药+医疗服务”领域延伸

华仁药业一直以大输液、血液净化产品为核心布局大健康产业。2017年，公司实现营业收入13.1亿元，同比增长5.04%；净利润0.39亿元，同比增长74.2%。公司主营业务逐步从医药领域向“医药+医疗服务”领域延伸。基础性输液是目前华仁药业体量最大的板块，治疗性输液产品也是公司的重点推广领域，目前主要有27个品种。公司重点推广羟乙基淀粉、长春西汀、甘油果糖、卡络磺钠和血液滤过置换液等高毛利产品。

华仁药业年报显示，公司将紧紧围绕“融心融智、共创共赢”的主题，在创新中求发展，在变革中推动发展，在执行中落实发展。深耕现有主营业务发展，不断完善产业链布局，在稳定发展大输液、腹膜透析液业务的同时，通过医疗服务促进腹透产品的销售，构建公司血液净化领域全产业链生态圈。以“大健康产业”为主线，以分级诊疗为契机，围绕大健康产业全产业链挖掘投资机会。

（五）济民制药：增大对医疗服务领域的投入

济民制药于2015年2月上市，主营业务为大输液及医疗器械的研发、生产和销售。2017年该公司实现营业收入6.03亿元，同比增长33.86%，净利润为0.56亿元，同比增长41%。

随着国家医保控费、限制抗生素使用以及限制或取消门诊输液政策的逐步推行，输液类产品市场增量整体呈逐年放缓趋势，济民制药的输液类产品销售也面临较大压力。

济民制药将进一步加大新产品开发力度，加快产品结构调整步伐，依托于公司多年在基层市场形成的品牌优势，强化基层医疗市场的拓展，提升产品市场覆盖率。同时，提升具有更高附加值的新型专用输液器销量，降低传统输液类产品市场规模，减小可能对公司带来的不利影响。

“限抗、限输”对于大输液行业的影响是直接而又猛烈的，从上述药企近几年的业绩情况来看，科伦药业、石四药集团的输液业务逐年稳步上涨，显示出了行业巨头的优势，华润双鹤则在谋求转型，找寻新发展动能的突破口。作为大输液行业第二梯队的华仁药业以及济民制药也开始把发展的目光投向了医疗服务领域，布局基层市场，以谋求产品能更好地落地。

六　未来发展趋势与展望

近年来，我国大输液市场集中度不断提高。数据显示，2010年全国大输液产量达93亿瓶（袋），2015年上升到127亿瓶（袋），2017年回落到120亿瓶（袋）。2017年大输液年产量排前五位的企业产量占总产量的60%左右，正在加快向全球发达市场80%的集中度水平靠拢。

（一）大输液行业结构优化，产业集中度进一步提高

第一，行业结构优化是市场竞争的必然结果。第二，医改政策环境推动企业兼并重组、优势互补，最大限度地增强竞争力。第三，基本药物招标模式强化了行业规模发展。第四，随着GMP检查常态化和药品再注册等新法规和制度的实施，高额的生产线改造费用和注册费用迫使一些利润不高的小企业不得不退出市场或谋求转型。

（二）药品质量评价体系有待提升，注射剂一致性评价迫在眉睫

对于大输液等注射剂仿制药产品，国内质量控制指标和产品质量标准均是模仿国外制定，对注射剂生产工艺过程（包括无菌保证工艺）与其对应产生的杂质谱、药效及不良反应关系关注较少，缺少对关联及关键工艺参数控制的深入研究，导致某些国产注射剂产品与原研进口产品虽然均符合质量标准，但是在药效和安全性方面存在差距，加快实施注射剂一致性评价势在必行。

（三）注射剂品种需要不断丰富，结构更趋多元化

国内医药企业新型输液产品的开发缓慢，产品单调，低端产品同质化严重，高端制剂开发严重滞后，发展和创新空间巨大。国内输液企业需要借鉴国外先进经验，在注射剂高端剂型品种方面进行更多的创新性研究。尤其是在创新制剂的开发上，虽然国内已有多个新释药系统（如脂质体注射剂、注射用微球制剂、注射用载药乳剂等）的个别产品上市销售，但与国际先进水平相比，无论是在数量上还是在质量上差距都较大。新型药物递送系统对于提高药品内在质量、增效减毒、满足临床治疗需求、优化产业结构、推动医药产业发展的重要作用是显而易见的。

（四）大输液包装系统的发展趋势

未来大输液包装系统应具备材料安全性好、与所包装药品及临床添加药品的相容性好、生产技术安全有效、临床使用便捷和满足环保要求等特点，具体的发展趋势有：一是优化输液产品生产工艺，例如，采取吹灌封一体输液生产技术（BFS），以保证产品无菌水平、控制产品微粒与异物数、减少漏液率；二是用药剂量精准化，保证患者输液量的准确性，例如，优化结构设计、减少液体残留量等；三是产品侧重使用性能，提倡便捷包装方式，加强研发应急或战时输液产品，如粉液双室袋或多室袋、液液多腔袋及加压型输液产品等；四是建立临床安全性评价体系，将临床应用情况反馈回生产企

业，完善临床与生产的沟通交流机制；五是建立基础输液与加药品种配伍数据库，开展加药品种与不同输液产品包装材料的相容性研究及加药后的再评价；六是输液包装具有质量检测功能，包装系统中可以体现药品质量的变化。此外，还涉及输液包装产品的标识标准化、减少临床用药差错等。

（五）“走出去”或将成为注射剂主流企业谋求发展的新途径

随着全球经济一体化进程加快，企业或产品“走出去”已成为注射剂生产企业的普遍共识。科伦药业积极响应“一带一路”倡议，2014 年投资 5000 万美元在中亚哈萨克斯坦最大城市阿拉木图建设的以生产大容量注射剂为主的科伦 KAZ 药业有限责任公司全面投产，昭示着科伦药业在国际化进程中迈出了坚实的一步。

石四药集团是较早开拓国际市场的注射剂生产企业，经过 20 年的艰难开拓和积累，产品市场已成功由国内市场逐步转为全球市场，国际化经营能力不断增强。2017 年，集团完成菲律宾、澳大利亚 TGA、荷兰 IDA 等 6 项国际质量审计和认证，累计在 80 个国家注册产品达 96 个规格及品种，出口业务量同比增长 18%，跻身中国化药制剂出口 20 强企业行列。目前，华润双鹤、齐都药业、辰欣药业等注射剂企业也已走出国门，销量逐年递增。

B.9

我国处方药与非处方药分类管理概况

中国非处方药物协会

摘 要： 本文梳理了我国实施药品分类管理的进程，自2000年1月1日《处方药与非处方药分类管理办法》正式实施以来，OTC药物市场持续稳定发展。公众自我药疗的意识逐渐增强，对于一些常见病和非严重性疾病而言，可以更便捷地获得并使用经国家批准的“应用安全、疗效确切、质量稳定、使用方便”的OTC药物，这也体现了我国与国际通行的药品管理模式的接轨。

关键词： 处方药 非处方药 OTC 自我保健 自我药疗

实施处方药与非处方药分类管理，是国际上通行的药品管理模式。20世纪五六十年代，许多国家出现骇人听闻的药害事件，使人们认识到药品这一特殊商品的安全性和有效性十分重要，必须进行严格管理。某些药品一定要在医师处方下使用，为处方药；而另一些经长期临床证明、适应症可以自我判断、不良反应发生率较低、使用相对比较安全有效的药品，适合消费者对轻微疾病进行自我药疗，为非处方药，可以给予适当宽松的管理。为此，我国借鉴国际药品分类管理模式，自2000年1月1日起实施了处方药与非处方药分类管理。

一 药品分类管理的国际规则

从20世纪70年代末开始，WHO工作重心和关注点转向卫生政策和公众健康。标志性事件1978年9月在哈萨克斯坦的阿拉木图（Almaty）召开的国际初级卫生保健会议上发表的会议宣言，其中第一条就提出“健康是一个基本人权”和“人们有权利和责任参与其医疗保健实践”的理念。正是这一理念使WHO在随后的文件中逐步确立了自我保健和自我药疗的政策。

1986年，WHO发布关于国家药物政策（National Drug Policy）的指导原则，这是WHO对其成员国，特别是发展中国家有关药物的可及性、可承受性和合理使用的指导性文件，包括：

①国家的相关法律、法规和指南；

②药物选择、供应和药品质量保证体系，特别是基本药物政策是重要的组成部分；

③药物的合理使用，在这一部分，WHO明确提出，促进药物合理使用的监管策略是要有区分非处方药和处方药的审批与分类管理的政策，同时要对消费者进行正确的自我药疗教育，提供普通消费者易于理解的药品使用说明书和标签；

④1995年，WHO国家药物政策专家委员会发布的报告中明确提出负责任的自我药疗在国家卫生保健体系中的重要作用；

⑤有助于不需医学咨询的症状的预防和治疗；

⑥减少医疗服务方面的压力；

⑦病人能够控制自己的慢性病。

2000年，WHO发布《自我药疗药品评价指南》。该指南就评价用于自我药疗的药品即非处方药的合适性，包括处方药向非处方药转换的评价，提出了标准和方法。这一指南特别指出，对用于自我药疗产品的审核，用语是“评价”（Assessment）而不是“临床评价”（Clinical Evaluation），因为在许多情况下，审核某个药品是否可以作为非处方药使用，是审核已有的资料和经验，而不是重新进行临床试验或研究。目前，国际通用的循证医学的评价应是评价非处方药的主要依据。

20世纪中期以来，发达国家开始建立药品分类管理制度，WHO和包括日本、澳大利亚、美国、加拿大以及欧盟在内的许多国家和地区发布并建立了包括类别区分、注册与转换、技术标准和规范的一整套管理法规和指导性文件，形成规范的管理模式。国际非处方药行业的形成应追溯到 20 世纪 70 年代初，当时即建立了国际非处方药行业组织——世界专有药品生产商联盟（World Federation of Proprietary Medicine Manufacturers，WFPMM），90 年代改名为世界自我药疗产业协会（World Self-Medication Industry，WSMI）。2010 年，中国非处方协会副会长就任新一届 WSMI 主席。

二 我国实施药品分类管理的规划

1997 年初发布的《中共中央、国务院关于卫生改革与发展的决定》中明确提出，在中国建立并完善处方药与非处方药分类管理制度。该决定发布的背景是 1996 年 3 月全国人大通过了“九五”计划和 2010 年远景目标纲要。“八五”（1991～1995 年）期间，中国经济实力显著增强，基本解决人民温饱问题，人民生活逐步达到小康水平。提高城乡居民的生活质量成为 90 年代和 21 世纪的社会发展目标。因此，“人人享有初级卫生保健”被列为“九五”时期的发展目标之一，《中共中央、国务院关于卫生改革与发展的决定》提出建立基本药物制度和药品分类管理制度，就是落实国家发展目标的具体措施之一。

随着人民生活水平提高，健康的生活方式、自我保健与负责任的自我药疗也逐渐进入民众生活。特别是城市居民，随着自我保健意识增强，人们趋向于自我解决轻微的常见症状和进行慢性病的维持治疗。1998 年，国家统计局对北京、上海、广州和成都四个城市居民的首选常备用药情况进行调查，有 85% 的居民服用过常备感冒药，其次是润喉药、止咳药、肠胃药、皮肤药、止痛药和眼药水。这从一个侧面反映当时相当一部分城市居民已经有自我用药习惯，非处方药的发展已有相应的经济与社会基础。

中国的改革开放政策促进了医药行业的国际交流，也使当时的国家医药管理部门开始与国外政府部门、非政府组织和制药企业有更多的交流。根据资料记载，从 1984 年 11 月国家医药管理局组团参加在日本东京举行的自我药疗行业国际会议以来，到2000年底，中国医药监管部门和中国非处方药物协会已先后八次组团参加有关非处方药行业的国际会议并进行考察和交流活动。在国内也召开了多次有国外专家参加的非处方药国际交流研讨会。随着中国市场的逐步开放，从20世纪80年代中期开始，中外合资医药企业如西安杨森、中美史克、上海施贵宝、上海罗氏、上海强生和北京诺华等先后建立，并在中国市场上引入国际非处方药品种、品牌和新的营销模式，这些都促进了中国药品分类管理制度的建立和非处方药行业的发展。

三　我国实施药品分类管理的进程

为全面了解中国开展药品分类管理的进程和非处方药行业发展情况，以下按时间顺序和主要工作进行简要叙述。

1984年11月和1986年9月，国家医药管理局主要领导两次率团参加世界专有药品生产商联盟（WFPMM）分别在日本东京和美国华盛顿举行的非处方药行业的国际会议，并应邀在大会上就中国传统药的现状及其作为自我药疗产品在中国卫生保健体系中的作用进行讲演。在参会期间，与WHO、WFPMM以及美国、日本等国家代表进行了广泛接触与交流，会后还对美国和日本的制药业进行了考察。这两次国际交流活动，使当时的国家医药管理局高层领导对非处方药的生产和管理有了直接的了解，同时，也开创了中国医药管理部门参与国外非处方药行业交流与学习的新局面。在国家医药管理局的积极推动下，1988年中国大众药物协会成立，并于当年加入WFPMM，成为其理事会成员（当时，WFPMM的汉译名参考了日本医药界的翻译，称为“世界大众药物协会”，国内尚无药品分类管理，我国的协会名称由此而来，1996年更名为“中国非处方药物协会”）。

作为中国首次组建的非处方药行业组织，在当时中国还没有药品分类管理的情况下，中国非处方药物协会明确提出其任务是要“促进政府部门、医药界、学术界和广大民众重视非处方药的作用，代表会员利益，向政府有关部门提出建议，向消费者宣传自我药疗”。中国非处方药物协会会员包括业内主要从事非处方药生产和销售的企业。协会在成员的积极支持下，开展各种活动，介绍国外非处方药市场和产品，组织会员企业出国考察和参加国际会议，在医药刊物上介绍国际药品分类管理和非处方药行业发展情况。这些活动也使相关的行政管理部门对药品分类管理和非处方药有了更多的了解。

从 20 世纪 90 年代中期开始，中国药学会受卫生部药政管理局的委托，承担处方药与非处方药分类管理的政策研究及非处方药遴选的技术工作，并先后举办了 4 次中国非处方药国际交流研讨会。通过国外专家向中国药政管理和医药行业主管部门以及制药企业代表介绍非处方药的管理、市场发展经验等，积极推动了中国处方药与非处方药分类管理制度的实施。

在这个阶段，药品监管部门开始将药品按处方药与非处方药分类管理提到议事日程。1996 年 4 月，卫生部、国家医药管理局等部委联合组成制定推行处方药与非处方药领导小组，其办公室设在中国药学会并设立有关政策研究、生产流通、广告、宣传教育、药物遴选与审批等专业组。当时的工作主要是就非处方药的定义、分类原则与程序进行研究和论证，初拟有关非处方药审批、广告管理等规定，编写有关非处方药流通领域从业人员的培训教材，遴选出第一批国家非处方药目录。在开展这些工作中，逐渐形成了一支由药学专家和管理人员组成的专业队伍，为日后的药品分类制度的实施奠定了人才基础。

1998 年国家药品监督管理局组建以后，将药品分类管理作为国家药物政策中的一项重要内容，加快了各项工作的进程。1999 年 4 月，国家药监局与卫生部等相关部委联合发布《关于我国实施处方药与非处方药分类管理若干意见的通知》，提出了在中国实施药品分类管理的目标，争取从 2000 年开始，初步建立药品分类管理制度和与之相适应的药品监管法规体系；再经过若干年时间，建成一个比较完善、具有中国特色的处方药与非处方药分类管理制度。同时，提出了“积极稳妥、分步实施、注重实效、不断完善”的工作方针，明确了分类管理的核心是严格处方药监督管理、规范非处方药监督管理。

1999 年 7 月，国家药品监督管理局颁布《处方药与非处方药分类管理办法（试行）》，自 2000 年 1 月 1 日起施行。同时公布第一批国家非处方药目录。该目录按照“安全有效、慎重从严、结合国情、中西药并重”的指导思想和“应用安全、疗效确切、质量稳定、使用方便”的原则，通过反复遴选、审评并确定的。第一批目录包含西药 165 个品种、中成药 160 个品种，每个品种含有不同的剂型。

在 2000 年之前，国家药品监督管理局还陆续颁布药品分类管理的多项部门规章或规范性文件，在部分地区和单位进行流通领域的药品分类管理试点，并组织有关政策法规的宣传与培训。

2000 年 1 月 1 日，《处方药与非处方药分类管理办法》的正式实施，标志中国药品分类管理制度的初步建立。国家药品监督管理局（以下简称“药监局”）依据该办法，还公布了非处方药专有标识，制定了对第一批《国家非处方药目录》药品进行审核登记工作的规定，印发了《处方药与非处方药流通管理暂行规定》，并在部分城市和药品零售企业开展药品分类管理的流通试点工作。在试点药店中确定了药品分类管理示范药店。2000 年 5 月，国家药监局还联合相关部委在全国范围举办“处方药与非处方药分类管理宣传周”活动；制定公布了列入第一批《国家非处方药目录》的药品使用说明书，到 2000 年底，完成了对第一批非处方药目录药品审核登记工作。

2001 年 12 月 1 日起实施的新修订的《中华人民共和国药品管理法》第三十七条规定，中国实行药品按处方药与非处方药分类管理制度。在《中华人民共和国药品管理法实施条例》中对药品零售企业经营甲类和乙类非处方药的人员的资质也作出明确规定。这些规定，使得药品分类管理和非处方药行业发展有了法规基础。

从 2002 年底开始，按分类管理要求处方药产品不得在大众媒体进行广告宣传。到 2004 年，国家先后遴选和公布了六批国家非处方药目录，共有 4462 个品种入选。其中，中成药为 3484 个，占 78. 1%；化学药为 978 个，为 21. 9%。同时，依据中国实际情况，积极稳妥地推进药品流通领域的分

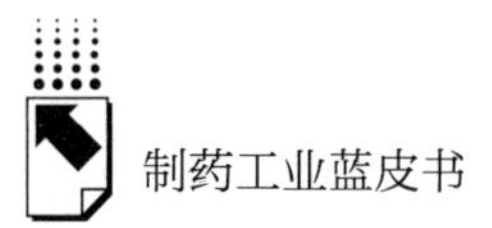

类管理工作，分阶段规定大输液、粉针剂和注射剂必须凭处方销售。自2004年7月1日起，凡未列入非处方药目录的抗菌药均需凭处方才能销售。到2005年底，县及县以上城市的零售药店基本达到药品分类管理要求。

自2004年起，国家开始实施非处方药注册和转换评价办法，对已上市品种可提出由处方药转为非处方药，也包含由非处方药转为处方药。新药可以直接申请注册为非处方药。由此，国家建立了处方药与非处方药的动态监管机制，国家食品药品监督管理局负责药品的监测与评价。据不完全统计，2004~2017年，有686个产品由处方药转换为非处方药。同期，由于存在安全隐患或已不适宜按非处方药管理，有47个非处方化学药品种转为处方药。

经过10多年的实践，中国初步形成了药品分类管理体系，包括法律法规、部门规章、规范性文件和技术标准。涵盖非处方药的注册、遴选、转换等准入要求；企业的研发、生产（GMP）、流通（GSP）等要求；药品定价、广告，医保等法规和实施细则；药店的管理要求；执业药师法规及培训；店员以及患者、大众的健康教育与促进等。这个体系的核心理念是：推广负责任的自我药疗，让大众认识到健康是自己的责任；使政府认识到，非处方药在保证大众健康方面可以发挥积极作用，有效缓解“看病难、看病贵”问题，最终实现世界卫生组织倡导的人类健康的理念和目标。中国药品分类管理制度的实施，是中国社会和经济发展以及吸收国外有益经验的成果。10多年来，这一制度的逐步完善以及医疗卫生体制的改革，为非处方药行业的发展提供了良好的发展环境。

当前，中国非处方药行业正在以负责任的自我药疗推动者的形象展现于医药界和社会。但我们认为，在中国目前的医药体制改革中，非处方药行业应当在缓解“看病难、看病贵”问题、支持民众负责任的自我药疗，以及引导广大民众积极参与自我保健等方面发挥更大的作用。中国非处方药物协会应当成为政府与行业了解国际特别是世界卫生组织及世界自我药疗产业协会的发展情况的纽带和桥梁，积极向政府相关部门提供政策法规建议，积极开展面向广大消费者和行业从业人员的宣传教育活动，致力于培育良好的非处方药市场。可以预期，在今后的 10 年或较长时间内，中国的非处方药行业将会稳健快速发展，成为国际上主要的非处方药市场。

非处方药是指为方便公众用药，在保证用药安全的前提下，经国家药监部门规定或审定后，不需要医师或其他医疗专业人员开写处方即可购买的药品。这类药品一般公众凭自我判断，按照药品标签及使用说明就可自行使用。非处方药在美国又称柜台发售药（Over The Counter，OTC），现已成为全球通用的俗称。这些药物大都用于多发病、常见病的自行诊治，如感冒、咳嗽、消化不良、头痛、发热等。新中国成立以来，尤其是改革开放以来，随着人民生活水平提高，人民群众的自我药疗能力不断增强，对药物的需求不断增加。自 2000 年中国正式推行药品分类管理制度 10 多年来，非处方药行业获得了巨大的发展，主要体现在以下几个方面。

非处方药是由国家药品监督管理部门组织有关部门和专家进行遴选并批准的。非处方药的遴选标准是“应用安全、疗效确切、质量稳定、使用方便”，是从 5600 余个西药、3500 个中成药中遴选。非处方药又分甲类和乙类。甲类（红色）可在医院、药店销售，乙类（绿色）可以在医院、药店、超市、宾馆等地方销售。目前，在中国 4044 家药品制剂企业中，大部分药品生产企业既生产处方药，又生产非处方药，可以说中国非处方药的生产具有广泛的可获得性和普及性。

四　我国非处方药工业发展概况

从中国开始推行药品分类管理以来，中国非处方药市场得到长足的发展，2000 年中国非处方药市场还只有约 253 亿元市场，但到了 2017 年，中国 OTC 市场规模达到 2770.5 亿元。从零售药店的发展也能看出这一点：2002 年部分省份药店审批解禁，新增药店数量急剧上升，销售规模迅速增长，增长率达历年之最；2005 年药店审批进一步放宽，总体规模也有较大的增长。

近年来非处方药市场受到基药政策、品牌塑造成本高和零售终端经营成

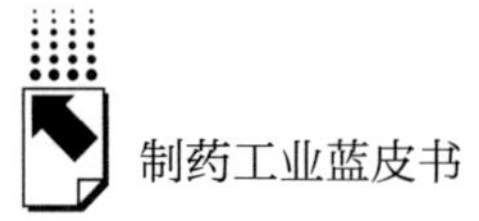

本攀升等的影响，虽然增长率呈现下降趋势，但规模一路走高。我国非处方药市场持续扩容的原因有：①人们自我药疗意识增强，自主购买 OTC 药品的比例越来越高；②人口老龄化问题凸显，养生类 OTC 药品市场扩大；③环境问题带来的亚健康问题使保健类 OTC 药品市场巨大；④人们消费水平提高，对医药品的刚性需求也随之提高；⑤对于一些常见病和非严重性疾病而言，非处方药可以达到和处方药相同甚至更好的效果，而价格要便宜很多。

随着我国人口规模增长、城镇化进程加快，以及人均收入水平的提升，公众自我药疗的意愿逐渐增强，自主购药行为越来越多。老龄人口的患病是近年来患病率提升的最直接因素，因此老龄人口的医疗保健将驱动药品行业向前发展。同时，环境问题凸显，对人们身体健康带来各种影响，医药品的需求会不断增加。OTC 药品具有的安全性、购买便利和使用方便等优势在药品市场获得了独有的市场机遇。随着我国医改政策的不断深入，医药分家势在必行，药品分类管理对落实中央提出的“健康中国”战略将发挥重要的作用。各级政府部门应充分了解药品分类管理的现实意义，加速完善药品分类管理的各项法律法规政策，积极促进我国非处方药行业健康稳定发展。

B.10
抗生素产业的可持续发展

中化帝斯曼制药有限公司

摘　要：　据保守估计，全球每年因抗菌素耐药性（AMR）而死亡的人数为70万，到2050年每年增加到1000万[①]。这使抗菌素耐药性（AMR）问题成为当今人类面临的最大威胁。AMR是一种自然现象，但因人类行为而加速发展与传播，如卫生条件差、预防和控制感染的措施不足、抗生素滥用、环境的制药污染、国际旅行和食品贸易等。

根据《抗菌素耐药性问题回顾》，供应链估计每年产生3万~7万吨含有抗菌素活性的废物。在印度工厂附近的公共水域发现一些抗生素的浓度比正常水平高出数千倍甚至上万倍，耐药性细菌[②]成为研究热点。2016年《抗菌素耐药性问题回顾》建议迅速制定最低标准以防止抗生素废料被随意排放，要求加强监测，指出抗生素的生产方式和不充分的废物处理是值得关注的问题。

作为抗生素原料药企业，中化帝斯曼制药有限公司始终坚持可持续发展道路，并首创酶法工艺取代传统化学法工艺，同时，作为全球第一家抗生素生产企业开始检测生产废物排放中的抗生素活性残留。

① J. O. Neill：《全球应对耐药性感染：最终报告和建议》，《抗菌药物耐药性综述》，2016。

② Changing Markets and Ecostorm：《供应链中的超级病菌》，changing markets. org，2016。C. Lubbert, C. Baars, A. Dayakar, N. Lippmann, A. C. Rodloff, M. Kinzig and F. Sorgel，《来自印度南部海得拉巴的大宗药物制造业的抗菌剂对环境的污染与广谱β-内酰胺酶和碳青霉烯酶的病原体的传播有关》，Infection, vol. Aug 45, no. 4, pp. 479-497, 2017。

关键词： 抗生素 可持续发展 中化帝斯曼制药有限公司

一 抗生素时代的开启

1928 年 9 月，伦敦圣玛丽医院的细菌学家亚历山大·弗莱明度假归来，发现了一些带有葡萄球菌的培养皿。当他在显微镜下观察时，发现它们被一种叫做青霉菌的霉菌污染。但令他惊讶的是，青霉菌抑制了葡萄球菌的生长，甚至减少了它们的数量。但遗憾的是，弗莱明既没有实验室资源，也没有化学知识来进行下一步研究。直到 1938 年，当牛津大学病理学教授霍华德·弗洛里在《英国实验病理学杂志》上偶然发现了弗莱明的一篇关于青霉菌类霉菌的论文，关于青霉素的研究才再次开始。1940 年夏天，弗洛里和他的同事恩斯特组建了一个试验小组，对 50 只感染致命链球菌的小鼠注射青霉素，结果一半的老鼠死亡，另一半存活下来。

经过多次尝试并研究了不同种类的青霉素后，他们研制出了拯救人类所需的大量抗生素。他们这样做是为了及时挽救在 1944 年诺曼底登陆时受伤的士兵的生命。纵观历史，战争中的主要杀手是感染而不是战斗伤害。在第一次世界大战期间，细菌性肺炎的死亡率为 18%，得益于青霉素的发现，在第二次世界大战中，这一比例下降至 1% 以下。

二 最大的健康威胁之一

AMR 是一种自然现象，但因人类行为而加速发展和传播，如卫生条件差、预防和控制感染的措施不足、抗生素滥用、环境的制药污染、国际旅行和食品贸易等。2014 年在印度发现的一种耐药细菌已在全球 70 多个国家和地区得到确认。报告显示，越来越多的旅行者消化系统中带着超级细菌。任何抗菌素的使用，无论多么适当或保守，都会导致耐药性的提升。但抗生素不必要的和过度的使用会使情况变得更糟。在许多国家抗生素可以在药店直接买到而不需要医生处方。同时，不同国家之间，甚至不同医生之间的处方差异很大，某些抗生素类、诊断方法或疫苗的缺乏也会导致 AMR。过度使用抗生素作为动物饲料（包括鱼类养殖）的一般预防剂也会导致 AMR。治疗用途方面，农业和水产养殖业需要抗生素以维持动物和粮食安全。然而抗生素在全球范围内大部分不是用于治疗患病的动物，而是用作预防和生长刺激剂。这导致食品中抗生素残留、抗生素在环境中的释放以及耐药细菌的传播。此外，与原料生产相关的抗生素污染也导致 AMR。在工厂附近的公共水域一些抗生素浓度比正常水平高出数千甚至上万倍，为耐药菌创造了温床。

就像每一种生命形式一样，细菌和病原体能够通过自然选择而适应和进化。那些没有被药物杀死或阻止生长的细菌会产生耐药基因。细菌可以快速繁殖并交换基因。这导致“超级细菌”的出现，这些细菌很难甚至不能用现有的抗生素治疗。而且由于缺乏对付这些超级细菌的药物，抗菌素耐药性（AMR）的影响在世界各地显现出来。

2014 年 7 月英国政府与维尔康基金（Wellcome Trust）合作启动“全球抗菌素耐药性问题回顾”项目，通过系统性调研旨在从经济学和社会角度审视耐药性现状并提出积极合理的解决方案。该项目由英国财政部秘书、著名经济学家 Lord Jim O’Neill 主持，并于 2016 年 5 月 18 日发布《抗菌素耐药性回顾》。该报告共提出十大解决方案，其中有 4 个方向对应对抗生素耐药性问题极为重要。AMR 问题专家委员会与国际利益相关者广泛交流，从经济和社会角度提出解决耐药性问题的方案。《抗菌素耐药性回顾》认为制药污染是抗菌素耐药性问题的重要驱动因素之一，并敦促监管机构和行业参与者对此采取行动。《抗菌素耐药性回顾》估计，耐药性感染已经造成每年 70 万人死亡，预计到 2050 年导致的死亡率比癌症更多，造成惊人的 1000 万人死亡和每年 100 万亿美元的世界经济成本。生产抗菌素的方式、工厂排放的废水对抗菌素耐药性问题的影响，这些问题在有关 AMR 的讨论中往往被忽视。越来越多的证据表明，仍有一些原料药（API）制造商没有充分处理废弃产品，结果高浓度的抗生素活性成分被随意排放，从而形成耐药性细菌的

“储库”。全球机构、各国政府和监管机构应当制定基于证据的、可执行、可量化的目标，以实现抗菌活性药物成分（API）限制排放控制。《抗菌素耐药性问题回顾》指出制药公司应加强对直接运营的生产设施以及第三方供应商的原料药（API）排放的监测，并支持安装适当的废物处理设施以减少药品活性成分的排放。此类努力应以自愿、透明和可审计的承诺为基础，并粘贴全球统一的“质量标签”在以“环境责任”为基础的产品上。瑞典哥德堡大学的 Joakim Larsson 教授是最早引起人们关注药物污染问题的科学家之一。早在 2007 年，他就公布了抗生素生产污染地表、地面和饮用水的证据。废水处理不当是 AMR 传播的主要因素，因为异常高浓度的活性抗生素被排放到了一个公开区域。例如，Larsson 发现印度帕坦切鲁的药物废水处理不当导致活性抗生素的浓度极高①。2016 年中国科学院广州地球化学研究所研究了中国水道中抗生素的浓度和排放情况，发现了高浓度的抗生素②。早期的研究也报道了相关的高浓度的耐药细菌③。

2016 年 9 月 21 日，联合国大会就 AMR 问题发表宣言，承认 AMR 是由土壤、农作物和抗菌剂残留引起的，并呼吁多方利益相关者关注并行动；10 月一项研究议程宣布，收集关于环境中抗生素残留和耐药性生物体的重要证据；2016 年 9 月，联合国与若干伙伴［包括世界卫生组织（WHO）、粮食及农业组织（FAO）和联合国国际雇佣者组织（IOE）］一道，联手设立了 AMR 机构间协调小组。该小组的目标是确保采取持续有效的全球行动为解决抗菌素耐药性问题所需的方法提供实际指导，包括改进协调的方案，同时将世卫组织发布的“抗菌素耐药性的全球行动计划”一并考虑进来。2016 年 12 月药物获取协会（Access to Medicine Foundation）开始制定 AMR 基准（Benchmarking），以了解制药公司如何应

① D. J. Larsson、C. de Pedro、N. Paxeus：《来自药物制造商的废水含有极高水平的药物》，《危害性材料学报》2007 年第 3 期。

② Q. Zhang、G. Ying、C. Pan、Y. Liu and J. Zhao：《中国流域抗生素排放和命运的综合评估：来源分析，多媒体建模以及与细菌耐药性的联系》，*Environmental Science & Technology*，vol. 49，No. 11，2015，pp. 6772 –6782。

③ http：//www. the –scientist. com/？articles. view/articleNo/38730/title/Resistant-Wastewater/.

对日益严峻的耐药性问题。这些公司的情况已经被列入 AMR 指数，并将于 2017 年 12 月发布。2016 年，基于在印度进行的一项实地研究，北欧联合银行和法国巴黎银行等全球投资者对因不加控制的抗生素排放而造成的全球健康和环境潜在损害表示担忧，要求提高透明度，建立充分的废物管理体系。正如北欧联合银行资产管理公司指出的那样，“制药供应链既复杂又不透明。对印度抗生素生产厂污染造成的负面影响进行了一系列令人信服的研究。在供应链的每个阶段都需要透明度和严格的环境标准”。2016 年，各国分享了关于 AMR 的国家行动计划（NAPs）。中国于 2016 年 8 月发布了国家行动计划，清楚地表明我国也正在积极应对这一严峻的挑战。印度的国家行动计划于 2016 年开始编制。中印两国的国家行动计划都着眼于抗生素生产污染问题。

一些非政府组织对各种价值链参与者施加了更大的压力，以提高透明度，清理供应链并制定立法。此外，各种非政府组织发表了报告，强调制药污染在 AMR 传播中的作用。例如，2016 年 8 月，欧洲公共卫生联盟（EPHA）发布了《走后门的细菌耐药》①，呼吁欧盟药品采购方将污染者列入黑名单，并在采购决策中增加环保标准。它敦促大型药品采购者将那些采取不负责任的生产方式加速 AMR 的传播的制药公司列入黑名单，并要求提高透明度。此外，它坚持要求实施审查采购政策和供应商行为准则，包括在 GMP 中纳入环境标准。

三　抗生素行业的可持续发展

20 世纪 90 年代，中化帝斯曼制药有限公司创立的酶催化生物技术完全取代了传统的多步抗生素化学法生产工艺，在酶工艺过程中不再使用溶剂和

① EPHA、Changing Markets：《走后门的细菌耐药——制药行业如何通过其供应链中的污染促成超级细菌的崛起》，https：//epha. org/wp - content/uploads/2016/10/Superbugsinthesupplychain_ CMreport. pdf，2016 年 8 月。

其他化学物质[①]。此外，生产他汀类药物的关键化学步骤也被中化帝斯曼制药有限公司研发的酶工艺取代。中化帝斯曼制药有限公司作为全球抗生素的领航者，早在1996年就成功开发了头孢氨苄的酶法工艺，1997年酶法工艺头孢氨苄正式上市，2000年酶法工艺的头孢羟氨苄研制成功并上市，2002年酶法阿莫西林上市。中化帝斯曼制药有限公司于2009年11月将最先进的酶法头孢氨苄工艺转移到淄博工厂并投入生产，从而成为国内实现了β－内酰胺类抗生素原料药绿色生产的第一家制药企业。后续其他产品如酶法头孢羟氨苄、头孢拉定、头孢克洛相继落地淄博工厂。公司一直致力于优化现有酶的性能和开发新酶，从而不断减少更多的产品生态足迹。

就数量而言，公司的废物类型80%～90%是以水的形态存在，彻底处理了位于全球各地的专用废水处理厂的废水流。公司所有的污水处理厂都是定制设计的，以适应所涉及的生产工艺要求以及兼顾考虑工厂的位置和废水处理的要求。

抗生素进入环境的主要方式之一是生产废水。20世纪80年代以来，中化帝斯曼制药有限公司一直致力于通过在生产现场不间断的污水处理来解决这个问题。并且开发出了一种非常有效的抗菌活性测试（Anti-Microbial Activity）方式，以确保污水在排入公共水域之前没有可检测到的抗生素活性。就理论来说，废水处理是专门分离某一特定成分，然后将其去除。这种方式针对一种产品相对容易，但如果在公司内部生产多种具有抗生素活性的化合物，对每种产品进行特定的搜索可能会是复杂的、耗时的和昂贵的。这就是开发AMA测试方法的原因。事实上，该测试是对Delvotest® 的改进，Delvotest® 是一种快速且易于使用的测试，最开始用于检测牛奶中的抗生素残留[②]。AMA测试不是寻找特定成分，而是采用通用方法。它可以检测广泛的β－内酰胺类化合物，包括前体细胞和活性成分，并在几个小时内得出结

① A. Bruggink：《β－内酰胺抗生素的合成》，Springer Science & Business Media，2011。

② S. Stead、H. Ashwin、S. Richmond、M. Sharman、P. Langeveld、J. Barendse、J. Stark and B. Keely：《根据牛奶中抗菌药物 Delvotest® SP－NT 筛选试验的国际标准进行评估和验证》，*International Dairy Journal*，vol. 18，no. 1，2008，pp. 3－11。

果。更重要的是，它可以检测到 50 微克每升（或 50ppb）的抗菌活性（基于青霉素 G）。该试验包括固体样品预处理和另外两项试验——标准添加抗生素和添加降解抗生素的酶。将经过预处理的样品添加到试管试验中。试管试验是一种微生物抑制剂试验，用溴甲酚作为 pH 指示剂，在琼脂中培养出嗜热脂肪芽孢杆菌孢子。正常的微生物生长导致溶液中的 pH 指示剂由紫色变为黄色。抑制正常微生物生长的物质导致 pH 指示剂的颜色保持紫色。已经证明，嗜热脂肪芽孢杆菌对牛奶中的 β－内酰胺药物敏感。2016 年，公司每周在所有生产场地进行常规 AMA 测试，而目标不仅是针对废水测试，而是所有的废物流均实现零检测的抗菌活性。公司致力于比 AMR 行业发展蓝图要求的时间表更早实现这一目标——意味着要在 2020 年之前实现。

目前还没有关于废水中抗生素排放量的国际标准或通用法规，GMP 原则也不包括任何环境标准。鉴于良好的环境管理和健康是内在联系的，这是一个很严重的疏漏，在全球 AMR 健康危机的情况下尤其如此。公司正在为废水处理系统制定高标准。公司目前的检测控制水平是 50ppb（相当于基于青霉素 G 每千升 50 毫克）。公司的目标是到 2020 年不仅在废水中实现零检测的抗菌活性，而且在所有的废物流中实现零检测抗菌活性。

同时，公司与行业合作伙伴、公共机构、协会、卫生专业人员和监管机构积极合作以推动绿色可持续供应链的建立，致力于减少抗生素生产对环境的影响，具体包括以下行动：

2016 年 1 月签署达沃斯行业宣言；

2016 年 9 月第 71 届联合国大会期间与其他十二家制药企业联合发布《抗击耐药性产业路线图》（企业自律宣言），承诺减小由抗生素生产造成的环境影响；

2016 年 12 月加入医药供应链管理委员会（PSCI）；

2017 年 5 月推动建立抗菌素耐药性（AMR）产业联盟（监督以上承诺的实施），顾问委员会包括世卫组织、联合国、哥德堡大学、欧洲各国等相关官员及专家。

公司为抵消环境影响所做的额外努力已经在 2010～2020 年可持续发展

蓝图中确立，每年都会跟踪最新进展和完成情况。为了达到2020年的可持续发展蓝图设立的关键绩效指标（KPI），公司正通过在以下领域实施可持续发展项目和行动来实现这些目标：

提高能源效率并减少有害排放物；

节水和更智能的用水量；

废物流中的抗菌活性测试和控制；

检测并消除废物流中的抗菌活性。

公司的新项目和举措主要基于新技术的实施。公司长期的主要项目之一是在任何可能的情况下，通过完全基于水的酶促生物催化过程来替代化学合成。例如，自20世纪90年代以来，公司一直致力于用酶促抗生素中间体和APIs替代化学工艺，并取得了成功。产品生命周期碳排放评估（LCA）已经证实，公司酶产品的环境性能优于化学产品。具体来说，升级到酶工艺可将这些产品的碳足迹平均减少近30%，在某些情况下甚至达到65%。持续向市场供应ECO+产品是公司的持续动力。公司使用LCA系统评估每个酶法产品。这些评估清楚地表明，与其化学生产的替代品相比，ECO+产品与自然资源的消耗和能源使用的减少有关，同时具有更高的产量效率和原材料效率。这些举措对全社会都有益，因为能够对气候变化、资源匮乏、人类健康和生态系统质量等重大全球问题起到积极作用。

专题报告篇

Keynote Reports

B.11 21世纪世界药物口服固体制剂生产新技术的开发应用最新进展

齐继成　译*

摘　要： 药物口服固体制剂因生产简便、成本效益相对较高、患者接受度高，仍然是世界制药市场中最常见的剂型。预测世界药物口服固体制剂市场将从2017年的4932亿美元增长到2027年的9263亿美元，年复合增长率（CAGR）为6.5%。世界医药市场中销售数据最高的药品也是口服固体制剂。本文介绍了世界主要固体制剂产品的发展趋势和较多的制药公司正在采用的更清洁、更灵活、更高效的连续生产工艺，分析了21世纪世界药物口服固体制剂最新生产技术应用情况。

* 本文由来自黑龙江省食品药品审核查验中心的齐继成翻译。译自 *INTERNET*，March，2018；July，2017。

关键词： 药物口服固体制剂　连续加工生产工艺　制药市场

药物口服固体制剂因生产简便、成本效益相对较高、患者接受度高成为最常见的药物剂型。口服固体制剂仍然是世界制药市场中最常见的剂型，具有成本效益，易于生产且对患者友好。药物释放技术的进展，如靶向药物释放和缓释剂型，使口服固体物质在降低药物使用频率的同时达到了更高的生物利用度，而且还有其他益处。由于化学和物理稳定性，包装需要以及存储和分发的要求相对简单。未来市场洞察公司预测，世界口服固体制剂市场将从 2017 年的 4932 亿美元增长到 2027 年的 9263 亿美元，年复合增长率（CAGR）为 6.5%。根据 IMS 健康公司的数据，按每月处方量计算的 10 种药品中，有 9 种是口服固体剂型，销量最高的药品也是口服固体制剂。

一　世界固体制剂产品主要的发展趋势

虽然世界医药市场已经看到生物制剂和小分子通常以肠胃外或通过其他途径进行释放，但固体制剂产品继续主导现有制药市场。尽管市场上生物制剂的增长可能会阻碍口服固体制剂的增长，但固体制剂的外包市场依然强劲。药物控制释放剂型可减少给药频率，从而提高患者的依从性。由于该医药领域监管要求的变化以及获得独占期的机会，儿科产品也在继续增长。2012 年美国 FDA 通过并颁布了“最佳儿童药物法案”（BPCA）的重新授权，鼓励药品公司通过授予额外 6 个月的营销专有权来执行美国 FDA 要求的儿科研究，以及儿科研究公平法（PREA）。该法要求制药公司在特定情况下研究儿童产品。虽然其中一些儿科药物是作为传统口服固体剂型开发的，但药物公司可能会选择粉末释放形式，以便将这些药物释放给这些人群，提供更多的益处。通过适当的配方，这些粉末治疗剂可以通过与水或果汁混合作为口服悬浮液或可能与可口的食物如酸奶或苹果酱等混合。因此，市场可能会出现重新开发的粉末制剂的增加，以满足这一需要。此外，固定剂型组合（FDC）产品提供了一个广受欢迎的产品供应线延长的机会，以潜在地实现药剂中多种原料药的协同临床效果，同时可减轻患者的药物负担。

世界医药市场正在评估专利药品在全新适应症方面的潜在利益。而一些被搁置的药物分子正在被重新开发，在临床前毒理学中评估并发现安全但基于优先原因未达到早期候选药品的选择标准并被搁置的新化学实体正在重新被评估。一个关键的趋势是使用协同加工和多功能辅料，科学家可以利用这些辅料来加速口服固体制剂产品的配方开发。小批量的商业化生产正在影响制药公司和合同服务提供商。肿瘤药物不是传统的大批量产品。这是一个挑战：制药公司如何找到一个适当的生产低产量产品的商业公司，以及商业公司如何定价以保持盈利？双方必须共同努力，寻找有效的解决方案。

例如，PCI公司已经看到了开发项目转向更复杂的有效分子，主要是由抗肿瘤产品驱动的。生产固体剂型本身需要一系列加工技术，并且需要对产品及其在加工过程中的表现方式有真正的了解。更特定的作用，分子更有效。分子越有效，治疗越复杂，加工要求就越高。更进一步，加工要求越复杂，配方优化越复杂。质量源于设计（QbD）方法促进了对影响产品开发的变量的更好理解，这在加工高效分子时尤其重要。这导致了合同开发和生产组织（CDMO）在市场上的真正需求，能够为这种分子的开发和生产提供更专业的服务。

二　世界固体剂型产品的增长机会

仍需要加强专用剂型的功能，如缓释剂、儿科老年患者用药和防滥用制剂等。合同开发和生产组织（CDMO）的另一个机会是通过增加服务来扩展综合服务如临床包装和分销。连续加工也正在成为更广泛接受的做法，特别是对于大型制药和生物技术客户而言。然而，这对于合同开发和生产组织（CDMO）来说也是一个挑战，因为它需要大量的前期成本，难以拉动投资。固体制剂的增长主要由肿瘤产品驱动，而且涉及其他治疗领域，包括用于缓解疼痛和治疗中枢神经系统（CNS）的治疗领域。随着200多种癌症的确诊，市场发展速度没有放缓的迹象，特别是对于某些罕见的癌症类型，美国FDA可以将快速追踪到指定的孤儿/超孤儿状态。同样地，生物制剂和非固体制剂的市场也在增加，因此合同开发和生产组织（CDMO）需要多样化以满足这一需求。这是基于数字化和电子标签的数字医疗和数字化药物产品和技术的新阶段，将在未来几年引起人们的兴趣，并可能对该行业产生革命性影响。有很多文献显示，因患者不遵守处方说明书而使药物无效。患者没有按正确的频率服用正确的剂型。药物产品中的可摄入传感器可监测药物摄入，并通过无线网络将这些数据发送给医生或服务提供商，改善患者的依从性并最终改善医疗保健。单个传感器具有产品的唯一标识码、批号、生产细节。而且这些数据还将确保患者服用正确的药物，避免市场上的假药产品。这些技术支持的方法使制药公司有能力扫描世界上任何地方发现的药品，并立即从剂型本身直接确认其真实性、生产地点和日期、批号和其他信息，而无需借助于产品包装。根据美国有线电视新闻网报道，每年有1万~100万人死于假药。通过与技术开发商和赞助公司合作，合同开发商和商业生产商可以在促进临床或商业药品的这些技术方面发挥重要作用。美国食品和药品管理局（FDA）在过去几年中每年批准了400多个孤儿药命名，因此客户对早期时间表的期望较高。客户对高质量科学专业知识和价值服务的期望保持平稳。与此同时，客户也期望合同开发和生产组织（CDMO）具有更高的灵活性。客户正在寻求与合同开发和生产组织（CDMO）的合作关系。

三　世界更多的制药公司正在采用更清洁、更灵活、更高效的连生产工艺

美国FDA对成品药物的CGMP（现行良好生产规范）于1963年首次

发布，1978 年 GMP 成为法律。然而，20 世纪 50 年代以来，大多数的制药设施一直都使用着相同的生产工艺。数十年后，世界制药业尚未发生变化。正如美国药品审评和研究中心（CDER）主任珍妮特·伍德科克在 2011 年的美国药学科学家年会上预测的那样，世界的药品生产公司将在今后 25 年里转向更清洁、更灵活、更高效的连续生产。几年前，美国 FDA 建立了一个基于统计、多元分析和更先进的工艺控制的框架，以帮助实现上述目标。

在这一变革中，变化可能是涓涓细流而不是洪水般的涌入，在口服固体剂型（OSD）的设施方面，越来越多的公司在探索批量生产的替代方案。在生产方面，制药业并没有想要首先引进任何新的东西。

但是，随着美国 FDA 对 Vertex 公司新的连续生产的药物以及强生公司（J&J）下杨森制药公司从批次到连续的传统治疗剂的生产转变的批准，更多的公司正在更广泛地用连续加工进行生产。欧洲药品管理局在 2017 年 6 月批准了杨森公司用于生产 Prezista（地瑞拉韦）的连续生产线。诺华公司正在使用连续加工，基于与马萨诸塞理工学院以及辉瑞公司、默克公司、葛兰素史克公司的合作研究计划，首次用该技术进行主流对话。合同生产公司也在连续生产方面进行投资。

例如，Patheon 公司早些时候在北卡罗来纳州格林维尔的连续生产工厂完工，并任命前罗格斯公司的博士和扬森公司的工艺工程师 Eric Jaycock 为连续生产的总监。他们最终要抓住感兴趣的公司，而合同开发和生产组织（CMO）希望提供连续加工成为一种服务，并将其视为竞争的优势。在竞争中拥有合同开发和生产组织（CMO）可让更多的生产公司涉足连续加工，而无需投资风险。

四　可降低产品的成本

对通用名药物生产公司的吸引是基于降低产品成本的潜力，以及工厂的占地面积、人员配置、原材料和溶剂的需求。例如，CONTINUUS 制药公司是麻省理工学院—诺华合作伙伴关系的一个分支，其目标是帮助更多的公司了解连续工艺的好处。该公司可提供综合的连续生产（ICM）平台。该平台涉及连续生产，从原材料和原料药到成品剂型，并通过麻省理工学院—诺华合作伙伴关系进行开发。通常生产公司的利润率大大低于大型制药公司，所以产品成本将降低30%～50%，影响巨大。

五　高端效益和低端效益

辉瑞公司正在价值链的两端使用连续生产，以降低一些高容量通用名原料药的产量和成本，同时也适用于包括个性化治疗剂在内的高端产品。本质上，在进行连续生产时，必须比批量生产更好地了解工艺，因此在研发阶段需要持续投入更多，使更为可靠的工艺取得成效。在个性化治疗剂方面，敏捷性也变得更加重要。用半连续性生产，可以减少50%或更多的时间，因此，可以对加速审批或市场需求变化作出反应。

六　对第二次批准的预期

过去几年来，连续工艺的被采用速度低于预期。不过，更多的制药公司正准备针对传统产品应用连续工艺，而更多的设备供应商正在为连续操作提供解决方案。在接下来的两年中，这些变化加上研发的连续生产的产品数量不断增加，将导致连续生产的药物批准量再次上升，甚至呈指数式增长。通过与学术联盟和制药公司的合作，设备生产商已经成为连续加工实施的重要合作伙伴。2003年进入连续生产领域的GEA制药系统公司于2016年与西门子公司建立了合资企业，利用SiPAT分析软件和西门子公司先进的工艺控制平台打造连续的口服固体剂型（OSD）平台ConsiGma。ConsiGma已被一些大型制药公司使用。该平台将原料计量和混合、湿法或熔融制粒、干燥或冷却、压片和包衣整合在一条生产线上，具有内置的在线质量控制。其他连续运行的设备供应商包括LB Bohle公司、Glatt工艺系统公司和IMA公司。一家位于意大利的压片机生产商是CONTINUUS制药公司的投资商和战略合作伙伴。

七 问题和挑战

然而，工业领域在连续生产的采用方面仍然有障碍。对于监管支持以及技术挑战，尤其是对实时发布测试（RTRT）存在一些疑问。在实践方面，还需要可以在连续生产线上加快清洁和产品更换速度的设备设计。在一些设施中，可能需要几周的时间才能拆卸、清洁和设置连续生产线。

八 个案还是端到端的连续生产?

诺华公司和麻省理工学院在研究中设想了同质的、端到端的连续生产，诺华公司正在瑞士巴塞尔运行端对端的连续生产工厂。在上游，正在针对原料药和生物制药生产开发连续的工艺。就技术而言，从企业方面来说，实施端到端的方法都是非常具有挑战性的，而在未来的十年或二十年间，我们可能看不到几家公司采取这种方式。从成本的角度来看，它的前景并不明确，而且需要解决产品特有的复杂性问题。与行业和监管机构已经进行了10年合作，并将连续的工艺专业技术转移到工业合作伙伴，包括与C－SOPs持续合作的杨森公司在波多黎各的工厂使用的直接压片工艺。Hausner公司希望连续工艺首先用于口服固体剂型（OSD），然后用于原料药，但在有限的情况下，会有一个明确的商业案例来整合两者。每个公司是否采用连续的工艺，以及在哪里使用，将主要依赖于其对风险的容忍程度。目前大多数公司正在采取逐案的策略。

连续生产的采用也将取决于机会如何出现。许多不同的配置是可能的，涉及连续、半连续和半匹配系统的组合，这些都可以被认为是某种形式的连续加工。在某些情况下，公司可能会在更大的整个批量工艺中使用连续工艺设备作为单元操作分离的设备。

九　连续加工工艺的进展

在工艺方面，连续加工增加了对直接压片的需求，如比干法或湿法制粒更简单、能耗更低的口服固体剂型（OSD）工艺，其中包括添加液体、高剪切制粒和干燥。连续加工降低了扩大规模的需求，这是药物开发的最大瓶颈之一，允许生产公司更加灵活地进入临床和商业生产。采用连续生产，不必规模放大；通过延长加工时间，可以节省大量的资金。与 C－SOPS 合作的礼来公司正在两个相同的 GMP 设施中使用直接压片，一个是在波多黎各，另一个是在印第安纳波利斯。除了商业生产线上的填充系统之外，设施与软件相同。该公司的战略旨在利用早期开发阶段的信息简化工艺。一旦得到一个新的分子，并有足够的材料可用于实验，就可以进行开发，并在第二阶段临床试验开始的时候确定商业工艺。通过这种方式，可以最大限度地减少临床试验中的变化性。GMP 工厂在 2016 年国际药学工程师协会（ISPE）年度设施奖项计划中获得了两个种类的奖项。

十　连续湿法制粒也取得了进展

通过与设备生产商的合作，在连续湿法制粒领域也取得了进展。GEA 公司一直在这个领域与学术联盟和药品生产公司合作。Vertex 公司采用连续湿法制粒，而辉瑞公司则采用连续直接压片和连续制粒。该公司与 GEA 公司和其他设备供应商合作，在专有的混合平台上连续混合多种成分和大小的颗粒。它包括自动称重分配系统、连续混合和连续制粒、允许用户从称重分配到混合/制粒再到压片机。Nepveux 为辉瑞公司的连续投资组合增加了更多的装置操作。可以根据产品选择所有或部分的平台使用。这将是开发创新型口服固体剂型（OSD）的主要方式，并将传统产品从批量生产转移到连续生产。在一个项目中，GEA 公司和 Freeman 技术公司使用质量源于设计（QbD）的原则来了解原料的性质如何影响湿法制粒中的颗粒性质，以及颗粒性质如何确定片剂中的关键质量属性。使用 Freeman 公司的 FT4 粉末流变仪和 GEA 的 ConsiGma 1 高剪切湿式制粒机，显示颗粒的体积流动性质和片剂硬度之间存在直接的关系。研究人员在干法和湿法制粒方面做了相当多的工作，了解如何通过调整关键工艺参数来确定颗粒性质，以及颗粒性质如何与片剂的关键质量属性相关联。该公司目前正在销售 Lenterra 流量测量工具，它们是可以测量拖曳力和壁剪应力的工艺分析技术（PAT）装置，用于在线监测工艺或确定最佳工艺参数或制粒端点。

十一　改进材料的供料系统

连续生产口服固体剂型（OSD）方面的一些重要进展来自供料方面，因为在受控和准确的配置中实现成分（包括原料药）的良好供料是重要的，但具有挑战性。如礼来公司花了大量的时间来完善这项技术，准确性正在提升。因为更多地了解原材料的物理性质如何影响工艺，供应商正在为连续工艺提供设计解决方案，如 Coperion K-tron 的智能填充技术。同时，GEA 公司在综合连续设备设计（如 ConsiGma）中纳入了更好的供料机制。小型化和紧密集成使得设备设计取得重大改进。

十二　连续加工设施的优势

连续加工最大的吸引力之一就是允许设备体积和使用面积的减小。在典型的批量加工设备中，分散、制粒、研磨、混合、压片、包衣和次操作都在运行，每个都需要一个空间和额外的支持空间。在连续的设施中，它们连接在一起，可以放在单个空间中。使用连续生产所占的空间从 3 万 ~4 万平方英尺下降到 3000 平方英尺或 4000 平方英尺。占地面积的减小降低了对公用事业的需求，减少了暖气、通风和空调（HVAC）等需求。制剂使用高活性的药物成分，已成为连续工艺的先决条件。使用传统的批量生产，在配药器、造粒机和工艺中的每个其他转移点都需要控制。连续生产将控制的需求从 15 ~ 20 点降低到了 2 点。在便携式连续微型和模块化（PCMM）中反映了控制和小型化趋势。在便携式 GMP OSD 设施中结合了 G - Con 的模块化生产和 GEA 公司的连续加工技术。辉瑞公司基于这个概念已经开发出了原型，这将允许装置在需要的地方得以快速部署。

十三　工艺分析技术（PAT）和工艺控制

设计和工艺分析技术对连续工艺至关重要。无法通过传统的工艺控制采样和离线实验室测试来控制连续工艺。工艺分析技术（PAT）在过去的 5 ~ 10 年有了显著的进步，已经成为连续发展的一个重要因素。研究人员正在使工人远离通过端口插入的大型仪器。在过去，这是一个挑战。

十四　对软件传感器的新的欣赏

药物生产公司也开始认识到软件传感器的优点和重要性，处理不同测量的计算机程序，根据这些测量的相互作用计算新的数据点，而不需要物理测量数据。一开始，每个人都在寻找最好的在线分析设备，但是现在可更好地了解工艺控制，人们意识到所需的数据已经存在。使用这些工具，预测模型更有意义。

制药业最大的担忧之一是监管对连续生产的态度。过去的一些现代化计划，如 PAT 和 QBD，在美国 FDA 内部得到了较大的支持，但对执行检查或审评产品的团队而言并非如此。有些公司可能仍然担心这种情况会持续发生。如果很多人突然移到连续生产，这可能是一个问题。此外，美国 FDA 还招聘了更多的工程师（包括一些 C - SOP 的毕业生），并修改了检查计划，以便检查员专事于食品或药品，但不必两者都做。

十五　从接受到倡导

显然，美国 FDA 正在投入更多的资源来更好地了解连续加工，而且，随着更多的成功的结果被证明，该机构已经从接受技术转变为积极支持，甚至倡导。2016 年底，CONTINUUS 公司开始与美国 FDA 合作，构建一个端到端的连续生产线，用于研究和了解连续系统的监管审查的临界现象，如实时发布测试（RTRT）和追溯。C – SOPS 公司帮助培训 FDA 的工作人员了解连续生产的概念和方法。同时，欧洲 EMA 批准了扬森公司在波多黎各的连续生产线可能激励更多的生产公司。监管机构已经邀请公司在实施连续生产之前与其讨论问题。制药公司处在批量替代开发较早的阶段，面临着“鸡与蛋”的局面。公司希望通过更多的案例来说服管理层在连续生产方面进行投资，而监管机构希望在发布具体的指导性文件之前看到更多的申请，但缺乏指导性文件会阻止公司对连续生产的申请。

最近，美国药典（USP）委员会越来越多地参与连续生产。该委员会在 2017 年 6 月举行了一次会议，指出参与可以帮助说服更多的公司更密切地评估连续生产。与此同时，越来越多的事实表明，更多的生产商正在努力将更现代的方法用于口服固体剂型（OSD）生产。

B.12
药物及药物中间体合成工艺介绍

张 伦*

摘 要： 我国是世界药品生产大国，但还不是强国。尤其是在生产工艺及合成技术等方面，和国际先进水平相比还有一定差距。近年来，我国科技人员对许多药物及药物中间体的合成工艺进行了革新和改进，取得不少成绩。本文对近期一些药物及药物中间体的合成新工艺进行介绍。

关键词： 药物 合成 工艺

目前，我国已成为全球药品的生产和出口大国，能够生产1500余种药品，在产能规模、成本控制、生产技术等方面具有较强的竞争力。但是，现在我国还不是药品生产强国，尤其是一些药品的生产工艺及技术和世界先进水平相比还有一定差距。近年来，我国科技人员努力赶超国际先进水平，对许多药物及药物中间体的合成工艺进行了革新和改进，获得许多专利授权，发表不少学术论文，本文撷取了其中一部分。

一 萘丁美酮合成新工艺

萘丁美酮（Nabumetone）是一种非酸性、非离子性前提药物，口服吸收后，经肝脏转化为活性产物6－甲氧基－2－萘乙酸（6－MNA），该活性

* 张伦，南京制药厂研究所工程师，专注于药品生产工艺及市场发展等方面的研究。

代谢物通过抑制前列腺素合成从而具有抗炎、镇痛和解热作用。目前，萘丁美酮合成方法有多种，但现有方法均有一些不足之处，不利于工业化生产。前不久，重庆师范大学化学学院的周石洋等人经过深入研究，对萘丁美酮的生产工艺进行了研究和改进，提出了一条新工艺，并撰文发表在近期的《中国抗生素杂志》上。

非甾体抗炎药物萘丁美酮的新合成路线是以2－甲基－6萘酚为起始原料，先后经过甲基化反应、氯化反应、烷基化反应和脱羧反应等，最终合成目标产物萘丁美酮。经研究，在最佳实验条件下目标产物萘丁美酮的总收率达到约86.5%，其中间产物和目标产物的化学结构均经1H NMR、13C NMR和MS等方法进行了表征。该合成路线具有操作简单、收率高等优点，适合工业化生产。

二　地西泮关键中间体合成新方法

地西泮为苯二氮卓类抗焦虑药，具有抗焦虑、镇静、催眠、抗惊厥、抗癫痫及中枢性肌肉松弛作用。7－氯－1、3－二氢－5－（苯基－d5）－2H－1、4－苯并二氮杂－2－酮为合成地西泮的关键中间体。目前，该中间体的合成方法有多种，但现有方法均有一些不足之处，不利于工业化生产。前不久，公安部物证鉴定中心的杜鸿雁等人经过深入研究，对该中间体的生产工艺进行了研究和改进，提出了一条新工艺，并撰文发表在《合成化学》上。

该地西泮关键中间体的合成新方法是以2－氨基－5－氯苯甲酸为起始原料，先后经过环化反应、格氏反应、水解反应、酰化反应、环合反应等步化学反应，最终合成地西泮关键中间体7－氯－1、3－二氢－5－（苯基－d5）－2H－1、4－苯并二氮杂－2－酮，其结构经过1 H NMR和HR－MS（ESI）的确证，该中间体只需再经过一步甲基化反应，即可合成地西泮，适合工业化生产。

三　特拉万星合成新工艺

特拉万星（telavancin）属脂糖肽类药物，是万古霉素的半合成衍生物，为快速杀菌的注射用抗生素，临床主要用于治疗耐药革兰阳性菌特别是甲氧西林耐药金葡菌（MRsA）感染。目前，特拉万星的合成方法有多种，但现有方法均有一些不足之处，不利于工业化生产。前不久，华东理工大学药学院的熊伦等人经过深入研究，对特拉万星的生产工艺进行了研究和改进，提出了一条新工艺，并撰文发表在《中国药科大学学报》上。

新工艺对特拉万星老工艺路线进行了改进，以癸醇为起始原料，先经过甲磺酰化反应、乙醇胺亲核取代反应、Fmoc 保护反应和 Parikh – Doering 氧化反应等，得到 N –（9 – 芴基 –9 – 甲氧羰基）癸基氨基乙醛，再将盐酸万古霉素与 N –（9 – 芴基 –9 – 甲氧羰基）癸基氨基乙醛通过还原胺化反应、脱 Fmoc 保护反应、曼尼希反应等，最终制备得到特拉万星。该工艺对还原胺化反应和曼尼希反应这两步关键反应进行了详细的研究，优化了反应条件。工艺路线总收率约为 46%（以万古霉素为起始原料），适合工业化生产。

四　沃拉帕沙关键中间体合成新工艺

沃拉帕沙是第一个抑制凝血酶——诱导和凝血酶受体激动剂肽（TRAP）——诱导抗血小板聚集的药物。硫酸沃拉帕沙可以减少心肌梗死病史、外周动脉疾病病史患者的血栓性心血管事件，临床一般联合使用阿司匹林和/或氯吡格雷。{［5 –（3 – 氟苯基）吡啶 –2 – 基］甲基} 膦酸二乙酯盐酸盐是沃拉帕沙的关键中间体，目前，该中间体的合成方法有多种，但现有方法均有一些不足之处，不利于工业化生产。前不久，中国医药工业研究总院上海医药工业研究院化学制药新技术中心的张保寅等人经过深入研究，对该中间体的生产工艺进行了研究和改进，提出了一条新工艺，并撰文发表在《中国医药工业杂志》上。

新工艺以 5 – 溴 –2 – 甲基吡啶为起始原料，先经过间氯过氧苯甲酸氧化反应，得到 5 – 溴 –2 – 甲基吡啶 –1 – 氧化物，再将 5 – 溴 –2 – 甲基吡啶 –1 – 氧化物与三氟乙酸酐反应后，经过水解反应、游离得到 5 – 溴 –2 – 羟甲基吡啶，收率由老工艺的50%提高至68%，然后将5-溴-2-羟甲基吡啶再经过氯代反应、磷酸酯化反应、成盐反应等，得到［（5-溴吡啶-2-基）甲基］磷酸二乙酯盐酸盐，反应收率由老工艺的89%提高至93%，最后将［（5-溴吡啶-2-基）甲基］磷酸二乙酯盐酸盐与3-氟苯硼酸在四三苯基膦钯催化下进行Suzuki偶联反应，并通过成盐酸盐纯化反应，最终得到抗血栓药沃拉帕沙的关键中间体｛［5-（3-氟苯基）吡啶-2-基］甲基｝膦酸二乙酯盐酸盐，反应总收率约为46.4%（以5-溴-2-甲基吡啶计），纯度达到99.15%，适合工业化生产。

五　氯沙坦合成新工艺

氯沙坦（Losartan）是第一个口服非肽类血管紧张素Ⅱ受体拮抗剂（AIIA），现已在全球近百个国家和地区上市，临床主要用于原发性高血压。目前，氯沙坦的合成方法有多种，但现有方法均有一些不足之处，不利于工业化生产。前不久，安徽皖西学院生物与制药工程学院的臧永军等人经过深入研究，对氯沙坦的生产工艺进行了研究和改进，提出了一条新工艺，并撰文发表在《合成化学》上。

新工艺是以2-氰基-4′-溴甲基联苯和2-丁基-4-氯-5-甲酰基-咪唑为起始原料，依次经过N-烷基化反应、羟基化反应和四唑化反应等步骤，最终合成了氯沙坦，该工艺总收率约为73.9%，其结构经1H NMR和MS（ESI）确证，适合工业化生产。

六　达格列净合成新工艺

达格列净（Dapagliflozin）是一类新型抗糖尿病药物。为钠-葡萄糖协同转运蛋白2抑制剂，主要通过抑制表达于肾脏的SGLT2，减少肾脏的葡萄糖重吸收，增加尿液中葡萄糖的排泄，从而降低血浆葡萄糖水平，临床主要用于2型糖尿病的治疗。目前，达格列净的合成方法有多种，但现有方法均有一些不足之处，不利于工业化生产。前不久，中国药科大学的马力等人经过深入研究，对达格列净的生产工艺进行了研究和改进，提出了一条新工艺，并撰文发表在《中国药科大学学报》上。

新工艺对达格列净的老合成工艺进行了研究和改进，以1－氯－2－(4－乙氧基苄基)－4－碘苯和2，3，4，6－四乙酰氧基－α－D－溴代吡喃葡萄糖为起始原料，先后经过格式交换反应、催化偶联反应以及乙酰基脱除反应等，最终得到达格列净，工艺总收率约为50%。该工艺反应步骤少，产生废料少，反应条件温和，适合工业化生产。

七 左旋泮托拉唑钠合成新工艺

左旋泮托拉唑钠为胃壁细胞质子泵抑制剂，临床主要用于消化性溃疡出血、非甾体类抗炎药引起的急性胃黏膜损伤和应激状态下溃疡大出血的发生、全身麻醉或大手术后以及衰弱昏迷患者防止胃酸反流合并吸入性肺炎等。左旋泮托拉唑钠疗效肯定，安全可靠，毒副作用小，患者耐受性好，比泮托拉唑钠、奥美拉唑和兰索拉唑更具竞争优势，可作为泮托拉唑钠的换代产品。目前，左旋泮托拉唑钠的合成方法有多种，但现有方法均有一些不足之处，不利于工业化生产。前不久，浙江师范大学行知学院的金龙等人经过深入研究，对左旋泮托拉唑钠的生产工艺进行了研究和改进，提出了一条新工艺，并撰文发表在《精细化工中间体》上。

新工艺以2－氯甲基－3，4－二甲氧基吡啶盐酸盐和5－二氟甲氧基－2－巯基－1H－苯并咪唑为起始原料，首先在氢氧化钠水溶液条件下，经过缩合反应，得到中间体5－二氟甲氧基－2－{[(3，4－二甲氧基－2－吡啶基)甲基]硫基}－1H－苯并咪唑，然后再经过Sharpless不对称氧化反应，得到粗品左旋泮托拉唑钠，最后用丙酮进行重结晶，即可制得高纯度左旋泮托拉唑钠，该工艺总收率约为65.5%、纯度为99.90%，适合工业化生产。

八　吡喹酮合成新工艺

吡喹酮又名环吡异喹酮，为广谱抗寄生虫病药物。它抗蠕虫谱很广，对日本血吸虫、埃及血吸虫、曼氏血吸虫等均有杀灭作用。此外，它对肺吸虫、华支睾吸虫、包虫、囊虫、孟氏裂头蚴、姜片虫、绦虫等也有杀灭作用。其作用特点是疗效高、剂量小、疗程短、代谢快、毒性小和口服方便。现在它是治疗多种寄生虫病的首选药物。目前，吡喹酮的合成方法有一些不足之处，不利于工业化生产。前不久，宜兴市新宇化工有限公司的袁顺福等人经过深入研究，对吡喹酮的生产工艺进行了研究和改进，提出了一条新工艺，并申请了中国发明专利："一种吡喹酮的制备方法"，专利号：CN105622606A。

该发明涉及抗寄生虫病药物领域，具体包括以下步骤：①将苯乙胺与氯乙酰氯反应制备得到化合物 A；②将化合物 A 加入氢脱苄基溶液中反应得到化合物 B；③将化合物 B 溶于水后加活性炭脱色一次，然后再将脱色后的化合物 B 溶于有机溶剂中加活性炭脱色第二次；④在碱性化合物环境下与环己甲酰氯环化反应得到吡喹酮粗品；⑤将步骤④中得到的吡喹酮粗品加入到活性炭中脱色，然后进行洗涤过滤重结晶得到精制吡喹酮。该制备方法得到的吡喹酮，产品白度高、纯度高，且工艺简单安全，对环境污染小，适合工业化生产。

九　索非布韦合成新工艺

索非布韦（Sofosbuvir）是首个无需联合干扰素就能安全有效治疗某些类型丙肝的药物，2013 年作为治疗慢性丙肝的新药首次上市。临床试验证实，它针对 1 和 4 型丙肝该药物联合聚乙二醇干扰素和利巴韦林的总体持续病毒学应答率（SVR）高达 90%；针对 2 型丙肝该药物联合利巴韦林的 SVR 为 89% ~95%；针对 3 型丙肝该药物联合利巴韦林的 SVR 为 61% ~

63%。索非布韦对一些丙肝合并肝硬化的患者疗效也较显著。目前，索非布韦的合成方法有多种，但现有方法均有一些不足之处，不利于工业化生产。前不久，常州制药厂有限公司的陈永红等人经过深入研究，对索非布韦的生产工艺进行了研究和改进，提出了一条新工艺，并申请了中国发明专利："一种索非布韦的制备方法"，专利号：CN106146588A。

该发明涉及一种索非布韦的制备方法，首先以3，5－二－O－苯甲酰基－2－脱氧－2－氟－2－C－甲基－D－核糖－γ－内酯为起始物料，先经过还原反应得到呋喃核糖中间体，然后与苯甲酰胞嘧啶在催化剂的作用下进行缩合反应得到胞嘧啶中间体，其在酸性条件下水解得到索非布韦合成的关键中间体核苷类似物，最后将该核苷类中间体与磷酸酯试剂连接，得到最终产品索非布韦。该合成方法操作简单、成本低，适用于工业化生产。该发明还公开了用于制备含磷活性物的有用中间体的合成工艺。

十　依非韦伦关键中间体合成新工艺

依非韦伦（Efavirenz）是首选的一线抗HIV病毒药物，属人免疫缺陷病毒－1型（HIV－1）的选择性非核苷反转录酶抑制剂（NNRTIS）。依非韦伦通过非竞争性结合并抑制HIV－1逆转录酶（RT）活性，作用于模板、引物或三磷酸核苷，兼有小部分竞争性的抑制作用，从而阻止病毒转录和复制。(S)－1－（2－氨基－5－氯苯基）－1－三氟甲基－3－环丙基－2－丙炔－1－醇是依非韦伦合成的关键中间体，目前，该中间体的合成方法有多种，但现有方法均有一些不足之处，不利于工业化生产。前不久，武汉工程大学湖北省新型反应器与绿色化学工艺重点实验室的胡争朋等人经过深入研究，对该中间体的生产工艺进行了研究和改进，提出了一条新工艺，并撰文发表在《中国医药工业杂志》上。

新工艺是以对氯苯胺为起始原料，先与特戊酰氯反应，得到N－（4－氯苯基）－2、2－二甲基丙酰胺，将N－（4－氯苯基）－2、2－二甲基丙酰胺与三氟乙酸酐在三氯化铝作用下经过傅－克酰基化反应后，再进行酸性水解反应，得到4－氯－2－三氟乙酰基苯胺盐酸盐，该步反应革除了危险试剂正丁基锂的使用。然后将化合物4－氯－2－三氟乙酰基苯胺盐酸盐经过碱化反应，得到4－氯－2－三氟乙酰基苯胺，将化合物4－氯－2－三氟乙酰基苯胺在氯化锌和（lR，2S）－1－苯基－2－（1－吡咯烷基）－1－丙醇形成的催化体系中与少量纯品（S）－1－（2－氨基－5－氯苯基）－1－三氟甲基－3－环丙基－2－丙炔－1－醇和环丙乙炔氯化镁经过不对称自催化反应，最终制得关键中间体（S）－1－（2－氨基－5－氯苯基）－1－三氟甲基－3－环丙基－2－丙炔－1－醇。该步反应使用氯化锌代替价昂且危险的二乙基锌，收率由老工艺的79%提高至85.6%，配体4－氯－2－三氟乙酰基苯胺可被有效回收，回收率约为98%，从而降低了成本。优化后的新工艺反应条件温和，各步反应收率优良，总收率约为69.5%（以对氯苯胺计），适合工业化生产。

十一　萘丁美酮合成新工艺

萘丁美酮（Nabumetone）是一种非甾体抗炎药物，口服吸收后，经肝脏转化为主要活性产物6－甲氧基－2－萘乙酸（6－MNA），该活性代谢物通过抑制前列腺素合成具有抗炎、镇痛和解热作用，临床用于各种急/慢性关节炎以及运动性软组织损伤、扭伤和挫伤、术后疼痛、牙痛、痛经等。目前，萘丁美酮的合成方法有多种，但现有方法均有一些不足之处，不利于工业化生产。前不久，重庆师范大学活性物质生物技术教育部工程研究中心制剂工程研究所的周石洋等人经过深入研究，对萘丁美酮的生产工艺进行了研究和改进，提出了一条新工艺，并撰文发表在《中国抗生素杂志》上。

非甾体抗炎药物萘丁美酮的新合成路线是以2－甲基－6萘酚为起始原料，先后经过甲基化反应、氯化反应、烷基化反应和脱羧反应等，最终合成目标产物萘丁美酮。新工艺在最佳实验条件下目标产物萘丁美酮的总收率约达到86.5%，其中间产物和目标产物的化学结构均已经过1H NMR、13C

NMR 和 MS 等方法进行了表征。该合成路线具有操作简单、收率高等优点，适合工业化生产。

十二　酒石酸唑吡坦合成新工艺

酒石酸唑吡坦（Zolpidem）为一镇静催眠作用很强、口服吸收快的催眠药，临床用于偶发性失眠症和暂时性失眠症严重睡眠障碍的治疗。目前，酒石酸唑吡坦的合成方法有多种，但现有方法均有一些不足之处，不利于工业化生产。前不久，华东理工大学药学院绿色制药工艺与技术实验室的赵建宏等人经过深入研究，对酒石酸唑吡坦的生产工艺进行了研究和改进，提出了一条新工艺，并撰文发表在《中国医药工业杂志》上。

新工艺以甲苯为起始原料，先经过傅－克酰基化反应、溴化反应等，得到3－溴－4－对甲基苯基－4－氧代丁酸，然后将3－溴－4－对甲基苯基－4－氧代丁酸不经过纯化反应，直接与2－氨基－5－甲基吡啶进行缩合反应，得到2－［6－甲基－2－（对甲基苯基）咪唑并（1，2－a）－吡啶－3－基］乙酸，再将2－［6－甲基－2－（对甲基苯基）咪唑并（1，2－a）－吡啶－3－基］乙酸与二甲胺经酸胺进行缩合反应，得到唑吡坦，最后将唑吡坦与三－（＋）－酒石酸进行成盐反应，得到酒石酸唑吡坦，该工艺总收率约为36%（以甲苯计）、纯度为99.8%，适合工业化生产。

B.13
国外新批准上市的新制剂

黄胜炎*

摘　要：　2017 年国外新批准上市的药物新制剂主要有数字化片剂、口服复方制剂、口服控释制剂、静脉注射乳剂、胶束纳米粒注射剂、抗体—药物偶联物（ADC）注射剂、复方药物注射剂和控释注射剂等。令人瞩目的高科技在药物制剂中得以应用，如首个带有数字接收跟踪系统的药品，可用于追踪患者并且提醒其摄入药物；制备技术难度大的一月 1 次和两月 1 次的控释注射剂、胶束纳米粒注射剂和抗体—药物偶联物注射剂等品种陆续获准上市。

关键词：　数字化片剂　控释剂　胶束纳米粒

一　口服制剂

（一）数字化片剂

美国 FDA 批准大塚制药公司的阿立哌唑数字化片剂（商品名：Abilfy MyCite）上市，是首个带有数字接收跟踪系统的药品，可用于追踪患者并且提醒其摄入药物。Abilify MyCite 为带有内嵌服药记录传感器的阿立哌唑（aripiprazole）片剂，用于治疗精神分裂症、紧急治疗狂妄型和双极性 Ⅰ 型

* 黄胜炎，上海医药工业研究院研究员。

混合型发作以及附加治疗成人抑郁症。

该系统工作原理：通过片剂内的传感器发送信息至可穿戴贴片，此贴片输送信息至移动应用器（如手机），患者的智能手机可以跟踪摄入的药物。患者也可允许他们的看护人员和医生通过网络入口掌握此信息。

2002 年，美国 FDA 首次批准阿立哌唑用于治疗精神分裂症。Abilify MyCite 内的接收传感器在 2012 年首次被美国 FDA 批准上市。美国 FDA 批准大塚制药公司生产 Abilify MyCite，Proteus Digital Health 公司生产传感技术产品与贴片。

（二）复方片

1. 复方来斯努拉/别嘌呤醇薄膜包衣

美国 FDA 批准 Ironwood 制药公司产品（商品名：Duzallo）上市，一日 1 次治疗单独以别嘌呤醇不能达到控制尿酸血清目标浓度痛风患者的高尿酸血症。剂量规格：来斯努拉（lesinurad）/别嘌呤醇（allopurinol）200mg/片、200mg/片，200mg/片、300mg/片。

来斯努拉是选择性尿酸再吸收抑制剂（SURI），抑制尿酸盐转运体 1（URAT1）增加尿酸排泄从而降低血清尿酸浓度；别嘌呤醇为黄嘌呤氧化酶（XO）抑制剂，与体内的次黄嘌呤嘌呤为同分异构体，它及其代谢产物可抑制次黄嘌呤嘌呤氧化酶和黄嘌呤氧化酶，从而减少尿酸生成，降低血中尿酸浓度，减少尿酸盐在骨、关节及肾脏的沉着，有助于痛风结节及尿酸结晶的重新溶解，促使痛风结节的消散。

2. 首个治疗 HIV－1的两药复方片

美国 FDA 批准 ViiV 保健公司产品（商品名：Juluca）上市，用于治疗某些成人 HIV－1 病毒感染。剂量规格：多特格韦（dolutegravir）50mg/片（相当于多特格韦钠 52.6mg/片）、利匹韦林（rilpivirine）25mg/片（相当于盐酸利匹韦林 27.5mg/片）。

HIV 生命周期中关键的两步包括逆转录——当病毒将 RMA 转拷贝入 DNA 和整合，此时病毒 DNA 成为宿主细胞 DNA 的一部分。这些过程需两种酶——核苷转录酶和整合酶。多特格韦和利匹韦林合用干扰这些酶的作用防止病毒复制。多特格韦通过结合于整合酶的活性部位抑制 HIV 整合酶，阻滞 HIV 复制周期中关键的逆转录病毒 DNA 整合的双链转运体步骤。利匹韦林为二芳基吡啶类非核苷类逆转录酶抑制剂（NNRTI），通过非竞争性抑制 HIV－1 逆转录酶来抑制 HIV－1 的复制，但不抑制人细胞 DNA 聚合酶 α、β 和 γ。

3. 复方格卡瑞韦（glecaprevir）/匹瑞他韦（pibrentasvir）片

欧盟和美国 FDA 分别批准了 AbbVie 公司产品（商品名：Maviret/Mavyret）上市，一日 1 次不加利巴韦林治疗成人慢性丙型肝炎病毒（包括所有主要基因类型 GT1～6）感染。剂量规格：格卡瑞韦/匹瑞他韦 100mg/片、40mg/片。

Maviret 为两个直接抗病毒（DAA）药物结合在一起固定剂量的复方制剂。格卡瑞韦是 HCV NS3/4A 蛋白酶抑制剂，而匹瑞他韦是 HCV NS5A 蛋白抑制剂。两种蛋白质对丙型肝炎病毒复制至关重要。Maviret 的优点是特别高效抗所有基因类型丙型肝炎病毒，可用于严重肾损伤患者（包括透析患者）。

4. 复方索夫布韦/非帕他韦/佛西瑞韦（voxilaprevir）薄膜包衣片

美国 FDA 批准吉利德科学公司产品（商品名：Vosevi）上市，用于治疗无肝硬化或轻度肝硬化患者基因 1～6 型丙型肝炎病毒（HCV）感染。剂量规格：索夫布韦（sofosbuvir）/非帕他韦（velpatasvir）/佛西瑞韦 400mg/片、100mg/片、100mg/片。

索夫布韦的活性代谢物为 HCV NS5B RNA 多聚酶抑制剂、非帕他韦靶向此病毒的 NS5A 蛋白、佛西瑞韦抑制非结构蛋白 NS3/4A 蛋白酶。所有这些蛋白对病毒的复制至关重要。

5. 复方达芦那韦/可比西他/恩曲他滨/替诺福韦阿拉酰胺酯薄膜包衣片

欧盟批准强生公司产品（商品名：Symtuza）上市，一日 1 次以达芦那韦为基础的单一复方片治疗成人和≥12 岁体重至少 40 kg 青少年的 HIV－1 感染。剂量规格：达芦那韦（darunavir）/可比西他（cobicistat）/恩曲他滨（emtricitabine）/替诺福韦阿拉酰胺酯（tenofovir alafenamide）800mg/片、

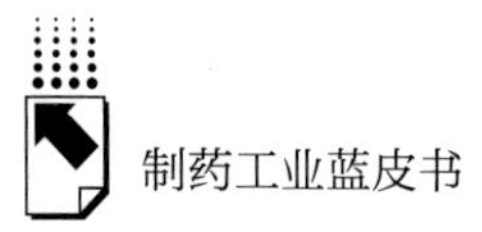

150mg/片、200mg/片、10mg/片。

达芦那韦抑制 HIV 蛋白酶和防止形成成熟的感染病毒粒。恩曲他滨和替诺福韦阿拉酰胺酯是底物、竞争性抑制 HIV 逆转转录酶。磷酸化后，它们插入病毒 DNA 链，造成链终止。可比西他增强达芦那韦与该系统接触，其本身无直接抗病毒作用。

6. 一日1次的复方达格列净/沙格列汀薄膜包衣片

美国 FDA 批准阿斯利康公司产品（商品名：Qtern）上市，用于治疗 2 型糖尿病。剂量规格：达格列净（dapagliflozin）10mg/片（相当于达格列净丙二醇 12. 3mg/片）、沙格列汀（saxagliptin）5mg/片（相当于盐酸沙格列汀 5. 95mg/片）。

Qtern 将两个具有互补作用的抗高血糖药结合在一日 1 次的片剂内——钠 - 葡萄糖共转运体 2（SGLT - 2）抑制剂达格列净和二肽基肽酶 - 4（DPP - 4）抑制剂沙格列汀。

7. 复方替格列汀/卡格列净片

日本厚生劳动省批准三菱田边制药公司与第一三共制药公司联合开发的产品（商品名：Canalia Combination Tablets）上市，用于治疗 2 型糖尿病。本品结合了两种成分：二肽基肽酶 - 4（DPP - 4）抑制剂替格列汀（teneligliptin，商品 Tenelia）和钠 - 葡萄糖共同转运体 2（SGLT2）抑制剂卡格列净（canagliflozin，商品 Canaglu）。DPP - 4 抑制剂抑制 DPP - 4 酶的活性，升高体内内源性胰高血糖素样肽 - 1（GLP - 1）和葡萄糖依赖性促胰岛素肽（GIP）浓度，发挥葡萄糖依赖性促胰岛素分泌作用和抗胰高血糖素作用，从而降低血糖浓度；SGLT2 抑制剂则主要作用于肾脏近曲小管，抑制其对葡萄糖的重吸收作用，将过多的葡萄糖通过尿液排到体外，从而达到降低血糖浓度的效果，而且其不依赖于 β 细胞功能和胰岛素抵抗。

（三）控释制剂

1. 盐酸金刚烷胺控释胶囊

美国 FDA 批准 Adamas 制药公司产品（商品名：Gocovri）上市，首个和迄今唯一用于治疗帕金森病患者运动功能障碍的控释制剂。剂量规格：金刚烷胺（amantadine）68.5mg/粒和137mg/粒（分别相当于盐酸金刚烷胺85mg/粒和170mg/粒）。

2. 普瑞巴林控释片

2017年10月11日，美国FDA批准辉瑞公司产品（商品名：Lyrica CR）上市，一日1次治疗糖尿病周围神经痛（pDPN）引起的神经痛和带状疱疹后遗神经痛（PHN），尚未批准用于治疗纤维肌痛。剂量规格：普瑞巴林（pregabalin）82.5mg/片、165mg/片、330mg/片。

3. 哌甲酯控释口崩片

美国FDA批准Neos治疗公司采用其控释和口崩片专利制备技术制成的一日1次片剂（商品名：Cotempla XR - ODT）上市，用于治疗6~17岁青少年注意力缺陷伴多动症（ADHD）。剂量规格：哌甲酯（methylphenidate）8.6mg/片、17.3mg/片、25.9mg/片（分别相当于盐酸哌甲酯10mg/片、20mg/片、30mg/片）。

二　注射剂

（一）静脉注射乳剂

1. 阿瑞吡坦静脉注射乳剂

美国FDA批准Heron治疗公司产品（商品名：Cinvanti）上市，首个和迄今唯一无吐温80的NK1受体拮抗剂静脉注射乳剂，用于可与其他止吐药合用预防成人急性和延迟性化疗引起恶心和呕吐（CINV）。剂量规格：阿瑞吡坦（aprepitant）130mg/18mL/瓶。

阿瑞吡坦静脉注射乳剂不含吐温80和其他任何合成表面活性剂，而含吐温80的注射剂常发生过敏反应。

2. 罗拉匹坦静脉注射乳剂

美国FDA批准Tesaro公司产品（商品名：Varubi）上市，静脉注射与其他止吐药合用预防成人初始和多次致吐性癌症化疗药引起的延迟性恶心和呕吐。剂量规格：罗拉匹坦（rolapitant）166.5mg/92.5mL/单剂瓶（相当于盐酸罗拉匹坦185mg/92.5mL/单剂瓶）。

一剂罗拉匹坦静脉注射乳剂具有约7日的长半减期，作为止吐给药方案显著改善化疗引起的呕吐延迟期的完全反应率。生物等效性研究结果显示，罗拉匹坦静脉注射乳剂疗效可与罗拉匹坦口服片相媲美。Varubi是美国FDA批准的首个不含吐温80的NK－1受体拮抗剂静脉注射剂。

（二）抗体—药物偶联物（ADC）注射剂

1. 吉妥珠单抗奥加米星冻干粉针

美国FDA曾批准惠氏公司的吉妥珠单抗奥加米星（gemtuzumab ozogamicin，商品名：Mylotarg）上市，2000～2010年治疗急性髓性白血病。当临床发现该药增加病人的死亡率，且与常规癌症治疗药相比无优点后，2010年6月撤市。

2017年9月1日，美国FDA批准辉瑞公司产品（商品名：Mylotarg）上市，用于治疗新诊断出的肿瘤表达CD33抗原急性髓性白血病（CD33－阳性AML）成人患者。美国FDA还批准Mylotarg治疗复发性或对初始治疗无效（顽固性）的CD33－阳性≥2岁AML患者。当今批准包括降低推荐剂量、与化疗药物联合用药或自身单一用药的不同给药方案。剂量规格：吉妥珠单抗奥加米星20mg/瓶（20mL）。

本品为抗体—药物偶联物（ADC），含有靶向CD33（90%急性髓性白血病患者成髓细胞上表达的抗原）附着于细胞毒性剂奥加米星。当Mylotarg结合于细胞表面上的CD33抗原被摄入此细胞，释放奥加米星造成肿瘤细胞死亡。

2. 伊诺珠单抗奥佐米星（inotuzumab ozogamicin）注射剂

欧盟批准辉瑞公司产品（商品名：Besponsa）上市，单一用药治疗成人复发性或顽固性CD22阳性B细胞前体急性淋巴母细胞白血病（ALL）。随着本品获准上市，Besponsa成为欧洲治疗此类白血病的首个和迄今唯一有售的抗体—药物偶联物（ADC）。剂量规格：伊诺珠单抗奥佐米星1mg/瓶，供配制滴注用浓液。

Besponsa是一种抗体—药物偶联物（ADC），含有靶向CD22（几乎所有B－ALL患者癌细胞上发现的细胞表面抗原）的单克隆抗体连接于细胞毒素。当Besponsa连接于B细胞上的CD22抗原，它被细胞内化进入，释出细胞毒制剂卡奇霉素（calicheamicin），摧毁癌细胞。

（三）复方注射剂

1. 复方利妥昔单抗/透明质酸酶注射剂

美国FDA批准Genentech公司产品（商品名：Rituxan Hycela）上市，皮下注射治疗成人下述多种血癌：先前未治疗过的复发性或顽固性滤泡性淋巴瘤、先前未治疗过的扩散性大B细胞淋巴瘤（DLBCL）、先前未治疗过或先前治疗过的慢性淋巴细胞白血病（CLL）。此新治疗包括作为静脉注射用相同的利妥昔单抗（rituximab）与有助于利妥昔单抗释入皮下的人透明质酸酶（hyaluronidase human）合用。剂量规格：利妥昔单抗120mg/瓶，人透明质酸酶2000 U/mL/瓶、11.7 U/mL/瓶、13.4 U/mL/瓶。新制剂疗效可与利妥昔单抗静脉注射剂相媲美，而且皮下注射仅需几分钟而静脉滴注给药需数小时。

2. 复方阿糖胞苷/柔红霉素脂质体注射剂

美国FDA批准Jazz制药公司产品（商品名：Vyxeos）上市，用于治疗成人两种类型的急性髓性白血病（AML）：新诊断治疗相关的AML（t－AML）、骨髓血细胞形成异常相关改变的AML（AML－MRC）。注射用Vyxeos脂质体以单剂瓶装无菌无防腐剂紫色冻干块供应。剂量规格：柔红霉素（daunorubicin）/阿糖胞苷（cytarabine）44mg/瓶、100mg/瓶。

Vyxeos为柔红霉素与阿糖胞苷按1∶5摩尔比配制的注射用脂质体制剂。此柔红霉素：阿糖胞苷1∶5摩尔比显示在体外和鼠科动物模型上杀灭白血病细胞有协同作用。细胞内化后，脂质体在细胞内环境中经过降解释放出阿糖胞苷和柔红霉素。

（四）紫杉醇胶束纳米粒注射剂

哈萨克斯坦批准 Oasmia 制药公司的紫杉醇胶束纳米粒注射剂（商品名：Paclical）上市，用于治疗上皮性卵巢癌。Paclical 在欧洲称为 Apealea，是以 Oasmia 制药公司的 XR17 专利技术开发的紫杉醇（paclitaxel）新制剂。XR17 系无毒性、水溶性紫杉醇纳米粒制剂。本品采用专利 XR－17 辅料平台制成的新型制剂，不使用高敏性的助溶剂 Cremophor EL 和乙醇。Paclical 由冻干粉针溶于普通滴注液组成，已被欧盟和美国批准为罕用药物设计。

当前销售领先的两种紫杉醇制剂是 Taxol 和 Abraxane，属于两种广泛使用的抗癌药。Taxol 适用于治疗乳腺癌、非小细胞肺癌、胰腺癌、卵巢癌和艾滋病相关的卡波西肿瘤。Taxol 在 2001 年失去专利保护前单在 2000 年销售额为 16 亿美元，失去专利后的 2013 年销售额为 9200 万美元。美国 FDA 于 2005 年批准 Abraxane 用于治疗乳腺癌、2012 年批准用于治疗肺癌和 2013 年批准用于治疗胰腺癌，全球年销售额 2013 年和 2014 年分别为 6.49 亿美元和 8.48 亿美元。

Paclical 与 Abraxane 均不含助溶剂 Cremophor EL，但与 Abraxane 不同之处是不含人白蛋白。Paclical 采用 Oasmia 公司基于维生素 A 的专利辅料 XR－17。该辅料形成 20～60 nm 大小的胶束。XR－17 的一个特殊性质是可与水溶性物质形成胶束。此显著增加了潜在的应用。一旦 XR－17 释出包裹的分子或靶向的分子，此辅料自然代谢。XR－17 促进容易释药，使其较某些其他现市售药品可释放较大剂量的药物（诸如紫杉醇类细胞抑制剂）。

（五）控释注射剂

1. 一月1次的丁丙诺啡控释注射剂

美国 FDA 批准 Indivior 公司产品（商品名：Sublocade）上市，首个一月 1 次的丁丙诺啡（buprenorphine）控释注射剂，用于治疗成人初始使用过丁丙诺啡口腔透黏膜制剂的中度至严重阿片类药物使用疾病（OUD）。剂量规格：丁丙诺啡 100mg/支、300mg/支（安瓿）。

表1　处方

丁丙诺啡	100mg	300mg
聚DL－乙交酯－丙交酯(mg)	178	533
N－甲基－2－吡咯烷酮(mg)	278	833
容积(mL)	0.5	1.5

2. 曲安奈德缓释微球注射混悬剂

美国FDA批准Flexion治疗公司产品（商品名：Zilretta）上市，关节内给药治疗膝关节炎。本品以聚（乳酸—羟基乙酸75:25）共聚物（PLGA）微球制成25%（w/w）曲安奈德（triamcinolone acetonide）常规载药量制剂，以无菌灰白色粉末供应。配有稀释剂，无菌等渗的水溶液含有0.9%氯化钠、0.5%羧甲基纤维素钠和0.1%吐温80，配成供关节内注射的5mL无菌混悬液。

本品为新型的缓释专利制剂，可长时间解除疼痛且减少不良反应。据预测，本品年销售峰值可达10亿美元以上。

3. 二月1次的阿立哌唑酯长效注射混悬液

美国FDA批准Alkermes公司产品（商品名：Aristada）上市，用于治疗精神分裂症。迄今美国FDA已批准4种剂量和3种持续作用时间一次性使用的预填充注射剂：阿立哌唑酯（aripiprazole lauroxil）441mg/支（1.6mL/支），662mg/支（2.4mL/支），882mg/支（3.2mL/支），一月1次；882mg/支（3.2mL/支），六周1次；1064mg/支（3.9mL/支），两月1次。

B.14

开发上市的镇痛新药回顾与评述

徐铮奎*

摘　要： 本文针对过去50年里所开发上市的59只镇痛药一直被沿用至今而少有新突破的问题，展开了多方面的探究。

关键词： 镇痛药　非甾体类消炎药　作用靶点　阿片类药物

一　前言

1960～2009年，药物开发人员共计开发上市了59只镇痛新药。这些产品被沿用至今。上述59只镇痛药中仅7只具有新分子结构。在这7只新分子结构镇痛新药中仅有一只（即“舒马曲坦”）被其他科技人员成功开发出多只类似化学结构产品，它们均针对同一靶点——5-羟色胺受体激动剂。在过去50余年里，有关疼痛机理的研究文献呈指数级增长。在各种镇痛药中，有关吗啡类药物的止痛作用研究报道最多。生理研究人员有关疼痛机理的不同分子靶点所做大量研究工作形成了数以千计的科研文献。但科研人员的种种努力并未催生出具有足够强镇痛作用的新型止痛药，并以此改变现有阿片类止痛药或非甾体类消炎药一统天下的局面。然而，吗啡或阿司匹林还是科学家在一个多世纪前开发上市的老产品。这些药物尽管对某些疼痛症状（如神经痛）疗效差以及存在很大副作用，但至今仍占据国际生物医学研究文献的主流。本文探讨了已上市的59只止痛药物，虽然科研人员对它们做了大量研究工

* 徐铮奎，原无锡市医药科技情报站情报翻译。

作，但缺乏突破性止痛药物的研究成果。针对过去50余年里国际医药市场上镇痛药物的“新药荒”问题，笔者做了多方面的探究。

阿片类与“非甾体类消炎药”（NSAIDs）很久以来一直是缓解疼痛的中坚药物。但基于这些药物的副作用以及对多种疼痛症状疗效差等问题，促使药物研究人员研制更新型的止痛药物。在过去50年里，人们开发出多种可缓解或预防疼痛的新药。到目前为止业内人士均认为，开发成功的止痛新药的成效极其有限。虽然人们对疼痛机理了解远比从前更深刻，但在开发具有突破性意义的止痛新药方面仍无多大建树。本文对过去50余年里开发上市的59只镇痛新药的疗效情况进行了“量化评估”，评估标准基于4条：①标准1，新型镇痛药在临床应用中的持续时间，显而易见，只有现在仍在继续使用的镇痛药才能被列入；②标准2，该药物的分子结构所发挥的镇痛作用的新颖性，评判标准采用Hill氏提出的开发新型镇痛药的3种先进类型，即对现有（镇痛）药物的实质性改进、在对现有药物作用机理了解更深入后研制的更具选择性（止痛）作用的新药、全新作用机理新药，换言之，（镇痛药物的）新颖性在于对其镇痛效果的评估；③标准3，在临床使用中有突破性表现的创新药物，它必须与现有药物在作用于同一靶点时的作用进行对照，只有在（作用靶点）相同情况下显示更好作用的药物才具有突破性作用；④标准4，应基于发表在医学杂志上相关论文的结论分析（医学期刊上）发表的文章可间接反映药物研发过程暴露出的问题以及它在医疗实践中的适当应用情况。顺便提一下，本文所参考的文献均出自美国国家医学图书馆网站PubMed Website在1960～2009年期间所收载的所有英文论文中的相关报道。

二　开发上市的镇痛新药回顾

1960～2009年开发上市59只镇痛新药。这59只镇痛药中有39只是专门作为止痛药而开发的，其他20只则是作为非止痛药而开发的，但后来科学家对FDA的数据分析后发现，这20只药物具有良好的止痛作用，故最终作为镇痛药获准上市。

（一）1960～2009年上市的镇痛新药名单

表1　阿片类药物（按上市时间先后排列）

药物名称	上市年份
戊唑辛	1967
芬太尼	1968
布托啡诺	1978
萘丁美酮	1979
丁丙诺啡	1982
舒芬太尼	1984
阿芬太尼	1986
曲马多	1995
雷米芬太尼	1996

表2　非甾体类消炎药物（NSAIDs）

药物名称	上市年份
甲芬那酸（扑湿痛）	1962
吲哚美辛	1965
布洛芬	1974
萘普生	1976
托麦汀（痛灭定）	1976
舒林酸	1978
甲氯芬那酸	1980
吡罗昔康（即“炎痛喜康”）	1982
二氟尼柳	1982
酮洛芬	1986
双氯芬酸（即“双氯灭痛”）	1986
非诺洛芬	1986
氟比洛芬	1988
双氯芬酸	1988
萘丁美酮	1991
丙嗪	1992

续表

药物名称	上市年份(年)
酮咯酸氨丁三醇	1992
溴芬酸	1997
赛莱考布(即“西乐葆”)	1998
美洛昔康	2000
苯帕芬胺	2005

注：双氯芬酸 diclofenac 上市 2 次，即 1986 年和 1988 年，实际上它们是同一药物。

表 3　其他类

药物名称	上市年份(年)
舒马曲坦	1992
戊聚糖(多硫酸酯)	1997
佐米曲坦	1997
那拉曲坦	1998
利扎曲坦	1998
阿莫曲坦	2001
福伐曲坦	2001
依来曲坦	2002
齐考诺肽	2004
普加巴林	2004

表 4　先为其他症状所开发，后来发现有止痛作用的新药

类型	药物名称	第一次作为其他治疗剂的批准上市时间	第二次作为止痛药的批准上市时间
抗惊厥剂	苯妥英钠	1964	1995
	卡巴米嗪(痛惊宁)	1966	1995
	氯硝西泮	1975	1995
	丙戊酸钠	1979	2000
	加巴喷丁	1996	2000
	托砒酯	2001	2003
抗抑郁药	阿米替林	1964	1992
	多虑平	1973	1992
	丙咪嗪	1962	1996
	去甲丙咪嗪	1984	1996
	文拉法辛	1996	2005
	度洛西汀	2004	

续表

	药物名称	第一次作为其他治疗剂的批准上市时间	第二次作为止痛药的批准上市时间
其他类	普萘洛尔(心得安)	1968	1991
	辣椒素(外用药)	1987	1994
	环丙扎林	1989	2004
	利多卡因(全身性用药或外用药)	1982	2005
	美西津(慢心律)	1986	2005
	克他命	1974	2006
	屈大麻酚	1974	2006
	地塞米松	1967	2008

在专门作为止痛药物开发上市的产品中，非甾体类消炎药（NSAIDs）有20只，阿片类有9只，曲坦类有7只。而最初作为其他症状治疗剂所开发，后来因确认具有止痛作用的药物中以抗惊厥剂和抗抑郁剂的数量最多。

最初作为其他治疗剂所开发，后重新批准作为止痛药上市的药物上市数量：1960~1999年有10只、2000~2009年有10只。

（二）每十年上市的镇痛新药数量统计（共39只）

表5　每十年上市的镇痛新药数量统计（共39只）

单位：只

年份	上市的镇痛新药数量
1960~1969	4
1970~1979	6
1980~1989	10
1990~1999	11
2000~2009	8

从表5可清楚看出，60年代上市的镇痛新药数量仅有4只，70年代增至6只，80~90年代数量增至2位数，但进入21世纪后随着新型化学实体药物的开发难度加大，故这10年上市的镇痛新药数量又减少至1位数①。

① 注：2009年至今上市的镇痛新药数量仍维持1位数。

三　具有新分子靶点的镇痛新药

实际临床使用效果显示，在上述59只镇痛药中，有52只产品仅比现有药物的镇痛作用略有提高，3只镇痛药物具有比现有药物更好的选择性止痛作用。这3只镇痛药物均根据已有分子结构进行（化学）修饰后开发上市。它们是：戊唑辛、舒马曲坦和赛莱考布（西乐葆）。这3只镇痛药物在分子结构新颖度上虽然低于表7所列举的药物，但临床使用效果十分优异。这3只新药的上市调动了更多厂商开发同类结构新产品的积极性。

表6　3只开发成功的镇痛新药及其作用靶点

代表药物名称	类型	上市年份
戊唑辛	阿片类拮抗剂(靶点k－阿片受体拮抗剂)	1967
舒马曲坦	曲坦类(5HT拮抗剂)	1992
赛莱考布	COX－2选择性抑制剂(靶点COX)	1998

表7　作用于新分子靶点的镇痛新药

代表药物名称	类型	上市年份
辣椒素	TRPV1拮抗剂	1994
齐考诺肽	N－型钙通道阻滞剂	2004
克他命	NMDA拮抗剂	2006
屈大麻酚	大麻酚类	2007

四　医学研究人员对镇痛新药的疗效/副作用评估结果

（一）戊唑辛

为了研制出既有较强止痛作用，又没有“成瘾性”（这样做是为了不让瘾君子滥用此类药品吸毒）的镇痛新药，科研人员在1967年开发出第一只

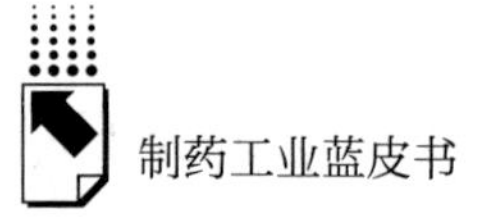

k－阿片受体拮抗剂类新药——戊唑辛。属于这一类型的新药还有2只即钠布啡与布托啡诺。但实际临床使用效果显示，这类药物的止痛作用并不理想。且后面2只同类药物（钠布啡和布托啡诺）仍具有成瘾性，故包括戊唑辛在内这些阿片类止痛新药的实际临床用量都不大。

（二）舒马曲坦

舒马曲坦系西方药物研究人员模拟5－羟色胺在颅内的血管收缩作用（但已尽可能降低其副作用）所开发的一只止痛新药。药物开发者以5－羟色胺－5－羟基色胺1B1D受体作为选择性分子靶点。由于舒马曲坦在临床治疗偏头痛急性发作时疗效优于其他常用药，这一化学结构激起了其他科研人员开发同类药物的热情，随后上市的曲坦类新药数量有6只之多。舒马曲坦尽管在治疗偏头痛症状时效果无可置疑，但也有缺点。在大多数情况下，使用舒马曲坦缓解头痛的效果并不比常用的NSAIDs更好。现举一例为佐证。Cochrane医生根据14次临床试验结果总结，舒马曲坦被用作治疗急性偏头痛发作时，NNT（急需治疗人数）中比例为3.4的头痛程度缓解，而头痛症状彻底消失比例为5.1，这表明每5名服舒马曲坦的偏头痛病人中仅有1人在服药后症状彻底缓解（这还不包括那些服用安慰剂的病人在内）。另一项临床研究报告显示，口服舒马曲坦（100mg）的偏头痛病人中完全缓解比例为29%，部分缓解比例为59%（无效比例为12%）。许多临床报告指出，舒马曲坦治疗偏头痛的效果与常用NSAIDs相比并不明显。但显而易见后者的价格要比舒马曲坦便宜很多。此外，有专家指出，那些已有心血管病风险的偏头痛患者不宜使用任何曲坦类药物。

（三）赛莱考布（西乐葆）

据国外研究人员介绍，开发赛莱考布的初衷是为了降低常规NSAIDs的严重胃肠道副作用（如胃穿孔、胃/十二指肠溃疡及严重出血等）。选择性抑制环氧合酶（COX）的亚型——COX－2为此药的靶点。而赛莱考布与万络等新药的研制基本上接近了这一靶点。但未曾想到的是，COX－2抑制剂类镇痛新药具有很强的心血管副作用问题（如中风和心肌梗死等），这使2004年曾被人寄予厚望的3只COX－2抑制剂类镇痛新药中有2只（即万络和rofecoxib）被迫撤出市场。目前硕果仅存的一只COX－2抑制剂类新药为赛莱考布（西乐葆），它仍在临床使用中。

（四）辣椒素、克他命、屈大麻酚与齐考诺肽

具有全新作用机理，针对新分子靶点的镇痛药物可分为4类。每一类型通常由一只药物作为代表，其止痛作用已得到（药政主管部门如FDA）批准，主要还是通过大数据分析得到确认的，如辣椒素、克他命与屈大麻酚等。这4只镇痛药中有3只是人们早期在植物中发现（如辣椒里的辣椒素、大麻里的屈大麻酚）或在蜗牛毒素中所发现齐考诺肽。但其新分子靶点（后者决定这些新药的止痛作用）则是新近所发现。如辣椒素可作用于TRPV1离子通道，屈大麻酚作用于CB1、CB2，齐考诺肽作用于N型电压敏感钙通道等。N－甲基－α－天冬氨酸盐拮抗剂“克他命”（当初此药系作为通用麻醉剂所开发）的止痛作用早在50年前即已被研究人员所知晓。但克他命作为手术后疼痛的有效止痛剂的作用直到现在才被肯定。但这4类药物的临床应用中并无显著优点。自然也未激起其他科研人员开发这些药物同类产品的积极性（就像20年前人们大力开发舒马曲坦的同类产品一样）。

如上文所述，在1960～2009年里开发上市并沿用至今的59只镇痛药物中，39只是专门作为镇痛剂目的所开发的，而其他20只镇痛药是为其他症状所开发，但后来通过大数据分析确认它们具有止痛作用，最后经FDA批准最终作为止痛药重新上市。上述59只镇痛药中除少数品种（共7只）外，绝大多数药物的作用靶点并不新。Hill氏提出：将新型镇痛药根据其研制过程的先进程度划分为3类：①在现有药物的作用机理基础上作出的实质性改进；②在对现有药物作用机理了解更深入后所做更具有选择性机理的新药；③全新作用机理药物。只有在表3及表4中列出的药物才能被视为具有新分子靶点从而决定了其镇痛作用。本文仅对3只药物进行了探讨（戊唑辛、舒马曲坦和赛莱考布等），因为这3只药物均符合“作用于新分子靶

点”要求且对现有药物的作用机理有重要修改。辣椒素、齐考诺肽、克他命和屈大麻酚为作用于全新靶点的药物。除齐考诺肽外，其他 3 只药物均为很久前就为人们熟知的药物，但其（止痛作用）分子靶点的新颖性则刚刚被人认识。

综上所述，在过去 50 余年里开发上市的且至今仍在使用中的 59 只镇痛药物中仅有 7 只被认为具有新分子靶点作用。这 7 只新作用机理镇痛药中仅有 1 只（舒马曲坦）具有较好止痛作用并调动其他研究人员竞相开发同类产品的热情（即曲坦类产品）。过去 50 余年里有关疼痛机理的研究文献呈指数式增长。但近年来对吗啡镇痛作用的研究报道数量最多。这些论文集中在阿片类药物作用靶点的差异上。但令人遗憾的是，这些数量庞大（数以千计）的科研论文并未催生出除阿片类和 NSAIDs 外更多的镇痛新药。吗啡及阿片类止痛药还是 100 多年前开发的镇痛药老产品。但它们至今仍为世界镇痛药物市场上的主力产品。而吗啡或阿司匹林对某些疼痛症状（如神经痛）疗效较差，且具有明显副作用。总而言之，开发全新作用机理且副作用小的新型镇痛药物任重而道远。

B.15

帕金森病及药物治疗研发进展

张　骁*

摘　要： 本文回顾了200年来，人类与帕金森病——这个中老年人神经系统变性疾病不断抗争的经历，详尽介绍了药物治疗的进展并梳理了用于临床的十大类治疗药物。

关键词： 帕金森病　左旋多巴　受体激动剂　麦角碱

你可以不知道它的名字，但是你不会不知道他们的名字——邓小平、拳王阿里、希特勒、巴金、陈景润、奥黛丽·赫本……，这一连串蜚声世界的名字均折戟于一种疾病的麾下，它就是“帕金森病”。对普通大众而言，“帕金森病”像是一个熟悉的陌生人，在当今网络兴盛、自媒体活跃的时代，要听闻“帕金森病”的名字并不是一件难事，但鲜有人深入了解它的“来龙去脉”、它的“隐匿多变”、它的“典型模样”、它的“迁延不愈”以及它的“攻克法宝”。

帕金森病的发现源于200年前，1817年英国外科医生、药剂师、地质学家、古生物学家和政治活动家James Parkinson发表论文*An Essay on the Shaking Palsy*，首次对帕金森发病症状进行描述。1997年，欧洲帕金森病联合会（EPDA）为纪念他的贡献，将其生日4月11日这一天确定为“世界帕金森病日”（World Parkinson's Disease Day），旨在广泛普及帕金森病的医学知识，提高医疗界、公众、患者对帕金森疾病的认知和关注度。世界卫生

* 张骁，原兰州制药厂高级工程师。

组织（WHO）赞助并全力支持了“世界帕金森病日”及欧洲帕金森病联合会纲领。许多国家的政府部门和社会各界都选择在4月11日这天举办帕金森病主题活动。世界卫生组织还与一些国家政府部门、国际和地区医学团体合作，共同推动帕金森病的研究与治疗。

一 历届帕金森日主题

第13届，2009年4月11日——提高帕金森病患者生存质量。

第14届，2010年4月11日——携手健康·共筑希望。

第15届，2011年4月11日——充满信心，快乐生活。

第16届，2012年4月11日——乐观向上，科学治疗，战胜帕金森。

第17届，2013年4月11日——科学治疗、避免误区。

第18届，2014年4月11日——早期发现、全面了解。

第19届，2015年4月11日——科学治疗，律动生活。

第20届，2016年4月11日——综合治疗、品质生活。

第21届，2017年4月11日——关注帕金森，携手健康行。

二 帕金森病研究200年历程回顾

1817年，英国医生詹姆斯·帕金森（James Parkinson）在他的论文中首次描述了帕金森病。在随后的200年里，医药学领域对帕金森病发病机理及诊疗方法的研究不断发展，使得帕金森病患者的生存期延长、生活质量提高。研究者对这一常见神经系统疾病的认知在临床表型、病理改变、遗传因素、药物和手术治疗等多个方面得到拓展，这些新认知、新发现，又进一步为帕金森病发生和恶化的机制研究带来了新的理论猜想。

1872年震颤性麻痹更名为帕金森病。

1899年首次提出黑质可能为帕金森病的病理部位。

1913年首次描述路易小体。

1919 年首次描述帕金森病中黑质的神经病理学改变。

1940 年首次通过神经外科手术干预基底神经节治疗帕金森病。

1957 年报道利血平可降低动物的运动活动度，而左旋多巴可使其恢复。

1958 年通过组织化学方法显示脑中多巴胺。

1960 年证实帕金森病中纹状体多巴胺缺乏。

1961 年证实静脉注射左旋多巴具有抗帕金森病作用。

1962 年在人体中证实，口服低剂量左旋多巴有抗帕金森病作用。

1965 年证明纹状体的机械性损伤可导致黑质中多巴胺丢失，反之亦然。

1967 年报道口服大剂量 DL－多巴可明显改善帕金森症。

1985 年首次在帕金森病患者中尝试细胞疗法。

1988 年首次描述帕金森病中的黑质内小胶质细胞增生。

1989～1990 年引入基底神经节回路的直接和间接通路模型。

1990 年逆转因底丘脑核损伤造成的实验性帕金森症，在 PD 脑中发现复合体 I 缺乏。

1995 年对底丘脑核进行脑深层电刺激成为有效的帕金森病疗法。

1996 年对采用源于神经胶质细胞的神经营养因子治疗 PD，首次进行随机双盲临床试验。

1997 年发现第一个帕金森病遗传学病因：α－突触核蛋白基因突变。

1998 年发现 α－突触核蛋白是路易小体的主要成分。

2001 年首次关于帕金森病细胞疗法的双盲对照试验。

2003～2004 年发现 α－突触核蛋白增殖导致帕金森病。

2004 年发现葡糖脑苷酯酶（GBA）基因突变是帕金森病的一个危险因素。

2008 年首次提出 α－突触核蛋白的细胞间传递。

2011 年在帕金森病动物模型中证明，人类胚胎干细胞来源的多巴胺能神经元可有效移植并逆转运动缺失；小鼠和人类成纤维细胞可直接产生有功能的多巴胺能神经元。

2012 年首次进行帕金森病免疫治疗 I 期临床试验。

2013 年证实简单生物（如酵母菌）可用于筛查神经退行性疾病的分子机制。

2015 年证明不同 α－突触核蛋白株具有不同的播散和病理诱导能力。

2016 年报道提示，细胞表面分子淋巴细胞活化基因（LAG）3 是启动 α－突触核蛋白细胞间传递的一个关键因子；提出微生物群在帕金森病中的潜在作用。

三　概述

帕金森病（Parkinson Disease，PD）又名震颤性麻痹（paralysis agitans），是一种常见的中老年人神经系统变性性疾病，严重危害老年人的健康和生活质量。据不完全统计，全世界目前至少有 570 万名患者。随着人口老年化进程的加快，我国帕金森病患病率也在增加，目前约有 260 万名患者，居世界首位，并每年新增约 10 万名患者，65 岁以上老年人帕金森病患病率为 1.7%，70 岁以上患病率为 3% ~5%。世界卫生组织专家预测，中国 2030 年的帕金森病患者将达到 500 万名。目前，帕金森患者正趋于年轻化，“青少年型帕金森病”患者占总数的 10%。美国约有 100 万名患者，每年新增 5 万名患者。帕金森病成为全球第二常见的老年慢性神经退行性疾病，仅次于阿尔兹海默症。该疾病本身不致命，但会严重影响患者的工作能力及生活质量。帕金森病这一“无声杀手”是继肿瘤、心脑血管病之后中老年的第三杀手，引起各国的高度重视。帕金森病是一种常见的进展缓慢的神经系统疾病，过去认为其主要病因是患者中脑黑质多巴胺能神经元及其通路变性，酪氨酸羟化酶（TH）减少或活性减低，造成纹状体内多巴胺（DA）含量明显减少。后来又发现，帕金森病的发病关键可能是 TH 基因的表达能力降低。此外线粒体的 DNA 及原癌基因 C－fos 也与帕金森病的发病有关。帕金森病典型症状为静止性震颤、动作迟缓、肌肉僵直和运动障碍。除此之外，帕金森症还会导致嗅觉丧失、认知损伤等非运动症状。

现在认为致病因素包括遗传易感性、环境毒素（农药，如除草剂－百草枯、锰中毒、吸食海洛因等）及外伤诱导、年龄老化等，都会对帕金森发病、病情恶化有影响。目前，帕金森被认定为一种累及多系统的复杂性神经系统疾病，可能是多个基因和环境因素相互作用的结果。对帕金森疾病的核心病理学特征研究发现，患者大脑内调控运动、情绪等功能的关键神经递质——多巴胺（DA）分泌减少，导致黑质致密带多巴胺能神经元死亡、α 突触核蛋白错误折叠形成路易小体。帕金森病以药物治疗为主（目前为止采用左旋多巴复方制剂为主仍是帕金森病治疗的“金标准”。早期治疗效果好、费用低）。此外，手术治疗、康复治疗、心理治疗可以辅助药物治疗进行。

四 药物治疗研发进展

20 世纪 60 年代以前，帕金森病患者主要使用抗胆碱能药物（anticholinergicdrug），如苯海索（安坦，Benzhexol）、卡马君（Kemadrin）等进行治疗。20 世纪 60 年代，病理生理学研究发现，帕金森病患者的中脑黑质的多巴胺能神经元死亡，纹状体神经末梢处抑制性神经性递质多巴胺（DA）不足，于是，在世界范围内广泛采用左旋多巴（L-dopa）及其复方制剂进行替代性治疗。为此，帕金森病这种神经系统变性性疾病的治疗才出现了新的转机，被喻为帕金森病治疗的第一次革命。随后 10 年又开发了一系列多巴胺受体激动剂，改变了 L-dopa 的给药方式及释放、吸收和代谢，以及其他神经递质潜在的治疗方法。许多研究者又设法用神经生长因子阻止帕金森病患者 DA 神经元的进行性变性，试图阻止病程的发展。其后，脑深部电刺激术（脑起搏器）的问世是帕金森病治疗史上继 L-dopa 之后的又一次革命，它因全面改善帕金森病患者各种症状而促使世界范围内帕金森病手术治疗的复兴。

（一）左旋多巴研发的曲折历程及其复方制剂开发

1. 左旋多巴研发的曲折历程

1913 年，瑞士生化学家 Marcus Guggenheim 从温莎豆中分离出左旋多巴（化学名为 3，4 – 二羟基 – L – 苯基丙氨酸）。这位具有献身精神的科学家为

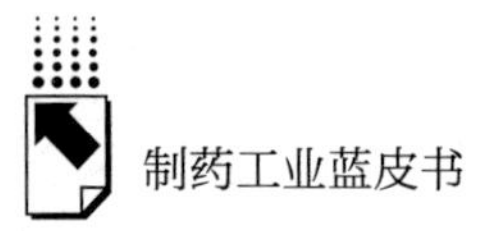

验证左旋多巴的生物学作用，自己亲自尝试了2.5g，出现剧烈的恶心和呕吐症状。

而左旋多巴可能用于治疗帕金森病（PD）这一突破性的发现则来自瑞典的神经科学家 Arvid Carlsson。1958 年，Arvid Carlsson 发现 D，L－3，4－二羟基苯基丙氨酸（左旋多巴是该物质的左消旋异构体）可通过血脑屏障，并且可逆转利血平导致的脑内多巴胺耗竭所造成的影响，改善实验动物的运动功能。他也因此项发现而荣获 2000 年的诺贝尔生理医学奖。同时，他也发明了一种检测多巴胺的敏感的荧光法，其显示在狗的脑内壳核和尾状核内左旋多巴的浓度最高。

1961 年，Hornykiewicz 与奥地利老年科医生 Walther Birkmayer 一起进行了首次左旋多巴临床研究的尝试。美国的药理学家 George Cotzias 等亦进行了不懈的尝试。这些临床研究将左旋多巴推向了帕金森病临床研究的前沿，尽管这些研究当时并没有完全消除学术界的争议。

1969 年，来自哥伦比亚大学的 Yahr 等人进行了左旋多巴的首项前瞻性双盲临床研究。研究纳入了 56 例帕金森病患者、3 例脑炎后帕金森综合征患者。患者每天服用左旋多巴 3～5 次，起始剂量为 750～1000mg. d^{-1}，最大剂量不超过 8 g. d^{-1}。这一研究再次证实了之前 Cotzias 等人的结论，2/3 的患者显示显著或完全改善。这一研究结果也更加坚定了制药公司对于左旋多巴这一化合物进行商业化生产的想法。

而左旋多巴最终能够商业化生产得益于美国化学家 William Knowles。在测试 D，L－3，4－二羟基苯基丙氨酸不同构型的对映体磷酸化的过程中，Knowles 等生产出一种催化剂，这种催化剂能在氢化反应结束时生产出几乎 100% 纯度的左旋多巴，这种化学反应被称为不对称氢化反应或镜像催化。该酶的发现使工业化生产左旋多巴成为可能。可溶性氢化催化反应是一个催化过程的新领域，这种氢化反应目前已广泛用于药物产业的工业合成中，包括抗生素、抗感染药物及心脏病药物。考虑到这项工作对人类的贡献，2001 年瑞典皇家科学院向 William Knowles 颁发了诺贝尔化学奖。

在 Knowles 等人研究成果的基础上，左旋多巴的商业化生产进程得以顺利进行。1970年，罗氏公司研发的左旋多巴在美国获批上市，拉开了之后数十年作为抗帕金森病治疗“金标准”的序幕。

尽管左旋多巴已在临床广泛使用，但仍然存在许多挑战需要克服；其中由于左旋多巴半衰期短而带来的症状波动和异动症就是最大的问题之一。因此，许多制药公司致力于开发左旋多巴新的给药剂型。20世纪90年代，瑞典率先使用了左旋多巴+卡比多巴肠道内注射治疗；而其他新剂型的开发，包括胃滞留剂型、缓释剂型、经肺吸入剂型以及皮下持续输注剂型等也进行了不懈的努力。因此，左旋多巴这一传奇的药物不仅没有退出历史舞台，而且发挥出更加显著的疗效。

2. 左旋多巴及其复方制剂仍然为目前治疗帕金森病较为理想的药物

左旋多巴（Levodopa，L-dopa）对帕金森病患者的主要症状以少动和肌肉强直较好，对震颤效果较差。临床上主张尽量推迟使用，而且剂量尽量从小到大，逐渐增加，老年人更要慎重。L-dopa的主要副作用是恶心、体位性低血压、运动障碍和精神病，治疗的禁忌症有严重的心脏病、精神病、胃溃疡、体位性低血压。如果必须使用，应严密监测。由于本品的疗效一般在3~5年就减退，有些病人出现动静之间的波动反应［即所谓“开关”现象（on-off effect）］、精神症状及峰值多动症（peak-dosedyskinesia）等晚期的副作用。为了减轻其副作用，应联合使用复方左旋多巴。

左旋多巴为多巴的前体药物，与多巴不同，可穿过血脑屏障进入中枢，再由大脑中的多巴脱羧酶将左旋多巴转换为多巴胺而发挥治疗作用。但左旋多巴在大脑外也能被迅速脱羧而转换成多巴胺，并接着转换成少量的去甲肾上腺素和较多的无活性代谢产物，这就导致左旋多巴的大量浪费和不良反应的频繁发生。因此抑制左旋多巴在脑外的脱羧作用是很重要的，为此采取同时服用左旋多巴和脑外脱羧酶抑制剂。复方左旋多巴由外周多巴脱羧酶抑制剂（DDC-1）与左旋多巴复方组成，前者不能通过中枢，仅抑制外周的左旋多巴转化为多巴胺，使循环中的左旋多巴含量增高5~10倍，因而进入中枢量也增多，与左旋多巴合用时既可减少其用量又可减轻左旋多巴的外周性心血管不良反应。联合用药以减低血浆左旋多巴的峰值浓度，并延长在治疗窗内的血浆左旋多巴浓度时间，以达到消除运动能波动，如剂峰异动症、“开关”现象、剂末现象（end-of-dose）等等。现已常用的复方左旋多巴制剂有息宁（Sinement）控释片［50mg 卡比多巴（carbidopa）/200mg 左旋多巴（L-dopa）］和美多芭（Madopar）控释片［25mg 苄丝肼（benserazide）/100mg 左旋多巴（L-dopa）］等。控释片可延长药物在体内维持有效浓度的时间，稳定血药浓度，减少“峰—谷”现象。控释片运用于早期病人，对延缓左旋多巴治疗相关的运动并发症有一定价值，对后期患者的症状波动和运动障碍有改善作用。但控释片起效慢，因而吸收迅速、起效快的水溶片（如弥散型美多芭）又应运而生。但在服用复方左旋多巴制剂时，不能食用奶制品，否则会导致左旋多巴生物利用度大幅下降。总的说来，这两个产品都是左旋多巴和不同的多巴脱羧酶抑制剂制成的复方制剂，仍是当前控制帕金森病的症状和体征最有效的一线治疗药物，其中美多芭最为常用，副作用一般均低于多巴胺受体激动剂和抗胆碱能药物，剂型有标准片、控释片、缓释片等。

（二）多巴胺受体激动剂（Dopamine receptor agonist, DRA）

多巴胺受体激动剂是一类化学结构不同但功能上与多巴胺相似的药物，它通常与左旋多巴联合用药能直接刺激突触后多巴胺受体，补偿脑中退化的多巴胺功能。应用多巴胺受体激动剂可以绕过变性的神经元，直接刺激多巴胺受体，不依赖内源性多巴胺及其合成酶的存在。

多巴胺受体激动剂的特点是药效长，能通过肠壁普通氨基酸转运系统无限量吸收，联合用药有利于减轻左旋多巴的不良反应。多巴受体激动剂的不良反应与多巴胺的不良反应相似，均源自外周及中枢多巴胺功能的加强，如用药之初的胃肠不适、体位性低血压、精神症状、加重异动症等。这类药物通常可分为麦角碱类和非麦角碱类两大类。

1. 甲磺酸溴隐亭（Bromocriptine mesylate/Parlodel）

本品是意大利 Novartis Pharma S. p. A. 等研发的一种多肽类麦角生物碱，为特异性多巴胺受体激动剂，具有较强的对巴胺受体 D_2 激动作用，对 D_1 多巴胺受体也有微弱的作用，使纹状体内的神经化学恢复平衡，改善震颤、僵直、活动迟缓和帕金森病其他症状，疗效优于金刚烷胺和苯海索，治疗效果可保持多年。对重症患者效果好。本品可单用，也可在帕金森病早期或晚期联合用药。与左旋多巴合用可减轻运动波动性，但联合用药比单用左旋多巴，特别是高剂量治疗时可能会出现幻觉、精神错乱、视觉障碍、运动障碍、口干、便秘等副作用。制剂为 2.5mg 片。一般用量为 5 ~20mg · d^{-1}，一天 1 ~2 次。为了得到最佳耐受性，治疗应从低剂量开始，每天 1.25mg（半片），第一周推荐晚间服药。日剂量可每周增加 1.25mg，直至达到最小有效剂量：每日剂量通常分 2 ~3 次服用。如果在 6 ~8 周内未达到满意的疗效，可尝试每周增加剂量 2.5mg · d^{-1}，在剂量调整阶段，一旦发生不良反应，应减少其每天用量，至少一周。一旦不良反应消失，则应尽快再次加量。对于使用左旋多巴治疗而出现运动障碍的患者，在使用溴隐亭前应减少左旋多巴的用量。当获得满意疗效时，则逐步减少左旋多巴的剂量。对于某些患者，左旋多巴甚至可以完全停用。溴隐亭单独或合并其他药物使用时，其剂量通常为每天 10 ~40mg，某些患者可能需要更高剂量。如与左旋多巴合用可提高疗效，但应用本品 10mg，需减少左旋多巴剂量 12.5%，主要不良反应有恶心、头痛、眩晕、疲倦、腹痛、呕吐等，也可出现低血压、多动症、运动障碍及精神症状。不良反应的发生率约为 68%。连续用药后可减轻，与食物同服也可减轻。约有 3% 需中止使用。本品另有女性内分泌适应症（略）。

2. 甲磺酸培高利特（Pergolide mesylate/协良行）

本品属于麦角碱类多巴胺受体激动剂，对多巴胺受体 D_1 的激动作用强于 D_2，是最有效的多巴受体激动剂之一。剂量 0.3 ~0.5mg · d^{-1} 时具有与溴隐亭同样的疗效。合用本品后，可使 L-dopa/carbidopa 的日总剂量减少 32.7%，对服用息宁加溴隐亭不能控制的患者，并用本品（0.25 ~0.6mg · d^{-1}）和息宁 1 ~3/4 个月后，有 46% 的患者日常活动功能得到改善，该结果表明经溴隐亭治疗无效的患者服用本品后几乎半数有效。服用本品的不良反应与溴隐亭相似，常见的有幻觉和精神错乱（约 33%）及脏器混乱综合征（约 0.7%）。此外，偶见运动障碍、恶心、呕吐、排尿困难和起立眩晕。

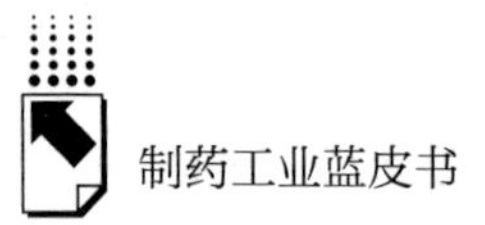

本品由美国 Lilly 公司开发，1989 年上市，商品名为 Permax。本品有多种规格：0.05mg、0.25mg 及 1mg 3 种规格的片剂。最初用量为0.05mg·d^{-1}，然后每隔 3 天增加 0.25mg，直至达到最适剂量或 5mg·d^{-1}的最大剂量。虽本品对帕金森病及高催乳素血症均有效，但因增加心脏瓣膜损害的风险，培高利特自 2007 年 6 月 SFDA 发出公告后逐步撤出中国市场。

3. 卡麦角林（Carbergoline）

本品属于麦角碱类多巴胺受体激动剂，由 Pharmacia & Upjohn 公司开发，1997 年 4 月首先在英国上市，商品名为 Cabaser。本品疗效比溴隐亭、培高利特更好，作用时间更长，每天只需服药 1 次（1.2 ~ 6mg·d^{-1}）。服用本品对患者日常活动的改善较为明显。对于长期服用左旋多巴而出现波动反应者，应用本品可使之得到很大改善，大大减少“关”的时间。本品亦是左旋多巴很好的辅助治疗药（剂量 0.5 ~ 6mg·d^{-1}），用于控制症状，它可使左旋多巴用量减少 20%。本品口服耐受性很好，副作用类似其他的多巴胺受体激动剂。产品有 1mg、2mg 和 4mg 三种片剂规格。

4. 吡贝地尔(Piribedil/泰舒达，Trastal)

泰舒达是全球第一个非麦角类多巴胺受体激动剂，1996 年由施维雅引入中国。本品是唯一具有 α_2 - 去甲肾上腺素能特性的多巴胺受体 D_2/D_3激动剂。吡贝地尔为缓释片，初始剂量为 50mg，每日一次，必要时每周增加 50mg，有效剂量为 50 ~ 250mg，服用大剂量时可分 3 次口服。本品可以减少神经突触间的多巴胺的降解，可以减轻帕金森病症状达 30% ~ 50%。尤其对震颤的效果比较好。由于是非麦角类多巴胺类受体激动药，没有麦角类常有的不良反应，仅有头晕、嗜睡、恶心、呕吐、幻觉及体位性直立性低血压等，有随剂量增加而加重的趋势，但症状波动和运动障碍发生率低。

5. 阿扑吗啡（Apomorphine）

本品属于非麦角碱类多巴胺受体激动剂，是高效、直接作用的多巴胺受体激动剂，皮下注射治疗顽固性不自主运动患者有明显疗效。它能使不自主运动“关”期时间减少 50%，可间歇性皮下注射给药或用输出泵持续皮下输注。本品有很强的催吐作用，治疗时需与多潘立酮合并用药。本品能引起体位性低血压及镇静作用，神经精神学毒性不常见。

6. 他利克索(Tlipexole)

本品属于非麦角碱类多巴胺受体激动剂，由 Boehringer Ingelheim 公司开发，1996 年首先在日本上市，商品名为 Domin。本品同时具有 α_2 肾上腺素能受体和选择性多巴胺 D_2 受体激动活性，它能抑制多巴胺神经末梢受损伤区域的多巴胺释放并减少多巴胺能神经传导。本品对被试者的所有主要的帕金森病症状均有效，并可有效地减轻衰竭的严重程度和改善昼夜波动现象与运动障碍等副作用。在日本的一项临床试验中，单独应用本品或与左旋多巴合用对帕金森病患者跟踪 3 年，分别使 78.6% 和 48.3% 的患者得到中等以上程度的改善。本品对帕金森病患者引起的临床波动反应比左旋多巴少得多，胃肠道副作用也比常规的多巴胺受体激动剂轻，恶心、呕吐和厌食的发生率只有它们的一半左右。产品为 0.4mg 片剂，标准的起始剂量为 $0.2mg \cdot d^{-1}$或 $0.4mg \cdot d^{-1}$，然后逐渐递增到最大剂量 $1.2 \sim 3.6mg. d^{-1}$。

7. 罗匹尼罗盐酸盐（Ropinirole hydrochloride）

本品属于非麦角碱类多巴胺受体激动剂，由英国 Smithkline Beccham 公司开发，1996 年 9 月在英国首先上市，商品名为 Requip。在一项多中心双盲研究中，原先未曾接受过左旋多巴治疗的早期帕金森病患者经本品治疗后，标准帕金森病等级评分（UPDRS）运动记分明显高于安慰剂组（24% 对 3%），使用本品治疗的极少数患者需改用左旋多巴治疗。在另一项研究中，本品对早期帕金森病的疗效与左旋多巴单独应用相仿。与溴隐亭单独使用相比，本品可使 UPDRS 运动记分获得更大的改善（34% 对 20%）。在一项为期 6 个月的安慰剂对照试验中，本品与左旋多巴合用后可明显延长后者的作用时间，且后者的日剂量减少 20% 以上。常见的不良反应为恶心、嗜睡、小腿水肿、腹痛、呕吐、晕厥、低血压、心动过缓等。推荐剂量：成人递增给药，第一周 0.25mg，一天 3 次，餐时服用；第二周 0.5mg，一天 3 次；第三周 0.75mg，一天 3 次；第四周 1mg，一天 3 次。若需要进一步增加剂量，可一周内增至每次 3mg。维持剂量通常为一天 3 ~ 9mg，最大日剂量为 24mg。片剂有 0.25mg、1mg、2mg 和 5mg 4 种规格。

8. 普拉克索（Pramipexole/森福罗，Sifrol）

为全合成非麦角碱类多巴胺受体激动剂，能高度选择性地刺激多巴胺受体，从而改善患者症状，是优于麦角类衍生物的新一代药品。本品由 Boehringer Ingelheim 公司和 Pharmacia & Upjohn 公司开发。P&U 公司于 1997 年在美国首先上市，商品名为 Mirapex。BI 公司在德国推出的商品名为 Sifrol。本品用于治疗未经左旋多巴治疗的早期帕金森病患者及与左旋多巴联合使用治疗晚期帕金森病患者。264 例早期帕金森病患者（不需要用左旋多巴）进行为期 10 周的双盲试验发现，本品组（$1.5 \sim 6mg \cdot d^{-1}$）与安慰剂组相比，在帕金森病分级量表中得分改善更为明显。一组 291 例对左旋多巴疗效不稳定的晚期帕金森病患者进行为期 32 周双盲试验，发现本品组（最大量一天 4.5mg，合用左旋多巴）与安慰剂组（安慰剂组合用左旋多巴）相比，在减少“关”时间、改善“开”和“关”期运动效能，减少左旋多巴用量方面，前者比后者更有效；对情绪可产生某些有益的效果。本品副作用以诱发幻觉较为多见，此外尚可引起恶心、嗜睡和运动障碍加剧。起始剂量为 0.125mg，一天 3 次，第二、三周可加倍用量，第四周可增加至 0.75mg，一天 3 次，然后每周的日剂量增加 0.75mg，直至最大日剂量 4.5mg。在德国，本品有 0.08mg、0.18mg 和 0.7mg 3 种片剂规格。普拉克索可高度选择性地作用于多巴胺受体 2 亚型的产生，对多巴胺的神经有较好的保护作用，可延缓病情发展，是治疗早期帕金森病的最佳选择，也可用于晚期帕金森病的联合用药。2002 年，普拉克索获欧盟许可，用于帕金森病的一线治疗。2003 年 9 月，Sifrol 在中国获得行政保护，2005 年获准进入中国市场，以商品名“森福罗”上市。

9. 罗替戈汀（Rotigotine/Neupro，N—0923,SPM—962）

本品由美国 Whitby 公司开发，对多巴胺 D_2受体具有高度的选择激动活性的非麦角碱类多巴胺受体激动剂，它对 D_2受体的选择性、专一性都比溴隐亭、培高利特好。动物试验表明，应用本品可明显减少由 MPTP 诱导的帕金森病运动障碍，对该症状的多项治疗指标都比溴隐亭好。临床试验表明，本品口服尽管生物利用度较低，但耐受性很好，对帕金森病症状改善较为明显，特别是在连续应用本品，其疗效相似于左旋多巴，副作用有恶心、节律运动障碍和直立性低血压。本品同左旋多巴合用，可减少左旋多巴的日总剂量20%～30%。采用透皮吸收系统后开发成一种首个用于治疗早期帕金森病的透皮贴剂，2008年5月被FDA批准上市。药用为盐酸盐。利用具有硅胶树脂涂层（silicone-based）的贴片而被持续透皮传递。该贴片每24小时更换。作为多巴胺受体激动剂通过刺激体内的多巴胺受体并模拟神经递质多巴胺而起作用。Neupro的效用已在一个固定剂量的应答研究和两个可变剂量（flexible-dose）的研究中得到证实。在涉及1154名未曾服用其他抗帕金森病治疗药物的早期患者通过随机双盲安慰剂对照的临床研究中疗效得到肯定。最常见的不良反应，包括贴皮部位的皮肤反应、眩晕、恶心、呕吐、困倦和失眠，其中大部分为此类药物典型具有的副作用。其他潜在的安全顾虑包括：在从事诸如驾驶或机器操作等常规活动时的突发睡眠、幻觉以及起立时的血压下降（直立性低血压）。

（三）单胺氧化酶B（MAO－B）抑制剂（mono-amine oxidase B inhibitor）

1. 司来吉兰（Selegiline，思吉宁）

本品由比利时Chionion公司开发，1981年上市，商品名为Eldepryl或Deprenyl。本品可选择性不可逆地抑制人体内的线粒体单胺氧化酶B（MAO－B），该酶的主要作用是使纹状体内多巴胺降解，同时还能阻止MAO－B将MPTP氧化成MPP^+，从而防止MPTP诱导的多巴胺神经元损伤。临床应用本品可减少帕金森病的恶化，患者死后黑质神经元和Lewy计数证实可延缓神经元的死亡。1989年美、加等国一系列临床试验表明，单独使用本品可延缓致残的发生，并推迟神经功能障碍的出现，使达到需要的左旋多巴治疗的时间较服用维生素E或安慰剂推迟了近一年，患者的帕金森病症状加重的速率缓慢约50%。单独使用本品的不良反应较少见。但与左旋多巴合用时可引起或加重多巴胺能的作用，如舞蹈病、精神错乱、幻觉。其他的不良反应有头晕、恶心、失眠等。本品不得与5－羟色胺抑制剂合用，否则产生毒副反应。本品为 5mg 片剂，通常用量为一天 2 次，5mg · d^{-1}。为避免减轻左旋多巴的毒副作用，开始时仅用本品 2.5mg · d^{-1}，然后逐渐加量，但不宜超过 5mg · d^{-1}。本品必须严格控制用量，否则可能产生高血压危象。

2. 盐酸拉扎贝胺（Lazabemide Monohydrochloride）

本品由瑞士的 Roche 公司开发，是作用于脑内和外周器官可逆的选择性 MAO－B 抑制剂。与司来吉兰相比，本品不引起大鼠 6－羟基多巴胺损伤的同侧转变，并且用量比司来吉兰少。单次剂量口服超过 5mg，血小板中的 MAO－B 抑制率达到 95%。在一次安慰剂对照的随机试验中，对早期帕金森病患者应用本品（12.5mg～100mg，一天 2 次）跟踪治疗 1 年，可大大推迟左旋多巴的应用时间，并且耐受性良好。不良反应有头痛、恶心及加重多巴胺能的作用。

3. 雷沙吉兰（Azilect/Rasajiline）

本品为甲磺酸雷沙吉兰，是由以色列梯瓦（Teva）药厂和丹麦灵北公司联合开发的第二代选择性的不可逆转的 MAO－B 抑制剂，2005 年 1 月获准在以色列上市，2006 年 5 月 FDA 批准在美国上市，商品名 Azilect。本品的作用是阻滞多巴胺的分解。雷沙吉兰比第一代单胺氧化酶抑制剂司来吉兰功效强 5～10 倍，对长期应用多巴胺制剂药效出现衰退的患者也有改善作用，不仅因不代谢为苯丙胺衍生物而副作用小，而且还有一定的神经保护作用，症状缓解可达 6 年之久。剂量 0.5mg · d^{-1}，晨服。与左旋多巴联合用药，可减少左旋多巴用量，治疗越早，疗效越好。

（四）抗胆碱能药

历史上首先成功地用于治疗帕金森病震颤症状的就是抗胆碱类药，至今仍作为与左旋多巴联合用药的成分。由于胆碱能神经元的活动性相对提高，帕金森病患者脑中纹状体处于解抑制状态，胆碱能受体阻断剂能够对抗这种作用。普遍存在的不良反应限制了这类药物临床治疗上的首选性，这些不良反应包括口干、尿潴留、痴呆及明显的记忆障碍。代表药物是安坦（Artane/Benzhexol，苯海索）很容易通过 BBB，在纹状体中拮抗活跃的胆碱能活动，可有效改善流涎，改善震颤明显，对缓解强直及运动迟缓效果差。每次 2 ~ 4mg，每天 3 次。副作用有口干、眼花、无汗、排尿不畅等。青光眼患者禁用。

（五）金刚烷胺(Amantadine)

金刚烷胺（Amantadine）原为抗病毒药，后发现可用于抗震颤麻痹，作用机制是进入脑组织中促进多巴胺在突触前膜的合成和释放，减少对多巴胺的再摄取，增加突触间隙多巴胺浓度，从而增强黑质纹状体区的多巴胺作用。还可能有轻度抗胆碱能和拮抗 N－甲基－天门冬氨酸（NMDA）受体的作用，与苯海索有协同作用。约 2/3 病例初期应用后可改善震颤和运动减少。不良反应有踝部水肿、网状青斑、幻视幻听等。大剂量使用可加重充血性心力衰竭。肾功能不全者慎用。剂量 300mg · d^{-1} 可减少 45% 左右的异动症。但对晚期患者无效。

（六）谷氨酸拮抗剂

某些用于帕金森病治疗的药物可能是通过谷氨酸受体起作用，如抗胆碱类药物是通过非竞争的 N－甲基－D－天冬氨酸（NMDA）拮抗作用。迄今为止帕金森病的临床试验仅限于治疗指数很低的非竞争性、非选择性拮抗剂。但多巴胺药物和谷氨酸拮抗剂的协同作用可使这两类药物以较低的剂量有效治疗帕金森病。

（七）选择性5－羟色胺再摄取抑制剂

研究表明，本品具有协同基底节多巴胺神经元活动，功能上补偿多巴胺递质缺乏的作用。较为严重的行动迟缓型帕金森病被认为是共同缺乏 DA 和 5－HT 两种递质。选择性 5－HT 再摄取抑制剂（SSRLs）通过抑制 5－HT 的再摄取及代谢，增加突触间隙 5－HT 的浓度，包括氟西汀（Fluoxetine/Prozac，百忧解）、帕罗西汀（Paroxetine/赛乐特）和舍曲林（Sertraline/郁乐复），属于抗抑郁药，对抑郁、痴呆及行动迟缓有明显的疗效。有报道指出，氟西汀还能矫正左旋多巴诱导的异动症及体位性低血压。SSRLs 疗法的不良反应称为 5－HT 综合征，表现为恶心、呕吐、腹泻及面色潮红等。

（八）儿茶酚胺氧甲基转移酶抑制剂（COMTI）

儿茶酚胺氧甲基转移酶（COMT）在中枢神经系统中与儿茶酚胺的分解有关，该酶的抑制剂通过抑制左旋多巴向3－O－甲基多巴转化，从而发挥左旋多巴的作用，同时减少内源性甲基供体S－腺苷－L－蛋氨酸的消耗，3－O－甲基多巴形成减少也有利于左旋多巴进入脑内，因为3－O－甲基多巴可竞争性地干扰左旋多巴通过血脑屏障。此类COMTI的出现，为寻找抗帕金森病新药开辟了一条崭新的途径。

1. 托卡朋（Tolcapone）

本品是由瑞士Roche公司开发的一种新结构类型的抗帕金森病新药，它可抑制人体内的儿茶酚胺氧甲基转移酶（COMT），1997年2月在瑞士首先上市，商品名为Tasmar。本品抑制将左旋多巴代谢为无效的3－O－甲基多巴的酶。因此本品可增加左旋多巴达到大脑的量并平稳地释放以提高临床疗效。临床试验表明，患者合并使用本品加左旋多巴比服用左旋多巴加安慰剂可将“作用”时间增加25%～50%；严重症状出现的时间显著减少。此外，临床上可减少左旋多巴的剂量，还有延迟运动原被动作用的倾向。在试验条件下严重症状可减轻和左旋多巴服用剂量的减少可持续9～12个月。本品最常见的副作用为腹泻和升高肝酶，在治疗前几个月需监控。在其他方面本品有良好的耐受性。推荐的起始剂量为一天3次，每次100mg，在逐渐调整左旋多巴剂量下可增加为一天3次，每次200mg。1999年澳大利亚因患者服用有肝中毒，并已有几例死亡，撤销Roche的托卡朋。此前，在欧共体和加拿大已被停止使用。美国FDA则要求在产品标签上对此加以强调，以期引起患者的重视。由于可能会使肝功能损害，服用托卡朋需严密监测肝功能，尤其在用药之后的前3个月。

2. 恩他卡朋（Entacapone）

本品是由芬兰Orion公司/Novartis公司开发的第二个COMT抑制剂。1998年初首先在英国上市，Orion公司的商品名为Comtess；Novartis公司的商品名为Comtan。本品为强有力的选择性COMT抑制剂。在一项临床试验研究中，给予本品后增加左旋多巴一次剂量的作用时间 56%，并减少 3 - OMD 的血浆浓度 60%。长期给予本品达 8 周以上，左旋多巴每日的剂量可减少 27%。最常见的不良反应有轻度恶心及运动障碍。较少见的不良反应是腹痛、腹泻及尿液着色。一般来说，在调整左旋多巴剂量后不良反应消失。Orion 公司和 Novartis 公司都强调本品的主要优点是用药简单。它可与左旋多巴同时服用，而托卡朋需单独服用，每天 3 次。

（九）沙芬酰胺（Safinamide/Xadago）

由意大利赞邦集团（Zambon）及 Newron 制药公司合作研发的帕金森药物 Xadago（Safinamide）于 2017 年 3 月获得 FDA 批准上市，作为左旋多巴或卡比多巴的联合治疗药物。值得一提的是，这也是美国抗帕金森病新药市场十多年来批准的第一个药物。

多年来，左旋多巴是治疗帕金森病最有效的药物，大多数帕金森患者都会服用此药物。然而，长期使用左旋多巴会有潜在的运动能力波动衰弱的风险。这种波动存在两个截然相反的阶段，在“开启”期，患者的运动功能一切正常；在“关闭”期，患者的运动能力明显下降，甚至连行走都存在困难。因此，寻找一种能够应对这种副作用的药物是急不可待的。

Xadago 属于可逆的单胺氧化酶 B（MAO - B）和多巴胺再摄取抑制剂，正是一款能应对“关闭期”的药物，能选择性地抑制 MAO - B。MAO - B 会降解多巴胺，而多巴胺能够在脑区传递信号，对于流畅的自主运动非常重要。在两项分别有 645 名和 549 名帕金森病患者参与的临床试验中，Xadago 的疗效得到了证实。与服用安慰剂的患者相比，那些服用 Xadago 的患者，“开启期”得到显著延长，“关闭”期则有所缩短。此外，在“开启”期，患者的运动能力评分更高，并没有出现不受控制的运动。严重肝病患者以及服用了右美沙芬来治疗感冒和咳嗽的患者不应服用 Xadago。

在服用单胺氧化酶抑制剂的患者也不能服用 Xadago，会有导致血压急剧增高的风险。此外，服用阿片类药物、抗抑郁药物（如 5 - 羟色胺去甲肾上腺素再摄取抑制剂、三环类和四环类药物）或环苯扎林的患者也不能使用 Xadago，因为它可能导致危及生命的反应－5－羟色胺综合征。患者在服用 Xadago 期间，最常见的不良反应是不受控制的不自主运动、恶心、睡眠障碍或昏沉。不太常见的不良反应有加重高血压、幻觉和精神病行为、冲动控制或强迫行为、突发高热或视网膜病变等。

此前，本品已相继在多个欧洲国家上市，包括瑞士、西班牙、意大利、比利时、丹麦、瑞典和英国等。

（十）神经保护药物

帕金森病的药物治疗在过去数十年间已有了很大的进步，而且一些有前途的新型治疗方法不断出现。尽管左旋多巴能显著改善症状，但其病死率并无明显改变。相关研究表明，异常蛋白、氧自由基、谷氨酸介导的神经毒性、凋亡机制、线粒体能量损害和一氧化氮产生过多等均与发病有关，这为减缓疾病进展的新型治疗方案提供了理论基础。为了获得较好的疗效，延缓疾病的进展，神经保护得到了空前的重视。这类药物有 MAO－B 抑制剂（如司来吉兰、拉扎贝胺）、兴奋性氨基酸受体拮抗药［如立马醋胺（Remacemlde）］、谷氨酸拮抗药［如拉莫三嗪（Lamotrigine）、美金刚（Memantine）、布地品（Budipine）等］、多巴胺受体激动药（如卡麦角林、一双氢麦角隐亭 A、普拉克索、罗匹尼罗）、神经营养因子［如脑源性神经营养因子（BDNF）、胶质细胞系源性神经营养因子（GDNF）等］。

五　其他辅助治疗

（一）手术治疗

帕金森病早期药物治疗显效明显，而长期治疗的疗效明显减退，或出现严重的运动波动及异动症者可考虑手术治疗。需要强调的是，手术可以明显改善运动症状，但不能根治疾病，术后仍需应用药物治疗，但可相应减少剂量。手术需严格掌握其适应证，非原发性帕金森病的帕金森叠加综合征患者是手术的禁忌证。手术对肢体震颤和（或）肌强直有较好的疗效，但对躯体性中轴症状如姿势平衡障碍则无明显疗效。手术方法主要包括神经核毁损术和DBS，DBS因其相对无创、安全和可调控性而成为主要选择。手术靶点包括苍白球内侧部（GPI）、丘脑腹中间核（VIM）和丘脑底核（STN），其中在STN进行DBS对改善震颤、强直、运动迟缓和异动症的疗效最为显著。术前对左旋多巴敏感可作为STN DBS治疗估计预后的指标（B级证据），年龄和病程可作为STN DBS估计预后的指标，病程短的年轻患者可能较病程长且年龄大的患者术后改善更为明显（C级证据），然而尚无足够证据就GPI和VIM DBS的预后因素做出任何建议（U级证据）。

（二）康复与运动疗法

康复与运动疗法对帕金森病症状的改善乃至对延缓病程的进展可能都有一定的帮助。帕金森病患者多存在步态障碍、姿势平衡障碍、语言和（或）吞咽障碍等，可以根据不同的行动障碍进行相应的康复或运动训练，如健身操、太极拳、慢跑等运动，进行语言障碍训练、步态训练、姿势平衡训练等。若能每日坚持，则有助于提高患者的生活自理能力，改善运动功能，并能延长药物的有效期。医学界预言，医患携手、早期发现和康复锻炼，有可能让人类迎来帕金森病治疗的第三个里程碑。

（三）心理疏导

帕金森病患者多存在抑郁等心理障碍，抑郁可以发生在帕金森病运动症状出现之前和出现之后，是影响患者生活质量的主要危险因素之一，同时也会影响抗帕金森病药物治疗的有效性。因此，对帕金森病的治疗不仅需要关注改善患者的运动症状，而且要重视改善患者的抑郁等心理障碍，予以有效的心理疏导和抗抑郁药物治疗并重，从而达到更满意的治疗效果。

（四）照料护理

对帕金森病患者除了专业性的药物治疗以外，科学的护理对维持患者的

生活质量也是十分重要的。科学的护理往往对于有效控制病情、改善症状起到一定的辅助治疗作用，同时也能够有效地防止误吸或跌倒等可能意外事件的发生。

总之，帕金森病的治疗没有绝对的固定模式，因为不同患者之间的症状可能会存在区别，对治疗的敏感度也存在一定差异。不同患者对治疗的需求存在不同，同一患者在不同病情阶段对治疗的需求也不尽相同。因此，在临床实际应用时，需注意详细了解患者的病情（疾病严重程度、症状类型等）、治疗反应情况（是否有效、起效时间、作用维持时间、“开期”延长和“关期”缩短时间、有无副作用或并发症）等，结合治疗经验，既遵循指南，又体现个体化原则，以期达到更为理想的治疗效果。

现在已明确帕金森病作为人类衰老相关疾病，是一种多基因、多因素的复杂疾病，具有异质性。帕金森病已经被发现200年。随着研究的深入，研究者对帕金森病的认识会逐渐深入，帕金森病很可能不再是一种单一的疾病，而是围绕多种代谢通路或分子标志物的复合问题。这种将疾病越分越细的理念，是与“精准医疗”概念相契合的。

目前我们已经知道，α－突触核蛋白可能引起帕金森病，但突触核蛋白同时还与多系统萎缩（MSA）、路易体痴呆（DLB）等多种疾病相关，因此，帕金森病可能只是与α－突触核蛋白相关的一个临床阶段。随着医学的发展，以后可能会发现更多的分子标志物，每一种标志物与某一类临床表型相关，研究者可以针对不同分子标志物开发出治疗不同临床表型的药物。

因此，未来疾病会越分越细，症状已不那么重要。包括帕金森病、阿尔茨海默病（AD）在内的多种老年疾病，可能都不再是一种固定疾病，而是由不同分子标志物决定的一种临床表型，如行动不便、记忆力下降、震颤等。医生对患者进行分子标志物检测后，将患者细分，给予精准治疗。随着科学技术的进步，将来像基因治疗、干细胞治疗都有可能对帕金森病的治疗提供一些新的途径。目前还有很多问题没有解决，它还不是一个现实的方法，但肯定是一个有希望的治疗方法。

B.16
中国医保新政全面拉动降糖市场

蔡德山*

摘　要： 进入21世纪以来，中国糖尿病呈现出快速增长态势，已从1980年糖尿病发病率0.6%增长到目前的11.6%。国家卫计委最新公布数据表明，我国糖尿病人群已达1.14亿人，其中Ⅱ型糖尿病占糖尿病人群的近90%。在国家医保全面覆盖、市场刚性需求和新药上市等因素的多重作用下，抗糖尿病治疗市场已是国内外关注的热点之一。本文分析了目前用于Ⅱ型糖尿病临床使用的几款药品的市场态势。

关键词： 阿卡波糖　伏格列波糖　米格列醇　二甲双胍

随着2017年版《国家医保药品目录》的实施，备受瞩目的医药市场发生了较大的变化。经全面梳理显示，2017年《国家医保药品目录》共收载2535个制剂药品，其中化学及生物药品制剂1297个，比2009年版医保目录增加13.77%。

新版《国家医保药品目录》从药品遴选、分类角度充分体现了科学化、规范化和标准化。增加的药物侧重于临床价值高的新药、重大疾病治疗用药、儿童用药、急病抢救用药、职业病特殊用药等，尤其侧重于糖尿病治疗药物、心脑血管疾病药物、抗肿瘤药物、重性精神药物和血液方面的品种。

一　抗糖尿病用药日趋完善

新版《国家医保药品目录》中，收载的糖尿病治疗药物33个，其中胰

* 蔡德山，北京嘉林药业股份有限公司研究员，高级工程师。

岛素类药物12个，Ⅱ型糖尿病降血糖药物21个。其中Ⅱ型糖尿病降血糖药物新增加了8个，增幅达到61.54%。Ⅱ型糖尿病治疗药物分为双胍类、磺酰脲类衍生物、α－葡萄糖苷酶抑制剂、噻唑啉二酮类（TZD，格列酮类）、二肽基肽酶－4（DPP－4）抑制剂、人胰高糖素样肽－1（GLP－1）受体激动剂、醛糖还原酶抑制剂和非磺酰脲类促胰岛素分泌剂等8个小类。此外，目录中还收载了痛性糖尿病外周神经病变用药。

二 全球降糖药需求旺盛

国际糖尿病联盟（IDF）最新糖尿病概览（Diabetes Atlas）数据显示，全球成年型糖尿病患者已有4.15亿人，同比第6版概览公布的数字增长了19.6%。糖尿病已是全球蔓延的一种高发性慢性疾病，而最可怕的是老年性糖尿病并发症，将导致人体器官组织的衰竭。根据IDF预测，到2040年全球将有6.42亿名成年型糖尿病患者，在其治疗的需求下，带动世界医药市场走向新高。

根据美国IMS数据，2017年全球糖尿病治疗药物市场已达到600多亿美元，其TOP50糖尿病治疗药物的销售额为473.67亿美元，同比增长7.26%，占据了全球糖尿病药物市场份额的70%以上。

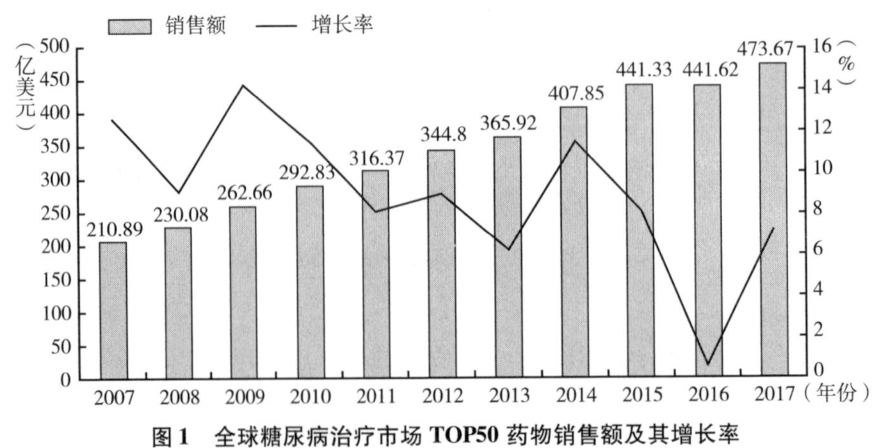

图1 全球糖尿病治疗市场TOP50药物销售额及其增长率

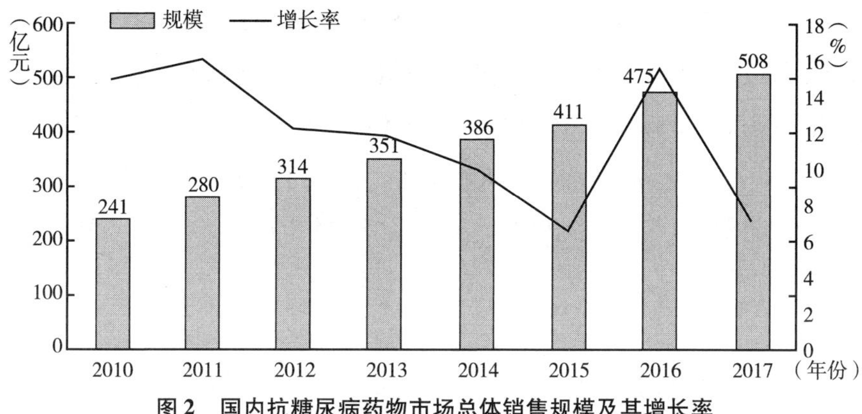

图 2　国内抗糖尿病药物市场总体销售规模及其增长率

三　国内糖尿病药物终端超过500亿元

CMH 发布的 2017 年蓝皮书显示，2017 年国内抗糖尿病药物销售终端市场已超过了 500 亿元，同比增长了 6.95%。在中国医疗保障体系框架下，国家公立医疗机构是糖尿病用药的主体市场，份额占比合计 62%，零售终端市场占比为 24%，其他消费终端占据 14% 的份额。

新版《国家医保药品目录》增加的Ⅱ型糖尿病化药中，包括了二肽基肽酶 -4（DPP -4）抑制剂西格列汀、阿格列汀、利格列汀、沙格列汀、维格列汀，GLP -1 受体激动剂利拉鲁肽，α - 葡萄糖苷酶抑制剂米格列醇，非磺酰脲类促胰岛素分泌剂米格列奈钙。此前这 8 个属于自费药物，进入新版《国家医保药品目录》后，糖尿病患者可获得完善的差异化合理治疗，从而推动降糖口服药物市场的逐渐升温和更新换代。

随着国家医保控费等政策的逐渐落地，以及医药分家、药事费、处方外流等政策的推进，医院渠道份额将逐年下降，得益于分级诊疗基层医疗卫生机构将得以全面推进，零售药店糖尿病市场份额将保持增长趋势。

四　国内重点城市公立医院的糖尿病用药

根据 Menet HDM 数据，2017 年我国重点城市公立医院糖尿病药物销售终端超过了40亿元大关，同比增长了6.98%。在新版《国家医保药品目录》的刺激下，预测2018年重点城市公立医院糖尿病药物消费终端将达到50亿元的规模。

Ⅱ型糖尿病口服药物TOP10品种是阿卡波糖、二甲双胍、硫辛酸、格列美脲、瑞格列奈、格列齐特、依帕司他、伏格列波糖、西格列汀吡和格列酮。Ⅱ型糖尿病口服药物TOP10品种占据了总体市场的54.66%，成为降糖领域的领先品种。

五　阿卡波糖代表，α-葡萄糖苷酶抑制剂领军

最新版《ADA糖尿病治疗指南》、《中国Ⅱ型糖尿病防治指南（2017年版）》和《AACE糖尿病综合管理路径》一致性建议是早期血糖指数偏高或糖化血红蛋白较高人群在进行药物干预时，最先采用阿卡波糖及二甲双胍控制餐后及餐前血糖指数。

α-葡萄糖苷酶抑制剂是一类以延缓肠道碳水化合物吸收而达到治疗糖尿病的口服降糖药物。目前国内上市的主要品种是阿卡波糖、伏格列波糖和米格列醇。米格列醇是2017年版《国家医保药品目录》新收载的药物，增加了临床中用药的选择。

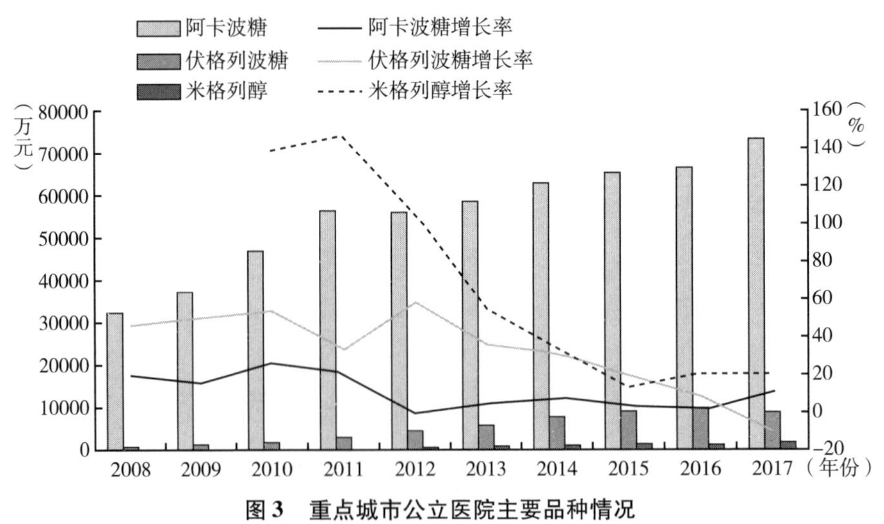

图3　重点城市公立医院主要品种情况

根据 Menet HDM 数据，2017 年我国重点城市公立医院 α－葡萄糖苷酶抑制剂销售达到了 10 亿元规模，同比增长 6%。其中，阿卡波糖占 87%，伏格列波糖占 10.84%，米格列醇占 2.16%。

六　阿卡波糖

阿卡波糖是国内医院Ⅱ型糖尿病人居首位的口服降糖药物。阿卡波糖是通过抑制 α－葡萄糖苷酶来降低餐后血糖。α－葡萄糖苷酶是糖在消化道内转化为能量的必需物质，经其水解后被人体吸收利用，抑制消化道内的 α－葡萄糖苷酶的活性，可减缓寡糖、双糖转变为单糖的速度，阻断糖类吸收，在调解餐后血糖方面优于磺酰脲类、双胍类药物，尤其是对减肥及心血管病人带来益处。

阿卡波糖是德国拜耳公司开发上市的药物，商品名为“拜糖平”。IMS 数据显示，2017 年全球拜糖平销售额为 5.63 亿美元，同比增长高达 13%。拜糖平的主要业绩收入来自本国及亚太地区市场。

根据 Menet HDM 数据，2017 年我国重点城市公立医院阿卡波糖用药金额为 7.35 亿元，同比增长 10.8%。其中拜耳公司的拜糖平占 71.60%，中美华东的卡搏平占 26.40%，四川绿叶的阿卡波糖胶囊贝希占 2%，呈现出鼎足之势。另据 IQVIA 数据，2017 年，中国阿卡波糖产品的总值达到了 37 亿元。

七　伏格列波糖

伏格列波糖与阿卡波糖作用机制相同，伏格列波糖腹胀副作用较小。在中国上市较晚，产品推广力较弱，市场占有率较低，2017 年我国重点城市公立医院伏格列波糖用药金额为 1 亿元，增长缓慢。武田公司的“倍欣”占据了伏格列波糖销量的 55% 以上，CFDA 批准国内 16 家生产伏格列波糖制剂，占 45% 的市场份额。

八 米格列醇

米格列醇是拜耳 20 世纪 80 年代初研究开发的一种新型降糖药，是新的小肠 α－葡萄糖苷酶抑制剂。米格列醇的结构与葡萄糖相似，能够可逆地竞争性抑制假单糖 α 葡糖苷酶，是蔗糖酶的高效抑制剂，且不抑制 α－淀粉酶的活性。其可逆竞争性抑制作用，延缓了葡萄糖的吸收过程，达到了均衡性吸收，从而平缓了餐后碳水化合物消化吸收所产生的尖锐血糖峰值。

2002 年，德国 Sanofi-Synthelabo GmbH 公司的米格列醇获准进入中国市场，商品名为“德赛天”（Diastabo）。由 Bayer AG、Pharma Deutschland 生产，注册期满后没有再注册。

2004 年 10 月 25 日，CFDA 已批准四川维奥制药的米格列醇原料药及制剂上市，商品名奥恬苹。目前国内上市的还有浙江医药股份新昌制药厂的“来平”和山东新时代药业米格列醇“瑞舒”。

根据 Menet HDM 数据，2017 年我国重点城市公立医院米格列醇销售 1800 万元。四川维奥的奥恬苹占 56.39%，浙江新昌的“来平”占 33%，山东新时代的“瑞舒”占 10.6%。米格列醇进入新医保目录后，预计 2018 年市场销量将有较快的增长，给患者增大用药选择性，将与阿卡波糖、伏格列波糖形成 α－葡萄糖苷酶抑制剂三者竞争局面。

九 二甲双胍——老而弥坚

二甲双胍作为“降糖首选药”在临床治疗中广泛单独或合并使用。二甲双胍是国内医院销售额居第 2 位的口服降糖药物，原研药商品名为格华止。自 1957 年二甲双胍问世后，应用于临床已有 60 年的历史，是全球治疗Ⅱ型糖尿病最广泛使用的一线经典口服降糖药物，而且是医学界深入探索在老年人更广泛适应症的药物。

二甲双胍可以促进周围组织对葡萄糖的摄取，有利于降低血糖，在降糖方面具有优势，较少诱导低血糖症或体重增加的发生，同时具有逆转脂肪肝、改善胰岛素敏感性以及相关心血管疾病的作用，临床显示用于空腹及餐后高血糖者，具有良好的卫生经济学效益。

格华止是德国默克雪兰诺和美国百时美施贵宝（BMS）联合在全球市场开发的品种。BMS 负责美洲和亚洲区的业务，2016 年施贵宝正式剥离糖尿病业务后，德国默克雪兰诺深入开拓中国市场。2017 年德国默克雪兰诺的二甲双胍全球销售额 6.62 亿欧元，同比增长 70.62%。国内二甲双胍生产厂家较多，目前有 191 张国产二甲双胍单方制剂生产批文，随着药品一致性认证工作的推进，部分厂商将退出竞争激烈的市场。

根据 Menet HDM 数据，2017 年我国重点城市公立医院二甲双胍用药金额为 4 亿元。TOP5 生产厂商品牌中原研药格华止占据 81.91% 的市场份额，北京利龄恒泰的二甲双胍肠溶片占 3.85%，重庆康刻尔的缓释片“都乐宁”占 2.92%，上海信谊的缓释片占 2.16%，正大天晴的缓释片“泰白”占 1.23%。在我国高血糖发生率持续增长下，二甲双胍缓释、控释制剂有着稳定的市场需求。

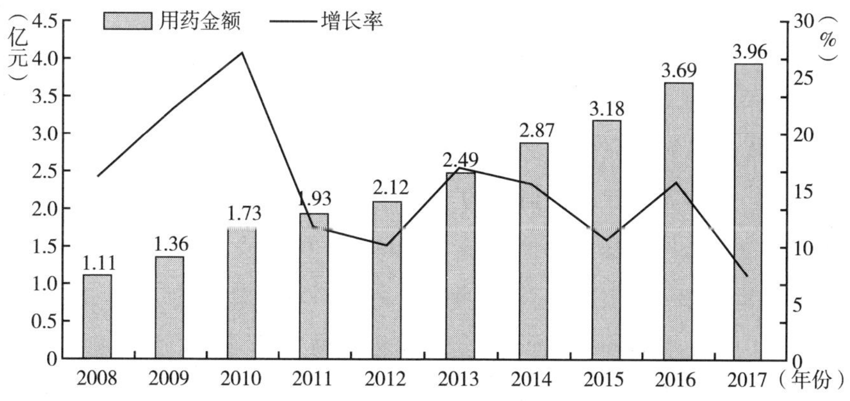

图 4　国内重点城市公立医院二甲双胍用药金额及其增长率

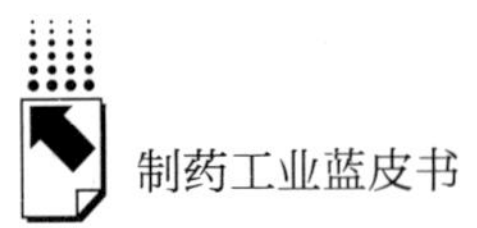

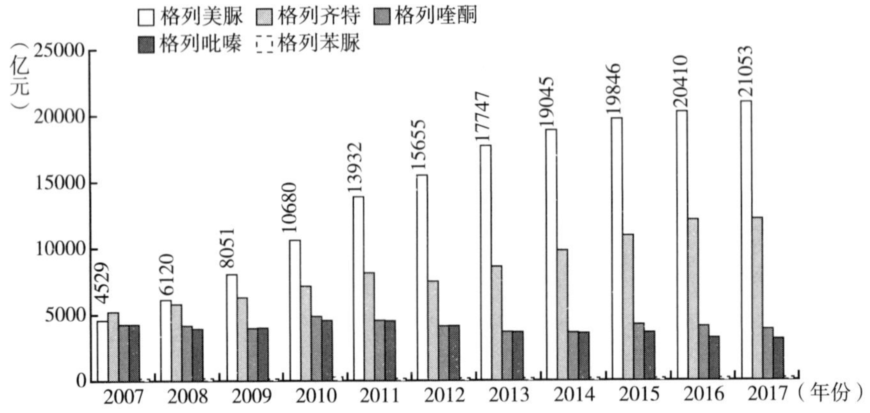

图5　国内重点城市公立医院磺脲类降糖药市场

十　磺脲类降糖药，宝刀未老

随着对糖尿病病理的不断深入了解，以及新的循证医学证据和新型降糖药的不断涌现，磺脲类是临床上Ⅱ型糖尿病的一线用药，主要通过刺激胰岛素分泌而发挥作用，是国内外糖尿病指南推荐的核心治疗药物之一。磺脲类包括格列美脲、格列齐特、格列吡嗪、格列喹酮和格列苯脲。临床上使用的第三代磺脲类药物格列美脲是医院Ⅱ型糖尿病市场居第3位的品种。

根据Menet HDM数据，2017年我国重点城市公立医院磺脲类降糖药物销售额4.05亿元，同比增长1.44%。

第三代磺酰脲类克服了前两代的缺点，作用强、起效快，作用维持时间较第二代药物短，导致低血糖的可能性减小。第三代以格列美脲和格列喹酮为代表。格列美脲是德国Hoechst Marion Roussel公司研制开发的磺酰脲类胰岛素分泌促进剂，1995年11月获FDA批准上市，商品名为Amaryl。2017年赛诺菲的Amaryl全球销售额为3.37亿欧元。

数据显示，2017年我国重点城市公立医院格列美脲用药2.11亿元，同比增长3.15%。TOP3厂商品牌是赛诺菲安万特的亚莫利占89.02%、江苏万邦的万苏平占3.49%、石药欧意的林美欣占2.64%。

十一 DPP－4抑制剂，推动降糖用药进展

自2006年第一个DPP－4抑制剂西格列汀上市后，目前已有5个品种上市。而且这5个品种已获国家药监总局（CFDA）批准在中国上市，分别是默沙东的捷诺维（西格列汀）、诺华的佳维乐（维格列汀）、阿斯利康的安立泽（沙格列汀）、勃林格殷格翰的欧唐宁（利格列汀）和武田公司的尼欣那（阿格列汀）。

此外，CFDA批准在中国上市的DPP－4抑制剂复方制剂有美国默沙东公司的捷诺达（西格列汀二甲双胍）、瑞士诺华的宜合瑞（维格列汀二甲双胍）、德国勃林格殷格翰公司的欧双宁（利格列汀二甲双胍）、英国阿斯利康的安立格（沙格列汀二甲双胍）四个品种。

2017年版《国家医保药品目录》收载的8个新药中，二肽基肽酶－4（DPP－4）抑制剂占据五席，分别是西格列汀、沙格列汀、维格列汀、利格列汀和阿格列汀，目前均属于独家原研品种，从而进一步完善了Ⅱ型糖尿病口服药物的产品结构。

DPP－4抑制剂是全球研发的热点之一，DPP－4抑制剂可促进胰岛β细胞分泌胰岛素并减少胰岛α细胞分泌胰高血糖素，从而降低血糖，同时具有改善体重等的作用，已成为全球处方量较大的一类降糖药。

据IMS数据，2017年全球DPP－4抑制剂及其复方市场达到了134.38亿美元，占据了Ⅱ型糖尿病降血糖药物的半壁江山，占抗糖尿病药物总体市场的28.37%。

表1　2017年全球DPP－4抑制剂及复方销售额

单位：亿美元

排名	药物名	商品名	中文品名	厂家	2017年销售额
1	西格列汀	Januvia	捷诺维	默克/艾美罗	37.37
		Glactiv		小野	2.5
2	西格列汀二甲双胍	Janumet	捷诺达	默沙东	21.58

续表

排名	药物名	商品名	中文品名	厂家	2017 年销售额
3	利格列汀	Tradjenta	欧唐宁	勃林格殷格翰/礼来	20.56
4	利格列汀二甲双胍	Jentadueto	欧双宁	勃林格殷格翰	15.5
5	维格列汀	Galvus/Eucreas	佳维乐	诺华	12.33
6	沙格列汀二甲双胍	Kombiglyze	安立格	阿斯利康	10.08
7	沙格列汀	Onglyza	安立泽	阿斯利康	6.11
8	阿格列汀	Nesina	尼欣那	武田	4.5
9	替格列汀	Tenelia	特尼良	田边三菱	3.8
10	沙格列汀达格列净	Qtern		阿斯利康	0.05

资料来源：Menet HDM 数据库。

根据 Menet HDM 数据，2017 年我国重点城市公立医院 DPP－4 抑制剂用药金额为 1.66 亿元，同比增长 31.86%，成为我国Ⅱ型糖尿病治疗药物中增长率最高的一类品种。DPP－4 抑制剂进入新医保目录后，将有更大幅度的增长，促使Ⅱ型糖尿病治疗药物市场又一次洗牌。而市场的增长变化将在 2018 年表现出来。

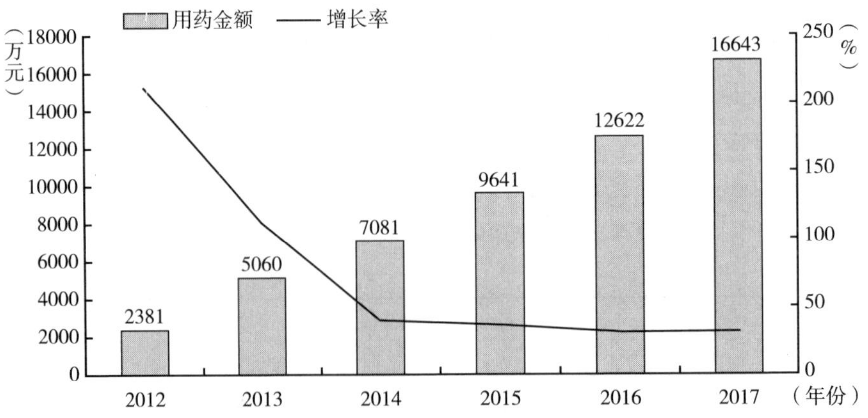

图 6　我国重点城市公立医院 DPP－4 抑制剂用药金额及其增长率

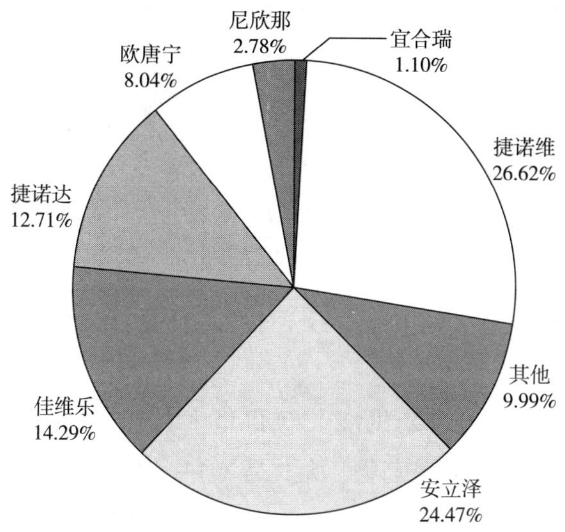

图 7　2017 年国内重点城市医院 DPP－4 抑制剂药物金额比重

十二　利拉鲁肽、米格列奈钙进入医保

2017 年版《国家医保药品目录》中用于Ⅱ型糖尿病口服化药除了新增 5 个 DPP－4 抑制剂、α－葡萄糖苷酶抑制剂米格列醇之外，还增加了非磺酰脲类促胰岛素分泌剂米格列奈钙和 GLP－1 受体激动剂利拉鲁肽。

米格列奈钙是美格列脲类药物，是继瑞格列奈、那格列奈之后的第三个品种。CFDA 已批准日本橘生药品的米格列奈钙进口，商品名为“快如妥”（Glufast），由苏州卫材分装上市。米格列奈钙不同于传统的磺酰脲类药物，具有药后起效迅速而作用时间短的特点，可以刺激双相胰岛素分泌，而且效果逆转迅速，抑制Ⅱ型糖尿病特征性的餐后高血糖，避免了低血糖反应的发生，是早期及轻度糖尿病患者的一线治疗药物。

国内获准上市的 6 家米格列奈钙口服制剂，分别是正大天晴药业的“法迪”、烟台正方制药的“分水岭”、北京四环科宝制药的“诺唐平”，以及正大青春宝药业、江苏豪森医药和江西济民可信药业的米格列奈钙片剂。

利拉鲁肽是诺和诺德的胰高糖素样肽－1（GLP－1）受体激动剂，是2017年7月19日人社部发布通知，成功进入《国家医保药品目录》的唯一入选的糖尿病治疗药物。利拉鲁肽是2017年全球Ⅱ型糖尿病治疗药物中居第二位的药物，市场份额38.39亿美元，同比增长16%。全世界GLP－1受体激动剂及复方10个药物销售额达到75.37亿美元，增长率高达36.81%。

十三　新药研管线，持续改变市场格局

2005～2018年，全球新批准上市了15种抗糖尿病新药。从数量上对比，已超过了抗糖尿病传统药物。尤其是2014年美国FDA新批准了4种抗Ⅱ型糖尿病新分子实体药物上市，分别是英国阿斯利康公司的达格列净(Farxiga)、英国葛兰素史克公司的Tanzeum（Albiglutide，阿必鲁泰)、美国礼来公司和德国勃林格殷格翰公司的Jardiance（Empagliflozin，依帕列净、恩格列净)、美国礼来的Trulicity（Dulaglutide，度拉糖肽、杜拉鲁肽)。

近两年，新药审批一浪高一浪。2016年7月美国FDA批准了赛诺菲公司的Adlyxin（Lixisenatide，利西拉肽)，2017年美国FDA批准了诺和诺德的首个口服GLP－1类似物Ozempic（Semaglutide索马鲁肽)、默沙东、辉瑞的口服钠葡萄糖协同转运蛋白2抑制剂Steglatro（Ertugliflorin埃格列净)。

随着全球治疗糖尿病力度的增强，抗糖尿病新药上市迅速升温。及时地将抗糖尿病新药增加到新的医保目录，客观上将逐渐减少或淘汰一些疗效不佳或副作用较大的药物，如苯乙双胍、格列苯脲等。抗糖尿病用药理念的更新，也将逐渐改写目前糖尿病治疗市场的格局。

科技创新篇

Technological Innovation

B.17
医药创新宣言
——中国南京

中国化学制药工业协会

摘　要： 2017年3月22~23日中国化学制药工业协会等八家中外协会、商会机构于南京共商构建可持续发展的中国医药新生态系统、促进中国医药创新的途径、支持早日实现健康中国2030的整体目标，并向全行业发出医药创新宣言。以本宣言为基础，携手合作，相互支持，全力推进健康中国建设，为推动人类文明进步做出更大贡献。

关键词： 医药创新宣言　健康中国2030　协会

习近平总书记指出健康是促进人的全面发展的必然要求，是经济社会发

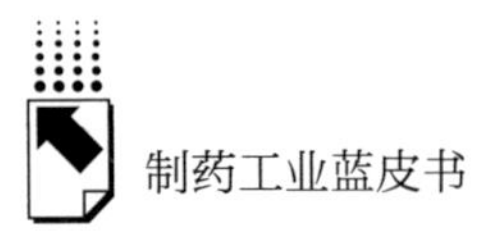

展的基础条件，是民族昌盛和国家富强的重要标志，也是广大人民群众的共同追求。国务院《“健康中国2030”规划纲要》中明确呼吁全社会要增强责任感、使命感，全力推进健康中国建设，为实现中华民族伟大复兴和推动人类文明进步作出更大贡献。

中国化学制药工业协会、中国医药企业管理协会、中国医药保健品进出口商会、中国外商投资企业协会药品研制和开发行业委员会、美国药品研发与制造企业协会、欧洲制药企业协会联盟、生物技术创新组织和日本制药协会，于2017年3月22~23日汇智南京，共商如何构建可持续发展的中国医药创新生态系统、促进中国医药创新，从而支持我国早日实现健康中国2030的整体目标。

我们乐见“健康中国2030”的整体规划，正进一步向以患者为中心的医疗系统转变。其中提出患者的福祉以及卫生服务的可及性和可支付性，与中国的“十三五”规划追求创新驱动发展高度一致，展现了生物医药创新的愿景：

医药创新是解决民生问题的基本需求；

医药创新是国家发展的最佳指标之一；

医药创新可为经济发展提供长久动力；

医药创新周期长、风险高，且投资金额大，故需要合理的回报、持续完善的医保体系及可预测的政策环境；

医药创新需要良好的政策环境以确保市场机制能够有效运转，从而推动资本和能力源源不断地把科技转化为创新产品。

我们在此承诺支持医药创新，以创建适合中国的可持续医疗生态系统。为实现这一目标，我们呼吁：

携手决策者，共同加强行业间交流；

加强政府部门间的协作，有助于法律法规制定的一致性；

转变产业链各环节的固有理念，提升中国医药的整体创新能力；

减少政府行政审批和干预、鼓励公平和开放的竞争环境。

为此，我们宣布建立合作伙伴关系，并在此联合国内外制药行业共同宣布并承诺：以本宣言为基础，携手合作，相互支持，全力推进健康中国建设，为实现中华民族伟大复兴和推动人类文明进步作出更大贡献。

B.18
中国医药创新迎来新时代

张耀华*

摘　要： 中国医药行业当前的主旋律是改革深化、整合提升与创新发展。本文分析了当前中国制药工业的发展现状，指出医药产业在集中度、创新能力、国际化水平等方面存在的不足，阐述了在各项医药医疗改革政策引导下医药行业变革发展的趋势，同时，介绍了上海医药集团在新形势下加快变革创新、培育发展新动能所采取的措施和取得的成效。

关键词： 制药工业　改革创新　上药集团

回顾中国医药行业十年，是改革深化、整合提升与创新发展的十年。中国医药市场目前已经是全球第二大医药消费市场，预期未来五年，依然将保持8%～10%的较快发展速度，在市场需求侧引领世界医药市场发展。但同时，十九大报告指出，深化供给侧改革和加快建设创新型国家是建设现代化经济体系的两大关键支撑。生物经济的产业技术纳入中国"十三五"战略性新兴产业规划，抢占新一轮生物医药科技革命制高点，加快壮大产业规模、培育发展新动能，对于"健康中国2030"规划的实现具有重要意义。

一　中国医药工业发展现状

以2009年新医改为起点，这十年政策、经济、市场、技术等方面发生

* 张耀华，上海医药集团股份有限公司副总裁、经济师。

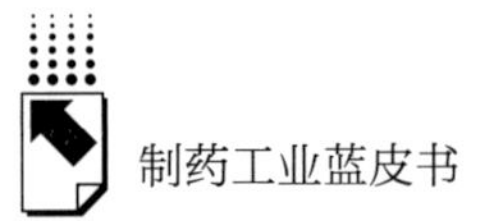

了前所未有的变化，中国医药行业从传统模式向高质模式发展，中国医药市场规模从4700亿元增长到了近20000亿元，年增长速度从2009年的20%回归到现在的10%左右，目前医药市场规模占全球的10%，仅次于美国。中国拥有14亿人口，人口老龄化趋势明显，用药市场增长迅速，过去五年的复合增长率达到12.4%，预计未来五年会放缓至8%，但增速仍然会高于全球其他药品消费市场。

医药行业的增速换挡，一方面是由于中国经济进入新常态，另一方面与医药行业的发展阶段相关。与国际相比，中国医药工业的核心影响因素是政策，而作为医药市场的最大支付方——医保的影响力又占据核心地位。2008~2017年，以新医改为始点，中国医药产业经历了特质鲜明的十年发展，是传统模式逐渐走向终结的十年，也是催生新生态的十年。新医改第一阶段，主要用于解决药品可及性问题，医保逐渐实现全民覆盖，加上基药目录制度，我国医药市场迎来空前的市场扩容红利，医保资金呈现填补空白式的高增长态势，复合增长率达到34%。得益于此，医药工业快速发展，复合增长率超过20%。2013年以后，医改主旋律转变为加强合规管理及控制医疗费用的不合理增长，主要解决可支付性和合规问题，医保资金进入控费阶段。受医保收支增速明显放缓的影响，我国医药工业也随之进入增速换挡期。从2015年开始，供给侧结构性改革经中央经济工作会议定调后正式拉开大幕。医药工业的供给侧改革对增量和存量同时“动刀”。仿制药申报提高门槛和临床试验自检是为了减少不必要的增量，而针对存量的主要动作是仿制药一致性评价，以及公立医院限制药占比和辅助用药。至此，我国医药工业的复合增长率也下降到10%左右，在保持目前平稳增速下，医药行业将逐步摒弃过去的粗放式增长，销售结构趋向合理，逐步进入产品为王时代。

中国的药品消费市场，目前还是以中低端的仿制药为主，占比60%，并且中国药企生产的化学药品，97%以上都为仿制药。而欧美主要发达国家的药品消费以原研药为主，美国的原研药消费占比高达75%，这和美国商业保险为主的体制有关，患者在原研药消费方面动力是比较强的。而在中国现有的社会医保为主的支付体系下，区域不平衡，医保控费压力渐增，创新药单品突破空间有限，大品种以辅助用药、中药注射剂和过期原研药为主。

与发达国家工业革命历程相比，中国、印度、俄罗斯等新兴国家的工业革命路线大致分为四个阶段：启动、模仿、挑战、引领。从目前国内的其他产业发展阶段来说，医药产业算不上大产业，且产业转型升级还有很长的路要走，仍处于模仿阶段，只比农业发展得好一点。现在中国互联网、物流、通信等多个细分行业已领先世界，但医药行业发展还处在相对早期阶段。

中国医药产业集中度非常低，有 4700 家制药企业，但前三大制药企业只占 5%。中国有 13000 家分销企业，前三大企业只占 35%。中国有 46 万家零售药店，前三大零售药房只占 7%。这些数据都远低于欧美主要发达国家。

从创新能力来看，中国本土医药产业每年研发的产品对于全球创新的贡献处于第三梯队，只有 4%。从研发投入来看，全球医药 50 强平均值近 18%，日本超过了 20%，美国超过 15%，而国内药企的平均研发投入仅为 2%。

从盈利水平来看，以调整后的“研发费率 + 净利率”数据来看，美国超过 30%，日本为 25% 左右，中国仅为 12%，处于较低水平。这与中国大部分药企以仿制药为主的产品结构、创新能力不足不无关系。当然，随着整个中国的医药工业调整产品结构、不断创新，在工业化的过程中，这个“研发费率 + 净利率”将会逐步提升。

从国际化水平来说，现在整个中国医药的国际化程度也是不高的，出口总量相对比较小，以技术含量较低、处于产业链附加值低的大宗原料药、中间体为主。中国现在最大的制剂企业恒瑞，年均出口量也不到 1 亿美元。54% 出口到亚洲和非洲地区，出口到欧洲、美国的只占 29%。再看全球制药的五十强排名名单，没有一家是中国医药企业，更不用说在全球多市场布局与运作了。

总体来说，中国医药产业集中度低、研发投入低、国际化程度低，产业亟待创新突破。中国是医药大国，但不是医药强国，中国医药产业的转型升级仍任重而道远。

二 行业新政下的变革大势

自2015年开始，国家从顶层推进医疗卫生体制与医药产业进入大刀阔斧的改革期，从研发、生产到流通都颁布了一系列行业发展及改革新政，国家层面高度重视，旨在全面实施健康中国战略，推动中国医药产业变革、升级、迭代，鼓励药品和医疗器械产业提升发展质量和国际化水平，医药产业由营销驱动转向产品为王，产品创新与国际化发展成为中国生物医药企业发展的两大驱动力。

针对医疗与医药行业各环节的政策更是层出不穷，各项制度、通知等过千项。

表1 相关医药医疗改革发展政策主要内涵

医药			医疗		
研发端	生产端	应用端	公立医院改革	分级诊疗	促进社会办医
临床数据自查	仿制药一致性评价	限抗	医药分开（取消药品加成，处方外流，药占比）	医联体	取消“两定”
优先审评审批	新版GMP	限辅助用药	理顺医疗服务价格	提升基层服务能力	将社会办医纳入医保定点范围
药品上市许可持有人制度试点	环保法	控制医疗费用	严控医疗费用	家庭医生制度	多点执业
加入ICH	药品生产工艺核对		城市、县级公立医院改革试点	分级诊疗试点	
	飞行检查			区域内资源共享	

总结来看，各项政策主要侧重于提高药品质量，加强行业控费、淘汰落后产能，鼓励创新、强调合规，推动医药产业升级四个方面。

（一）提高药品质量

影响最大的是仿制药质量与疗效一致性评价，要求仿制药的质量与国际接轨，其中目录内的289个口服制剂产品要求2018年底完成一致性评价工作，目录外的产品前三个申报的厂家在医保及招投标工作中有政策倾斜。再就是正在启动的注射剂一致性评价与中药注射剂再评价工作，推动医药产业进入重大的调整与洗牌期。同时，药品临床数据核查和生产工艺核对、CFDA加入ICH等，使得监管要求更趋向于与国际接轨。

（二）严格控制费用

严格控制费用，逐步挤压流通、生产环节中不合理的部分。在等级公立医院推行药品零加成、控制药占比，以及多轮招标采购、省区架构联动、医保控费与医保支付改革等倒逼行业提升生产效率与能级，改善商业模式与提升运行水平。

（三）强调合规经营

药品合规经营被提到了非常高的位置，“两票制”将于2018年在各省份全面落地。各级政府与医疗机构都在大力度地治理商业贿赂，推进医药代表备案及合规营销等。

（四）鼓励创新发展

2017年10月，中共中央办公厅、国务院办公厅印发《关于深化审评审批制度改革鼓励药品医疗器械创新意见》（厅字〔2017〕42号），大力鼓励医药创新，创新药可以逐步做到全球同步研发上市，推动MAH制度全面实施，医保目录调整倾向于创新药。未来，国内仿制药的质量要求与国际接轨，中国企业与跨国企业将在同一层面展开竞争，即使是普药都面临跨国药企的竞争压力。同时，境外新药在中国上市时间将大幅缩短，迫使中国本土药企研发创新需要从“中国新”走向“全球新”。

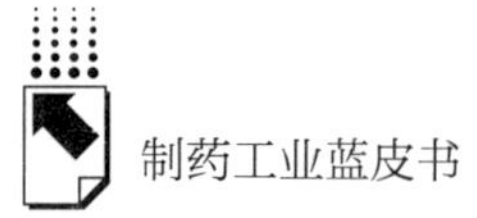

下一个十年，在医药工业方面，以大数据为基础的精准医疗的发展，将驱动生物抗体药物、基因治疗和免疫细胞治疗产品迅猛发展，人工智能的多维度应用使得医疗、制剂、器械更加智慧。在市场发展和国家政策推动下中国医药产业集中度会进一步提升，加速优胜劣汰，现在制药企业有4700多家，若干年之后，能够留下1000家就是非常好的结果。中国药企若要持续发展，必须以创新和国际化为主要驱动力，适应“仿制药质量国际化，创新药创新全球化”的要求，采取“产品为王”的发展模式，这是医药工业发展的趋势。在医药商业方面，并购重组会加快，行业集中度将快速提升。另外，国家推动医药分家，未来药品的销售大部分从医院流到社会的药房，医院专注于诊疗，社会的药房主要销售药品。整个医药商业的竞争将会从前四十年比较依靠配送能力、客群关系转变为依靠大数据、综合实力等服务创新。

近年来，一批中国药企正在快速转型，走创新发展道路，并通过海外并购等国际化发展方式，显现出极大的竞争潜力。如2011年贝达埃克替尼上市，2013年康弘康柏西普上市，2014年恒瑞阿帕替尼上市，2015年恒瑞PD-1单抗海外授权、绿叶利培酮微球获FDA认证。信达、百济神州、再鼎等一批生物医药创新研发类企业已经或准备上市。中国在生物抗体药物，细胞治疗、基因治疗药物，小分子抗肿瘤药物、高质量高端仿制药等方面的创新研发能力正在跟上全球的步伐。

三　上海医药的创新发展之路

在医药行业发展的大势下，盘点改革大政，多数长期利好，但短期影响阵痛明显。上海医药这十年在上实集团和公司董事会的坚强领导下，业务规模增长了近6倍，净利润增长了近5倍，净资产增长了近4倍，市值增长了近3倍，成为上海市生物医药产业的核心支柱企业和全国综合实力最强的医药集团之一。同时，上海医药在创新方面加大力度，优化机制，加快节奏。2014~2015年连续获得国家科技进步一等奖，2015~2017年连续入选工信部评的中国医药研发产品线最佳工业企业 20 强，并且位次不断提升至第 5 位，是唯一入选的国有控股企业。未来 3 ~ 5 年，上海医药将积极顺应行业变革大势，融产结合，创新发展，收购兼并和有机增长相结合，发展为具有国际竞争力的综合性医药产业集团。

回顾过去几年研发创新工作，上海医药就是沿着清晰战略、加大投入、机制改革和模式创新四个方向持续践行、突破、总结与优化的。通过梳理研发战略，把握国家政策调整及全球研发趋势，进一步明确一致性评价、仿制药及创新药的研发品种规划。在创新药物聚焦的治疗领域，区分在研产品优先级，集中优势资源重点突破重大创新药物，加快研发模式创新与优化，积极推进合作与联合研发工作。研发投入逐年增加，2017 年研发费用投入 8 亿元，取得了多项重磅研发新药阶段性成果。以开放性的研发合作，与多家国内科研院所以及国内外医药企业联合研发。同时，上海医药正在推进海外研发中心建设，美国圣地亚哥研发中心已经启动运行。

表 2　上海医药创新药物与生物制剂管线产品情况

治疗领域	申报临床	临床 I 期	临床 II 期
抗肿瘤类		EGFR 酶抑制剂 SPH1188 – 11 人源化 CD20 抗体 HER2 复方抗体 T – DM1（生物类似药） SPH3348	多替泊芬
消化代谢类	SPH4480		
免疫抑制剂		雷腾舒 – AIDS	雷腾舒—类风湿关节炎
心脑血管类		注射用丹酚酸 A	肾素抑制剂 SPH3127

在仿制药一致性评价工作方面，公司成立一致性评价办公室专项推进与协调，聚集优势资源全力推进仿制药质量与疗效一致性评价工作，力争通过一致性评价占领市场先机，共计开展 70 个品种（97 个批文）的一致性评价工作，其中 21 个品种（26 个批文）是 289 目录外品种。上药中西的盐酸氟西汀胶囊、上药常药的卡托普利片、上药信谊的盐酸二甲双胍缓释片已完成评价并申报至国家食药监总局，近 1/2 的产品进

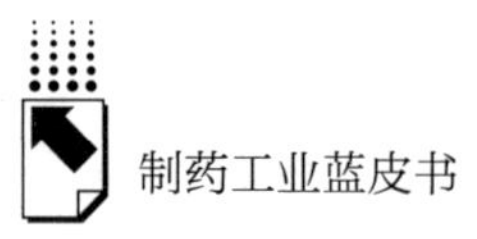

入临床研究阶段。

目前上药已经在本溪建成具有国际水准的化学创新药、高端仿制药的中试产业化基地——上海医药集团（本溪）北方药业，成为服务于集团、国内和国外研发机构的药品上市许可持有人（MAH）精品制造基地。近日，上海医药获得了国家药监局颁发的关于溴吡斯的明片及卡马西平片的《药品补充申请批件》，上海医药成为上述药品的上市许可持有人（原药品注册证持有单位为本公司全资子公司上海中西三维药业有限公司），上海上药中西制药有限公司及上海医药集团青岛国风药业股份有限公司成为上述药品的受托生产企业。通过积极参与 MAH 制度试点工作，借助委托合作方式，促进专业分工，优化产业结构和资源配置，降低生产成本。

上药目前已基本建成全国第二大药品和医疗器械流通服务平台与创新平台，每年持续做深做精服务创新，持续服务医疗机构改革，简化病患购药流程，提升服务体验，强化差异化竞争力。重点拓展医院供应链延伸服务和合作药房发展。加快“互联网＋”业务创新，加速助力分级诊疗，初步建成基于大数据的“电子处方云平台”，形成 B2B 和 B2C 新药品供应与服务模式。商业的服务模式创新始终是坚持的方向。上药建设的电子处方流转平台“益药·电子处方”已实现规模化，2017 年对接医疗机构 214 家，处理超 200 万张电子处方，覆盖城市范围进一步扩大。此外，上药还开展医药金融、疗效保险项目。

回看欧美、日本、印度等地区的跨国药企发展历程，国际化是领先药企发展的必由之路。上海医药要在更高水平的发展目标下有所作为，成长为具有国际竞争力的综合性医药产业集团，必须走国际化发展道路。这不单是简单的市场拓展，更是对我们能力的全面挑战和严峻考验，一旦跨越，通过配置国际化资源，将推动上海医药能力全面提升。上药有一些国际化发展基础，与罗氏、施贵宝等企业在上海有合资公司，有多年的原料药国际化出口业务，并且在 2016 年成功完成对澳洲保健品公司 Vitaco 的收购。2018 年完成了美国康德乐中国业务的并购工作，并积极推进美国研发中心建设。

坚持创新发展和国际化发展，是上海医药在未来五年的战略核心，特别是有序开展生物抗体药物，细胞治疗、基因治疗药物等方面的合作与引入工作，建设国内创新生物药的服务与转化平台，以国际化的并购提升产品、人才、管理能力，成为具有全球影响力的品牌药制造商和健康服务商。

B.19

晚期胃癌患者的福音

——甲磺酸阿帕替尼片简介

江苏恒瑞医药股份有限公司

摘　要： 江苏恒瑞投巨资，历经10年创新研发的1.1类新药——甲磺酸阿帕替尼片是针对VEGFR2的小分子抗血管生成靶向药物，是全球第一个在晚期胃癌被证实安全有效口服给药制剂，有效解决了晚期胃癌患者无药可用的临床困境，为患者带来了生存希望。

关键词： 靶向　晚期胃癌　甲磺酸阿帕替尼片

一　药品基本信息

（一）药品名称

通用名称：甲磺酸阿帕替尼片

商品名称：艾坦

英文名称：ApatinibMesylateTablets

汉语拼音：JiahuangsuanApatiniPian

（二）成分

本品主要成分为甲磺酸阿帕替尼。

化学名称：N－［4－（1－氰基环戊基）苯基］－2－（4－吡啶甲基）氨基－3－吡啶甲酰胺甲磺酸盐

化学结构式：

分子式：$C_{24}H_{23}N_5O \cdot CH_4SO_3$

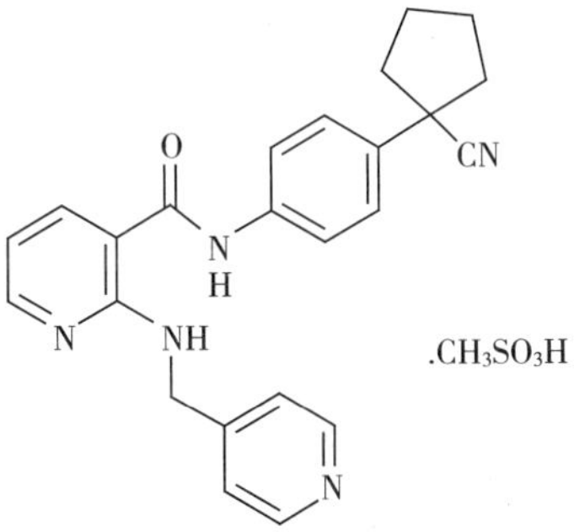

O
CN
N
H
N
NH
.CH_3SO_3H
N

分子量：493.58

（三）性状

本品为薄膜衣片，除去包衣后显白色或类白色。

（四）适应症

本品单药适用于既往至少接受过两种系统化疗后进展或复发的晚期胃腺癌或胃—食管结合部腺癌患者。患者接受治疗时应一般状况良好。

（五）规格

按阿帕替尼（$C_{24}H_{23}N_5O$）计：①0.425g；②0.375g；③0.25g。

二　药品研发情况

（一）研发背景

据统计，胃癌全球每年新发病例952000个，中国占47%，发病率在我

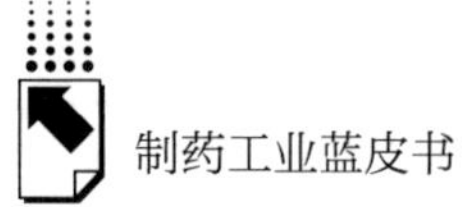

国恶性肿瘤中排名第2，被视为四大中国特色肿瘤之一（肝癌、胃癌、食道癌、鼻咽癌）。在中国每年352300人死于胃癌，在我国恶性肿瘤死亡率中排名第3。由于早期症状不典型且胃镜常规检查未普及，60%～80%的患者就诊时已到晚期，现有治疗手段获益有限，预后差，5年生存不超过20%。近几十年来，虽然投入了大量的人力、物力，但针对晚期胃癌标准化治疗失败后的新药研发一直没有获得成功，导致该类人群得不到有效救治，给患者、社会和国家均造成极大负担。

（二）研发历程

作为国内创新型的医药健康企业，江苏恒瑞医药股份有限公司多年来积极推进尚无有效治疗药物的疾病领域的研究，特别是针对中国人疾病谱的创新药，重点投入、重点开发。甲磺酸阿帕替尼片是公司投入巨额资金，历经10年创新研发的1.1类新药，是针对VEGFR2的小分子抗血管生成靶向药物，中国肿瘤专家团队将其在标准治疗失败的晚期胃癌人群进行了Ⅰ、Ⅱ、Ⅲ期临床研究并获得成功，这是全球第一个在晚期胃癌被证实安全有效的小分子抗血管生成靶向药物，而且是胃癌靶向治疗中唯一口服给药制剂，有效解决了晚期胃癌患者无药可用的临床困境，为患者带来了生存希望。

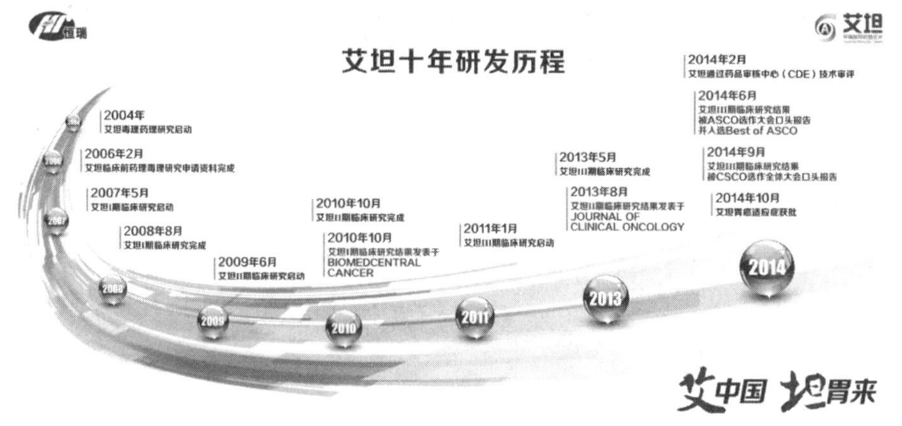

图1　甲磺酸阿帕替尼研发历程

（三）临床研究

在两项随机对照研究中评价了本品单药用于晚期胃癌的疗效和安全性。

一项多中心、随机、双盲、安慰剂平行对照的Ⅲ期临床研究对阿帕替尼治疗晚期胃癌的有效性和安全性进行了评价。研究入组了267例既往接受过二线治疗后失败（治疗失败的定义：毒副作用不可耐受、治疗过程中疾病进展或治疗结束后复发）的晚期胃癌患者，包括胃—食管结合部腺癌患者。接受阿帕替尼治疗患者中位年龄58岁，75%为男性；27%患者ECOG评分为0，73%患者ECOG评分为1；约60%进行过根治术治疗，约22%进行了胃全切手术，35%进行了胃大切手术；68%原发灶为胃癌，22%为胃食管结合部腺癌；21%患者转移灶累积器官数超过2个，56%患者存在肝转移，92%患者临床分期为Ⅳ期；66%患者既往接受过至少2种系统化疗，一线化疗基础用药包括氟尿嘧啶类、铂类、紫杉醇类、阿霉素类，二线化疗主要以伊立替康为基础治疗的方案。试验组与安慰剂组受试者基线特征和人口学数据均衡可比。患者按2∶1随机接受阿帕替尼片850mg每日1次（n＝176）或安慰剂每日一次（n＝91），28天为一个周期。试验组患者平均接受治疗周期数为2.9个，72%的受试者接受了2个周期或以上的治疗。

表1　阿帕替尼治疗胃癌的Ⅲ期临床研究的主要有效性结果（FAS集）

指标	试验组（N＝176）	安慰剂组（N＝91）
总生存期（OS）		
中位数（mOS，月）	6.5	4.7
HR（95% CI）	0.709（0.537，0.937）	
无进展生存期（PFS）		
中位数（mPFS，月）	2.6	1.8
HR（95% CI）	0.444（0.331，0.595）	
客观缓解率（CR＋PR）	2.84%	0
临床获益率（CR＋PR＋SD）	42.05%	8.79%

注：FAS，全分析集；mOS，中位总生存期；mPFS，中位无进展生存期；CR，完全缓解；PR，部分缓解；SD，疾病稳定。

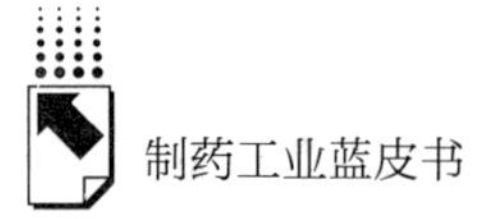

研究主要疗效评价指标为总生存期（OS），次要疗效指标包括无进展生存期（PFS）、疾病控制率（DCR）和客观缓解率（ORR）。试验组中位总生存期较安慰剂组延长，降低死亡风险约30%。次要终点PFS、DCR亦高于安慰剂组，总体上未引起晚期胃癌特异症状或健康相关生活质量的恶化。表3列出了主要疗效结果，图2为生存曲线图。

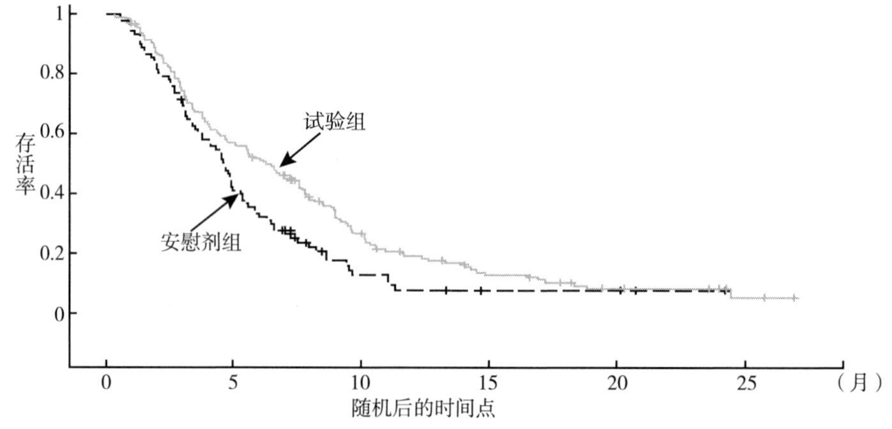

图2　Ⅲ期研究中两组生存期（OS，月）的疗效对比分析（FAS集）

另外一项多中心、随机、双盲、安慰剂平行对照的Ⅱ期临床研究同样以二线化疗失败的晚期胃癌患者为受试对象，共入组141例受试者，其中安慰剂组48例、850mg qd组47例、425mg bid组46例，28天为一个周期，主要终点指标为无进展生存期。结果：850mg qd组患者的中位无进展生存期为3.7个月，425mg bid组患者为3.2个月，与安慰剂组相比差异均有统计学意义（$P<0.0001$）。两试验组患者的中位生存期、客观缓解率均高于安慰剂组。表4列出了主要有效性数据。

表2　Ⅱ期临床研究的主要有效性结果（FAS集）

指标	850mg qd组（N=47）	安慰剂组（N=48）
无进展生存期（PFS）		
中位数（mPFS，月）	3.7	1.4
HR（95% CI）	0.232（0.133，0.406）	
总生存期（OS）		

续表

指标	850mg qd 组(N=47)	安慰剂组(N=48)
中位数(mOS,月)	4.8	2.5
HR(95% CI)	0.513(0.319,0.826)	
客观缓解率(CR+PR)	6.38%	0
临床获益率(CR+PR+SD)	51.06%	10.42%

注：FAS，全分析集；mOS，中位总生存期；mPFS，中位无进展生存期；CR，完全缓解；PR，部分缓解；SD，疾病稳定。

（四）研究成果及特色

1. 临床价值

阿帕替尼是全球第一个在晚期胃癌被证实安全有效的小分子抗血管生成靶向药物，而且是胃癌靶向治疗中唯一口服给药制剂，是中国唯一被批准治疗三线胃癌的药物。由于疗效确切，阿帕替尼已被《CSCO 胃癌临床诊疗指南》列为胃癌三线唯一推荐使用的药物，这充分说明该药疗效确切、安全性好，为无标准治疗的晚期胃癌患者带来了福音。

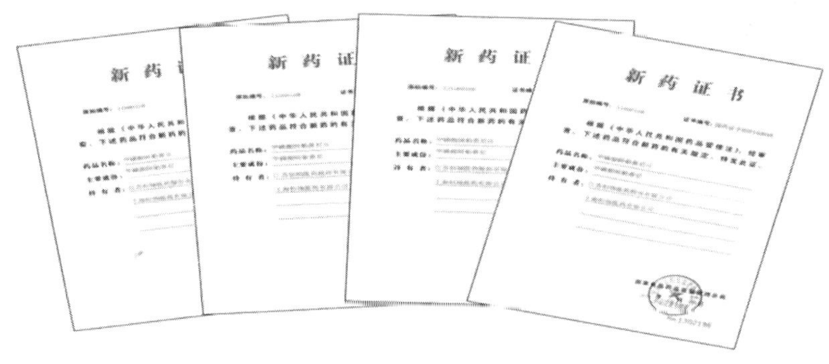

图 3　阿帕替尼新药证书

2. 专利及重大专项等情况

阿帕替尼是国家食品药品监督管理总局批准上市的 1.1 类创新药，拥有中国和欧美、日等 11 个国家和地区的发明专利。同时，该药技术开发研究及药物Ⅱ期和Ⅲ期临床研究均被列入国家“十一五”“十二五”重大新药创制专项。

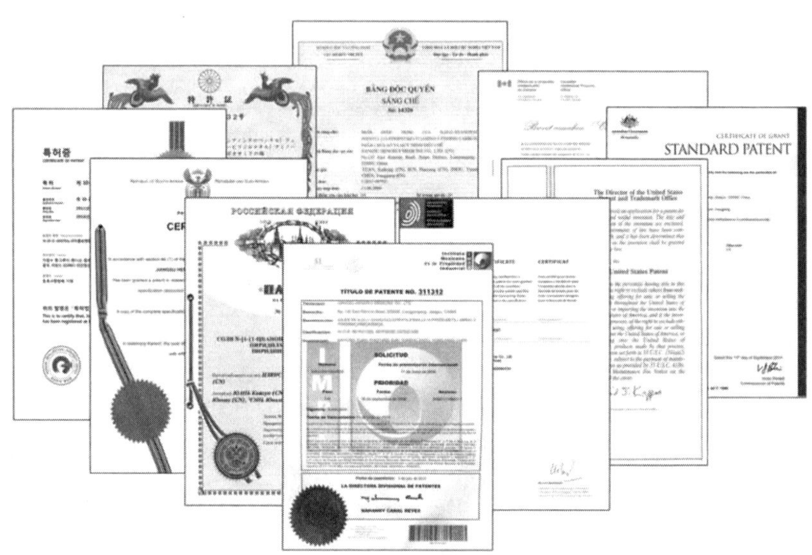

图4 阿帕替尼主要国外专利

3. 医保情况

2017年7月，阿帕替尼通过谈判被纳入《国家基本医疗保险、工伤保险和生育保险药品目录（2017年版)》。

4. 国内外影响力

2015年6月，阿帕替尼的临床研究被美国临床肿瘤学会（ASCO）选作大会报告，这是中国创新药研究第一次在全球顶级学术会议上作大会报告，并第一次入选该年会优秀研究，该事件被新华社、中央电视台、《人民日报》、人民网、《健康报》、《中国医药报》、美国《侨报》等国内外主流媒体专门报道；在2017年ASCO大会上，又有多达22项与阿帕替尼相关的基础和临床研究入选会议收录的研究摘要，充分说明阿帕替尼治疗胃癌研究结果获得国际同行的高度认可。

2013年、2015年阿帕替尼治疗晚期胃癌Ⅱ期、Ⅲ期研究报告均刊登在国际权威的专业学术期刊——美国《临床肿瘤学杂志》（JCO）上。此外，阿帕替尼在欧洲已完成Ⅰ/Ⅱ期临床研究；2017 年 3 月 1 日，欧盟授予阿帕替尼治疗胃癌的孤儿药资格。

27 March 2017
EMA/72986/2017

Public summary of opinion on orphan designation

N-(4-(1-cyanocyclopentyl)phenyl)-2-(4-pyridinylmethyl)amino-3-pyridinecarboxamide methanesulfonate for the treatment of gastric cancer

On 27 February 2017, orphan designation (EU/3/17/1840) was granted by the European Commission to Sirius Regulatory Consulting Limited, United Kingdom, for N-(4-(1-cyanocyclopentyl)phenyl)-2-(4-pyridinylmethyl)amino-3-pyridinecarboxamide methanesulfonate (also known as YN968D1 or apatinib mesylate) for the treatment of gastric cancer.

图 5　阿帕替尼欧盟孤儿药授予编号（EU3171840）

B.20

中国首个小分子靶向抗癌药

——盐酸埃克替尼简介

贝达药业股份有限公司

摘　要： 盐酸埃克替尼片（商品名：凯美纳）是由贝达药业股份有限公司开发的小分子靶向抗癌药，用于治疗晚期非小细胞肺癌。盐酸埃克替尼具有全新的化学和晶体结构，是高活性和高选择性的表皮生长因子受体（EGFR）酪氨酸激酶抑制剂，其化合物结构和晶型专利分别荣获第十四届和第十六届中国专利金奖。我国拥有该药的完全自主知识产权。该药上市得到广泛的临床应用，为肺癌患者带来福音。

关键词： 靶向　小细胞肺癌　专利

通用名：盐酸埃克替尼片

商品名：凯美纳

英文名：Icotinib Hydrochloride Tablets

汉语拼音：Yansuan Aiketini Pian

本品主要成分为盐酸埃克替尼。

化学名称：4－［（3－乙炔基苯基）氨基］－喹唑啉并［6，7－b］－12－冠－4 盐酸盐。

化学结构式：

分子式：$C_{22}H_{21}N_3O_4 \cdot HCl$

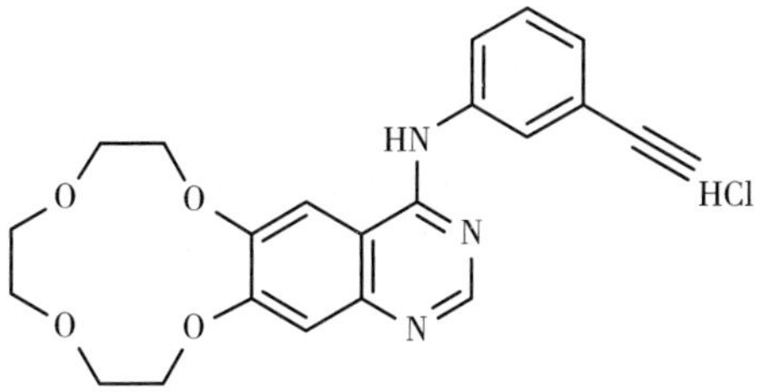

分子量：427.88

适应症：非小细胞肺癌

用法用量：本品的推荐剂量为每次125mg（1片），每天三次

规　　格：125mg/片

药品批准文号：国药准字H20110061

新药证书编号：国药证字H20110024

盐酸埃克替尼片（商品名：凯美纳）是由贝达药业股份有限公司开发的我国第一个拥有完全自主知识产权的小分子靶向抗癌药，适应症是晚期非小细胞肺癌，是国家“十一五”“十二五”重大新药创制专项科技重大专项的杰出成果。该成果荣获中国化学制药领域和浙江省企业界第一个国家科技进步一等奖，还荣获中国工业领域的“奥斯卡奖”——中国工业大奖。

盐酸埃克替尼具有全新的化学和晶体结构，是高活性和高选择性的表皮生长因子受体（EGFR）酪氨酸激酶抑制剂，其化合物结构和晶型专利分别荣获第十四届和第十六届中国专利金奖。

盐酸埃克替尼片于2011年6月7日获得国家食品药品监督管理总局颁发的新药证书，同年8月12日，在人民大会堂隆重举行凯美纳上市发布会，被时任卫生部部长的陈竺院士誉为民生领域的“两弹一星”。凯美纳让中国成为继英国、瑞士之后拥有完全自主知识产权靶向抗癌药的第三个国家，一举打破肺癌靶向治疗长期被进口药垄断的局面，成为全球第三个、亚洲第一个靶向抗癌药。

盐酸埃克替尼的研发打破传统临床研究思路和方法，开启了中国抗肿瘤药物研发的新纪元，是一个非常成功和完美的创新案例。贝达药业首次采用

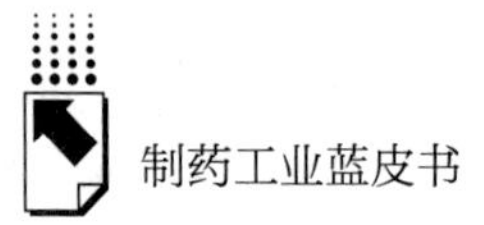

健康受试者进行抗肿瘤Ⅰ期临床研究，并建立了Ⅰ、Ⅱ期联合研究的抗肿瘤新药临床研究模式。在Ⅲ期临床研究中首次采用与进口药“头对头”对比的双盲研究，证明其疗效和安全性均优于进口对照药。研究结果全文刊登在国际顶尖医学杂志《柳叶刀·肿瘤》上，是首篇刊登于该杂志的中国创制新药的临床研究论文。2012 年，埃克替尼被列入 Citeline 发布的国际新药研发年度报告，是首个被列入该目录的中国创制新药。截至目前，发表埃克替尼相关论文 422 篇、SCI 论文 138 篇，影响因子超过 400。

为造福广大患者，贝达药业将盐酸埃克替尼片的价格定为同类进口药的三分之二，显著减少了患者的治疗费用。盐酸埃克替尼片上市后得到广泛的临床应用，至今已有近 15 万名晚期肺癌患者服用，疗效佳，安全性好，获得专家和病人的高度评价。同时贝达药业开展后续免费用药项目，截至 2017 年 10 月，已累计向 5 万多名患者赠药 260 万盒，市场价值超过 60 亿元，取得非常良好的社会效益，造福广大肺癌患者。同时，贝达药业积极响应国家号召，参与首批国家药品价格谈判，并率先主动降价 54%，迫使同类进口药大幅降低价格，为国家药品价格谈判的成功和降低患者治疗费用做出了巨大贡献。

B.21

中国“创新药的拓荒者”

——西达本胺简介

深圳微芯生物科技有限责任公司

摘　要： 西达本胺——中国首个抗肿瘤原创药物，用于治疗T细胞淋巴瘤（属罕见病范畴）。西达本胺独特的苯酰胺类化学结构带来了针对靶点的高度选择性，能够诱导和激活患者自身的特异（CD8+介导的CTL）和非特异（NK介导的CTL）的抗肿瘤细胞免疫，产生更持久的临床疗效和生存时间。深圳微芯生物科技有限公司是中国第一家成功研发现代肿瘤治疗药物并赢得CFDA绿色通道的公司。

关键词： T细胞淋巴瘤　罕见病　靶点

西达本胺（商品名：爱谱沙）是微芯生物原创、全球首个亚型选择性组蛋白去乙酰化酶口服抑制剂，属于具有全新抗肿瘤作用机制的表观遗传调控剂类药物、国家1.1类新药，是具有全球专利保护的全新分子体、国家“863”及“重大新药创制”专项成果，也是治疗罕见病的中国本土首个自主研发孤儿药，历经12年的研发历程于2014年12月获CFDA批准上市销售，2017年7月入选新版国家医保目录。西达本胺是我国首个治疗T细胞淋巴瘤的药物，其独特的抗肿瘤治疗机制、对患者生存期的延长和可控的不良反应发生率已得到广大医生和患者的认可。

一 首个中国原创化学新药

原创新药通常是指那些具全新分子结构、新颖的作用机制并能带来新的治疗用途，满足尚未满足的临床需求的药物。

西达本胺是微芯生物通过自主构建“化学基因组学药物发现及早期评价平台”，发现的苯酰胺类化学结构的全新分子体（NME），是我国本土科学团队基于中国面向全球在化学原创药领域从靶点研究、基于结构的分子设计、安全评价到成功临床开发的一个重大里程碑，标志着我国自主研发全新机制、安全、有效的化学新药的整合核心技术与能力得以显著提高。西达本胺的成功开发，不仅改变了中国本土医药企业缺乏原创药这一现状，开创了从“中国仿制”到“中国创制”的先河，更代表了我国整体科研水平和核心技术的显著提升，标志着我国药物研发已从仿制、高仿逐步走入了与发达国家同水平甚至超前的独立创新阶段。

西达本胺也是我国首个治疗 T 细胞淋巴瘤（属罕见病范畴）的药物。它的获批上市，不仅满足了中国 T 细胞淋巴瘤患者亟待解决的临床需求，打破了只有等待外国药企创新药物进入中国的格局，更意味着中国淋巴瘤患者在负担降低至 1/10 的情况下用上了全球最新作用机制的创新药物，给他们带来了疗效安全性更优的生存获益。

自 2014 年获批上市以来，西达本胺已救治了近 3000 名外周 T 细胞淋巴瘤患者，有些甚至是从死亡线上抢救过来的患者。其独特的抗肿瘤治疗机制、对患者生存期的延长和可控的不良反应发生率已得到广大医生和患者的认可。2016 年 5 月 13 日，由中国临床肿瘤学会（CSCO）、中国抗淋巴瘤联盟（UCLI）、中华医学会血液学分会（CSH）白血病—淋巴瘤学组、中国抗癌协会血液肿瘤专业委员会、中国抗癌协会淋巴瘤专业委员会共同参与制定的《西达本胺治疗外周 T 细胞淋巴瘤中国共识（2016 版）》在北京发布。该共识是我国外周 T 细胞淋巴瘤（PTCL）治疗史上的一个里程碑，为 PTCL 的治疗开启了新的篇章。同时，西达本胺上市后，公司通过主动监测计划，已积累1000多例病例数据库，这是迄今为止全球PTCL真实事件研究最大数据库。数据分析结果表明，西达本胺对于复发或难治性PTCL患者具有良好的疗效和安全性。并且，中国研究者对临床数据的分析也得到国际领域的认可，2017年6月，这些数据在国际恶性淋巴瘤会议（ICML）上进行了壁报交流，未来将对PTCL患者临床治疗方法的优化提供强有力的询证支持。

与此同时，微芯公司积极主动承担社会责任，为帮助经济贫困及因病致贫的外周T细胞淋巴瘤患者继续完成规范治疗、获得疾病救治的机会，通过基金会面向全国的低保和低收入的外周T细胞淋巴瘤患者捐赠药品价值超过1亿元。2017年7月13日，人力资源和社会保障部发布印发了《关于将36种药品纳入国家基本医疗保险、工伤保险和生育保险药品目录乙类范围的通知》，我国自主原研抗肿瘤新药西达本胺成功纳入选新版国家医保目录。此举措充分体现了党和国家对中国自主创新药的支持、广大专家和患者对西达本胺临床获益的认可，以及社会各界对微芯生物公司十六年坚持研发原创新药事业的认可。

二　全新作用机制为表观遗传调控研究领域做出原创科学贡献

自2007年人类基因组测序完成后，科学家开始转向对基因序列之外基因表达调节的研究。表观遗传学旨在研究没有DNA序列变化的基础上，基因表达的可遗传性改变。2010年以来，国际科学界核心期刊*Nature*、*Sciences*及*Cell*等刊登了大量表观遗传学研究的国际进展和最新成果，全球范围内掀起了新一轮对表观遗传学研究热潮。而早在2002年，微芯生物的科学家就以敏锐的视角，开展了表观遗传对肿瘤复杂系统的调控、新型表观遗传调控剂类药物的分子设计和抗肿瘤作用机制的探索和研究。

西达本胺正是通过表观遗传调控这一全新机制发挥作用。作为全球首个亚型选择性组蛋白去乙酰化酶口服抑制剂，它的成功开发为全球表观遗传调控研究领域做出了原创性科学贡献。它的原创性表现在：①独特的苯酰胺类化学结构带来了针对靶点的高度选择性，正是这一选择性产生了西达本胺抗肿瘤的独特表观遗传调控作用；②西达本胺能够诱导和激活患者自身的特异（CD8 + 介导的 CTL）和非特异（NK 介导的 CTL）的抗肿瘤细胞免疫，而非选择性组蛋白去乙酰化酶抑制剂则抑制患者的抗肿瘤细胞免疫（2014 年 8 月“Nature Reviews Drug Discovery”关于表观遗传的最新综述引用了这一发现），西达本胺带来更为持久的临床疗效和生存时间；③西达本胺在远低于其可能的细胞毒浓度下就能发挥其表观遗传调控作用，产生对肿瘤患者的直接治疗作用。这使得表观遗传调控药物在更大范围内与其他不同作用机制的抗肿瘤药物联合使用来治疗肿瘤耐药和转移成为可能。微芯生物总裁兼首席科学官鲁先平博士介绍，西达本胺首批适应症只是表观遗传治疗领域的冰山一角，未来综合治疗方案的制订和实施、使更多癌症患者最大程度地获益，将是西达本胺这一原创表观遗传调控剂临床研究的主攻方向。目前，西达本胺联合依西美坦治疗激素受体阳性晚期乳腺癌的随机双盲的Ⅲ期研究已经在全国 20 多个医院开展。西达本胺的表观遗传调控机制，将可能逆转已经对内分泌疗法产生的耐药，增加内分泌治疗的疗效和延缓疾病进展或复发，期望未来造福于乳腺癌患者。同时，西达本胺在中国临床适应症的拓展包括血液肿瘤、实体瘤和 HIV 等多种疾病临床研究都正在有条不紊地进行中。

三　源于中国、全球同步开发

西达本胺实现了我国医药行业历史上首次对美国药企进行专利技术授权许可使用和国际临床联合开发，是我国首个获美国 FDA 核准在美国进行临床研究的中国原创化学新药，实现了微芯生物源于中国发现、全球开发的战略目标。

2006 年，西达本胺海外专利的许可授权给美国一家生物公司，实现了 2800 万美元的里程碑式的授权收益，同时实现了中国原创新药的全球同步开发。2016 年初仅亚洲国家专利再许可更实现了高达 2.8 亿美元的里程碑收益。

目前，西达本胺已在美国、日本、中国台湾等地开展了国际研发工作。

美国已完成Ⅰ期临床研究及联合 PD－1 等的针对实体瘤Ⅱa 期临床研究；日本Ⅰ期临床完成，完成 PTCL＋成人 T 细胞白血病/淋巴瘤（ATLL）孤儿药申请；专利授权我国台湾地区，目前正在进行 PTCL 上市申请工作并获台湾 TFDA 核准进入乳癌临床三期试验，这是西达本胺继 PTCL 之后在台开发的第二个适应症。西达本胺是中国首个获准在美国进行临床研究、中国首个获批在日本进行孤儿药二期临床研究的中国原创化学新药。

四　中国“创新药的拓荒者”

作为中国“创新药的拓荒者”，微芯生物和西达本胺不仅得到党和国家领导人及省部委等领导的关心关注，也得到全球性媒体 *Nature* 系列、*C&EN*、*Time*、*Business Week*、*Forbes*、*Fortune* 等全球影响力期刊的关注。就在西达本胺 2014 年底批准上市前，英国皇家化学会会刊的编辑部向微芯生物总裁兼首席科学官鲁先平博士发来邀约，介绍西达本胺的发现和开发情况。随后国际纯粹与应用化学联合会、美国化学会联合邀请鲁博士发表综述文章。国际三大知名权威化学会期刊同时邀请一家中国制药公司，这是中国制药公司在全球创新药巅峰获得的前无古人的巨大荣誉。2015 年 2 月，西达本胺启动销售，同年 4 月，《华尔街日报》就报道了中国首次从头到尾成功研制出肿瘤治疗新药西达本胺的历史性成就。5 月 22 日，中央电视台新闻联播头条专题报道《做老百姓用得起的创新药》，对西达本胺和鲁先平博士进行深度报道，对西达本胺的社会效益给予了高度评价。随后，央视财经“经济半小时”、福布斯等各大媒体也相继报道了这位中国创新药的开拓者。Reuters Business News 评论微芯生物是中国第一家成功研发现代肿瘤治疗药物并赢得 CFDA 绿色通道的公司。

五　西达本胺研发里程碑

2001 年 3 月，深圳微芯生物科技有限责任公司成立。

2002 年 1 月，成功构建国际领先的基于化学基因组学的集成式药物发现与早期评价平台。

2005 年 12 月，中国首个抗肿瘤原创药物——西达本胺提交临床试验申请。

2006 年 9 月，与美国 HUYA Biosciences 生物技术公司签订西达本胺专利技术授权许可和国际临床联合开发协议。

2008 年 3 月，完成西达本胺在中国的临床Ⅰ期试验。

2009 年 2 月，西达本胺进入针对罕见病肿瘤用药的注册性临床试验及针对非霍杰金氏病的临床Ⅱ/Ⅲ期研究。

2010 年 1 月，西达本胺获美国 FDA 核准进入美国临床试验。

2010 年 6 月，西达本胺获 CFDA 批准用于非小细胞肺癌、乳腺癌及前列腺癌实体瘤的临床Ⅱ、Ⅲ期研究。

2011 年，西达本胺入选“十一五”国家重大科技成就展。

2012 年 5 月，完成西达本胺 PTCL 注册性临床试验。

2014 年 12 月，西达本胺获 CFDA 批准上市。

2014 年，西达本胺获日本 PMDA 批准进入日本临床Ⅰ期试验。

2016 年 5 月，《西达本胺治疗外周 T 细胞淋巴瘤中国共识（2016 版）》发布。

2017 年 7 月，西达本胺入选新版国家医保目录。

B.22
“一滴水”十亿造
——康弘药业勇做中国医药的创新引领者

成都康弘药业集团股份有限公司

摘　要： 康柏西普是迄今为止我国唯一由世界卫生组织药物命名的创新药物，是“十二五”国家“重大新药创新”专项的标志性成果，被评为“中国眼科学十大科技突破之一”和“最具临床价值的创新药”。康柏西普主要用于治疗湿性年龄相关性黄斑变性，属抗血管内皮生长因子（VEGF）类生物制剂。此文描述了康弘药业公司研发康柏西普的历程。

关键词： 康柏西普　眼科学　VEGF

在大西洋彼岸，享誉全球的美国眼科新生血管年会于2017年2月11日召开，由我国研制、具有全球知识产权的国家一类生物新药“康柏西普眼用注射液”，从风云变幻的医药市场脱颖而出，已连续四届年会受到许多与会国际知名教授的青睐。

难忘2014年，康柏西普初试啼声登上第11届美国眼科新生血管年会舞台便一鸣惊人。“一滴水”成为国际视野中闪耀的明珠。作为我国首个具有自主知识产权的眼科高端生物制剂，康弘朗沐（康柏西普眼用注射液的通用名称）如同一座引领中国创新药发展的灯塔，为中国医药创新拨云见日引领方向。

一 “魄力+韧性”，自主创新惠及国民

20 年前，当时还是华西医院药剂科副主任的柯尊洪创立了成都康弘药业集团股份有限公司（以下简称“康弘药业”），经过多年积累，不断创新发展，康弘药业成为知名的高新技术企业。康弘药业高度重视研发创新能力的提高，研发投入已占销售收入的6%，远高于国内行业平均水平，并逐渐同国际接轨。

康弘药业副总裁殷劲群介绍说：“康柏西普在2005 年立项，康弘药业当时的销售额还不到10 亿元。公司历经10 年近10 亿元的投入，才研发出康柏西普，后期还有更深入的研究、持续的投入。康弘药业董事长柯尊洪投入巨资，涉足当时在全球都属于比较领先的生物医药领域，这么大的魄力非常人能比。”

康柏西普是迄今为止我国唯一由世界卫生组织药物命名委员会命名的创新药物，是“十二五”国家“重大新药创制”专项的标志性成果，被评为“中国眼科学十大科技突破之一”和“中国最具临床价值的创新药”。康柏西普主要用于治疗湿性年龄相关性黄斑变性。目前老年黄斑变性、糖尿病视网膜病变等眼底病，是我国 45 岁以上成年人致盲的主要原因。在此之前，在湿性年龄相关性黄斑变性治疗领域跨国企业独霸天下，而康弘药业研发的创新药朗沐则是我国眼科市场唯一的抗血管内皮生长因子（VEGF）类生物制剂。近三年来朗沐从零起步，与跨国巨头正面交锋，经历太多不为人知的艰辛，朗沐的诞生成为中国医药创新的标志性成果、眼科领域的沥血之作。朗沐在逐步超越跨国药企的同时，更是获得了我国广大眼科同道的支持与厚爱，甚至改变了医生、患者乃至跨国公司对中国创新药的认知。

在国外，作为目前抗 VEGF 最新生物制剂之一的朗沐更是具备了越来越高的学术热度，在全球眼科领域尤其是眼底病领域，朗沐正在让“中国制造”强势立足国际视野，赢得了世界范围内眼科工作者的关注和期许，这份荣誉值得国人骄傲。

二　出了“四角”实验室，“创新药”回馈社会

党和政府倡导创新驱动战略，激发了医药企业的创新热忱。创新药的研究是周期长、投入大、风险高的工程，康弘药业10年10亿元投入的创新历程，让朗沐走出了实验室的“四角天地”，去试水广阔市场。研发成果持续发展的最大难点在于，创新药在风云变幻的市场中如何全面开花。

对国内创新药来说，扩大市场、惠及民生，很重要的一点是能不能进入医保目录。国产创新药比进口药的药物经济性更佳，康柏西普一经问世便让进口药品的价格进一步“缩水”，无论从用药安全还是价格上都给患者带来不少实惠，然而这些自主研发的创新药要纳入我国的医保目录还有“雄关漫道”需跨越。从创新驱动发展和产业发展的角度，只有研究成果真正在国内甚至国际市场上实现价值的时候，创新的意义才能最大化。

为了帮助经济困难的湿性黄斑变性等眼疾患者重见光明，2014年朗沐与中华社会救助基金会联合发起“朗视界沐光明”公益基金项目，先后在北京、上海、广州、成都等地的医院启动。对在指定医院就诊并接受正规治疗的眼底疾病患者，由医生推荐，患者及家属自愿申请，经项目办公室审核符合援助条件的，可为其提供康柏西普眼用注射液的药品援助。自启动以来，“朗视界沐光明”公益基金已覆盖全国各省，捐赠药品价值超过5800万元，使9000余名患者得到救助。

“感恩于心，回报以行”，无论是在灾难发生后第一时间的救灾援助，还是精心策划组织的精准扶贫项目，康弘药业都以实实在在的公益行动，以最大努力回馈社会，践行大爱文化理念。

三　康柏西普崭露头角，进入美国Ⅲ期临床试验

2016年11月11日，在国家卫计委官方网站发布的医药卫生领域科技重大专项进展中，由成都康弘生物科技有限公司研发的“康柏西普眼用注

射液”被重点提及。“日前，由新药专项支持，成都康弘生物科技有限公司开发的国家一类生物新药‘康柏西普眼用注射液’获得美国食品药品监督管理局（FDA）批准，可直接在美国开展治疗湿性年龄相关性黄斑变性的Ⅲ期临床试验，标志着康柏西普在进军国际市场的过程中，在质量标准、药物疗效和安全性等方面已获肯定”。

美国食品药品监督管理局作为国际医疗审核最权威的机构之一，认证的专业权威和市场价值极高。在国际生物药领域，高端生物药通过美国食品药品监督管理局进军国际市场是重要途径之一，但按照惯例，申请必须从该机构批准的Ⅰ期和Ⅱ期临床试验开始。康柏西普是我国第一个直接进入美国FDAⅢ期临床研究的创新药，也是我国第一个获得FDA临床批件（IND）的生物药。免除临床Ⅰ期、Ⅱ期研究，直接斩获“FDAⅢ期注册临床研究”，这是我国医药创新历史上的里程碑事件。康柏西普十年磨一剑，从研发最初就坚持国际化标准，聘用全球顶级专家担任顾问，邀请中国眼底病领军人物担纲临床注册研究，招聘全球英才镇守创新药产业链的每个环节，才有了今天顺利通过严苛的FDA考验，直接上FDAⅢ期临床研究的突破性进展。康柏西普的实践经验表明，只有高标准严要求，不奢望走捷径，脚踏实地做研究，中国医药创新才有未来。

四　创新引领勇破局，“匠”心创造塑未来

在我国6000多家医药企业中，有这么一类企业——它们不满足于追随，耐得住寂寞，经得起诱惑，为了在新药专利上刻上国人的名字而创新、坚持。面对与纵横全球市场的跨国公司的数量级差异，它们敢于坚持国际标准，构建一支国际化水准的团队去创造产品和推广学术。这类企业不随喧嚣，“匠”心创造，勇于成为创新引领者。取势谋远，打破跨国企业的垄断后，康弘药业朗沐亮剑国际，全球布局的战略渐渐清晰，运筹帷幄，立志赢得一场更大的战役。

中国企业国际化道路难度很大，不仅仅是国外政策壁垒太多，还有对中

国产品固有的偏见，有时候不得不忍受西方式的傲慢。即便如此，我国一些制药企业依然坚定不移往前走，去勇敢接受全球体系的检验。“中国创造”，既是“中国制造”的未来，更是中国民族企业的未来。“中国创造”凝结着创新者的热忱、创变者的智慧、创领者的魄力。作为一家具有持续创新能力的制药企业，康弘药业将继续秉承强大的“创新”信念，将“中国创造”的国家品牌旗帜高高举起，挥舞着走向世界的舞台。

绿色制药篇

Green Pharmaceuticals

B.23
中国制药以绿色制造为宗旨，实现可持续发展

刘文富*

摘　要： 本文分析了中国制药行业发展现状和化学原料药企业面临的环保压力，介绍了中国政府及行业协会为推动制药企业绿色生产，在制定产业政策和排放标准等方面所做的推动和引导工作，介绍了中国制药企业主要采取的源头减污措施和污染物末端治理技术，并阐述了原料药企业构建绿色制造体系的重点工作方向。

关键词： 化学原料药　绿色制药　全过程控制　华北制药

---

* 刘文富，华北制药股份有限公司总经理、高级工程师。

华北制药股份有限公司是中国最大的化学制药企业之一，主要产品覆盖化学制药、现代生物技术药物、维生素及营养保健品、现代中药、生物农兽药等领域，产品涉及全身性抗感染类、心脑血管类、抗肿瘤及免疫调节类等治疗领域近千个品规。主要生产单元的工艺路线、生产布局全部按照欧美现行版、中国新版 GMP 标准设计实施，拥有具备国际领先水准的现代化制药生产平台。“华北”牌商标在制药行业最早被认定为中国驰名商标，在 2016 年“中国 500 最具价值品牌”排行榜中，“华北”商标品牌价值 140.91 亿元，位居第 238。

一　中国制药企业的发展现状及环保压力

中国是世界制药大国之一，经过 30 多年的发展，已经成为医药生产和出口大国，在世界原料药生产中占有重要的地位，是全球第一大化学原料药生产国，其中抗生素原料药产品占据全球 80% 以上的市场。

中国有健全的制药工业体系，制药工业是中国的朝阳产业，是国民经济的重要组成部分，其工业总产值近十年来保持两位数的增长率。按照中国国民经济分类，制药行业生产包括：化学原料药生产、化学药物制剂生产、中药饮片生产、中成药生产、兽用药生产、生物药生产、卫生材料及医疗器械。2016 年中国制药工业规模以上企业 8377 家，其中化学原料药和化学药物制剂生产企业 2415 家，中药饮片和中成药生产企业 2777 家，生物药（生化制品）969 家，卫生材料生产企业 775 家，医疗器械生产企业 1310 家，制药生产企业遍布全国 29 个省份。

行业统计数据显示，2016 年制药工业总产值已达 2.96 万亿元，其中化学药物生产 1.26 万亿元，占 42.57%。在环保方面存在以下突出问题：一是化学药品原料药的废水排放量和化学需氧量排放量约占全行业的近 80%；二是化学品原料药生产能源、资源消耗高，生产工艺复杂，生产步骤多；三是原料药生产投入的原辅料种类数量多，物料成品转化率低，存在产污种类多、生物毒性大、排放量大的环保问题；四是化学原料药生产过程中使用有机溶剂多，其挥发性有机物（VOCs）的排放量约占全国人为源排放总量的4%，是国家在雾霾治理过程中的重点监控因子。所以在中国，化学制药企业是国家环保重点监管的十三个行业之一。尤其是化学原料药企业面临的环保压力和风险更大。

中国制药企业在环保综合治理方面，从20世纪80年代开始，基本以末端治理为主，投入了大量的资金和人力，搜罗并发展了世界上各类先进的污染治理技术，可是污染的势头控制结果总是不尽如人意；从21世纪初开始转向对生产全过程的控制，实施清洁生产、源头减污控制，绿色制药工作逐步启动，企业在实施过程中体会到企业发展、环境友好和社会发展的协调一致所带来的减污、增效，充分认识到企业实施绿色制造势在必行。

二　积极推进绿色制药，企业源头减污控排效果显著

（一）政府政策推动企业实施绿色制药

在21世纪初，中国政府意识到制药工业产业结构不尽合理、低端产品多、化学原料药污染难治理等问题，从制药行业结构调整、制药工业污染防治技术和排放标准制定、环保税及企业绿色评定等方面，陆续出台了相关支持性政策和行业排放标准，督促、鼓励企业加强转型升级、实施清洁生产和环保治理工作，如出台《产业结构调整目录》，将传统大宗原料药列为限制类，截至2017年底已有26家单位被评定为绿色工厂。

环保税的实施，促使企业配置治理设施，主动治污减排，倒逼企业自我加压，形成“多排多征、少排少征、不排不征”的正向减排激励机制。根据纳税人排放应税大气污染物、水污染物浓度值低于国家和地方规定排放标准的程度不同，设置了两档减税优惠，即纳税人排污浓度值低于规定标准30%的，减按75%征税；纳税人排污浓度值低于规定标准50%的，减按50%征税，以发挥税收优惠的正向激励作用。对于减排做得比较好的企业而言，环保税开征不仅不会带来排放成本的增加，还会因减税政策优

惠而受益。

另外，国家规定不同省份可以实施税额分档不同，《环境保护税法》规定了应税大气污染物、水污染物税额标准的上限和下限，授权省、自治区、直辖市人民政府因地制宜、统筹考虑本地区环境承载能力、污染物排放现状和经济社会生态发展目标要求，提出具体的适用税额建议，报同级人民代表大会常务委员会决定，并报全国人民代表大会常务委员会和国务院备案，以满足不同地区的环境治理需求。目前河北省对区域内地区分三档收费，分别为8倍、5倍、4倍。据悉，山东是费税平移，没有设档。

华北制药公司：废水排入下游污水处理厂，不纳税；危废合规处置，不纳税；只有废气，目前只涉及硫化氢、氨、丙酮、甲醇、苯、甲苯、二甲苯等因子纳税，华药不涉及排污量较大的二氧化硫、氮氧化物。华药各单位2017年排污费是17万元，若按照河北省的政策，石家庄执行二档，5倍收费，华药预计缴纳税100万元。

（二）医药行业协会推动药企实施绿色制药

中国化学制药工业协会是政府推进绿色发展的排头兵，积极参与推进行业健康、良性、可持续发展，积极推进绿色制药工艺的认证与认可，举办各类绿色环保发展论坛，为政府、制药会员企业、环保节能产业企业搭建交流、学习、推进平台，起到了提高行业企业绿色发展认知、扩大眼界、促进绿色制药的作用。近年来已将13个重污染与环境友好工艺和12个具有高污染、高环境风险的药物列入国家《高污染、高环境风险产品名录》、《重污染工艺名录》、《环境友好工艺名录》和《环境友好产品名录》。

（三）企业主动实施绿色制药从源头减污

在源头减排中，企业从产业结构调整、原辅材料替代、工艺升级改造、新装备的应用、废物综合利用等多方面采取措施，实施清洁生产，实现节能、降耗、减污、增效。

1. 在产业结构调整方面

华北制药近年来优化产品产业结构，加大生物制药工程建设力度，加强原料药深加工和制剂生产，减少能源和原材料的消耗以及污染产生量，污染物 COD 排放总量降低 50%，制剂药与原料药收入比例由 2011 年的 3∶7 提高到 6.7∶3.3，通过产品结构优化促进了节能减排。

2. 实施原材料的替代方面

采用无毒无害或低毒低害的原料替代高毒和难以去除高毒的原料，以减少废物的产生量或降低废物的毒性。在化学合成中，空气接触氧化替代氧化剂氧化，用水质洗涤液取代其他溶剂、溶液，选择毒性低的或活性保持时间长的、不易流失的催化剂。

3. 工艺优化升级方面

国内化学制药行业通过采用先进技术，如酶法、生物转化、膜技术、结晶技术、手性技术等，从源头减少污染物的产生。如 6 - APA、7 - DACA 直通工艺的改进，具有“流程短、投资省、能耗低、收率高、排放少、操作简便”等优点，总废水排放量可降低 40%，蒸汽单耗降低 80%，减少了有机溶媒的用量，降低了物料消耗，节约了成本，减轻了环保压力。酶法阿莫西林、酶法头孢氨苄生产工艺的实施可以实现降低 VOCs 排放 90%。在抗生素溶媒回收领域，引入和应用“减压蒸馏”新理念，使得溶媒回收过程的蒸汽单耗下降 30%、废酸水中的残余溶媒下降一个数量级。

4. 在设备替代和更新方面，节能效果显著

在化学合成中，利用绿色化学反应装置——微通道反应器，大大改善了化学反应环境和条件，大大减少了溶媒的使用，从而使得化学反应更安全、反应率更高，装置占据空间面积更小。对发酵及合成生产反应过程实施在线监控系统，根据各项反应指标的变化，及时补加物料，做到定量补给，改变以前的超量补料和资源浪费。集过滤洗涤干燥为一体的“罐式三合一”设备，替代固液分离、洗涤与干燥三台设备，能够缩短工艺步骤，优化厂房布局，洗涤过程的改进，有效降低了制药生产过程水资源的消耗，与离心过滤淋洗工艺相比，每批减少淋洗用水 70% 左右。

（四）绿色制药体现全球化的要求

企业在实施绿色制药、节能减排的工作中，逐渐向国际靠拢，企业通过了美国 FDA、欧盟 GMP、法国 ANSMGMP 以及 ISO14001 环境管理体系认证，企业绿色产品消除国际贸易壁垒进入国际市场、走向全球化。

三　加强污染物末端治理技术研发与达标排放

化学原料药生产所排的废水、废气及固废是企业治理的难点和重点。在中国，最早关注制药废水治理是从 80 年代开始的，近年来随着国家水十条、气十条的实施和 2018 年开始征收的环保税，企业环保投资力度不断加大，环保治理成本已占生产成本的 30%。

目前制药企业的污染治理工艺基本情况如下。

（一）制药废水治理

原料药废水中污染物成分复杂，有机物浓度高、难降解组分多，毒性大，可生化性差。制药废水处理技术采用“物化＋生物法”“水解酸化＋好氧处理”等工艺相当普遍，近年来随着国家废水排放标准的提高，则更多地采用“物化预处理＋生物法＋深度处理”联用工艺。

1. 物化法

物化法指利用物理作用和化学反应综合过程处理污水的系统。物理作用的，如格栅、沉淀；化学反应的，如加药剂的絮凝沉淀。

2. 生物法

污水中的污染物在微生物的作用下，被降解和转化成污泥。

3. 深度处理

深度处理是指对经过生物法处理后的废水，再进行有机物降解或脱氮、脱磷处理，如用活性炭吸附、反渗透、芬顿氧化法、臭氧氧化或氯消毒杀灭细菌或病毒。

4. 电解预处理

电解是将电流通过电解质溶液或熔融态电解质，在阴极和阳极上引起氧化还原反应的过程。电解预处理是废水先通过电解法进行预先处理工艺，多用于化学合成制药废水中高浓度废母液的处理、排放量较小的废水处理。

5. 芬顿氧化后处理

芬顿氧化法是由亚铁离子与过氧化氢组成的体系，也称芬顿试剂。它能生成强氧化性的羟基自由基，在水溶液中与难降解有机物生成有机自由基使之结构破坏，最终氧化分解。芬顿氧化法可有效地处理含硝基苯等有机物的废水以及用于废水的脱色、除恶臭。芬顿氧化后处理是指废水在通过预处理、厌氧好氧等工艺后，最后通过使用芬顿氧化法对生化处理后的废水中难降解有机物的深度治理，同时能达到脱磷的效果。

6. MVR 高效蒸发

MVR 蒸发器是一种主要应用于制药行业的新型高效节能蒸发设备。该设备采用低温与低压汽蒸技术和清洁能源为能源产生蒸汽，将媒介中的水分离出来，是目前国际先进的蒸发技术。该技术的节能原理是用电产生热能，热能被循环利用，热能在系统内几乎无损失，将蒸馏水和浓缩液的输出热能与原液进行交换。工程案例如新疆伊宁川宁生物。

7. CASS 生物处理

CASS 工艺是周期循环活性污泥法的简称，又称为循环活性污泥工艺，是一般活性污泥方的改良。在池内分格，进水端增加了一个生物选择器，实现了连续进水（沉淀期、排水期仍连续进水）、间歇排水。其工作过程可分为曝气、沉淀、排水和闲置 4 个阶段，周期循环进行。

8. 厌氧生物膜反应器

在厌氧条件下，反应器中添加各种填料以便厌氧微生物附着生长使在填料上形成了一层生物构成的类似于膜的结构，这样的反应器被称为厌氧生物膜反应器。工程案例如新疆伊宁川宁生物。

9. 膜生物反应器

MBR 又称膜生物反应器，是一种由膜分离单元与生物处理单元相结合的新型水处理技术。以膜组件取代传统生物处理技术末端二沉池，在生物反应器中保持高活性污泥浓度，提高生物处理有机负荷，从而减小污水处理设施占地面积，并通过保持低污泥负荷减少剩余污泥量。

（二）制药废气治理

制药工业废气污染物主要是 VOC 和恶臭，废气处理技术分为“资源化”和“破坏性”的两类。

1. 可实现“资源化”技术

可实现“资源化”技术涉及冷凝（冷冻）法、吸收法、吸附法以及近年开始应用的膜分离等。“破坏性”处理技术包括燃烧法、氧化法、生物法、光催化氧化、低温等离子氧化，以及在一些情况下的吸收法、吸附法。不同治理工艺针对不同 VOC 及恶臭成分的治理效果不同，在一般情况下需要采取组合工艺才能达到较好效果。目前异味因子溯源还不到位，部分技术应用缺乏针对性。

2. 三级碳纤维吸附

碳纤维吸附是指当废气与碳纤维接触时，由于碳纤维表面的孔隙结构和化学结构，通过吸附作用将废气中的污染物质吸引并停留在碳纤维表面。设置三级碳纤维吸附，可以确保碳吸附、解析及箱体切换期间的废气得到全部处理。

3. 分子筛转轮吸附浓缩

该技术由疏水性沸石作为吸附材料，利用沸石分子筛所具备的高吸附性能，对有机废气进行吸附浓缩，适合处理大风量低浓度的废气，一般浓缩后的废气再进入后续串连的蓄热式焚化炉处理。废气浓缩率基本为 90%，如处理 2 万/小时风量的废气，经过浓缩后，1.8 万/小时风量的废气达标排放，0.2 万/小时风量浓缩废气进入后续处理工序。

4. 化学洗涤

采用化学的方法除去废气中的污染物，如碱喷淋、酸喷淋或利用次氯酸钠液体喷淋废气。

5. RTO 蓄热焚烧

RTO 蓄热式氧化炉的原理是在高温下将废气中的有机物（VOCs）氧化成二氧化碳和水，从而净化废气，并回收废气分解时所释放出来的热量。RTO 主体结构由燃烧室、蓄热室和切换阀等组成。三室 RTO 废气分解效率达到99%以上，热回收效率达到95%以上。

6. 生物滤池

由碎石或塑料制品填料构成的生物处理构筑物，在填料表面上生长的微生物膜，废气通过时，利用间隙接触，使废气中的污染物得到净化。

7. 低温等离子

低温等离子体技术是通过气体放电所产生的高活性粒子与污染物分子发生碰撞，使其解离和氧化，从而达到废气净化的目的。

上述几种方法，除 RTO 蓄热焚烧主要在爱诺实施外，其余在华北制药都有所应用。

（三）固废治理

在固废治理方面以综合利用为主。化学原料药生产过程中排放的菌渣、污泥、釜残、废活性炭、废树脂、废盐、污粉、废包材等废物，部分固废经过提取、精制或回收处理后，再回用于生产，不能利用的危险废物，一般是委托有经营资质的单位进行合规处置。企业在固废的综合利用方面还是比较欠缺，应考虑在无害化处理的基础上实现资源化利用。无害化技术包括热水解、碱解、酶解、水热、热解、焚烧等。资源化技术包括肥料化、沼气能源利用、热解气化利用、作生物质燃料、二次发酵生产工业氮源等。有些制药企业积极开展废物综合利用，如青霉素生产过程中的苯乙酸、特戊酸、醋酸钠等原料的回收利用。华北制药在90年代，就利用厌氧技术处置丙丁废醪，产生的沼气供职工小区2000多户职工生活使用，在2014年华北制药利用自主研发的抗生素菌渣无害化处置技术，并引进吸收德国阿克瓦水处理国际有限公司的大容积高效厌氧固体发酵技术，每吨（折干）菌渣可生产沼气400立方米，菌渣向生物燃气的转换率为30%～40%。菌渣既得到了处置，又产生清洁能源，形成制药行业循环经济的亮点。

四　全面构建绿色制造体系，实现行业可持续发展

制药企业在循环经济、绿色制药、环保治理方面已经取得了一些成效，结合国家《医药工业发展规划指南》《绿色制药工程实施指南》等政策要求，原料药企业要全面推行绿色标准体系，重点实施以下内容。

（一）提升原料药绿色制造水平

利用现代生物技术改进传统生产工艺，大力推广基因工程、生物催化等生物替代技术，积极采用生物发酵方法生产药用活性物质。开发生物转化、高效提取纯化、高产低耗菌种应用等清洁生产技术，从生产过程中减少污染物产生和资源消耗，推动环境污染源头治理。

生物催化、生物转化主要就是酶催化，部分扩大到细胞反应器。

基因工程包括生物技术改造菌种等，具有高产低杂特点，涉及华药青霉素菌种导入携氧蛋白等定向进行改造的方法和手段。

（二）推动原料药集约化生产

借助“一致性评价”要求，加速提升行业集中度，一致性评价政策的推出对制药行业供给格局产生根本性影响，特别是化药仿制药企业会出现大规模去产能状况，龙头企业的市场集中度进一步提高，预计2018年后化药行业的去产能有望超过50%，对行业节能降耗、提高产品品质将带来显著效果。

（三）建设高标准集中生产基地

加快建设绿色工厂和循环经济园区，推动原料互供、资源共享，加强副产物循环利用、废弃物无害化处理、污染物集中治理和综合治理。园区内企

业实现源头的节能减排，通过物料衡算、能量衡算、排污衡算掌握物质和能量流向，实现物料和能源在生产过程中的高效使用、梯级使用和循环使用，降低单位产品的能耗、物耗和污染产生量；推广节能节水节地技术装备，淘汰落后工艺设备，提高资源利用效率和清洁生产水平，积极推进企业中水回用或中水园区回用。

（四）建立绿色制造示范工程

依据国家重大专项课题“水体污染控制与污染治理技术重大专项重点行业（制药）污染全过程控制技术集成与工程示范项目”的实施，建立化学制药绿色制造示范工程，拟以青霉素发酵到生产头孢氨苄产品的全过程为例，展开研究，在提高发酵效率、酶法转化工艺、绿色结晶技术、废水抗生素残留强化脱毒、废水高效低成本处理等全过程控制研究方面，形成指导行业推广应用的技术指南，支撑制药行业可持续发展。

B.24
中国绿色制药技术的发展与展望

凯莱英医药集团（天津）股份有限公司

摘　要： 全球医药市场规模不断扩大的同时，环境污染问题日益严重，特别是原料药生产过程中出现的环境污染问题一直亟待解决。本文剖析了制药工业污染的主要原因是工艺技术问题，污染源头潜藏在陈旧、粗放的工艺之中，指出破解制药行业环保问题的重点在于企业应开发、引进和使用新技术和新工艺，提高产品收率，降低原材料消耗，从源头上减少制药生产过程中污染物的产生，而不应受法律法规监管才被动治理。本文通过典型案例介绍了绿色制药应用技术发展的状况和优势，重点介绍了凯莱英自主研发的连续性反应技术具有传统工艺无法比拟的技术优势。

关键词： 环境污染　绿色化学技术　连续性反应技术　工艺优化

近年来，国家将加快推进绿色工业发展提到了重要战略地位，党的十九大报告指出，必须坚定不移地贯彻创新、协调、绿色、开放、共享的科学发展理念。《中国制造2025》将生物医药及高性能医疗器械列为十大重点领域之一，将绿色发展作为重要的指导方针，明确提出实施传统制造业绿色化转型，加快构建高效、低碳、循环的绿色制造体系，促进工业和全社会绿色发展。在国家绿色制造顶层战略的引导下，伴随社会经济和工业技术的不断发展，医药“绿色制造”、清洁生产已成为药企提高核心竞争力、立足长远发展的重要课题。

一　绿色制药理念的兴起

（一）当今世界的污染问题到底有多严重？

世界卫生组织（WHO）与医学期刊《柳叶刀》（*The Lancet*）发布的数据显示，2015 年，全球约有 900 万人死于环境污染的影响，相当于全世界每年死亡人口的 1/6①。

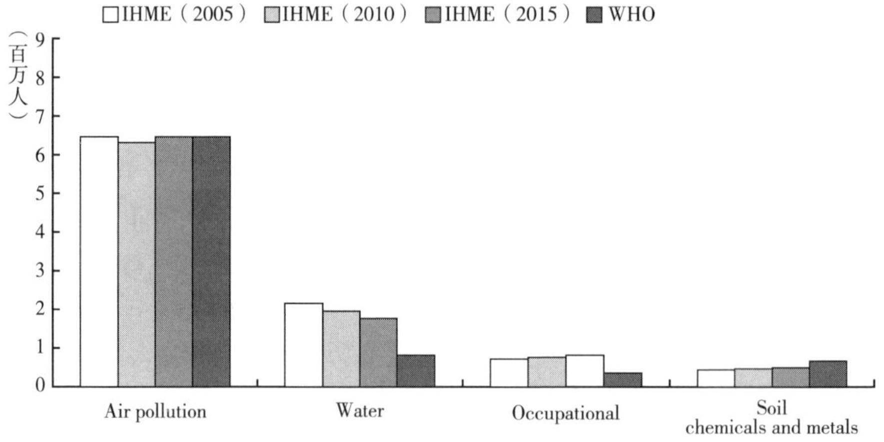

图 1　2005～2015 年全球因各类污染致死人口估算

资料来源：Landrigan, Philip J. et al.,"The Lancet Commission on Pollution and Health", The Lancet, 2018（19）, pp. 462－512。

研究报告显示，化学污染物是导致人过早死亡的最大有害因素之一，并且与工业发展相关的环境空气污染、化学污染、职业性污染和土壤污染等问题愈发严重。与之相关的死亡人数从 1990 年的 430 万（9.2%）上升到 2015 年的 550 万（10.2%）。从统计来看，绝大部分（92%）与污染相关的

① Landrigan, Philip J. et al.,"The Lancet Commission on Pollution and Health", The Lancet, 2018（19）, pp. 462－512.

死亡都发生在低收入和中等收入国家，而最严重的影响出现在那些正寻求高速发展和工业化的国家①。

（二）如何破解制药工业对环境的污染?

中国的原料药产量和出口量均居世界第一位，原料药生产过程中出现的环境污染问题一直亟待解决，这到底是制药企业的工艺问题、认识不足、污染治理技术欠缺，还是经济能力受限？总体来讲，是工艺技术问题，污染源头潜藏在陈旧、粗放的工艺之中。破解制药行业环保问题的重点在于，企业应开发、引进和使用新技术和新工艺，提高产品收率，降低原材料消耗，从源头上减少制药生产过程中污染物的产生，而非因为受法律法规监管才被动治理，被迫采取治污行动，企业应该自觉提升技术水平、改变生产模式。

关于绿色制药，是先“制”后“治”，还是先“治”后“制”？正确的做法是“在化学转化的全过程中对污染进行预防，把污染从末端治理变为源头控制”。也就是说，通过采用绿色制药技术及革新工艺，减少药企安全、环保方面的隐患，降低成本和能耗，提升生产效率、降低三废生成量从而达到环保要求，实现企业的技术革新与长远发展。

与此同时，政府近年来加大环保监控和执行力度，相关环境监管日趋严格，新环保法落地实施等措施，既促进环境保护法制逐渐完善，也深刻影响整个制药行业的发展。②

二　现代制药工业中的绿色化学技术

绿色制药生产工艺是在绿色化学的基础上开发的从源头上消除污染的生

① Landrigan, Philip J. et al., “The Lancet Commission on Pollution and Health”, The Lancet, 2018 (19), pp. 462 - 512.

② 张霁、张福利：《绿色制药工艺的研究进展》，《中国医药工业杂志》2013 年第 8 期。

产工艺，是现代制药工艺的绿色化，其研究主要是围绕原料、化学反应、催化过程、溶剂使用、分离纯化和产品的绿色化来展开的。

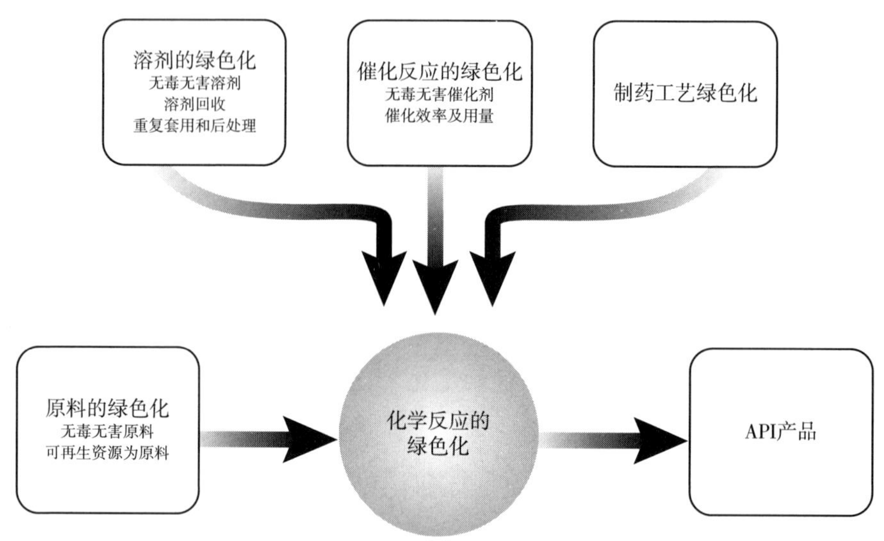

图2　绿色制药工艺的研究范围

资料来源：张霁、张福利：《绿色制药工艺的研究进展》，《中国医药工业杂志》2013年第8期。

现阶段，各国在制药过程中都在努力寻求应用各种新的绿色化学技术，以有效减少污染物排放，实现制药工业清洁、绿色生产，并且与生态环境保持友好关系。例如，酶催化技术利用酶的高效选择性催化作用可制造出种类繁多的目的产物，具有选择性好、合成步骤少、多数能够在水相中进行、反应条件温和、催化效率高等优点，酶催化技术越来越多地用于有机合成，特别是不对称合成、光学活性化合物及天然产物的合成①；电化学技术是一种全新的有机物借助电化学技术进行有机合成，通过电化学和化学工程等综合多种技术，使得产品的生产更加绿色环保；膜分离技术成本较低，而且耗能

① 沈树宝、胡永红、欧阳平凯：《酶催化技术在医药工业中的应用》，《精细与专用化学品》2001年第8期。

不高，生产效率却较高，同时产生很少的污染物，并且能够对废料进行有效的回收利用[①]；磁化学技术可以控制制药化学反应，选择所需要的物质进行化学药品的生产，而且可以获得更高的纯度和精度，大大提升制药的精确性，降低生产成本[②]。

相对其他绿色化学技术而言，连续性反应技术具有显著的环保优势，其化学品用量更少，“三废”产生更少；安全性更高，更适用于因安全问题而无法规模化应用的批次反应；参数和质量得到提高的同时易于工艺放大；而且节省成本，资金投入相比传统设备更少。相比传统的批次反应（间歇反应），在反应放大和优化的过程中，具有更高反应效率、更高重现性和稳定性，且所需试剂减少，自动化程度极高，大大节省人力资源。

三　绿色制药技术应用举例

（一）连续性反应技术应用进展

连续性反应技术是一项革命性、颠覆性的制药技术。它将为医药化工产业开启崭新的高效精细化时代，为医药行业的转型升级、提升创新能力、实现“零排放、绿色、可持续发展”提供有效的技术手段。正因为连续性反应具有传统工艺无法比拟的技术优势，全球医药研发者与制药巨头开始将目光转向该技术。

2016 年，麻省理工学院（MIT）的 Timothy F. Jamison 教授和团队基于连续流动化学发明“冰箱大小的全自动药物生产机器”（见图 3），作为“迷你工厂”以最终制剂的形式来生产临床上直接可用的药物，由此入选美国化学会旗下 C&EN 评选的 2016 年顶级科研成果[③]。

目前，该系统已经可以生产苯海拉明、盐酸利多卡因、地西泮、盐酸氟

① 周伟：《试论制药工业中的绿色化学技术》，《化工管理》2017 年第 35 期。
② 周伟：《试论制药工业中的绿色化学技术》，《化工管理》2017 年第 35 期。
③ BobRoehr，On-Demand Drug Production is on the Horizon，April 1，2016.

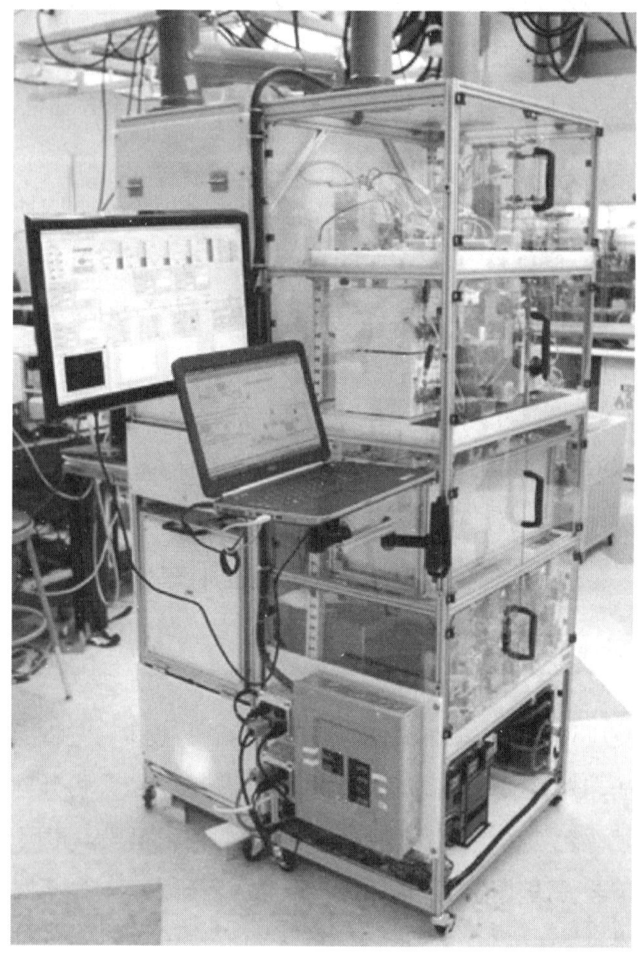

图 3　连续流系统药物生产设备（continuous-flow system）

资料来源：BobRoehr，On-Demand Drug Production is on the Horizon，April 1，2016。

西汀的口服和外用液体制剂。下一步，MIT 的科学家们希望将系统体积再缩小 40%，增加合成更复杂药品的能力，并且将这种专利技术商业化[①]。

① Klavs F. Jensen，"On-demand Continuous-flow Production of Pharmaceuticals in a Compact, Reconfigurable System"，*Science*，2016，352（6281），pp. 61 - 67.

（二）连续流动技术制造化疗药物 Prexasertib 的新工艺

2017 年 6 月，制药巨头礼来公司（Eli Lilly）的研发人员 Kevin P. Cole 等人在 *Science* 上发表文章，报道了在 cGMP 规范下进行的小体积连续流动千克级化合物制备。他们生产了 24 千克的化疗候选药物——Prexasertib 单乳酸盐单水合物，以满足临床试验的需求。通过在实验室的通风橱中使用连续的小型反应装置、萃取装置、旋蒸仪、结晶仪和过滤装置，以 8 个连续的单元操作，每天大约生成 3 千克的目标产物。相比于分批生产，连续过程的安全性更好，反应及纯化的收率和选择性也得到了提高①。

（三）应用连续性反应技术合成培南类抗生素关键中间体

作为培南类药物的关键中间体 4 - AA 的生产过程就用到四醋酸铅作为氧化剂，4 - AA 在许多已经上市及临床阶段的青霉烯类和碳青霉烯类药物合成中都有广泛应用。

1. 传统工艺

4 - AA 传统生产的关键步骤是脱出酰胺 N - 上的对甲氧基苯基保护基。最初文献报道的方法多采用硝酸铈铵（WO2007/4028A2）作为氧化剂通过氧化反应脱除，但是一般只能够得到中等的收率，且存在重金属污染。

研究证明，臭氧作为氧化剂可以很方便地脱除对甲氧基苯基保护基，反应原子经济性较高、选择性好、收率高，所得到的产品中不存在重金属残留，保证了产品的品质，随后臭氧被广泛应用于该反应的工业化批次反应生产。但是，臭氧本身的危害性和易爆炸性严重制约着生产效率，同时存在严

① Kevin P. Cole, Jennifer McClary Groh, Martin D. Johnson et al. , "Kilogram-scale Prexasertib Monolactate Monohydrate Synthesisunder Continuous-flow CGMP Conditions", *Science*, 2017 (3), pp. 1144 - 1150.

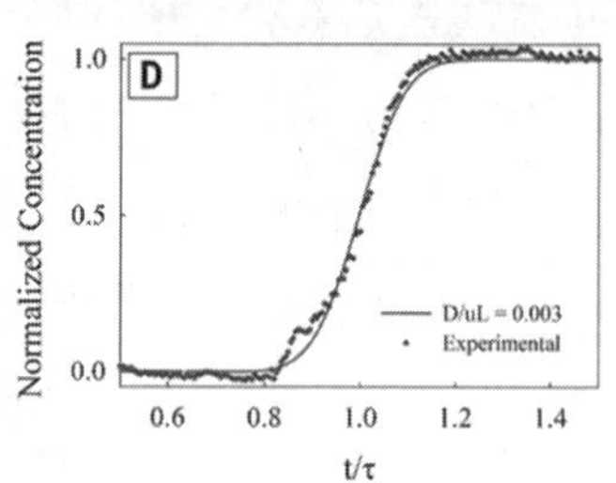

图 4　连续流动的生产装置

注：A，混合悬浮—混合产品排出（MSMPR）结晶装置；B，溶解过滤装置；C，气—液脱保护活塞流反应器（PFR）。

资料来源：Kevin P. Cole，Jennifer Mcclary Groh，Martin D. Johnson et al.，Kilogram-scale Prexasertib Mondactate Momohydrate Synthesisunder Continuous-flow CGMP Conditions，*Scieroe*，2017，356（6343）.

重的安全隐患。

2. 绿色制药技术

为克服以上难题，凯莱英开发了连续臭氧化反应工艺应用于该反应的工业化生产中（见图 5）。与批次反应生产工艺相比，该工艺所采用的原料均为廉价易得的商业化原料，反应过程中避免了昂贵重金属的使用，避免了污染环境，同时降低了成本，各步反应条件温和、操作简便，每一步的中间体均可分离得到，且纯度和收率均较高，通过重结晶产品的纯度能够达 99% 以上，脱保护基这一步的收率可以达到 90% 以上，实现了第三线抗生素培南类药物中间体 4 - AA 的规模化生产。

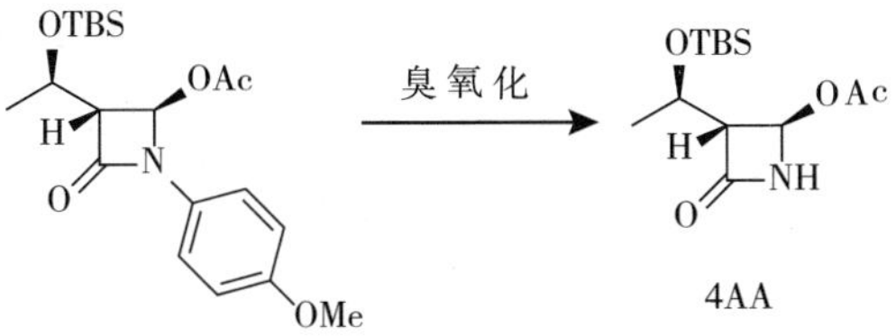

图 5　4 - AA 的连续臭氧化生产

同时，为解决传统工艺路线长（见图 6）、“三废”大和成本高的缺点，凯莱英基于连续低温反应技术和负载 Rh 金属催化剂催化的连续合环技术，开发了一条全新的合成路线（见图 7）。

整条路线从 4 - AA 出发，只需要三步反应即可合成出培南类药物的关键中间体 MAP，成为目前世界上合成 MAP 最短的路线。在工艺优化中，凯莱英将连续低温反应技术应用于第一步反应，反应收率从批次的 45% 提高到 60%，选择性从 8∶1 提高到 20∶1，“三废”产生量减少 30%。随后开发出负载的金属 Rh 催化剂并实现了连续催化的环化反应，在保持收率的同时，催化剂用量降低 40%、催化剂流失降低 80%，有效地降低了重金属污染风险。

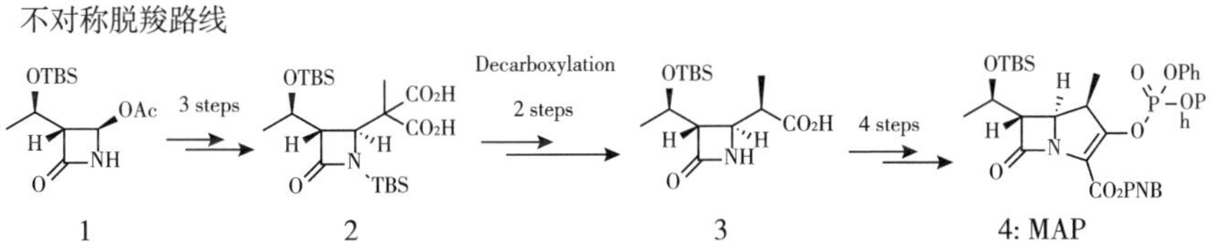

不对称脱羧路线

图 6　传统合成培南类药物关键中间体 MAP 的工艺路线

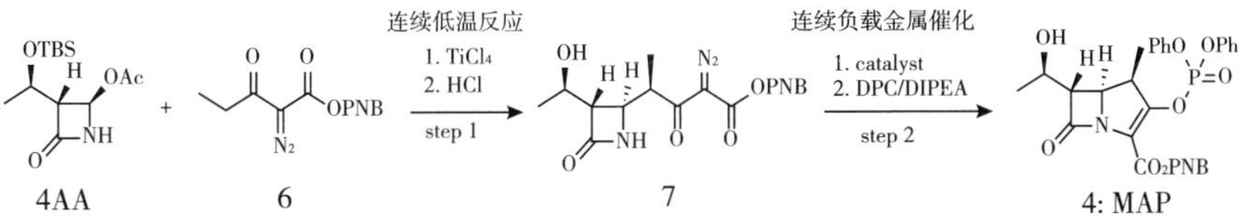

图 7　MAP 合成新工艺路线

该工艺与传统工艺相比，反应路线从6～9步减少到3步，物料用量降低40%，生产周期缩短60%，能源消耗减少45%，同时避免批次反应中金属铑回收中上千吨废溶剂处理，“三废”处理量减少65%，实现了MAP的规模化生产。除了新技术开发，凯莱英还自主研发了多种连续性反应设备（见图8）。

图8　连续流动的生产装置

注：国际专利：WO 2015/078218 PCT/CN2014/086240；中国专利：CN104262523B CN107382808A。

（四）应用生物转化技术生产他汀类药物关键中间体

他汀类药物的一个共同的关键中间体BHA的合成使得他汀类药物结构中两个手性中心得以构建，因此它的合成是他汀类药物合成中的一个关键技术点，也是该类药物生产成本居高不下的原因所在。

1. 传统工艺

按照传统化学合成法，BHA的生产将使用大量的有机催化剂和各种化学试剂，污染大同时立体选择性不高，后续分离纯化困难，导致成本增加。

2. 绿色制药技术

凯莱英开发了一条全新的BHA合成路线（见图9），突破性地应用生物基因工程技术筛选出一种高选择性的二酮还原酶，可以实现顺式手性二醇的一次性引入，突破国外专利封锁，初步的成本估计仅为目前市场价格的60%，同时“三废”排放等指标仅为同类产品的20%。目前他汀类药物关键中间体及其衍生物的DMF已获得FDA审批。

通过酶催化合成技术优化他汀类药物关键中间体合成工艺，发挥生物技术高选择性和环境友好的优势，突破传统工艺路线的专利壁垒，有效节约成本，深度参与国际竞争。

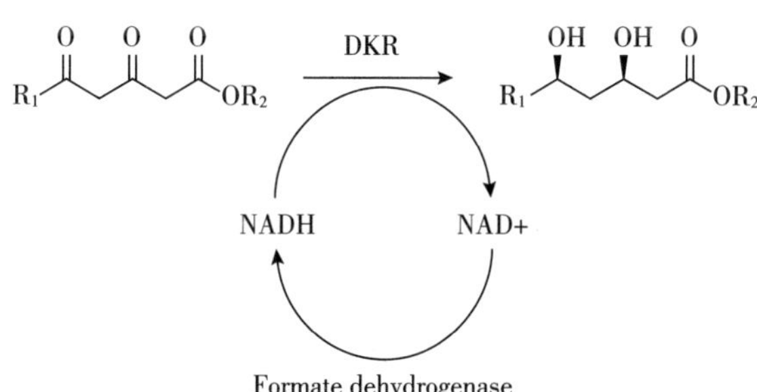

图9　二酮还原酶还原BHA的反应示意图

注：国际专利：PCT/CN2014/083636，PCT/CN2014/073079。

同时企业利用生物转化技术，可以生产各种具有自主知识产权的高活性工程酶和非天然氨基酸，并广泛地运用于该类重磅药物的生产中，商业前景十分广阔。

生物转化技术已逐渐成为重要的绿色制药手段，通过基因筛选、克隆和进化，开发具有自主知识产权的生物催化剂并逐步建立酶库；利用生物工程技术进行人工修饰以获得更高活性、更强稳定性和更长生命周期的酶；通过固定化技术进一步改善酶的性质并提高利用效率；最后将酶催化和连续性反应技术相结合产生新的生产模式，例如运用连续性生物催化反应制备手性化合物，可大幅度提高生物催化剂的半衰期，并可实现在线活化。

从上述绿色制药技术实例中，能看出应用绿色解决方案已是制药企业寻求健康发展的不二选择。从礼来等药企巨头到凯莱英等领先企业，都开发出一系列绿色制药技术，包括连续性化学反应与生物转化等具有自主知识产权的核心技术。事实表明，以绿色化学技术替代传统化学技术，从工艺源头控制“三废”生成，提高收率、大幅度降低能耗和生产成本，实施绿色化学策略能为企业的长期可持续发展奠定坚实的基础。

四　绿色制药展望

绿色化学技术在制药工业中的应用，开辟了药物生产方面的一条新途径。绿色制药工艺的兴起是化学制药的终止，既减轻了化学制药对环境的污染，实现了生态环境的保护，又在一定程度上促进了制药工业的进步和发展，提升了制药工业的现代化水平，实现制药工业与环保事业的协调发展。

如今人们倡导绿色制药，也是因为制药界为人类健康事业奋斗到今天，需要跟上“新一轮科技革命和产业变革”的时代步伐，并以此为契机，实现我国从制药大国迈向“制药强国”的发展目标。

信用建设篇

Credit Construction

B.25 加快推进医药行业信用体系建设

谢维平*

摘　要： 本文梳理了自2014年以来国家发布的有关社会信用体系建设系列重要文件，涉及顶层设计、基础设施、实践指导等各个方面，提出在全社会合力推进信用建设的大氛围、大格局正在形成的新时代，医药行业协会作为行业信用建设的组织者、引领者和推动者，要努力探索行业信用体系建设的途径和办法，促进医药行业健康可持续发展。

关键词： 社会信用　行业信用建设　信用信息共享　激励惩戒机制

* 谢维平，中国化学制药工业协会副秘书长。

社会信用体系建设是全体社会成员参与共建共享的社会治理机制。行业协会商会既有社会成员的一般属性，同时又是同行业企业自愿组成的特殊社会群体；既是自身信用建设的主体，也是行业信用建设的组织者、引领者和推动者。推进行业信用建设是完善社会信用体系建设的重要组成部分，也是完善社会主义市场经济体制的现实需要，更是行业协会商会的使命所系和任务所在。

一 在党中央国务院高度重视下，社会信用体系建设稳步推进

党的十八大报告把诚信作为社会主义核心价值观的重要内容之一，明确提出要加强政务诚信、商务诚信、社会诚信和司法公信建设，这是我国社会信用体系“四位一体”的全方位布局。2014 年 6 月国务院发布了《社会信用体系建设规划纲要（2014～2020 年）》，对“四位一体”的社会信用体系建设做出了全面的部署。纲要指出，加快社会信用体系建设是全面落实科学发展观、构建社会主义和谐社会的重要基础，是完善社会主义市场经济体制、加强和创新社会治理的重要手段，对增强社会成员诚信意识、营造优良信用环境、提升国家整体竞争力、促进社会发展与文明进步具有重要意义。

2014 年 7 月中央文明委印发的《关于推进诚信建设制度化的意见》（文明委〔2014〕7 号）提出，以培育和践行社会主义核心价值观为根本，以加强社会信用体系建设为基础，以褒扬诚信、惩戒失信为重点，以完善法律法规为保障。大力推进诚信建设制度化，建立完善长效工作机制和运行机制。

习近平总书记在主持中央政治局第 37 次集体学习时，把加强社会信用体系建设上升到推进国家治理体系和治理能力现代化的高度来强调，提出对突出的诚信缺失问题，既要抓紧建立覆盖全社会的征信系统，又要完善守法诚信褒奖机制和违法失信惩戒机制，使人不敢失信、不能失信。

李克强总理在 2016 年 1 月 15 日主持召开国务院常务会议时，就加快建设社会信用体系作了专题部署，并在之后的全国推进简政放权放管结合优化

服务改革电视电话会议上强调，加快建立守信联合激励和失信联合惩戒长效机制，建立红黑名单制度和市场退出机制，健全市场主体诚信档案，让守信者处处受益，让失信者处处受限。

近年来，在党中央国务院高度重视下，全社会对加强社会信用体系建设的重要性、紧迫性，认识逐步统一和深化。由国家发改委、中国人民银行牵头的 47 个部委组成的社会信用体系建设部际联席会议机制建立。部门协同，社会机构参与的社会信用体系建设正在加快推进。

二　在诚信建设制度日趋完善下，新型市场监管体制正在加快形成

近年来，关于社会信用体系建设主要有以下重要文件：一是 2014 年发布的国家信用建设规划纲要，是顶层设计；二是 2015 年实施的社会统一信用代码，既是顶层设计也是基础设施；三是 2016 年国发 33 号文提出的守信联合激励与失信联合惩戒，是重要举措；四是 2016 年的政务、个人、电子商务诚信建设系列文件，是重点部署。除此之外，2015 年国务院印发的三个文件提出建立信用监管制度的具体措施。

国办发〔2015〕51 号意见指出，“推进简政放权和政府职能转变，以社会信用体系建设和政府信息公开、数据开放为抓手，充分运用大数据、云计算等现代信息技术，提高政府服务水平，加强事中事后监管，维护市场正常秩序，促进市场公平竞争，释放市场主体活力，进一步优化发展环境”。

国发〔2015〕62 号意见指出，要建立“信用约束”的基本原则，提出了“加快推进全国统一的信用信息共享交换平台和企业信用信息公示系统建设，推进政府部门、行业协会、社会组织信用信息共享共用，强化信用对市场主体的约束作用。构建以信息归集共享为基础、以信息公示为手段、以信用监管为核心的监管制度，让失信主体‘一处违法，处处受限’”。在这这份文件中，首次提出建立“以信用监管为核心的监管制度”。

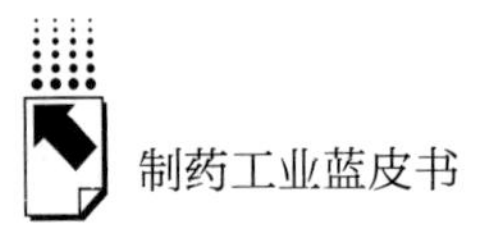

国发〔2015〕55 号意见进一步明确提出了“建立健全与市场准入负面清单制度相适应的社会信用体系和激励惩戒机制”，“建立健全与市场准入负面清单制度相适应的信息公示制度和信息共享制度”。

这三个文件的出台既体现了政府简政放权、职能转变的改革要求，同时也提出了建立以信用为核心的新型市场监管制度的目标，描绘了应用大数据政府创新服务理念和方式的愿景。2014 年 6 月发布的《社会信用体系建设规划纲要》中，“信用监管”一词出现了 3 次。一是在建设目标中，提及到 2020 年信用监管体制基本健全；二是在卫生领域信用建设部分，提及切实提高药品安全信用监管水平；三是在互联网领域信用建设部分，提及大力推进网络信用监管机制建设。信用监管是社会信用体系建设的重要内容，一方面，信用监管体制的建成是衡量信用体系建设成果的重要指标；另一方面，信用监管体制能有效地发挥作用，离不开信用信息的传播、信用评价、信用奖惩等机制的建立和机制间的协同联动。

十九届三中全会通过的《中共中央关于深化完善国家机构改革的决定》明确要求，强化事中事后监管，改变重审批轻监管的行政管理方式，把更多行政资源从事前审批转到加强事中事后监管上来。加强信用体系建设，健全信用监管，加大信息公开力度，加快推进信用信息平台建设，发挥同行业和社会监督作用。这也是目前对社会信用体系建设的最新要求。

随着国家层面一系列重要文件的相继出台和重大政策的发布，促使社会信用建设从舆论宣传阶段转变为政府及社会成员的行动阶段，全社会合力推进信用体系建设的大氛围、大格局正在加快形成。

三　在推进管理创新形势下，行业协会加强信用建设势在必行

2014 年 10 月民政部等八部委联合印发了《关于推进行业协会商会诚信自律建设工作的意见》（民发〔2014〕225 号），提出支持行业协会商会参与行业信用建设，推动行业协会商会建立健全行业自律机制，加强行业协会

商会自身信用建设和完善保障措施，要求积极开展会员企业信用评价，加强会员企业信用信息共享和应用，规范行业发展秩序。

2016 年 12 月 27 日全国性行业协会商会综合监管暨信息共享工作会议在京召开。国家发展改革委、民政部等多部委负责人出席会议并分别讲话。国家发改委副主任连维良发表了题为“全面加强行业协会商会党建工作和综合监管，以信用建设和信息共享为突破口，更好发挥行业协会商会作用”的重要讲话，针对行业协会商会自身信用建设和行业信用建设，提出了“两大建设、三大任务、五项具体要求”工作总体部署。

2017 年 3 月 15 日国家发展改革委组织召开了部分行业协会商会信用体系建设专题工作座谈会。会议围绕落实中央十部委关于《行业协会商会综合监管办法》（发改经体〔2016〕2657 号）文件精神，重点研究了推进行业协会商会信用体系建设工作的具体措施，明确了今后一段时期主要任务和工作目标。会上确定了 16 家行业协会商会参与行业信用体系建设示范试点，中国化学制药工业协会作为医药行业的排头兵，被列为首批示范试点单位。

2017 年 9 月 20 日国家发改委副主任连维良发表署名文章指出，行业协会商会自身是社会信用体系建设的重要对象、行业协会商会是推动社会信用体系建设的中坚力量、行业协会商会担负着推进行业信用建设的主体责任。

为更好地发挥行业协会商会的积极作用，国家发改委将会同社会信用体系建设部际联席会议成员单位，通过“四帮助”和“四支持”助推行业协会商会有所作为。

四　在加强行业自律使命下，建立行业信用体系任务十分迫切

信用体系建设对医药行业有着特别的意义，尤其是药品企业提供的产品是用于救死扶伤，直接关系到人民群众的生命安全和身体健康，必须符合安全、有效、可及的要求。随着医药市场的不断扩容，市场信用环境也日渐复

杂，如何践行企业社会责任、倡导诚信经营之风，成为实现医药行业健康发展的首要课题。

近三年来，药品生产、流通领域严重违法违规事件屡见不鲜，重大药品安全事件频发。2014 年 9 月浙江宁海检察院通报了一起非法生产“毒胶囊”案件，2016 年 6 月浙江台州警方又破获一起生产销售毒胶囊案件，捣毁窝点 1 个、生产线 4 条和仓库 5 个，现场查获空心胶囊 1595 箱和 206 袋，共计 1. 35 亿粒，涉案金额达 135 万元，而这条黑产业链已经存在了 17 年。生产出的这些毒胶囊大多数去向不明，销往何处更是不得而知。2014 年 3 月浙江宁波警方和药监部门联合对宁波世贸大厦“韩合”美容中心例行检查时，发现大量可疑肉毒素、玻尿酸等美容产品 500 余件。2014 年 4 月和 8 月央视相继曝光了天津的假药“鬼市”和郑州红康生物技术有限公司违法生产的“茯苓山药片”假药案件。据报道，这个“鬼市”什么药都有，药贩子们常常利用网络寻找买家，用物流方式将这里倒卖回收、非法加工和生产出来的药品发往全国各地销售。尤其是 2016 年 3 月山东警方又破获了案值 5. 7 亿元的非法疫苗案件，疫苗未经严格冷链存储就运输销往 24 个省份 80 个县市。这起非法疫苗案中含 25 种儿童和成人用二类疫苗。上述情况只是冰山一角。这些大大小小的违法违规事件被媒体曝光和有关部门查处后，引起了社会公众的广泛关注。这些事件的发生不仅严重破坏和扰乱了社会经济秩序，极大地损害了人民群众生命健康和财产利益，也直接反映出了我国药品生产流通领域存在的严重失信的突出问题，说明加强信用体系建设，确保药品安全，已刻不容缓。

五　在加强基础建设前提下，努力探索行业信用体系建设途径

为加强医药行业自律机制建设，促进医药企业合规经营，监督医药企业履行社会责任，近年来，中国化学制药工业协会围绕落实自身信用和行业信用“两大建设”目标，建立完善医药行业守信激励与失信惩戒机制，着力

创新推进信用建设工作路径和方式，加快构建一套完整务实有效的行业信用管理体系。

（一）立足“两个构建”，探索行业信用建设科学途径

1. 构建制度体系建设，为医药行业信用体系建设工作提供依据和抓手

从目标任务着眼，从顶层设计入手，逐步建立起从信用承诺开始到履行信用承诺，从信用信息检测、信用状况评价到实施联合激励与惩戒的全链条行业信用管理体系。

一是加强自身信用建设。建立完善服务承诺、信息公开、年度报告制度，规范协会内部治理结构和运行机制，诚信履职，诚信收费，维护会员单位合法权益，提高协会诚信服务水平。

二是开展行业信用建设，包括完善行业诚信公约、行业信用信息采集、信用状况评价、行业信用“红黑名单和重点关注名单”认定发布、建立行业奖惩制度等。为推进行业信用建设工作创造制度条件，做到有法可依、有章可循。

2. 构建工作机制，形成协同推进行业信用体系建设工作格局

着力抓好落实三个方面的工作：一是加强与上下游行业协会和省市行业协会合作，成立行业协会联盟，组建全国医药行业信用体系联合工作机制，发挥行业内的权威性和凝聚力，推动各项制度和措施的落实；二是加强与第三方信用服务机构合作，发挥其熟悉信用法律法规和专业知识的优势，在行业信用评价和监管方面提供专业技术支撑服务；三是加强与行业内外高等院校、科研机构、鉴定认证、质量检测等研究和技术型单位的合作，为研究制定行业信用标准规范等工作提供支撑服务。

（二）加强“四个建立”，筑牢行业信用建设基础支撑

1. 建立行业信用信息目录

明确行业信用信息分类、内容和标准，紧紧围绕企业生产经营活动各环节和履行社会责任各方面的信用行为，选择和设计信用信息采集内容，研究

制定反映医药行业特点的信用信息目录。

2. 建立行业信用信息平台

按照行业信用信息目录和内容的要求，把企业在生产经营活动各个环节和履行社会责任过程中发生的各种信用信息，全面及时准确采集到位，建立网络信息化系统、与政府部门以及上下游行业数据交换机制，实现医药行业信用信息互通共享。

3. 建立企业主体信用档案

加强行业信用监管，建立会员企业信用电子档案，把行业信用信息平台日常采集、归集到的各类信用信息和企业信用评价结果以及受到各方面的信用激励、警示和惩戒等重要信息，列入行业信用“红黑名单和重点关注名单”目录，配合政府行业管理部门和市场监督部门，采取守信联合激励与失信联合惩戒措施。褒扬红名单企业，惩戒黑名单企业，警示重点关注名单企业。

4. 建立行业“信用网站”

网站是行业信用建设对外展示与服务的重要“窗口”，承担着宣传、公示、发布、查询等基本功能。行业信用网站与行业信用信息平台是一种“前店后厂”的关系。平台是“后厂”，承担着采集、归集和加工生产数据的功能。抓紧研究制定行业“信用网站”建设方案，实现医药行业“信用网站”与“信用中国”网站的链接。

（三）抓实“四个着力”，突出行业信用建设主要环节

1. 着力签署医药行业信用承诺

抓好两个信用承诺公示。一是协会自身信用承诺向社会公示。二是企业信用承诺向社会公示。信用承诺签署是推进行业信用建设的起点。协会要围绕自身服务内容、方式、收费标准等方面，加强自律，提高诚信服务水平。企业要围绕行业特点和社会公众关注的重点方面，抓关键问题，定承诺内容，做到便于落实和行业监督。

2. 着力开展行业信用评价

围绕医药企业在生产经营活动和履行社会责任过程中的信用行为和表现来展开，研究制定出符合制药行业特点的信用评价规范标准，改变目前缺少统一标准、评价结果公信力差和应用场景受限制等问题。

3. 着力推进建立医药行业红黑名单和重点关注名单管理办法

在国家政策的指导下，结合行业特点，紧贴行业实际，依据本行业信用标准、行规行约，研究认定主体、依据、标准、程序以及发布内容、载体、异议申诉处理、名单退出等全过程具体管理办法，加快制定出台行业信用红黑名单和重点关注名单管理办法和实施意见。

4. 着力推进出台医药行业信用激励惩戒措施

这是与医药行业信用名单管理办法和实施意见紧密联系配套的机制。协会应按照工作性质、职责和政府部门授权，立足于早发现、早应对、早防范，在权限范围内独立开展行业守信激励和失信惩戒。按照红黑名单和重点关注名单管理办法，建立起各种信用行为情形表现与各种激励、警示和惩戒措施之间的对应关系。在此基础上，把医药行业性措施与行政性、市场性和社会性措施结合起来，逐步纳入国家市场监管联合激励惩戒的大体系。

（四）强化“两个抓手”，营造医药行业诚信经营氛围

在我国步入新时代，改革开放持续深化、营商环境不断改善、社会主义市场经济迈向高质量发展的新形势下，加强行业信用监管是打造共建共享社会治理格局的重要手段。加强行业自律是行业协会商会义不容辞的责任，如何治理医药市场乱象，必须突出行业问题导向，远近结合，标本兼治，一手抓事关长远的医药行业信用体系建设基础工作，一手抓当前医药行业突出的失信行为治理。做到两手抓、两手都硬，实现两个促进、两不误。围绕药品研发、生产、流通企业在日常生产经营活动中，临床数据造假、注册申报伪造虚假信息，药品不按注册要求标准生产，偷工减料，掺杂使假，甚至制假售假，为他人违法提供药品经营场所、非法渠道购销药品、伪造票据、虚假交易、价格欺诈以及购销环节商业贿赂等严重失信行为，要加大力度，重点

打击、重点治理，实施联合惩戒，不断净化行业经营环境。

总之，加快推进医药行业信用体系建设，有利于确保药品质量安全有效，促进企业合规经营，监督企业全面履行社会责任，规范医药企业信用行为，营造良好信用环境，促进社会治理能力现代化重大举措在医药行业落地落实。开展医药行业信用体系建设，既是加强行业自律的生动体现，也是行业更好履行社会责任的庄严答卷。全行业应该积极行动起来，共同营造诚实守信的良好从业氛围，为全面建成小康社会做出应有的贡献。

B.26
GSK 中国·企业社会责任报告（2018）

王锐敏　俞穗庆*

摘　要： GSK 是最早进入中国的一家跨国制药公司，随着中国市场经济的逐步发展，该公司不断修正经营理念，将企业所应承担的社会责任融进了公司事业的发展之中，并取得了相当的成就。

关键词： GSK 中国　企业社会责任　创新

葛兰素史克（GSK）是一家有 100 多年历史的肩负特殊使命、以科学为导向的全球医疗保健公司。GSK 在中国改革开放初期就开始在中国进行积极投资，伴随着中国市场经济体制的逐渐完善，GSK 中国见证了中国医药市场从小到大的历史发展过程，面对这难得的发展机遇，医药企业争相做大做强，持续、稳定、快速发展。企业在快速发展阶段，往往会在经营管理上产生漏洞，GSK 中国从中吸取了教训：想要获得稳定、可持续的业绩增长必须通过合规的方式，药企的本质角色是将安全有效的产品通过专业手段传递给医生，然后到达最适用的患者手中。GSK 中国改革了运营模式，从而继续以患者利益为先。GSK 中国从危机中认识到今天的中国正从关系社会转型为规则社会，必须从自身改变，脱胎换骨，淬火重生，才能重获市场的

* 王锐敏，葛兰素史克（中国）投资有限公司中央政府事务部总监、工商管理硕士；俞穗庆，葛兰素史克（中国）投资有限公司中央政府事务部副总监、高级工程师。

认同。为此公司承诺：立足中国、携手中国、服务中国。公司通过不断改进工作、投资和研究的方式，为更多人带来高质量的产品，满足人们的需求。公司的目标为继续加强药物和疫苗的研发，治疗和预防中国的重点疾病，包括肝炎、艾滋病、肺结核和老年性疾病，致力于克服一些重大医疗挑战，并通过创新来改善人们的生活。

自 2016 年开始，公司内部人员及组织架构做了大幅调整，重塑经营理念改变经营方式已见成效，就 2017 年公司所取得的绩效报告如下。

一　所从事的事业

公司致力于三大全球业务、科学技术及优秀人才，将差异化的、不可或缺的优质医疗保健产品带给更多的人。

（一）处方药

公司的处方药业务拥有广泛的创新和成熟产品组合。在中国，公司目前专注于以下疾病领域：呼吸系统、肝炎、神经系统疾病和 HIV/艾滋病。

（二）疫苗

公司是中国市场领先的疫苗供应商，2017 年在中国推出了预防宫颈癌的疫苗希瑞适，引发广泛关注。公司致力于提高疫苗对中国消费者的可及性。

（三）消费保健品

公司的消费保健品业务为开发并销售受消费者青睐和专家推荐的品牌，品类涵盖口腔健康、疼痛管理、呼吸健康和皮肤健康，产品包括舒适达、芬必得、扶他林、康泰克、百多邦等。

100 年来，GSK 一直致力于帮助改善中国人民的健康、生活。

公司在 150 多个国家拥有 98400 多名员工，其中超过 1/3 的员工位于新兴市场。在中国，公司有 5600 多名员工（截至 2017 年 10 月）。

（四）公司在中国的分布

五个区域中心：北京、成都、广州、杭州、上海遍布中国约 250 个城市。

三个工厂：天津两个、苏州一个（截至 2017 年 11 月）。一支专注新药研发的医药发展团队位于北京的 GSK 传染病和公共卫生研究所。

二　专注于三大优先事项来实现目标

公司的目标是成为最具创新性、绩效最出色，并且值得信任的全球医疗保健公司之一。为了实现这个目标，每位 GSK 员工都将专注于三大优先事项——创新、绩效和信任。

（一）创新

公司投资于卓越的科学技术，开发和建立新的产品线，满足患者、医疗支付者和消费者的需求。

1. 建立创新的产品组合和产品线

公司致力于攻克医疗难题，改善人们的生活。有许多潜在新药和疫苗尚在开发中。持续成功取决于公司不遗余力地促进创新、拓宽药物的可及性。

（1）15 个新药完成注册

2010 年以来，公司已在中国注册了 15 个药物，分别是赛乐特 CR（抑郁症）、凡瑞克（肺动脉高压）、万托林（哮喘）、文适（季节性及常年性变应性鼻炎）、安福达（良性前列腺增生）、泰立沙（乳腺癌）、韦瑞德（慢性乙肝）、瑞必补尔（狂犬病）、希瑞适（宫颈癌）、克韦滋（HIV）、力备（帕金森病）、特威凯（HIV）、辅舒酮（哮喘）、绥美凯（HIV）、欧乐欣（慢阻肺）。

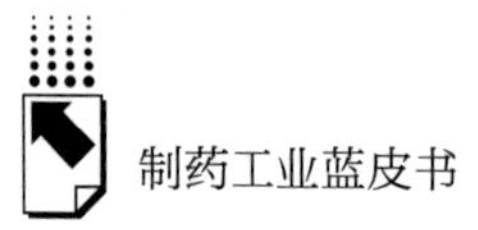

（2）最近上市的药物、疫苗和消费保健品

①HIV：特威凯（多替拉韦）2016 年 6 月在中国上市，并被大部分国际性治疗指南推荐为初治艾滋病病人联合治疗方案的一线首选治疗药物。GSK 中国与政府相关部门合作，通过将其纳入国家免费抗逆转录病毒治疗目录，以提升中国患者对于这一创新药物的可及性。

②疫苗：希瑞适 2017 年 7 月在中国上市，这是首个在中国大陆批准用于预防宫颈癌的疫苗。希瑞适将帮助许多中国适龄女性预防宫颈癌，满足国内预防宫颈癌的巨大医疗需求。

③消费保健品：公司为中国消费者提供创新、定制化的产品。芬必得咀嚼片创新地改变了传统止痛药的形式，为消费者带来全新的服药体验。还有其他创新产品包括芬必得 400mg 缓释胶囊和舒适达深层清洁牙膏等。

（3）以患者和支付者为重点的产品线/即将上市的产品

公司正计划在中国上市针对多个疾病领域的新药、疫苗，增加新的适应症。公司将加速提交新药申请，在 2018 ~ 2024 年期间预计向中国国家食品药品监督管理总局（CFDA）提交约 30 个新药申请。

①呼吸系统。2017 年，辅舒酮雾化吸入用混悬液获得中国国家食品药品监督管理总局的上市批准，用于 4 ~ 16 岁儿童及青少年轻度至中度哮喘急性发作的治疗。辅舒酮雾化吸入用混悬液的获批上市为儿童哮喘治疗提供新选择，帮助哮喘患儿缓解急性期症状，并有效减少全身激素的应用。

2018 年 3 月，双支气管扩张器欧乐欣（通用名：乌美溴铵/维兰特罗吸入粉雾剂）获得中国国家食品药品监督管理总局的上市批准，用于慢性阻塞性肺病的长期维持治疗，一日一次缓解慢阻肺患者症状。

万瑞舒（Relvar，中文名暂定，待 CFDA 审批）预计将于 2018 年上市。公司正在努力，希望在未来几年内上市 Trelegy。

②艾滋病。抗逆转录病毒创新药物绥美凯 2017 年获得中国国家食品药品监督管理总局的上市批准。绥美凯是一种全新的单片复方制剂，每日一

次，每次一片，用药更方便。

ViiV Healthcare 是一家专注于 HIV 疾病研究和药物研发、关注 HIV 感染者的需求并致力于不断创新的独立公司，于 2009 年由 GSK（76.5%）先后与辉瑞（13.5%）和野盐义制药（10%）合资成立。

（4）GSK 传染病和公共卫生研究所

GSK 传染病和公共卫生研究所成立于 2016 年，旨在为中国的患者提供可持续、可负担的治疗手段。

①研究所计划投资超过 2 亿元人民币，聘请 20 多名药物发现、开发和流行病学等领域的专家。研究所主导 GSK 核心在研创新传染病药物在中国的开发研究，其中包括用于 HIV 预防和耐多药细菌感染治疗的药物。

②研究所还主导目前处于临床前开发的耐多药结核药物的研发项目。如果开发成功，GSK 将首先在中国递交新药审批申请，从而使中国结核患者能及早获得创新药物的治疗。这也将是 GSK 首次先于全球其他国家在中国递交全球新药审评申请。

（5）中国医药发展团队

成立于 2010 年的中国医药发展团队是一支综合后期临床开发队伍，致力于将 GSK 的创新药物带给中国患者，治疗领域范围包括呼吸系统、免疫炎症、肿瘤和神经科学。

（6）消费保健品创新中心

上海的消费保健品创新中心成立于 2011 年，以满足中国客户对产品的定制化需求。2011 ~2016 年，消费保健品创新中心投资近 4 亿元人民币用于研发，共 24 个创新消费保健品在中国上市。

2. 合作创新

公司深知无法只依靠自己去实现目标。战略合作帮助公司分享技术和专业知识。引领行业在数字化时代开展合作、发展业务。

（1）自 2016 年 6 月以来，GSK 传染病和公共卫生研究所与清华大学缔结战略合作备忘录。这个公私合作伙伴关系长达 5 年，双方通过科学和人才交流以及联合研究项目，共同应对中国乃至全球的公共卫生挑战。

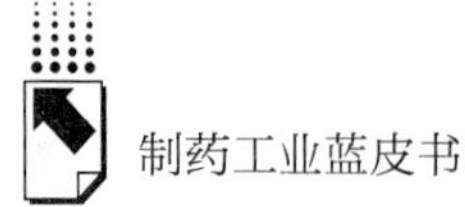

（2）GSK 与广州呼吸疾病研究所建立了战略伙伴关系。战略合作将重点关注呼吸系统疾病管理，包括哮喘和慢性阻塞性肺病（COPD），建立互通共享、覆盖不同等级医疗机构、医保支付和管理系统的健康大数据系统。该战略合作包括前瞻性 COPD 注册登记研究和“新呼吸，常关爱”中国哮喘患者在线管理平台，该项目将覆盖 5000 名 COPD 患者和 60000 万名哮喘患者。

（3）GSK 支持由中国健康促进与教育协会、国家呼吸临床研究中心中日医院呼吸专科医联体和国家卫生计生委远程医疗管理培训中心主办，中国医师协会呼吸医师分会协办的“幸福呼吸”中国慢阻肺分级诊疗规范化推广项目。“幸福呼吸”项目于 2017 年 11 月启动，旨在更好地推动国家慢阻肺分级诊疗政策的落地实施，提升基层慢阻肺诊治能力。该项目预计为期三年，计划覆盖约 1800 万人口。

（4）与阿里巴巴集团的战略合作关系。

①2017 年 8 月，GSK 与阿里健康建立战略伙伴关系，联合打造创新的“瑞至 - 成人疫苗服务项目”，包含在线疾病教育与咨询、线上预约等服务，为广大用户提供从线上到线下（O2O）便捷的疾病预防和疫苗接种咨询体验。

②2017 年 6 月，GSK 的消费保健品创新中心与阿里开展商业框架合作，旨在共同探索一条深度融合消费者、打通品销全链路、推动品牌全域营销的新道路。利用电子商务优势和阿里的品牌推广和营销资源，我们希望为中国消费者带来更好的产品和服务体验。

（二）绩效

通过有效投资来实现行业领先的增长，这是公司的目标。

1. 从根本上转变经营方式

医疗保健行业正在迅速变化，中国的医疗改革和“十三五”规划等政策推动医疗保健行业转型升级，医疗市场前景更广阔，市场需求不断增长，医疗行业的商业模式也随之转变。

公司的专业体现在提供药物、疫苗的知识和信息，以便医生和其他医疗保健专业人士可以为患者做出正确明智的决定。新采用的经营模式主要有四个重点：公平客观地提供高质量的信息、不论何时何地为医疗保健专业人士提供所需的答案、以科学论据提供点对点的对话、更好地利用技术提供更多的选择。

（1）公司正在改变工作方式，无论何时何地、以何种方法都必须给医疗保健专业人士提供有效的信息，并且和他们保持密切的联系，讨论药物背后的科学和技术。

（2）公司改变了 GSK 医药代表的销售激励模式，并引进全新的方式来为医疗保健专业人士提供信息和医学教育。GSK 中国已不再支付费用请医疗保健专业人士代表公司向处方者或可对处方施加影响者介绍药物，以避免任何潜在的利益冲突。

（3）随着医改进一步深入，2017 年以来，政府部门着力发展医药代表备案机制，规范医药代表学术推广行为，GSK 作为业内首家转变运营模式的药企多次参与讨论会，分享经验，助力政府建立相关机制。2017 年底，国家食品药品监督管理总局公布《医药代表登记备案管理办法（试行）》草案，征求社会意见。

（4）大幅缩减与 GSK 中国合作的第三方代理、供应商和经销商的数量，加强对保留下来的第三方的监管，以确保任何代表公司的行为符合公司的政策和标准。

公司是业内首家实施这类变革的药企。相信这一新模式将帮助公司以患者为先，构建起与客户和社会的信任关系，并支持政府的全面医改。

（5）公司的消费保健品融合了制药和快速消费品两大领域的专业能力，即“快速消费保健品”。在制药方面，公司拥有专业的监管经验、医学技术、药品生产能力以及为公司提供专业意见的医生、牙医和药剂师等庞大的专家网络。在快速消费保健品方面，公司具备敏锐的消费者洞察、快速的市场反应、强劲的品牌建设能力和高效的零售商合作关系。

自 2015 年起，公司持续改善的经营模式，对公司取得的成果有重要作用。自2016年以来，得益于业务范围广泛、良好的资金流、产品线的扩充，公司的发展势头喜人。公司还通过创新和负责任的定价提升药物可及性，以帮助更多的人。

（6）2017年第三季度，GSK重新进入中国外商投资企业协会药品研制和开发行业委员会（RDPAC）跨国药企前十排行榜，这是2015年以来GSK第一次重新进入该榜单，权威行业协会的认可也印证了GSK近年来不断提升的绩效。

2. 向数字化、数据分析方向转型

技术不断改变世界，公司也在不断改进，让沟通更容易、更快、更高效。公司将数字通信、数据收集与分析应用于高度连接的医疗行业，从而提供更好的服务。

（1）GSK中国利用数字平台扩展医学团队，推出了在线医学服务（MOD），加强与医疗保健专业人士的互动，及时、高效地解决他们的医学服务需求。

医疗保健专业人士可以与在线医学服务人员交流、在线查看信息，也可以通过销售代表的iPad即时得到医学问题的专业解答。

医疗保健专业人士可以访问掌上医学服务中心（MMSC）微信号，与GSK医学联络官在线交流，通过手机浏览医学信息。

（2）公司建立起多渠道数字营销平台，以便与医疗保健专业人士更好地开展互动。

一站式数字化平台Health. gsk-china. com为医疗保健专业人士提供GSK专业医学服务。

公司推送的电子邮件提供及时有效的信息，是最具影响力的沟通渠道之一。

为实现远程信息共享，公司常举办网络研讨会。医疗保健专业人士可以在方便的时候回顾研讨会内容，了解GSK的关键治疗领域，以及这些领域的最新学术进展和国内外最新研究成果。

（3）公司与斯坦福大学合作于2017年5月开发上市了HIV抗病毒药物

耐药结果分析（Drug Resistance Interpretation Tool，DRIT）APP 软件，利用斯坦福 HIV 耐药数据库（HIVDB）的信息，帮助中国医生随时随地获得药物耐药情况的分析结果，从而筛选出最适合患者的治疗。

（4）公司创建了一个多渠道消费者中心，从不同角度深入了解市场趋势。公司也建立了消费者反馈收集和分析系统，更好地了解中国消费者的需求。

利用社交媒体，能够获得有价值的消费者洞察，更积极地回应消费者诉求。

电子商务渠道提供了更大的在线数据库，从中得到更多的消费者反馈和数据，帮助公司更好地了解消费者的行为。

公司的消费保健品研发团队拥有消费者洞察专家，他们研究并测试中国消费者的喜好，协助新产品开发。

3. 人才和能力发展

公司持续投入培养员工，这有助于确保业务长期可持续发展。人才和员工策略是为了创造一个良好的工作环境，让所有员工感到被重视，受到尊重，拥有授权，得到激励。

（1）公司的未来领袖项目自 2012 年以来在中国录用了超过 181 名管培生，协同 Esprit 项目致力于将有才华的员工培养成 GSK 的未来领袖。

（2）自 2007 年以来，公司与北京大学建立了合作伙伴关系，为 GSK 中国香港业务领域的中层管理人员提供全面的企业管理课程。2007 ~ 2013 年，约有 380 名管理人员毕业。以在新环境下培养领导者和发展业务为目标，在 2016 年重启了该项目，将其重新命名为 GSK-BiMBA，至今已有 65 名管理人员参加了这个项目。

（3）自 2016 年 1 月以来，有 1778 名员工获得晋升，686 人调转不同的岗位丰富了职场经验，3725 人次参加了各类领导力发展培训和课程。

（三）信任

公司致力于确保产品的质量、安全性和可靠供应，并通过互动交流、定价策略、致力于全球健康和成为积极进取的雇主来建立信任。

1. 确保公司产品的质量、安全性和可靠供应

患者和消费者需要对公司药物有绝对信心。不断监控并改进生产系统和供应链，并致力于在华发展一流的生产能力。

2017 年公司生产情况如表 1 所示。

表 1　2017 年公司生产情况

全球	中国
19 亿剂药物	1680 万剂药物
62 亿盒消费保健品	9600 万盒消费保健品
7.98 亿剂疫苗	64 万剂疫苗

公司的天津生产基地在 2017 年天津经济技术开发区环境信用评比中获得优评。

截至 2017 年 8 月底，天津生产基地通过提高工作效率，2017 年达到节水 21%，减少二氧化碳排放量 7.2% 的目标，并确保了产品的供应。

2017 年，天津中美史克（TSKF）生产基地是 GSK 生产体系（GSK Production System，GPS）中优秀的生产基地之一。GPS 是公司全球适用的生产工作标准，帮助公司实现“零事故，零缺陷，零浪费”的目标，以确保公司能够专注于持续改进对供应链真正重要的事项。

公司的中国生产基地已达成较上年节电 5%、节水 3% 的目标。

密切配合中国法规部门和国际组织抵制假冒伪劣药物，捍卫患者利益和药物质量。

2. 努力提高可及性

努力以可持续的方式提高公司药物的可及性，无论患者身在何处、无论患者经济情况如何，这是公司使命的核心。具体通过两种方式来实现——改善公司药物的可负担性、发展本地生产能力。

（1）公司积极参与国家医保谈判

2017 年公司有 6 种药物进入了国家医保目录——赛乐特 CR、泰立沙、

韦瑞德、安卓、力备和美维松。

（2）公司参与首批国家药品价格谈判

2016 年 5 月宣布降低抗慢性乙肝治疗一线药物韦瑞德在中国的价格，降幅高达 67%，成为全球最低价。

（3）2017 年，治疗肺动脉高压的凡瑞克进入西藏与宁夏基本医疗保险以及纳入浙江大病保险特殊药品目录

肺动脉高压是一种慢性罕见病，会引起心衰，对患者的生活有重大影响。这是凡瑞克第一次进入地方医保，让更多肺动脉高压患者有机会接受治疗。

（4）有 15 个药物被列入基本药物目录

40 个药物被列入国家/省级医保目录、4 个药物被列入低价药目录。这意味着更多中国患者特别是低收入群体能够获得公司的药物。

（5）2015 年 7 月，GSK 与辉瑞、野盐义制药合资成立的 ViiV Healthcare 上海迪赛诺生物制药有限公司合作

生产多替拉韦（特威凯）的有效活性成分。特威凯是 HIV 治疗的创新药物，基于当地审批情况，将改善中国及全球的 HIV 感染者的治疗可及性。

（6）公司的消费保健品覆盖了全国一线到六线的城市

消费者能够在当地的药房、医院、超市、商店和电商渠道购买到公司的产品。公司的产品进入了全国约 25 万家社区医院。

（7）消费保健品电商渠道提高了公司的产品在中国消费者中的可及性

公司的牙膏品牌舒适达在天猫、京东和主流电商平台上销售，深受消费者喜爱。

（8）公司在医药使用可及性指数榜上排名第一

该一年一度的独立指数榜于 2008 年推出，是评价药企的药物对发展中国家人民的可及性和可负担性努力的晴雨表。

3. 启动社区合作项目

公司不仅销售药物、疫苗产品，还希望通过采取支持医学教育和公共卫

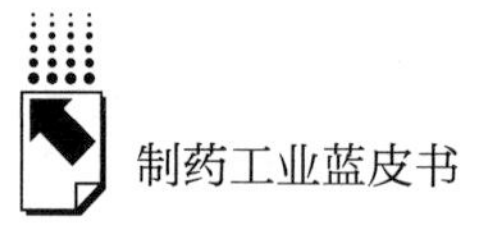

生举措，改善中国人民的生活。

（1）与上海新途社区健康促进社合作，关爱流动人口

①2009 年以来，公司与上海新途社区健康促进社合作，建设两个新市民生活馆，改善流动人口的医疗服务。2015 年，公司斥资近 240 万元人民币（250000 英镑）将新市民生活馆扩建到大型城镇中心，包括上海、北京、广州、青岛和成都，提供社区与儿童健康保健服务。自 2016 年以来，通过培训、讲座和社区活动使超过 18 万的流动人口受益。

②2017 年，公司与上海新途社区健康促进社将延长三年合作关系，培训社区健康大使，支持流动社区的健康事业，尤其是妇女和儿童的健康。到 2019 年，该项目将培训 610 名社区健康大使，让 50000 万名流动妇女和儿童受益。

（2）2016 年以来，公司与北京红丝带之家合作，携手治疗和预防艾滋病

公司已经开展了以专业培训、疾病关爱与教育为主的一系列活动，从而关爱 HIV 感染者心理健康，为他们提供更好的服务与生存环境。在 GSK 中国的支持下，北京红丝带之家制订了三年计划来应对 HIV 治疗和预防的挑战。

（3）2015 年以来，公司一直向四川省科技扶贫基金会的留守儿童项目提供支持，GSK 员工筹集捐款在四川建立了一个青少年健康成长关爱中心

2016～2017 年，公司连续两年在四川宜宾大妙中学举办了夏令营活动，充实留守儿童的生活。该项目已计划延长三年，增加资金投入 800976 元。

（4）橙光行动

这是 GSK 的一项全球性员工志愿者项目，号召员工每年拿出一天的时间走向社会，以己之能回馈社会。橙光行动志愿者是 GSK 员工的另一层身份。自 2016 年以来，GSK 中国 60 多个团队通过 80 多场活动在 50 多个城市的社区贡献了超过 3000 天的志愿服务。

4. 通过资助和捐赠支持相关机构和政府

公司在中国的慈善和合作项目主要集中于提升医生教育水平，特别是农村和偏远地区的基层医疗水平，与“健康中国 2030”的方向与目标一致。

（1）支持中国健康促进基金会开展“扶贫攻坚、健康同行——肝炎健康促进与防治”项目

2018～2020 年，公司支持中国健康促进基金会开展“扶贫攻坚、健康同行——肝炎健康促进与防治”项目。该项目将提高中国肝炎防治水平，促进中国肝炎防治体系及人员队伍建设。

（2）与国家卫生和计划生育委员会（NHFPC）的合作

公司启动了全科医生培训计划，将在 2015～2020 年提升 13000 名医生的乙肝和慢阻肺的诊断和标准治疗能力，以保证在中国的每个县级市中至少有两名训练有素的医生。

（3）与中华预防医学会（CPMA）缔结战略合作伙伴关系

自 2016 年 11 月起，公司与中华预防医学会（CPMA）缔结战略合作伙伴关系，在为期三年的战略合作框架下，双方将携手应对中国公共卫生领域主要挑战，包括公共卫生与预防医学领域人才队伍培养，以及艾滋病、病毒性肝炎、宫颈癌等重大疾病预防教育。在未来三年内，该合作下的“全国预防接种服务与管理培训计划”预计将覆盖 4000 余名全国基层预防接种人员。

（4）支持中国非政府组织开展 HIV 防治项目

公司向中华预防医学会（CPMA）提供善款，支持中国非政府组织开展 HIV 防治项目。根据全国和地方 HIV 应对方案和政策，该基金将用于为 HIV 高风险群体提供信息，开展教育和宣传活动，进行预防干预、HIV 检测和咨询，关爱支持 HIV 感染者。

5. 公司荣誉

（1）GSK 入围医药专业学生心目中最具吸引力的雇主前五名

“2017 年最具吸引力雇主”榜单由优兴咨询通过调研中国学生的工作偏

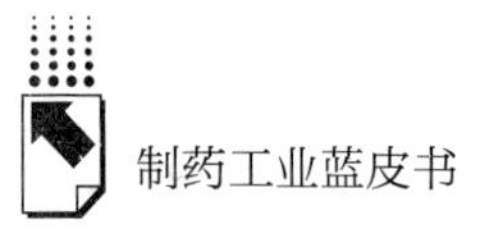

好、期望和体验而得出的。

（2）2016 年，GSK 登上世界著名财经杂志《财富》“改变世界的企业”榜首

这是对公司大力提高药物的可及性和可负担性的认可，也体现了 GSK 全球员工努力打造与时俱进的经营方式的决心和承诺。在中国，公司也致力于以“立足中国，携手中国，服务中国”的战略承诺来实施全球战略。

（3）试验透明度指数（All Trials Transparency Index）最新公布的结果

在所有试验透明度指数（All Trials Transparency Index）最新公布的结果中，公司在 42 家公司中排名第一。这充分肯定了公司在临床试验数据透明度方面的举措和承诺，持续在行业中占据领导地位。

（4）疫苗可及性指数（Access to Vaccines Index）报告

在疫苗可及性指数（Access to Vaccines Index）报告中，公司被评为疫苗行业领跑者。疫苗可及性指数评估了疫苗生产企业在提高免疫接种覆盖率方面的表现，是行业内第一份独立报告。报告强调了公司致力于为世界各地儿童提供更多创新疫苗、提升疫苗可及性的承诺。

（5）道琼斯可持续发展指数榜

2017 年，GSK 再次位列道琼斯可持续发展指数榜，道琼斯可持续发展指数（DJSI）是追踪全球领先企业可持续发展表现的全球基准，约有 3400 家公司受邀参与，前 10% 被列入。

（6）GSK 荣获“2016 中国社会责任公益慈善奖”

2016 年，GSK 荣获“2016 中国社会责任公益慈善奖”，以表彰公司为支持医疗教育、关注公众健康所做出的贡献。

三　立足中国，携手中国，服务中国

公司立足中国，携手中国，服务中国，一诺千金。为此，公司不断改进工作、投资和研究的方式。通过三大优先事项，齐心协力，为更多人带来高质量的产品，满足人们的需求。

公司致力于克服一些重大医疗挑战，并通过创新改变来改善人们的生活。继续加强药物和疫苗的研发，治疗和预防中国的重点疾病，包括肝炎、艾滋病、肺结核和老年性疾病。

公司致力于提供更先进的药物和疗法，帮助中国呼吸疾病患者改善病情，提高他们的生活质量。公司也将加快引进更创新的疫苗，保护各年龄段人群的健康。

公司致力于应对抗生素耐药的挑战，抗生素耐药的蔓延对全球公共卫生产生严重威胁，随着挑战不断升级，正着力研究新的方式对抗感染。

公司承诺支持中国医药行业的可持续发展，并将继续改革运营模式，从而继续以患者利益为先。

公司将提高药物和疫苗对中国患者和消费者的可及性和可负担性，无论他们身在何处、无论他们的经济情况如何。

价值观是一切的核心，它塑造了公司的文化。每一位员工都以公司的价值观为导向，公开透明、尊重他人、正派诚实，并将患者和消费者的利益放在第一位。

只有做到这些，公司才能得到患者、员工、股东及社会的支持，才能达成公司的使命，即帮助人们做到更多、感觉更舒适、生活更长久。

区域发展篇

Regional Development

B.27
2017年江苏省制药工业发展情况分析

沈松泉*

摘　要： 江苏医药源远流长，已成为全国的医药大省，实现了由量到质、由大转强的战略提升。2017年江苏医药经济运行良好，全省医药主营业务收入4592.31亿元、利润509.88亿元、出口交货值366.93亿元。江苏医药不断推进产业结构调整，扩大对外开放，医药产业布局各具特色逐渐呈现集群发展态势，已形成了"一城六区"的医药产业格局。在新时期江苏医药将努力增强内生动力，加快创新发展和国际化进程。

关键词： 江苏　制药工业　结构优化　创新发展

* 沈松泉，江苏医药行业协会常务副会长。

江苏医药源远流长，在东晋、唐代、宋代、明代、清代，直至光绪年间，涌现了葛洪、陶弘景、苏颂、沈括、缪希雍、许叔微等一批医药学家。到民国 8 年（1919 年），江苏有了最早的化学制药药房——苏州利济药房。新中国成立初期制药企业只有少数几家，到 70 年代中期已发展到 91 家。改革开放后，江苏医药实现了历史性的跨越式发展，成为全国的医药大省。进入新时期，江苏医药快速发展，“十五”末的 2005 年，江苏医药主营业务收入为 512 亿元，到“十一五”末的 2010 年达到 1658.8 亿元，到“十二五”末的 2015 年达到 3963.2 亿元。江苏医药由 2006 年占全省 GDP 的 2% 不到的新兴产业，转变成 2015 年占全省 GDP 的 5.65% 的支柱产业，2016 年医药工业占全省 GDP 的 6.06%，2017 年占比达 6.11%，江苏医药实现了由量到质、由大转强的战略提升。

一　医药经济运行良好

2017 年江苏医药经济运行良好，继续保持快速发展态势。全省医药主营业务收入 4592.31 亿元，同比增长 12.60%，占全国同类指标值的 15.40%；利润 509.88 亿元，同比增长 13.00%，占全国同类指标值的 14.49%；出口交货值 366.93 亿元，同比增长 11.50%，占全国同类指标值的 18.14 %。

（一）主营业务收入

全省主营业务收入 4592.31 亿元，按支行业分，排名第一位的制剂大类主营业务收入 1889.69 亿元，占全国的 22.66%；排名第二的原料大类主营业务收入 792.58 亿元，占全国的 15.88%；排名第三的器械大类主营业务收入 619.65 亿元，占全国的 21.91%。另外，药机和饮片两大类主营业务收入增幅较大，分别为 20.50% 和 42.80%，占全国的比重也分别上升 2.21 个和 1.67 个百分点（见表 1）。

表 1　江苏医药制造业主营业务收入（按支行业分）

单位：亿元，%

指标	2017 年	2016 年	同比增长	占全国比重
合计	4592.31	4078.43	12.6	15.40
化学药品原料药制造	792.58	751.97	5.4	15.88
化学药品制剂制造	1889.69	1648.94	14.6	22.66
中药饮片加工	197.32	138.18	42.8	9.11
中成药生产	387.13	352.9	9.7	6.75
生物药品制造	404.89	363.46	11.4	12.23
卫生材料及医药用品制造	262.02	234.36	11.8	11.56
制药专用设备制造	39.03	32.39	20.5	20.90
医疗仪器设备及器械制造	619.65	554.25	11.8	21.91

主营业务收入按地区分，江苏全省 13 个省辖市医药产业均有不同程度增长，其中排名前五位的地区是：泰州 1032.77 亿元，占全省的 22.49%，其后依次为连云港、徐州、苏州和南通。前五位地区的总收入比重占 67.90%。总量排名前五位的地区中，增长速度排名前三位的地区泰州为 19.40%、徐州为 16.70%、连云港为 14.00%。从总量和增长速度来看，泰州和徐州两地区发展势头较强劲（见表 2）。

表 2　江苏医药制造业主营业务收入（按地区分）

单位：亿元，%

地区	2017 年	2016 年	同比增长	占全省比重
全省合计	4592.31	4078.43	12.6	100.00
泰州	1032.77	864.97	19.4	22.49
连云港	610.29	535.34	14.0	13.29
徐州	606.44	519.66	16.7	13.21
苏州	486.85	449.12	8.4	10.60
南通	381.67	344.78	10.7	8.31
盐城	293.71	284.88	3.1	6.40
无锡	281.88	253.26	11.3	6.14
南京	269.78	250.49	7.7	5.87
常州	240.44	224.71	7.0	5.24
扬州	195.65	173.6	12.7	4.26
镇江	83.75	78.27	7.0	1.82
淮安	70.38	65.41	7.6	1.53
宿迁	38.7	32.27	19.9	0.84

（二）利润总额

2017 年全省医药行业利润总额为 509.88 亿元，同比增长 13.0%，占全国的 14.49%。其中，排名第一的制剂大类利润总额 253.90 亿元，占全国的 21.70%；排名第二的器械大类利润总额 74.33 亿元，占全国的 22.86%；排名第三的原料大类利润总额 55.80 亿元，占全国的 12.80%。另外，饮片和卫材两大类利润总额增速较快，分别为 27.10% 和 26.20%（见表 3）。

表 3　江苏医药制造业利润总额

单位：亿元，%

指标	2017 年	2016 年	同比增长	占全国比重
合计	509.88	451.22	13.0	14.49
化学药品原料药制造	55.80	54.66	2.1	12.80
化学药品制剂制造	253.90	222.91	13.9	21.70
中药饮片加工	18.48	14.54	27.1	12.04
中成药生产	40.27	34.01	18.4	5.69
生物药品制造	42.06	35.98	16.9	8.43
卫生材料及医药用品制造	21.68	17.18	26.2	10.14
制药专用设备制造	3.36	2.84	18.3	22.83
医疗仪器设备及器械制造	74.33	69.14	7.5	22.86

（三）出口交货值

2017 年江苏出口交货值为 366.93 亿元，同比增长 11.50%，占全国的 18.14%。其中，排名第一的器械大类出口交货值 145.70 亿元，占全国的 28.06%；排名第二的原料大类出口交货值 64.43 亿元，占全国的 10.06%；排名第三的卫材大类出口交货值 62.22 亿元，占全国的 28.15%；排名第四的生物大类出口交货值 49.05 亿元，占全国的 14.54%；排名第五位的制剂大类出口交货值 39.57 亿元，占全国的 19.97%（见表 4）。

表 4 江苏医药制造业出口交货值

单位：亿元，%

指标	2017 年	2016 年	同比增长	占全国比重
合计	366.93	329.09	11.5	18.14
化学药品原料药制造	64.43	59.22	8.8	10.06
化学药品制剂制造	39.57	36.50	8.4	19.97
中药饮片加工	1.41	1.41	-0.2	3.78
中成药生产	1.07	1.45	-26.3	2.10
生物药品制造	49.05	42.07	16.6	14.54
卫生材料及医药用品制造	62.22	56.67	9.8	28.15
制药专用设备制造	3.48	2.85	21.9	18.66
医疗仪器设备及器械制造	145.70	128.83	13.1	28.06

二 医药产业结构优化

近几年来，江苏医药不断推进产业结构调整、企业兼并重组、扩大对外开放、扩充资本市场，医药产业结构进一步优化。

（一）制药企业

1. 制药企业数

截至 2017 年 12 月，全省制药工业企业中持有药品生产许可证的共 540 家，比上年增加 28 家。按地区分布，南京 70 家、无锡 47 家、徐州 21 家、常州 48 家、苏州 108 家、南通 58 家、连云港 25 家、淮安 23 家、盐城 38 家、扬州 22 家、镇江 17 家、泰州 55 家、宿迁 8 家。

2. 企业所有制类型

全省医药企业中，有限责任公司 401 家，占全部企业的 74.3%；中外合资企业 35 家，占 6.5%；外商独资企业 42 家，占 7.8%；港澳台资企业 56 家，占 10.4%；集体企业 4 家；私有企业 2 家。制药企业以有限责任公司为主，“三资”企业占近 1/4。

3. 三资企业

全省“三资”企业包括中外合资企业、外商独资企业和港澳台资企业，全省共133家，占全省所有制药企业的24.6%。

“三资”企业中，纯原料药生产企业27家，占全部“三资”企业的20.3%；纯制剂生产企业53家，占40.0%；原料药和制剂皆生产的企业32家，占24.1%。

（二）产品类型

全省医药企业中，纯原料药生产企业112家，占20.7%；纯制剂生产企业175家，占32.4%；原料药和制剂都生产的企业112家，占20.7%。上述三种类型企业共计399家，占73.9%。其中，有原料药生产的企业为224家，占41.5%；有制剂生产的企业为287家，占53.1%。产品以制剂为主体。

此外，中药饮片生产企业49家、医用氧生产企业51家、药辅企业45家、空心胶囊生产企业9家、诊断试剂生产企业3家、疫苗生产企业4家、艾条生产企业1家。

还有生物医药生产企业41家、抗癌药生产企业40家。

（三）产品剂型

全省有制剂生产的企业287家，以片剂、胶囊剂（软、硬）、颗粒剂和小容量注射针剂生产为主。其中，生产片剂176家，占61.3%；生产胶囊剂159家，占55.4%；生产颗粒剂88家，占30.7%；生产小容量注射剂96家，占33.4%。

此外，生产大容量注射剂41家、生产冻干粉针剂58家、生产粉针剂24家、生产干混悬剂25家、生产软膏剂26家、生产喷雾剂14家、生产丸剂16家、生产酊剂16家、生产合剂17家、生产散剂17家、生产乳膏剂39家、生产口服剂37家、生产滴眼剂16家、中药提取和前处理88家。

（四）企业资本运作

全省上市医药企业（不含外资企业上市公司）共18家。其中，医药工业企业 16 家：江苏恒瑞医药、江苏康缘药业、江苏豪森药业、江苏吴中医药、苏州天马医药、苏州雅本医药、苏州东瑞制药（香港上市）、常州千红制药、常州常茂制药、南京金陵药业、无锡四环制药、徐州恩华药业、徐州必康制药、扬州联环药业、南通精华制药、泰州济川药业。

医疗器械企业 2 家：常州康辉医疗器械（境外上市）、丹阳鱼跃医疗器械。

三　医药产业布局各具特色

江苏医药产业逐渐呈现集群发展态势，发挥集群效应，结合区位优势，形成了“一城六区”的医药产业格局，不断推进产业结构调整和转型升级。其中“一城”是指泰州“中国医药城”，“六区”是指南京、苏州、无锡、常州、连云港、南通六个医药产业区域。这七大医药产业基地，2017 年汇集了全省 70.83% 的医药企业，经济总量占全省的 71.94%，而且各具特色。

（一）一城，即泰州“中国医药城”

泰州市地处江苏省中部、长江沿岸，为长三角经济区 16 座中心城市之一，处于沿海和长江“T”形产业带的结合部，有良好的区位优势、资源条件和经济基础。

江苏省委、省政府把在泰州打造“中国医药第一城”作为一项重要战略部署，2006 年 9 月医药城启动建设，2009 年 3 月中国医药城经国务院批准升为国家医药高新区。2010 年 2 月，科技部、卫生部、国家药监总局、国家中医药管理局与江苏省政府决定共建泰州“中国医药城”。中国医药城启动建设以来，以“中国第一，世界有名”为目标，按照“以产兴城、以城促产、产城合一、产城共荣”的规划建设理念，致力于打造中国规模最大、产业链最完善的生物医药产业基地。目前，园区内已集聚国内外 50 多家知名大学和医药研发机构，阿斯利康、武田制药、勃林格殷格翰、石药集团、海王药业等 600 多家国内外知名医药企业先后落户，500 多项“国际一流、国内领先”的医药创新成果落地申报，2000 多名海内外高层次人才落户创业、38人入选国家“千人计划”，园区被列入国家新型疫苗及特异性诊断试剂产业集聚区试点。

（二）“六区”

1. 南京地区

南京是长三角的中心城市之一，以建立南京“药谷”为契机，以高校、研究机构为依托，建立若干实验室、加快产学研结合，带动企业研发和产业化进程。全市建有浦口生物医药园、徐庄医药园、栖霞生物医药园、江宁医药园等板块，经济开发区以中国药科大学、南京中医药大学、南京大学、东南大学等几十所高等院校、科研院所为依托，把生物医药作为发展的“拳头产品”，已有先声东元、老山药业等一批生物医药企业落户。园区企业主要集中在生物医药、化学制药、诊断试剂、医疗器械、中药饮片、研发服务外包等领域，初步形成了一定的产业规模和集聚态势。

2. 苏州地区

苏州位于长三角地区的地理中心，医药产业包括中药、化学药、生物制药、原料药、中药饮片、医用氧气、血液制品等，几乎涵盖药品所有剂型，品种完备程度居全省第一位。苏州坚持错位发展，集聚发展战略，重点支持生物纳米园、医疗器械产业园、小核酸产业园、吴江生物医药4个板块特色集聚区。其中，生物纳米园是苏州推进科技跨越计划而重点建设的自主创新专业科技载体，重点做好生物纳米技术的前瞻性战略发展。生物纳米园的80余家高科技研发企业，形成了生物医药、诊断技术、医疗器械、研发外包、纳米技术等产业集聚群。苏州还吸引了一大批跨国医药企业进驻，同时借助于当地电子产业、制造业等方面的基础，外向型程度高，成为全国知名的中外合资医疗企业集聚区，外商独资企业占全省的50%，外资企业销售收入占全市医药工业的50%以上。

3. 无锡地区

无锡位于长江三角洲，外向型经济起步较早，阿斯利康、华瑞、华裕、纽迪西亚等知名外资企业相继落户。经过近几年的快速发展，已拥有新区医药工业园、马山生物医药工业园、惠山生命科技园以及江阴百桥国际生物科技孵化中心等4个制药企业密集区。生物医药产业作为无锡重点培育的八大战略性新兴产业之一，积极引进国内外研发机构和领军人才，培育建设具有自主知识产权的生物医药研发创新体系，建设高起点的医药研发和生产基地，重点发展新型抗菌药、抗体药、人类基因药、转基因动物技术、干细胞等高新技术。

4. 常州地区

常州地处长三角经济发达地区，具有良好的医药产业基础，常州千红、常州四药、常州制药厂、常州方圆制药入选国家火炬计划重点高新技术企业。常州把生物医药产业列为重点培育、重点扶持的五大产业之一，为产业发展创造良好的环境。常州国家高新区生物医药产业园被批准为省级科技产业园和“江苏省生物医药和工程特色产业基地”，是常州生物医药产业集聚区。基本形成覆盖生物制药、化学原料药及制剂、医药中间体、中药提取及中成药、医疗器械等多门类、多品种的产业体系，重点发展生物技术新药及试剂、小分子药物、心脑血管类药品、现代中药等。

5. 连云港地区

连云港位于江苏省东北部，陇海铁路终点。近年来医药产业不断发展，集群形成迅速，整体竞争力明显提高。医药企业注重专业化生产，已形成以恒瑞医药为主的抗肿瘤药物、以正大天晴药业为主的抗肝炎药物、以康缘药业为主的新型中成药生产及麻醉镇痛药、新型药物包装材料及医用灭菌设备等六大生产基地。连云港新医药产业园重点发展新型化学合成药、现代中药、新兴医疗器械和药用包装材，加快发展生物制药、海洋医药和新型化学药物制品，打造引领国内创新药物研发及产业化示范基地，紧跟国际医药研发前沿，加快产品国外认证进程，吸引国际前沿人才，积极开拓国际市场，直接跟踪和锁定全球创新药的研究方向。

6. 南通地区

南通位于长江入海口，沿海沿江，以港闸经济开发区为医药建设核心区域，从科技投入、税收减免、创新服务平台建设、贷款贴息及吸引人才等方面对入园企业、人才给予优惠扶持。优选符合产业发展要求、具有自主知识产权、科技含量较高、辐射能力强的高新项目入园区转化，加快园区特色产业的发展步伐。通过政策引导，鼓励企业按市场化、企业化、产业化要求，与高校、科研机构共建工程技术研究中心、重点实验室、中试基地等共用或专用技术研发平台。着力发展传统中成药二次开发，拓展传统中成药新用途，加快海洋药物和海洋医用材料的开发。

四　医药发展呈现新的态势

2017 年，江苏医药行业面对一个个严峻挑战，努力增强内生动力，加快经济转型，加快结构调整，加快创新和国际化进程，医药产业呈现了新的发展态势。

（一）医药产业结构进一步优化

2017 年，全省注册生产企业 540 家，生产制剂企业达 287 家，占全部企业的 53.1%，江苏成为制剂大省。特别是生物医药发展处于领先地位，全省生物医药品种较全，有胸腺肽、肝素钠、胰酶、疫苗、诊断试剂等，尤其是在基因工程技术领域优势明显，干细胞、小核酸等位居前列。生物医药产业以生产制造业为一体、以生物医药研发和市场培育为两翼的“一体两翼”的发展模式进一步完善。生物医药工业总产值占全省医药经济的 8.82%，高于传统中成药的 8.43%，生物医药工业迎来发展的“黄金时代”。

（二）医药创新研发提升核心竞争力

江苏医药创新研发走在全国前列，一方面，有创新研发厚实的基础条件，全省拥有众多的全国知名高等院校、科研院所，以及高水准的新药临床、药理实验基地，有一大批高素质的医药科技人才队伍，特别是具有健全的产学研相结合的创新机制，形成了与国际接轨、覆盖新药创制全流程的技术创新体系。目前，江苏原创化学药创新中心正在连云港建设，参建单位拥有16个国家级研发平台，争创国家级制造业创新中心；同时积极培育省级泰州生物医药、南京精准医疗、苏州小核酸等3家医药制造业创新中心。新药创新开创了新局面，苏州信达开发的首个国产PD－1单抗申请上市，进入独角兽企业行列；无锡药明协助生产的抗艾新药成为2018年FDA批准的首款创新生物药；南京前沿生物研发的1－1类抗艾新药艾博卫泰全国首个进入Ⅲ期临床；南京传奇生物提交首个CAR－T临床申请；康缘药业桂枝茯苓胶囊申请美国FDA认证Ⅱb期临床基本结束。另一方面，医药企业将创新作为发展的根本动力，加大研发投入，组织精干研发团队，实施创新驱动战略。据协会跟踪研究的全省147家重点医药企业分析，2017年企业创新产品主营业务收入1336.80亿元，占全部产品主营业务收入的42.75%；创新产品利税260.82亿元，占全部产品利税的53.64%；创新产品利润173.90亿元，占全部产品利润的54.09%。江苏医药产业的市场竞争力大大提高。

（三）医药骨干龙头企业引领全行业快速发展

全省医药骨干龙头企业十分注重创新发展，坚持做大做强，在实现自身发展的同时，引领全行业的快速发展。2017年，扬子江药业实现销售收入702.82亿元，同比增长18.74%；恒瑞医药138.0亿元，同比增长24.32%；正大天晴达132.78亿元，同比增长9.01%，成为全省3家超百亿元的企业；豪森98.34亿元，同比增长12.68%；济川89.12亿元，同比增长20.06%；阿斯利康77.14亿元，同比增长8.02%；康缘69.77亿元，同比增长9.64%；先声63.0亿元，同比增长10.0%；苏中药业40.10亿元，同比增长9.66%；恩华34.06亿元，同比增长15.45%；奥赛康34.03亿元，同比增长10.08%。这11家医药企业占全省企业总数的2%，销售收入却占全省医药行业销售收入的32.2%，在全省医药行业中发挥了核心和主力军作用。

（四）医药企业“两化融合”助推江苏医药新发展

医药工业信息化与工业化的“两化融合”是现代制造业的重大变革。

这几年，全省推进“两化融合”迈出了新步伐、取得了新突破，对江苏医药抢占新科技革命的制高点产生了重大而深远的影响。康缘药业不断提升制药过程信息化水平，成为全省“两化融合”示范企业。康缘药业建成的现代中药数字化智能工厂，创新集成了先进的生产过程自动控制技术、中药复杂物质体系的过程分析技术和生产数据信息管理技术，实现生产过程的智能化、信息化、数字化、动态优化，产品质量均一性提高5%以上，居于国际领先水平，被工信部列为智能制造试点示范项目。先声药业引进智能化生产设备，建设抗肿瘤、心脑血管药物新基地等。全省“两化融合”的提速推进，开辟了江苏医药发展的新阶段。

（五）产业国际化进程不断加快

全省医药产业国际化不断推进。一批医药骨干龙头企业积极与国际医药大跨国公司合资合作，通过产能挖掘开发，实现新的发展；同时加快欧美FDA国际认证，使本地医药产业走向国际市场。特别是近年来，江苏医药抓住“一带一路”发展机遇，走向国际市场。如正大天晴医药集团，提前推进相关市场准入，与中亚医药公司建立合作关系，使正大天晴药品顺利进入乌兹别克斯坦、吉尔吉斯斯坦、塔吉克斯坦等中亚国家，并使一个极具潜力的抗乙肝病毒创新药与跨国公司强生达成独家许可协议。现在全省已有一批医药企业在欧美成立分公司，正在不断加强与跨国企业的联络与合作，充分利用国际国内的两个市场和两种资源，拓展医药产业发展的新途径。

江苏医药工业在新的历史时期，将坚持由高速增长转向高质量增长，主动融入国家发展大战略，加快供给侧结构性调整，实现由医药大省向医药强省的转变。

B.28
山东省制药工业发展现状及展望

山东省医药行业协会

摘　要： 山东省制药工业发展已形成了药品、医疗器械、卫生材料、医药包装、制药机械等门类齐全的产业体系，主要经济指标连续12年位居全国前列。

关键词： 化学原料药　化学制剂　山东

山东省制药工业在省委、省政府决策部署下，积极应对新常态下复杂严峻的国内外发展环境，实施创新驱动发展战略，坚持科技创新和管理创新，努力促进产业结构、产品结构调整和发展方式转变，保持了医药产业持续、健康发展。山东省制药工业经过几十年发展已形成药品、医疗器械、卫生材料、医药包装、制药机械等门类齐全的产业体系，呈现出化学药品优势突出、中药和医疗器械快速发展格局。形成鲁中、鲁东地区快速发展，鲁南、鲁西南地区崛起之势。全省主要经济指标连续12年位居全国前列。

一　山东制药工业“十二五”时期发展回顾

（一）“十二五”期间取得的主要成就

“十二五”期间山东省制药工业持续健康发展，产品结构持续优化，经济增长质量继续提高。制药工业成为全省增速最快、增长质量最好的产业之一。

1. 规模效益稳步增长

到2015年底，山东省规模以上企业832家，全省医药工业主营业务收入达到4333亿元、利润431亿元、利税651亿元；主营业务收入、利润均在全国同行业排名第一，利税排名第二；“十二五”期间年均复合增长率分别为20.07%、19.83%、20.60%；“十二五”末主营业务收入、利润、利税分别是“十一五”末（2010年）的2.5倍、2.5倍、2.6倍。“十二五”期间山东省医药工业增速处于全省各工业行业前列，在全省工业行业中的比重不断提升。医药工业销售总额占全省工业总额的比重由2011年的2.01%增加到2015年的2.87%，利税总额占全省工业利税总额的比重由2011年的2.84%增加到2015年的4.53%。医药产业贡献能力逐年提高。

表1 “十二五”期间山东省医药行业主要经济指标情况

单位：亿元，%

年份	主营业务收入			利税			利润		
	全国位次	同比增长	年度累计	全国位次	同比增长	年度累计	全国位次	同比增长	年度累计
2011	1	27.67	2076.39	2	25.87	318.23	1	28.70	224.25
2012	2	20.35	2434.04	2	19.76	376.59	2	16.43	257.95
2013	1	18.97	3352.76	1	19.67	504.03	1	19.30	336.06
2014	1	17.71	3831.70	2	14.22	571.02	1	13.24	377.26
2015	1	11.31	4333.17	2	12.24	651.11	1	12.67	430.87

资料来源：国家统计局数据。

2. 产业体系进一步完善

化学药品、生物技术药、海洋生物药、现代中药、医疗器械、生物材料、医药包装、制药机械等门类齐全、各具特色的产业体系已经形成，化学药品优势突出。2015年，全省化学药品销售收入为1706亿元，占全省医药工业销售收入的39.4%；中药销售收入为600亿元，占13.8%；生物药销售收入为991亿元，占22.9%；医疗器械及制药机械销售收入为349亿元，占8.1%；化学药品（包括生物药）占比达到62.3%，居主导地位。2015年山东化药二十四大类产量占全国的21.6%以上，出口量占25.5%以上，均居全国第一位，是全国重要的原料药生产和出口基地。中药现代化取得较大突破，生物制药发展良好，医疗器械向大型、成套和智能高端化发展。产业链向精细化工、医药中间体、药用辅料、包装材料等不断延伸。

3. 企业实力进一步增强

2015 年全省 50 家重点医药企业主营业务收入占全行业的 31.4%，利润占 52.6%，利税占 48.9%，其中威高集团主营业务收入达到 238 亿元，是山东省第一家迈过 200 亿元大关的最大医药企业；齐鲁制药实现主营业务收入 128 亿元，是山东省首家迈过百亿元大关的最大化学制药企业；山东步长主营业务收入达到 111 亿元，成为山东省首家过百亿元的中药生产企业。有 7 家企业主营业务收入过 50 亿元，28 家企业主营业务收入过 10 亿元，77 家企业主营业务收入过亿元。

2015 年，山东共有 15 家企业进入全国医药工业百强榜，骨干医药企业为山东医药健康发展起到了龙头带动作用。

4. 重点产品优势比较明显

“十二五”期间，山东省医药工业产品结构不断优化，传统优势产品地位不断巩固，通过新产品开发和对重点产品的培植，形成了新的竞争优势。在化学药品方面，新华制药、鲁安药业的解热镇痛药和齐鲁、睿鹰、鲁抗的头孢类原料药、鲁维和天力集团的维生素、寿光富康的原料药和医药中间体总量居全国前列，绿叶制药的麦通纳、希美纳市场占有率居全国第一位，达因制药的儿童药物和黄海制药的心脑血管药物在国内具有明显优势。生物技术药物有新的突破，齐鲁制药的重组人粒细胞集落刺激因子、重组人白介素 -11、单唾液酸四己糖神经节苷酯（申捷）市场占有率均居全国第一位。东阿阿胶的 EPO 和瑞通立等在市场上也取得可喜成绩。在生物材料方面，威高集团的心脏支架、人工肝、人工肺、人工骨等已实现产业化，市场占有率均居全国第一位。在高端医疗设备方面，新华医疗、威高集团、育达医疗等企业生产的高性能数字 X 射线机、彩色超声成像仪、生化分析仪、血液分析仪、心电监护系统、呼吸（麻醉）机、血液净化设备、消毒灭菌设备、放射治疗设备、诊察设备、影像设备等产品在全国居重要地位，部分产品已出口国际市场。在现代中药方面，山东步长的丹红注射液单产品销售额突破50亿元，市场占有率位居全国第一。阿胶产品占有全国80%的市场份额，成为全国最大的中药产品之一。山东传统名优产品如心可舒、苦甘冲剂、养心氏、人工麝香、人工牛黄、二仙膏、三鞭丸、小儿消食片、金鸣片、牛黄解毒片、复方丹参片等不断进行工艺创新和二次开发，优势地位不断得以加强。

5. 创新能力不断提升

到2015年底，全省医药工业拥有国家级创新平台21个、省级创新平台204个、医药高层次创新创业人才67人，山东省重大新药创制平台服务中心二期建设即将竣工投入运营。企业研发投入占销售收入的3%以上，一些企业该比例达到8%以上。产学研结合开展新药研制得到企业重视，一些企业不仅在上海、北京建立研究平台，而且在美国、加拿大建立了研发中心和实验室。涌现出齐鲁制药、罗欣药业、辰欣药业、鲁南制药、瑞阳制药、山东步长、新华制药等一批创新型企业。

“十二五”期间，全省共受理新药仿制药2623件。2015年，受理新药仿制药543件、临床试验批件280件、注册批件50件。截至2015年底，全省医药领域共获得国家级奖励14项、省科技进步一等奖17项，有2人获得省科学技术最高奖。中国海洋大学的“海洋特征寡糖的制备技术（糖库构建）与应用开发”获得国家技术发明一等奖、宏济堂制药参与的“人工麝香研制及其产业化”获国家科学技术进步一等奖。

6. 质量管理不断加强

通过持续推进《药品生产质量管理规范（2010年版）》，到2015年底，全省药品生产企业GMP认证通过率达85%以上。山东省大中型企业的无菌制剂生产线在2013年底达标规定期限内基本都通过了GMP认证。

一批优势企业生产质量管理与国际先进水平接轨，山东省累计有8家企业的27个原料药品种通过欧盟认证；7家企业的48个原料药品种、7个制剂品种通过美国FDA认证；10家企业的69个产品及16条生产线（300余个品种和规格）通过了其他27个国家、地区及国际组织的GMP认证，其中，1家企业的1个原料药产品通过WHO认证，1家企业的4条制剂生产线通过国际儿童基金会认证，1家企业的1个制剂品种通过英国GMP认证，2家企业的9个制剂产品通过澳大利亚GMP认证等。

7. 技术装备逐步升级

2011年以来，山东省医药企业共实施了近200个重点技改项目，促进了GMP改造升级和新产品产业化。企业生产过程的自动化、智能化水平明显提高。部分企业在制剂加工工艺水平、部分原料药工艺技术水平方面，已经接近或达到世界先进水平，如齐鲁制药投资近80亿元推动智能化生产。在中药方面，山东重点中药生产企业在生产线上对传统工艺进行现代化改造，一批先进工艺和技术得到应用，如超微粉碎技术、超临界流体萃取技术、动态循环阶段连续逆流提取技术、超声波和生物酶解提取技术等，特别是提取工艺实现了智能制造，中药全过程质量控制水平提高。

8. 品牌培育能力不断增强

在政府主导和协会倡导下，企业进一步树立“以责任建品牌、以品牌求发展”的理念，强化医药行业及企业重视责任，优化品牌，提高为人民群众健康服务的责任和能力。同时，以品牌优势促进企业发展，以品牌建设带动产业升级，通过品牌打造，越来越多的山东医药优秀品牌占领市场，涌现出了新华制药的阿司匹林、黄海制药的尼福达、青岛国风的养心氏、宏济堂制药的小儿消食片、方健制药的二仙膏、东阿阿胶、福牌阿胶等一大批深受百姓喜爱和市场推崇的山东省乃至全国的名牌产品。到2015年底，全省医药行业已获得中国驰名商标29个、中国名牌3个、山东省著名商标128个、山东名牌产品90个。

9. 两化融合逐步推进

一批企业在两化融合方面已取得较好成果，东阿阿胶、华仁药业、黄海制药成为工信部两化深度融合贯标试点企业，对行业发展具有示范意义。东阿阿胶建立了产品安全可追踪系统，实现原料培育、生产加工、销售管理等整个产品生命周期的溯源管理；开发出了B2C交易平台，通过信息技术集成实现了与天猫以及Siebel、EBS等系统的无缝衔接；信息自动化控制技术被应用到产品生产各个环节。

绿叶制药应用先进的数字化研发系统，大幅提高了研发的效率和规范性，有效保证了研发与国际标准的接轨和融合，增强了企业技术创新能力；新华制药自主开发的能源检测分析系统实现了对化工医药生产过程中能源消耗数据和环保数据的实时检测与分析，为车间成本核算和节能降耗提供基本的数据支持，保证了各能源品种消耗的合理使用；齐鲁制药引进了产品自动装盒机、全自动灯检仪、三合一眼用制剂生产线和国际先进的成套药品生产检测设备，既提高了劳动效率和产品检测精确度，又大大降低了生产风险，为产品质量提供了可靠保证；威高从日本、韩国、法国、德国、荷兰等国家引进了先进的自动化成套生产线，较大地提升了生产技术能力。

10. 区域发展逐步均衡

山东省政府重视医药产业的发展。2012 年省政府提出“四新”发展战略，即全省企业抓好转型升级工作，重点支持新 IT、新材料、新能源和新医药的发展。2014 年省长郭树清亲自听取各重点协会，其中包括省医药行业协会在内的关于行业和企业转型升级实施方案的汇报。各市政府对于当地医药产业发展给予高度重视，例如淄博市、菏泽市把医药产业列为当地支柱产业给予支持；威海市、临沂市、潍坊市等专门制定当地医药产业发展规划；青岛市围绕海洋医药发展专门制定规划，加强医药基础设施建设，制定政策吸引海外、省内外企业与人才来青发展，大力发展生物技术药物与海洋药物，实施弯道超车。经过多年发展，山东医药产业形成鲁中、鲁东地区快速发展，鲁南、鲁西南地区崛起之势，东、中、西部协调发展的格局。

山东虽然是制药大省，但医药行业大而不强。特别是在自主创新、产品结构、“两化”融合、节能减排、国际化等方面与先进省份相比还存在差距，需要全省制药人继续努力，以实现医药行业由大变强。

二　2017年医药经济运行分析

近年来，由于受到宏观政策和经济结构转型等多重因素的共同制约，山东省医药工业增速逐年放缓，并成为行业发展新常态。尤其是近两年来，环保督查、招标降价、一致性评价、企业产品趋同、竞争激烈等因素带来的一系列影响，导致上游原材料价格上涨、企业运营成本增加，山东大多数医药企业面临两难境地，企业生存压力陡增。

2017 年山东省医药工业发展主要特点：一是主要经济指标呈两位数增长，且指标增长幅度高于 2016 年，大中型企业做出了积极贡献；二是全省医药工业继续保持全国领先地位；三是为全省工业发展做出积极贡献，增加值指标高于全省 4.4 个百分点。

（一）行业总体情况

1. 主要经济指标

据山东省医药协会数据，2017 年 1～12 月山东省医药工业经济持续回暖。2017 年，全省医药工业规模以上企业 861 家，累计实现主营业务收入 4798.9 亿元，同比增长 11.88%；工业增加值同比增长 11.30%；利润总额 510.20 亿元，同比增长 14.41%；利税总额 720.36 亿元，同比增长 14.81%；出口交货值 279.66 亿元，同比增长 7.68%。全省医药工业整体销售利润率达到 10.63%，产销率达到 98.1%，产销衔接良好。

2. 50家重点企业情况

2017 年，山东 50 家重点医药企业主营业务收入同比增长 15.07%，约占全省医药工业主营收入的 32.67%；利润同比增长 24.77%，约占全省医药工业利润总额的 48.71%。

据在报企业数据统计，2017 年山东省医药工业主营收入过亿元的企业 90 家，其中过 10 亿元的企业 31 家，过 50 亿元的企业 9 家，过 100 亿元的企业 3 家，其中齐鲁制药集团以 201 亿元主营收入成为山东省首家突破 200 亿元大关的制药企业。

（二）子行业情况

2017 年度，化药工业主营收入同比增长 18.43%、中药加工业同比增长 15.74%、生物药品同比增长 0.4%、医疗器械同比增长 7.90%、卫生材料工业同比增长9.4%、制药机械同比增长17.8%。其中，化药工业的增幅是本年度增幅最大的子行业，生物药品的增幅是同比增幅最小的子行业。

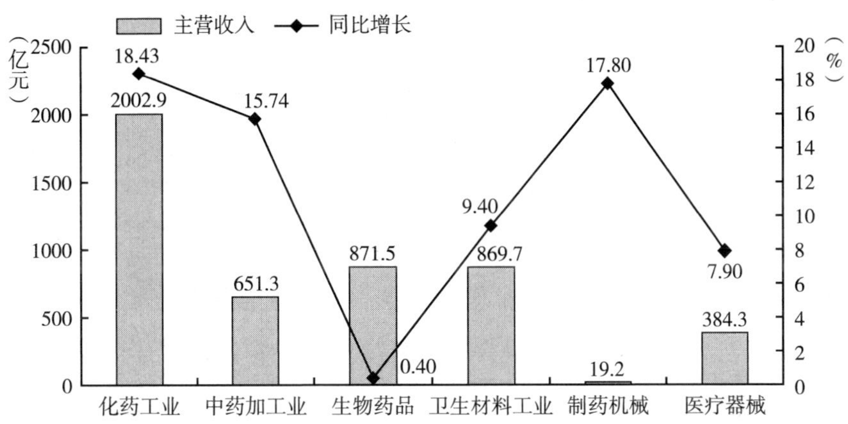

图1　2017年山东医药子行业主营收入

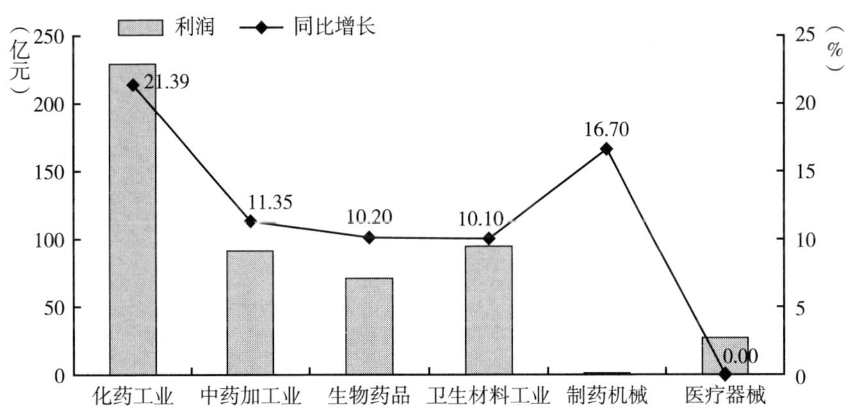

图2　2017年山东医药子行业利润

1. 化学原料药

山东是化学原料药生产大省，2017年度受产业政策、日趋严厉的环保政策等因素影响，内需增大，原料药制造业主营收入大幅增长。2017年度山东化学原料药主营收入同比增长24.90%，利润同比增长31.10%，为本年度增幅最高的子行业。

2. 化药制剂

2017 年度，山东化药制剂行业主营业务收入同比增长 12.10%，利润同比增长 15.60%，发展平稳。

三 “十三五”时期发展展望

随着我国经济的逐步回暖，国家医疗体制改革持续推进，社会保障体系和医疗卫生体系框架建设基本完成。政府投资建设重点从大中型医院向社区医院、乡村医院转变，持续推进分级诊疗，国家对卫生支出的比重继续攀升。同时，药品审评审批速度加快、优质药品上市速度加快等改革红利为医药市场提供了新的增长空间。

总体上，“十三五”时期医药工业面临较好的发展机遇。但也要看到，环保因素导致环京津冀圈原料药生产企业采暖季停产或限产政策对山东医药企业影响很大，导致上游原材料价格上涨，企业运营成本增加；仿制药一致性评价需要的资金量大，参评企业压力大，时间紧、任务重；医保控费严重影响药品增长速度；各路资金纷纷进入健康领域，竞争加剧，成本提升等。医药工业发展机遇和挑战并存。

山东省医药工业广大职工，将以习近平新时代中国特色社会主义思想为指导，全面贯彻党的十九大精神，坚持新发展理念，坚持质量第一、效益优先，以供给侧结构性改革为主线，着力实施创新驱动、加快新旧动能转换的发展战略，着力转变发展方式，调整产业结构，增强产业核心竞争力和可持续发展能力，打造质量效益好、创新能力强、产业结构优、融合程度深、品牌价值高、发展后劲足、安全环保节能的新医药产业，实现创新发展、持续发展、领先发展，加快山东省从医药大省向医药强省的迈进步伐。

计划到 2020 年，全省医药工业主营业务收入争取达到 7000 亿元，年均增长 10%。加快促进生物技术药物、中药、保健药品及医疗器械的发展，提高终端制剂产品和高附加值产品比重。培育一批大品种和名优品种，通过工艺和质量提升，进一步做大做强、做精做细。到 2020 年，形成 20 个以上年销售额过 5 亿元的产品和 100 个年销售额过亿元的产品。研制一批具有自主知识产权和市场竞争力的创新药物，2020 年争取 2 个以上创新药物上市。到 2020 年，前 50 家重点企业主营业务收入占全产业比重达到 35% 以上，产业集中度进一步提高。培育过 200 亿元的大型企业 2 个、过 100 亿元的企业 8 个。力争有 8 家以上企业的制剂产品通过美国 FDA、欧盟及发达国家认证。

国际合作篇

International Cooperation

B.29
2017~2018年中国医药产业国际化形势分析

中国医药保健品进出口商会

摘　要： 2017年，国际医药市场需求上升，我国供给侧结构性改革初见成效，医药行业进一步转型升级，企业国际化步伐加快，医药出口稳步提升，进口保持较快增长，资本运作呈现常态化。2018年，医药国际贸易环境总体向好，随着“十三五”医药产业规划的实施，我国医药产业将向更有秩序、更高科技含量、环保、资源节约、提高附加值、向下游延伸的方向发展。预计2018年我国医药国际贸易和投资稳步发展的基本面将继续保持。

关键词： 医药产业　国际化　国际贸易

2017年，我国医药贸易遭遇的贸易摩擦明显增加，新一轮国际产业竞争更加激烈，部分新兴经济体支付能力下降等，但与此同时，全球经济总体复苏，医药贸易国际市场需求企稳回升，我国医药行业进一步转型升级，企业国际化步伐加快，新的发展动能正在形成，医药国际贸易和投资发展形势总体向好。

一 2017年我国医药产业国际化总体情况

中国海关数据统计显示，2017年，我国医药保健品进出口额1166.76亿美元，同比增长12.64%。其中，出口607.99亿美元，扭转了上年下降的局面，同比增长9.44%，增幅达到近五年最高值，进口558.77亿美元，同比增长16.34%，对外贸易顺差49.22亿美元，同比下降34.60%。整体来看，2017年，国际市场需求上升，我国供给侧结构性改革初见成效，医药出口量减价增，出口额稳步提升，同时，国内需求依旧保持较高水平，进口保持较快增长。

（一）中药类出口回暖

2017年，中药类出口金额36.40亿美元，同比增长2.07%。重点市场出现较大分化，东盟、美国、欧盟市场保持增长，增幅分别为17.19%、8.94%、5.34%，对日本出口小幅增长0.81%，而对中国香港、韩国出口分别下降12.54%、9.8%，是拉低中药出口增幅的主要原因。

从中药出口分类看，植物提取物市场活跃，出口额20.10亿美元，同比增长4.33%；中成药出口2.50亿美元，同比增长11.03%；中药材及饮片出口持续负增长，同比下降2.23%，传统东南亚市场持续低迷是造成中药材及饮片负增长的主要原因。

（二）西药出口明显回升

2017年，我国西药类产品出口354.56亿美元，同比增长12.62%。其中，原料药出口291.17亿美元，同比增长13.71%。对美国、欧盟、印度

等主要市场分别增长 23.84%、9.79%、13.52%。原料药企业环保成本不断上升，促使供给侧收缩、落后产能逐步退出，优质企业的竞争格局迎来持续好转，国际市场份额及议价能力正在逐步提升，出口企业集中度提高和出口价格上升是两个主要特征。2017 年，25 种大宗原料药出口平均价格上涨 10.45%，是拉动原料药出口增长的主要原因。

制剂出口 34.56 亿美元，同比增长 8.32%，具体呈两个特点：一是国际市场增长点正在发生变化，对欧盟、北美市场强劲增长，其中对欧盟出口 6.7 亿美元，大幅增长 53.51%，对非洲出口增长 11.2%，而亚洲市场表现平平，出口下降 7.83%。二是研发创新型药企出口逐步成为拉动制剂出口的主要力量，华海药业、恒瑞医药、桂林南药等制剂企业在出口额保持较快增长的同时，获得美国简明新药申请（ANDA）数量继续增长，为后续增长打开了空间。

生化药出口 28.83 亿美元，同比增长 7.36%，主要原因是生化药出口最大品种肝素钠出口价格大幅上涨 24.11%，出口额达到 7.88 亿美元，同比增长 29.33%。此外，国内血制品供应加大，拉动出口激增 508.3%。

（三）医药进口呈两位数增长

2017 年，我国医药类产品进口额 558.77 亿美元，同比增长 16.34%，其中，位居我国进口医药产品之首的西成药进口额 171.57 亿美元，同比增长 21.66%；医院诊断与治疗设备进口 146.31 亿美元，同比增长 9.60%。随着“优先审评”制度在国内正式落地，进口药物扎堆进入中国市场。据不完全统计，2017 年约有 20 家外企创新药物在中国获批上市，其中约 35% 为肿瘤药物。

二 2017年医药产业国际化新特点

（一）贸易顺差显著缩小，医药外贸平衡发展

2017 年，我国医药类产品进口额 558.77 亿美元，出口额 607.99 亿美

元，贸易顺差下降至49.22亿美元，下降幅度34.60%。高端医疗器械、制药装备、西药制剂和生物制剂进口连续快速增长是贸易顺差快速缩小的主要原因。

近年来，促进进口战略的稳步实施推动了医药外贸平衡发展，如鼓励企业进口先进设备和技术，淘汰落后产能；减少自动进口许可货物种类，继续使用进口贴息资金等举措。2017年，习近平主席在"一带一路"国际合作高峰论坛上宣布举办中国国际进口博览会。可以预见，未来进出口贸易将更趋平衡，中国医疗健康行业市场蓬勃发展的新时代即将开启。

（二）供给侧改革初见成效，原料药出口整体呈现回暖趋势

2017年，受环保趋严、上游货源短缺、原材料涨价等客观因素影响，企业加快西药原料生产线的结构性改革，加大环保管控力度，由"走量"向"保质"方向转变，上半年原料药出口呈现量减价增的趋势，下半年出口量复苏，出口金额增长明显，全年增幅13.71%。以维生素类出口为例，从2016年下半年起，出口价格一路上涨，虽然出口量下降20%左右，但出口额增长30%，个别月份的出口额甚至翻倍。

（三）加工贸易回升，制剂加工贸易大幅增长

2017年，医药产品加工贸易出口金额104.31亿美元，同比增长6.11%。其中，制剂加工贸易增长迅速，增幅高达48.80%。制剂加工贸易的大幅增长说明国内制剂生产线在生产设备、质量管理、技术水平等软硬件多方面实力的快速提升。

（四）生物医药、体外诊断等新领域方兴未艾

生物药研发代表了全球制药行业的未来。截至2016年，全球处于临床阶段的生物药与化药规模比例已缩小为1∶1.34。我国生物制药行业产销规模稳步增长，年均增速在15%以上。中国已成为仅次于美国，拥有最多在研生物药数量的国家。

在医疗保险覆盖范围不断扩大、人均医疗卫生费用支出增加以及人口老龄化等多重因素影响下，我国体外诊断试剂市场规模日益扩大。预计到2019年，市场规模将达到723亿元，年复合增长率达18.7%。中国有望取代日本，成为全球第三大体外诊断市场。

（五）医药服务贸易呈旺盛增长势头

对中国本土企业而言，随着医药产业链的不断延伸，CRO（医药研发合同外包服务）、CMO（医药生产合同外包服务）、CSO（医药销售合同外包服务）等新业态逐渐兴起，成为我国医药企业参与国际分工的新形式。国内CRO不断壮大，承担着大量外企药物研发、临床试验项目，预计2020年中国的CRO市场将超过870亿元人民币。

中医药服务加快“走出去”步伐。数据显示，我国每年派出中医临床医师约2000人，占外派医疗劳务人员总数的60%。超过60家中医药服务贸易机构在20多个国家和地区开办中医医院、中医诊所、中医养生保健机构、中医药研究中心等，年接诊量达到25万人次。

（六）研发成果转化进入收获期

国内的研发创新型药企凭借长期以来的高研发投入，从深耕国内到放眼海外，企业进军海外市场的进程迅速加快。2017年，我国企业新获得34个制剂产品ANDA文号（其中8个为暂时批准），是上年获批数的1.7倍。越来越多的企业走出国门，进军美国仿制药市场。

“授权许可”是2017年以来国内医药研发领域的关键词。百济神州、恒瑞医药、誉衡药业、南京传奇四家企业的6个产品以授权许可的形式，与海外研发巨头、跨国投行展开合作，交易总金额超32亿美元。这一方面体现出全球对于中国企业研发实力的认可，另一方面也表明中国企业在产品研发定位、目标市场开拓、风险管控等方面有着清晰的路线规划。

（七）医药资本运作常态化，成交金额屡创新高

2017年伊始，三胞集团便宣布耗资8.19亿美元收购美国生物医药公司Dendreon，以如此的大手笔拉开序幕；接下来，复星医药、人福医药、仙琚制药、三生制药、威高集团等纷纷登场，三胞集团创下了收购海外首个生物类原研药的纪录，而复星医药则以10.91亿美元成为目前为止中国本土药企最大海外并购案。根据并购投资服务平台易界发布的《2017前三季度跨境并购趋势报告》，在2017年前三季度的中国企业跨境并购案例中，医疗健康行业占据了13%，是仅次于制造业的第二大并购热点行业，共完成了32宗跨境并购案例，超过2016年同期的21宗，涉及金额47亿美元，同比增长24.3%。此外，成立仅3年多的创新药公司再鼎医药成功在美国纳斯达克上市，募得1.5亿美元资金。

（八）对华贸易救济案件频发，知识产权类案件明显增加

近年来，我国医药行业遭遇的贸易摩擦明显增加，2017年，我国出口的医药产品遭遇了15起贸易摩擦调查，包括印度发起的5例反倾销调查和1例反规避调查、美国发起的4例知识产权侵权337调查和1例反垄断诉讼，以及欧盟发起的2例反倾销调查和乌克兰发起的1例反倾销调查等。产品涉及糖精、氧氟沙星、甲硝唑、糖化甜菊糖苷等。从案件来看有两个特点：一是印度对我国企业发起的贸易摩擦案件依旧居高不下，二是美国以侵害知识产权为名义的337调查案件增加。

（九）我国企业知识产权意识提高，运用法律武器维护合法权益

新药开发成本高，原研药厂积极专利布局，阻碍竞争对手产品上市。企业进行专利挑战，胜诉后往往可以提前上市新产品。以往，我国企业在专利诉讼方面的经验少，胜诉案例不多，而如今，企业的知识产权意识增强，运用法律武器保护自身合法权益的能力显著提高。2017年，就有两起中国药企的专利诉讼案胜诉。6月，华海药业及其美国子公司Prinston针对Noven

公司“Brisdelle”帕罗西汀胶囊的专利挑战胜诉。这是我国医药企业首次第四段（PIV）声明的 ANDA 挑战成功案例。12 月，绿叶制药在德国赢得卡巴拉汀单日贴剂侵权诉讼，法院维持一审判决，判定无论诺华原有专利是否有效，卡巴拉汀单日贴剂都无侵犯专利权行为。

三　2018年医药产业国际化形势基本走向

当前，我国医药企业在国际注册认证、研发、国际市场营销、全球范围内的资源组合等方面的能力继续提高，医药出口的产品格局和市场格局都在发生深层次变化，医药国际贸易环境总体向好，有利因素是：美国、欧盟、印度等主要市场需求复苏并有望保持稳定增长；制剂产品对欧美市场出口明显加快；大宗原料药类产品在全球医药市场中的刚性需求没有改变，出口量和价格正逐步随着全球经济复苏而回升。同时，南美、非洲等市场不确定因素依然存在，医药贸易摩擦影响不容忽视。随着“十三五”医药产业规划的实施，我国医药产业将向更有秩序、更高科技含量、环保、资源节约、提高附加值、向下游延伸的方向发展，更有利于出口结构的持续优化升级。预计 2018 年我国医药国际贸易和投资稳步发展的基本面将继续保持。

B.30

2017年APEC中小企业商业伦理论坛

中国化学制药工业协会

摘　要： 2017年9月7~8日，在越南河内召开了2017年APEC生物制药领域中小企业商业伦理论坛，近200人参加了此次论坛。中国化学制药工业协会执行会长潘广成出席了此次论坛并做重要发言。

关键词： APEC　商业伦理　伦理准则　生物制药

2017年9月7~8日，在越南河内召开了2017年APEC中小企业商业伦理论坛，来自中国、澳大利亚、加拿大、智利、中国香港、中国台湾、印度尼西亚、日本、马来西亚、墨西哥、新西兰、秘鲁、菲律宾、新加坡、泰国、美国、越南共17个APEC经济体的代表，以及来自经济体外的德国和瑞士的代表，近200人参加了此次论坛。中国化学制药工业协会（以下简称“协会”）执行会长潘广成、国际合作部王宏，协会特邀副会长、凯莱英医药集团董事长兼CEO洪浩博士，凯莱英副总经理王鑫博士、董事长执行助理杨晶，中国医药保健品进出口商会张蓓蓓，中国医疗器械行业协会邬英龙，RDPAC姚茜等代表中方出席了此次论坛。

论坛分两天进行，9月7日分别安排了生物医药领域和医疗器械领域关于伦理准则践行情况的培训项目，9月8日召开了医疗器械和生物医药领域的全体会议。

协会潘广成会长、王宏参加了9月7日生物医药领域关于伦理准则践行情况的培训项目，以及9月8日的全体会议。

一　生物医药领域关于伦理准则践行情况的培训项目

（一）会议开幕

培训以圆桌会议的形式进行。首先由 APEC 中小企业商业伦理项目观察员、美国商务部亚洲事务高级顾问 Lynn Costa 女士致开幕辞。她感谢 APEC 各经济体对于商业伦理推广工作的大力支持，21 个 APEC 经济体中，有 17 个经济体派代表参加了此次论坛。

接下来所有参会人员进行了自我介绍，说明自己的姓名、职务、单位、经济体。自我介绍后，全体与会人员合影留念。

（二）推动伦理准则的实施：管理、结盟及成员的遵守

论坛筹备组的 Andrew Blasi 先生主持了接下来的讨论环节，APEC 生物医药伦理工作组行业联合主席 Chrisoula Nikidis 女士、APEC 生物医药伦理工作组政府联合主席 Rocio Delgado 女士、APEC 生物医药伦理工作组卫生保健专业人士联合主席 Kenneth Hartigan-Go 博士，以及 APEC 生物医药伦理工作组病患联合主席 Russell Williams 先生参与了讨论。

自 2012 年以来，APEC 经济体中，正式实施的生物医药行业协会伦理准则的数量翻了一番，有近 1 万家业内企业高标准地践行伦理准则。各位联合主席在此背景下，从政府、行业、医师、病患的角度讨论了以下问题：

成功推动实施伦理准则的标准是什么？

在确保成功推动实施伦理准则方面，各自的职责是什么？

（三）越南多利益相关方在加强伦理实践方面的合作

加拿大糖尿病协会 Russell Williams 先生主持了关于越南伦理准则实施

的讨论环节。来自越南制药企业协会、Pharma 越南分会、越南医疗协会、越南妇联的代表参与了讨论。

（四）有关推进伦理准则实施的分组会议

接下来的分组会议依据所在组织是否已践行伦理准则，将与会代表分为两组。中方代表参加了第二组的研讨活动，评估了自身组织内伦理准则的实施状态，尝试设计培训项目，并讨论了伦理准则实施的演变情况。协会潘广成会长积极参加了讨论。

（五）互动式多利益相关方案例研究

分组会议后，所有与会代表再次集中在一起，进行两个互动式案例研究。第一个关注于行业协会和企业与健康保健专业人士组织、病患组织和/或政府部门在联合增进商业伦理实践方面的互动。第二个关注于加强第三方销售和经销商等营销中间商的商业伦理实践。协会国际合作部王宏在第二个案例研究中，作为小组代表发言。

加拿大创新药物协会 Chrisoula Nikidis 女士总结了当天的培训活动，感谢各位与会代表的积极参与。Andrew Blasi 先生对第二天的全体会议安排进行了说明。

（六）APEC 生物医药伦理工作组会议

当天晚上，APEC 生物医药伦理工作组召开了工作会议，协会潘广成会长和王宏参会。会上分享了各工作组成员所在经济体的伦理准则实施进展情况，讨论了在线培训课程的可行性和设计方案，并分析了 2018 年 APEC 中小企业商业伦理论坛的筹备情况。潘广成会长介绍了中国伦理准则的实施概况、在中国开展在线培训的可行性，表示支持工作组推行在线培训的提议。

二　医疗器械和生物医药领域全体会议

（一）会议开幕

APEC 中小企业商业伦理项目观察员 Lynn Costa 致开幕辞，并介绍了当天的会议安排。

越南各医药行业协会代表上台签署了越南伦理准则共识框架协议，宣布医疗器械和生物医药领域多利益相关方伦理合作越南共识框架的正式建立。

接下来颁发了 2017 年 APEC 中小企业商业伦理灯塔奖。秘鲁的 Rocio Delgado 女士因其在国际上推广伦理准则的卓越表现而获得了 2017 年个人灯塔奖，秘鲁因伦理准则共识框架的成功设立而获得了团体灯塔奖。

（二）医疗器械和生物医药领域商业伦理实践相关的商业、经济和社会案例

皮尔斯·阿特伍德律师事务所合伙人 Kathleen Hamann 女士主持了讨论，默克高级副总裁兼全球首席医疗官 Steven Hildemann 博士，Laboratorios Americanos SA 创始人兼总经理、利马商会总裁 Mario Mongilardi 先生，美国史赛克公司合规和风险管理副总裁 Bronwen Taylor 女士参与了讨论。

尽管大家普遍认为，医疗器械和生物医药领域在满足患者需求和增强中小企业建设方面取得成功并获得持续性的关键在于高标准的商业伦理实践，但还需要深入讨论：促成商业、经济和社会案例得以进行的原因和方法论；在成功促成此事后每个组织的收益；APEC 在支持该项工作方面可以具体采取的措施。该部分采用现场讨论的形式，集合医疗器械和生物医药领域的领导人士展开讨论。

（三）近期进展和策略性评估

Andrew Blasi 先生接下来介绍了 2017 年日程安排，向大会汇报了伦理准

则年度进展。

菲律宾制药和医疗保健协会（PHAP）的Teodoro Padilla先生介绍了针对自身生物医药会员企业开展的试点调查结果，菲律宾医疗器械协会（PAMDRAP）的Bella Buniel女士介绍了针对医疗器械行业的会员企业展开的试点调查结果。结果表明，相关从业人员确实需要伦理准则方面的在线培训课程。

（四）南京宣言“2020展望”的策略性评估

论坛筹备组Patricia Wu女士主持了该部分讨论，APEC吉隆坡原则联合主席、先进医疗技术协会（AdvaMed）Christopher White先生和APEC吉隆坡原则联合主席、加拿大糖尿病协会Russell Williams先生分别作为医疗器械领域和生物医药领域的联合主席参与了讨论。

为了进一步满足APEC区域已确定的及新增的需求，联合主席向工作组展示了策略性评估表，评估投入、活动、收益、结果和影响。策略性评估将核查“2020展望”的完成程度和其他可见的结果。在联合主席的说明之后，会议代表展开讨论，提供建议，并表明自己愿意支持的特定板块。

协会潘广成会长介绍了中国伦理准则的实施情况：

2013年，中国化学制药工业协会、中国医药保健品进出口商会、RDPAC、中国医药创新促进会等协会将《墨西哥城原则》引入中国。

2013年10月，8家医药行业协会在中国北京举办“中国医药企业伦理准则发布大会”，发布《中国医药企业伦理准则实施倡议书》：遵守法律法规，恪守职业道德；强化安全标准，确保药品质量；加强行业自律，坚持诚信经营。

2014～2016年，连续三年举办“中国医药企业伦理准则国际论坛”。

医药伦理准则发起协会由8家增加到15家，涵盖医药、卫生行业。

由中国医药企业管理协会、中国化学制药工业协会、中国中药协会、中国医疗器械行业协会、RDPAC 5家协会共同发起制定《中国医药企业社会责任实践指南》。

潘会长还同与会代表分享了医药代表在中国的情况：

医药代表的规范对于正确推行医药企业伦理准则至关重要。“医药代表”正式列入2015年版《中华人民共和国职业大典》，定义为“代表药品生产企业，从事药品信息传递、沟通、反馈的专业人员”。

2016年1月26日，在北京举办了“医药代表自律与医药代表职业管理发展中国研讨会”。中国化学制药工业协会、中国中药协会、中国医药创新促进会、RDPAC签署了《促进国家医药代表职业化正规管理的合作备忘录》。

2016年中国国务院13号文明确对医药代表实行备案制管理。

中国化学制药工业协会等正加速国家医药代表备案平台建设。

（五）伦理合作共识框架进展

澳大利亚、加拿大、智利、秘鲁汇报了各自伦理合作共识框架的进展情况。

（六）中国共识框架和利益相关方合作讨论会

接下来，同时召开了以下讨论会，与会代表可选择感兴趣的话题参会：秘鲁共识框架实施状态、菲律宾DOH/AO2015－0053实施状态以及印度尼西亚多利益相关方合作的扩展、APEC关于医疗器械领域第三方销售和营销中间商伦理关系的指导、2018年APEC中小企业商业伦理论坛准备会（日本东京）、澳大利亚共识框架讨论会、中国共识框架和利益相关方合作讨论会、APEC电子培训和在线认证、APEC卫生保健专业人士和商业伦理实践领导小组的构成、APEC对于第三方销售和营销中间商伦理关系指导原则的实施。

中方代表团参加了有关中国共识框架和利益相关方合作的讨论会，该讨论会由Chrisoula Nikidis先生主持。

协会潘广成会长首先介绍了中国医药行业的概况：中国有13亿人口；中国是世界第二大经济体；2016年中国GDP总量11万亿美元；中国是世界

第二大药品市场；2016 年，中国医药工业实现总产值 4580 亿美元；中国医药工业四大板块中，化学药占 50%，中药占 30%，生物药占 10%，医疗器械占 10%。

潘会长指出，在中国推行医药企业伦理准则有非常现实的意义，并介绍了中国推行医药企业伦理准则的概况，以及医药代表在中国的现状。

潘会长还介绍了中国的医药创新：

2016 年，由中国医药企业管理协会、中国化学制药工业协会、中国医药保健品进出口商会、RDPAC 发起，对“构建可持续发展的中国医药创新生态系统”进行调研，包括基础研究、临床试验、监管审批、采购支付、知识产权、资本投入等内容。

2017 年 3 月 22～23 日，在中国南京举办“2017 医药创新国际论坛”，中国化学制药工业协会、中国医药企业管理协会、中国医保商会、RDPAC、美国药品研发与制造企业协会、欧洲制药商协会联合会、生物技术创新组织和日本制药协会共同发布《医药创新宣言》，提出构建可持续发展的中国医药创新生态系统，以患者的福祉以及卫生服务的可及性和可支付性为宗旨，促进中国医药创新，早日实现健康中国 2030 年规划目标。

对于中国目前的诚信建设，潘会长提到，医药企业伦理准则在中国翻译就是合规。信用是市场经济的基石，“信用中国”建设在中国已全面推开，“信用医药”对医药行业有特殊的意义，必须符合安全、有效、可及的要求。

中国国家发改委已正式下文，要求中国化学制药工业协会、中国中药协会、中国医药商业协会建立医药行业信用体系联合工作机制（涵盖中国医药生产、流通 70% 的企业）：

制定面向全国医药行业的信用体系建设的专项方案；

制定医药行业黑红名单管理办法；

制定医药行业联合激励和失信联合惩戒备忘录；

建立医药行业信用信息系统。

在中国推行信用体系建设，企业坚持合规经营，对亚太经合论坛倡导的

医药企业伦理准则在中国落地有非常现实的意义。

2017 年 10 月，国际药联（IFPMA）将与中国相关协会在北京联合主办伦理准则中国论坛，潘会长希望可以得到工作组的支持和指导。

潘会长提到，APEC 经济总量占到全球经济总量的 50%。中国认同并支持工作组关于在线培训的提议，因为该提议将造福全社会。

随后，与会代表针对中国伦理准则的共识框架展开了热烈讨论。

（七）结束总结

各讨论会的主持分别向大会分享了各自小组的讨论结果。

Lynn Costa 女士致闭幕词，并邀请日本代表宣布 2018 年 APEC 中小企业商业伦理论坛（日本东京）的相关事宜。

此次论坛圆满闭幕，参会代表均表示收获颇丰。各经济体分享了各自在践行伦理准则方面的实践经验，并表示将取长补短，力争实现在 2020 年前 APEC 经济体内所有相关协会都践行《墨西哥城原则》的目标。

B.31
跨国药企在中国创新发展的状况与展望

中国外商投资企业协会药品研制和开发行业委员会

摘　要： 本文介绍了跨国药企致力于打造立足中国、服务全球、具有国际竞争力的医药研发创新中心的有关情况。据 RDPAC 统计，其成员公司目前在华设有 31 个研发中心，年投入达 80 亿元，约占在中国总收入的 10%。跨国药企将发达国家的药品生产质量管理规范引入中国，并以此为标准，在国内建立药品生产基地。跨国药企将国际先进的药物警戒体系引入中国，分析、评估、预防和控制药品生命全过程中的所有质量影响要素。从最初进入中国带来的观念冲击，到将创新的研发、生产、经营模式融入中国医药产业，帮助本土企业与国际接轨，再到与行业共同发展，跨国企业成为中国实现“健康中国”发展目标，以及不断提高居民和患者生活质量的重要合作伙伴。

关键词： 跨国企业　研发生产　创新生态系统　中国医药产业

2015 年，在安徽铜陵的一座小岛上，58 岁的农民慈云友被确诊患上了肝癌。由于肿瘤太大，已无法手术和化疗。就在这个家庭即将垮塌的时候，一项新药临床试验给慈云友带来了希望。抱着试试看的想法，他在服药两个疗程后，肿瘤明显缩小，医生判断，可以手术了。2016 年 6 月，慈云友接

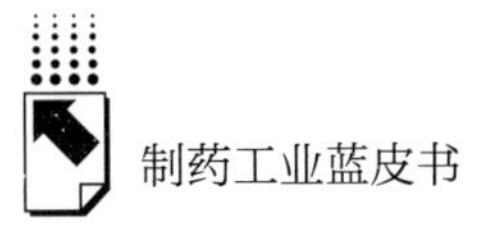

受了手术，肿瘤成功切除。慈云友说：“我的命是新药给的。我希望医学能够不断发展下去，挽救更多像我这样的癌症病人。”慈云友是无数得益于创新药物的患者之一。

创新药物进入中国的历史要追溯到20世纪80年代。改革开放之初，制药领域也随之打开了蓬勃发展的大门。

1980年8月2日，中国医药工业公司与日本大冢制药株式会社签订合同，合资经营中国大冢制药有限公司。

1982年5月，中美上海施贵宝制药有限公司签约。

1985年4月，西安杨森制药有限公司签约。

1987年10月，中美天津史克制药有限公司投产。

1989年5月，辉瑞制药有限公司签约。

三十多年来，多数跨国药企已经深深根植于中国市场，不断为中国患者带来创新药品，在缓解病痛、延续生命、提高患者生活质量，以及降低医疗成本方面做出了突出的贡献。中国外商投资企业协会药品研制和开发行业委员会（RDPAC）的统计数据显示，40家成员公司已在中国设立了49家工厂、31家研发中心，在华年研发投入约80亿元人民币。

作为跨国药品研发企业，引进并研发中国所需的创新药品，严守并不断提高产品的质量和安全标准，提升药品和医疗服务的可及性是公司在中国可持续发展的根基。

一　研发创新，攻克重点疾病

一项跨越20年、包含52个国家的研究表明，全球人均寿命的提高40%归功于新药研发和上市。1995年，罗氏科学家发现了一种艾滋病的新疗法——蛋白酶抑制剂，自此，艾滋病开始得到有效遏制。2006年，默沙东研制成功人乳头瘤毒疫苗，有效预防宫颈癌、阴道癌、外阴癌、生殖器疣等多种癌症，这一疫苗首次为人类尝试通过疫苗消除癌症带来希望。2011年，杨森推出了盐酸阿比特龙，使晚期前列腺癌患者无疾病进展生存延长

16.5 个月。2014 年，在 3 期临床试验中，艾伯维丙肝（HCV）口服新药治愈了 95% ~100% 的丙型肝炎患者，对于患者来说，这是告别丙肝疾病、重获健康的新希望。

在中国，得益于创新药物和治疗手段，人民的健康水平也得到快速提升。跨国药企也一直致力于打造立足中国、服务全球、具有国际竞争力的医药研发创新中心。据 RDPAC 统计，其成员公司目前在华设有 31 个研发中心，年投入达 80 亿元，约占在中国总收入的 10%。2011 年底，默沙东在北京成立亚洲研发总部和中国研发中心，投入 15 亿美元研发资金。2014 年 10 月，强生公司在上海建立了强生亚太创新中心，充分借助优秀的本地人才和项目合作实力，甄选并开发有潜力的早期科研项目。诺华公司投入 10 亿美元在中国上海建成全球第三大研发中心，同时也是中国最大的综合性医药研发中心，已于 2016 年 6 月启用。

这些研发中心围绕中国的重点疾病领域开展本土研发。包括被列入中国慢性病防治工作规划中的癌症、糖尿病、心脑血管疾病以及慢性呼吸系统疾病等疾病领域。同时，针对这些重点疾病，跨国药企与本土研究机构开展了广泛的合作，合作领域从联合研发到向本土合作伙伴转让关键知识产权等。RDPAC 一份 2011 年的报告显示，其成员公司至少与大学、医院及科研机构共建立了 210 对合作伙伴关系。

此外，跨国公司将新药研发带入全球合作的时代。其中，国际多中心临床试验是常见的在多国广泛开展的新药临床研究模式。跨国药企在中国开展的国际多中心临床试验使国内患者及早受惠于新的治疗手段，加强了中国新药开发能力建设，在初步形成新药研发产业的同时为中国经济做出了贡献。同时，国际多中心临床试验还加速了中国医药创新的发展及走向国际舞台。

二　质量为本，提升药品质量和安全标准

药品质量不是检验出来的，而是源于研发设计和依靠严格的药品生产质量管理体系生产出来的。这一理念几乎成为跨国药企的共识，从研发到生

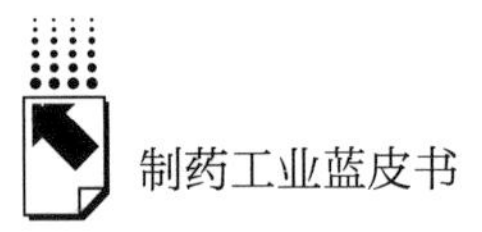

产，再到流通和使用，药品质量管理贯穿了药品的整个生命周期。

在研发阶段，对于原辅料的安全性、生产的可控性、工艺使用性和重现性等都要进行大量深入细致的研发和反复监测验证，这都意味着大量的研发投入。在全球范围内，据 RDPAC 统计数据，其成员的研发费用占到销售收入的 10% ~15%，在中国，这一数字是 10%，高于国内 1.6% 的平均水平。

在药品生产阶段，跨国药企将发达国家的药品生产质量管理规范引入中国，并以此为标准，在国内建立药品生产基地。2004 年 7 月，中国政府迈出了重要的一步，要求所有制药企业都通过 GMP 认证，否则就不具有生产资格。尽管这对于未通过企业来说是灭顶之灾，但对于中国医药产业而言，意味着一个新的时代的到来。跨国药企在中国 GMP 标准的推广过程中扮演了重要角色，许多 GMP 范本都是跨国企业从实践当中总结出来的，在中国 GMP 建设工作中起到了示范作用。2010 年，中国推出了新版 GMP，与欧美发达国家及区域 GMP 基本接轨，在标准高度上与国际通行的 GMP 水准相当。通过新版 GMP 认证是一项复杂的系统工程，需要企业在人、财、物大量投入。据 RDPAC 统计，在新版 GMP 颁布的第一年，80% 的成员工厂都通过了新版 GMP 认证。

在流通环节，跨国药企将国际先进的药物警戒体系引入中国，分析、评估、预防和控制药品生命全过程中的所有质量影响要素。RDPAC 调研数据显示，所有成员都在中国设立了专门的药物警戒部门，并不断加强部门能力建设。其成员也通过医药代表，从临床一线收集药品使用情况，将不良信息提交至相关药品管理机构，同时展开调查研究，必要时主动进行预防性的产品召回。2010 年，安斯泰来在法莫替丁（高舒达片）的生产过程中，由于一种辅原料的原因，发生了糖衣工序异常。负责产品检验的工厂质检部立即对糖衣片进行了检验，产品的各项指标均符合国家质量标准的要求。但是为了保障患者的用药安全，安斯泰来沈阳工厂质量部最终决定将本批产品全部废弃，直接损失约 90 万元人民币。无独有偶，2012 年，赛诺菲在对一个上市多年的注射类产品进行常规的稳定性指标监测时发现，由于某一批次的辅料问题，该批次产品在接近有效期末时可能会有质量隐患。于是，赛诺菲对该批次产品的药物监测进行了再评估，未发现任何安全性风险，但为了对患者的安全负责，赛诺菲决定主动在中国和全球范围内发起预防性的产品召回。

此外，作为一个由跨国制药企业组成的非营利性组织，RDPAC 也从行业层面，推动中国药品质量和安全标准的提升。RDPAC 成员在商业和科研学术领域的合作中应用国际标准，针对国内质量管理的难点进行实证研究并建言献策，参与行业协作和倡导。例如，RDPAC 成员在与本地研发外包机构合作中实行原料药国际标准，并为研发外包机构员工提供培训。这一系列措施有效地提升了研发外包机构原料药的总体标准。2010 年，RDPAC 发布了《制药企业质量体系调研项目》，通过对 13 家领先的中国本土和跨国制药企业以及大量行业利益相关者的调研，总结出药品生产企业质量体系的九大关键要素，为中国制药企业和行业的质量管理体系提供对标和最佳实践。2012 年 11 月，RDPAC 联合 11 家医药行业协会和单位共同发起成立了“药品安全合作联盟”，致力于借助国际成熟经验，协助中国政府帮助患者和消费者增强安全用药和防范假冒伪劣药品的意识。

三　缓解看病难，提高医疗可及性

对于跨国企业来说，在引进创新药物的同时，帮助中国政府提升医疗卫生服务的可及性也是主要战略目标之一。根据 RDPAC 对成员公司促进健康可及性合作项目的统计，成员公司专注于以下几个领域：促进医务人员的能力建设以提高诊疗水平；推进健康教育以提高民众疾病预防能力；提供患者援助和支持帮助患者得到治疗并康复；通过技术转移以增加我国急需的、高品质的药品供应；根据中国重大疾病防控的需要，加强对特定疾病总和管理模式的探索。

医疗资源分配不均是中国看病难的原因之一。中国人口是美国的 4.5

倍，但高学历医生人数仅仅是美国的1/10，所以中国每一个高学历医生要服务的人口是美国医生的18倍。跨国药企开展医务人员培训项目，通过培训和学术交流，提高在职医生，特别是基层医务人员的诊疗水平。据RDPAC 2013年的统计数据，其成员存续的25个医务人员培训项目一共培训了超过50万名医务人员，几乎全部是针对基层和西部贫困地区。

减少疾病经济风险也是我国重要的公共卫生目标之一。据不完全统计，2005~2014年，RDPAC成员至少提供了约350亿元人民币的患者援助，包括产品和现金，主要针对中国常见的重大疾病肺癌、乳腺癌、白血病、骨髓瘤等。除捐赠外，建立患者沟通交流的平台，为患者提供自我护理的知识，帮助患者坚持规范治疗也是企业开展的援助活动的一部分。2003年，安斯泰来与中国初级卫生保健基金会合作，成立了中国器官移植患者康复俱乐部“新生会”，旨在帮助器官移植受者，为会员提供康复指导，开展会员交流活动。到2014年，已经有超过8000名会员，覆盖全国100多个城市。2011年，赛诺菲联合15家医院启动“有爱里程”项目，通过医护人员对患者提供跟踪随访和心理辅导。2012年，“有爱里程”扩展到47家医院，共有949名患者加入该项目。

技术转移是跨国公司将自有知识产权的技术、工艺流程和生产设备转移到中国，以确保中国能及时生产患者急需的高质量的药品，提高应对疾病挑战的能力。自20世纪90年代以来，跨国公司至少在中国进行了11项药品和疫苗的技术转移，涉及儿科、传染性疾病（如肺结核、流感、疟疾、乙肝等和慢病领域（如高血压、糖尿病等），转移对象为中国子公司及本土制药企业。

此外，跨国公司通过各种综合性疾病管理项目帮助中国提升综合疾病管理能力，针对特定疾病，建立全面的疾病防控模式，包括疾病管理的关键要素和环节，如公众知识宣传、高危人群筛查、医务人员专业培训、诊疗流程优化和标准改进等。2005年，默沙东与卫生部合作，在四川省启动全面艾滋病综合防治项目，一期项目为期5年，默沙东投入资金达3000万美元；二期项目为期3年，投入600万美元。2012年，辉瑞联合中国预防医学会卒中预防与控制专业委员会和中国医师协会心血管内科医师分会共同发起“中国血管健康工程”，旨在探索和建立适合中国人群的心脑血管疾病患者全程管理体系。

四　加强培训，促进本土人才国际化

谈及跨国药企在中国的发展，国际化人才的培养也是共享发展成果的一部分。

1992 年，西安杨森开启了领导力发展之旅。公司中层干部的领导力培训，使西安杨森的领导者接受了先进的管理理念和行为的蜕变。以强生全球领导力标准为指南，西安杨森多次举办以各种类型的领导力和胜任力为基础的培训与发展项目。

自 2005 年起，百特在亚太地区开展“人才优势计划”，致力于实现企业管理层极重要职位 50/50 性别比例的平衡，以提升企业多元化及可持续发展。2014 年，百特被 APEC 妇女与经济政策伙伴组织评选为“50 佳女性领导企业”，以肯定其在支持和促进女性职业发展方面的卓越表现。

2007 年，赛诺菲中国成立了赛诺菲大学，以专属的师资队伍和教学场所成为业内创新之举。赛诺菲大学拥有 74 位全职培训师以及 120 位业务经理组成的行业内最大的师资队伍。2013 年组建的内部质量控制，培训评估等职能，令赛诺菲大学在培训实施的质量上进一步得到保证。2009 年底，随着赛诺菲网络大学正式上线，学习变得更加便利，混合式学习、翻转式学习、行动学习变成赛诺菲大学的日常模式。

从 2013 年起，百时美施贵宝针对 MBA 精英开发了一个“中国未来领袖发展计划”。该计划旨在招募全球最优秀的华人 MBA 毕业生，经过 18 个月精心设计的轮岗、培训、在职辅导以及全方位的支持，将其培养成百时美施贵宝中国未来的领袖。

五　制定伦理准则，规范医药代表行为

回顾20世纪80年代，中国临床医生缺乏学习国际最新药学知识的途径。自跨国制药企业进入中国市场，在通过学术推广方式促销其产品的同时，也使得中国临床医生的药学知识获得了极大的充实。

为加强内部自律和保证医药代表的基本素质，RDPAC的“医药代表专业培训”项目于2003年立项，并于2012年在项目第一阶段培训考试的基础上开展了继续教育再注册的工作，陆续有《药品推广行为准则》、《药品推广相关法律、法规》、《药品不良反应监测与药物警戒》以及《临床药理学》四个部分的内容上线供医药代表深入学习。

多年发展，跨国制药企业一直重视构建并强化合规文化。2013年9月，RDPAC与中国化学制药工业协会等九家协会签署了实施《医药企业伦理准则》倡议书，呼吁医药界同仁遵循准则中以医疗保健和患者为中心，诚信、独立、合法、透明和责任的六大原则，自觉遵守准则各项条款，并呼吁政府继续强化改革，依法行政，净化市场，共同助力规范中国医药市场秩序，为大众营造一个健康、有序的医疗环境。2015年，签署倡议书的行业协会商会已达17家，同时号召医疗卫生专业人士以及患者组织共同加入，达成合作共识。

六　共筑未来，建设创新生态系统

回顾跨国药企在中国的发展历程，从最初进入中国带来的观念冲击，到将创新的研发、生产、经营模式融入中国医药产业，帮助本土企业与国际接轨，再到与行业共同发展，跨国企业成为中国实现“健康中国”目标，以及不断提高居民和患者生活质量的重要合作伙伴。

以创新为核心的跨国企业将继续与中国医药产业同行。中国是世界上人口最多的国家，不仅有全世界覆盖面最大的医疗保障系统，而且面临着人口

老龄化、慢性非传染性疾病负担不断增加等诸多严峻挑战。跨国药企将不断引入高质量的创新药物，持续提高医生和患者管理疾病的能力，与中国患者共同应对这些挑战。

与此同时，跨国药企还将协助中国医药产业建立以患者为中心的医疗体系，完善市场机制，提供长期经济增长引擎，响应国务院提出的创新驱动发展战略，努力帮助中国实现“至 2030 年跻身创新型国家前列”的愿景，在中国医药行业打造可持续发展的创新生态系统。

这些，不仅是中国发展的动力，也是人民幸福的基础。

B.32
加强中欧医药合作 开创未来新篇章

屠永锐*

摘　要： 2018 年 4 月 16 日，中国化学制药工业协会与欧洲制药工业协会联合会在瑞士巴塞尔召开了“2018 中欧医药产业发展论坛”。常州四药公司董事长屠永锐先生在论坛上作了“中欧合作　开创未来”的主旨演讲，涉及中国医药市场发展情况、中欧医药合作发展现状及展望。

关键词： 中国市场　医药行业　合作共赢

2018 年 4 月 16 日，中国化学制药工业协会与欧洲制药工业协会联合会在瑞士巴塞尔召开了“2018 中欧医药产业发展论坛”。论坛吸引了来自国内和欧洲制药行业的 100 多位代表和专家参会。常州四药公司董事长屠永锐先生在论坛上作了“中欧合作　开创未来”的主旨演讲。他首先回顾了 2013 年 11 月 20 ~ 21 日第十六次中国欧盟领导人会晤期间，双方共同制定的《中欧合作 2020 战略规划》，这一全面战略规划确定了中欧在和平与安全、繁荣、可持续发展、人文交流等领域加强合作的共同目标，将促进中欧全面战略伙伴关系在未来数年的进一步发展。接着主题报告分别阐述了以下三个部分的内容。

* 屠永锐，常州四药制药有限公司董事长、高级工程师。

一　全球及中国医药市场分析

（一）全球医药市场

2017 年全球发达经济体医药市场增速回升，新兴医药市场需求旺盛，规模约 11420 亿美元。2017 年全球医药市场增速持续下行，增幅仅为 1.6%。昂贵生物技术药物和化学仿制药在用药结构中所占比重持续加大，仿制药市场占比已提高至 28.0%。全球都在面临医疗费用（卫生费用）支出快速增长的问题。各国政府都在寻求降低医疗成本的各种有效途径。

（二）持续增长的中国医药市场

据国家统计局数据，2017 年我国 GDP 总量为 827122 亿元，首次突破 80 万亿元的门槛，同比增长 6.9%，保持稳定增长的态势。

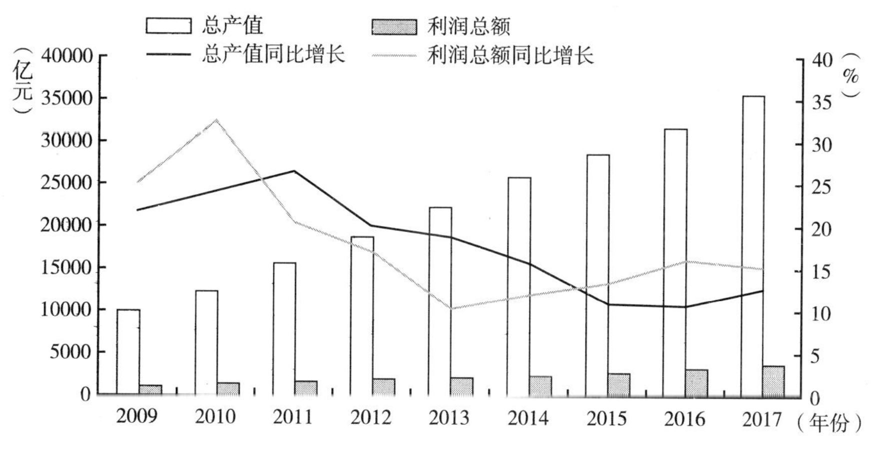

图 1　医药工业总产值和利润情况

2017 年供给侧结构性改革全面推进，中国医药行业营业收入达 3.28 万亿元，同比增长 12.44%，实现利润同步增长，总体发展平稳向好（按工业增加值计，同比增长 6.6%）。

根据海关进出口数据，2017 年中国医药保健品进出口总额 1166.76 亿美元，同比增长 12.64%，其中出口 607.99 亿美元，同比增长 9.44%。进口总额 558.77 亿美元，贸易顺差 49.22 亿美元，其中出口占比最大份额是原料药（355 亿美元），其次是医疗器械（217 亿美元）。

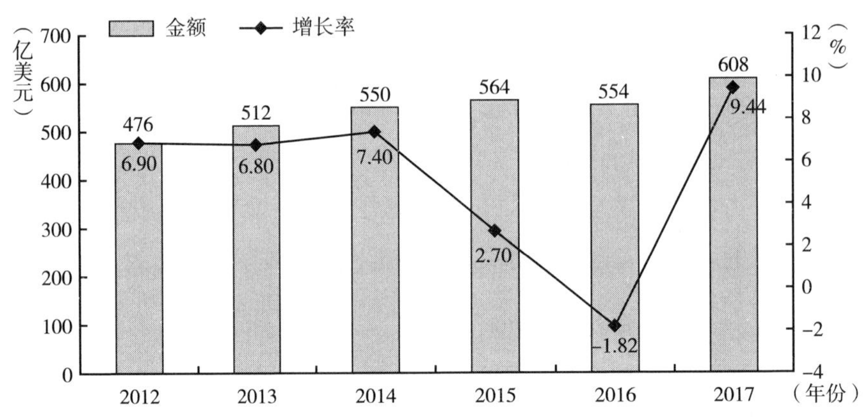

图 2　中国医药产品出口走势

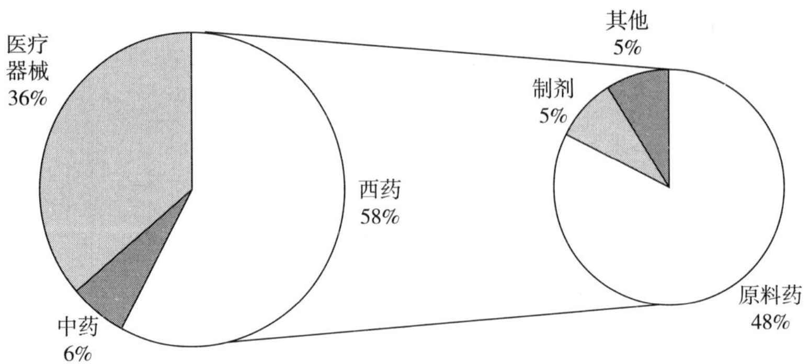

图 3　2017 年医药产品各大类占比

（三）潜力巨大的中国药品市场

2017 年统计，中国大陆总人口 13.9 亿。中国是基本医疗保险覆盖人口（13.5 亿人）最多的国家。2017 年中国 OTC 市场规模约 2350 亿元（373 亿美元），预计2020年中国OTC市场规模将位居世界第一，2017年中国药品消耗及医疗总支出6万多亿元，约占GDP的7.3%，已成为世界第二大药品消费市场，2018年中国医疗药品消耗人均预计超2000元（约330美元）。

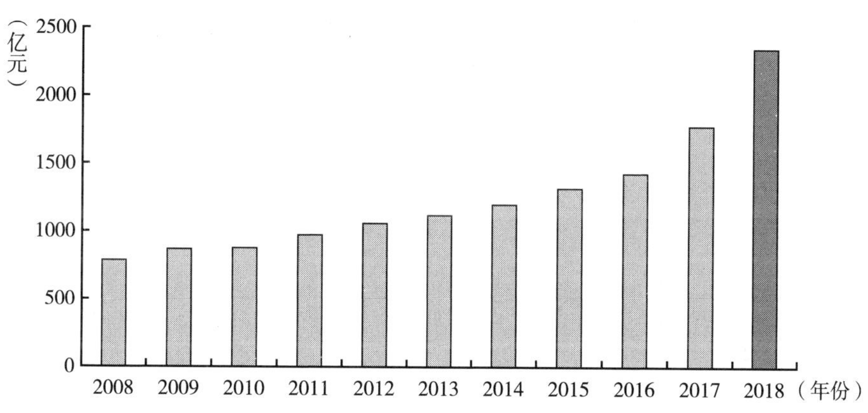

图4　全国城镇居民医疗保健人均消费不断上涨

中国医药市场特点：

（1）人口多，慢性病确诊患者2.6亿人；

（2）高血压人群近2亿，高血糖人群近1.2亿；

（3）3亿青少年儿童，近6亿妇女，加起来约9亿人；

（4）人口老龄化：2.4亿老年人，占人口总数的17.3%。

（四）国家对医药工业的政策扶持力度不断加大

随着近年国家出台的医药行业相关政策红利的到来、跨行业资本投资的增多，医药工业生产保持高速增长态势。“健康中国2030”目标——基本实现健康公平，主要健康指标进入高收入国家行列，至2050年建成与社会主义现代化相适应的健康国家。

重点发展生物医药、创新药、仿制药和高性能医疗器械；改革临床试验管理、加快上市审评审批、促进药品创新和仿制药发展、加强药品医疗器械全生命周期管理、提升技术支撑能力，加强组织实施大数据、精准医疗、转

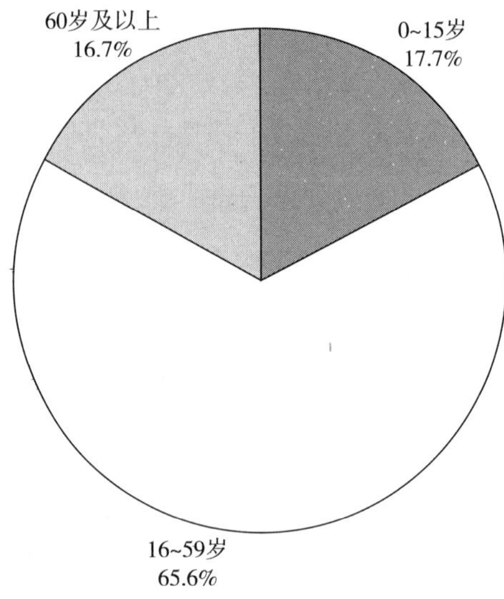

图5　2017 年中国人口年龄分布

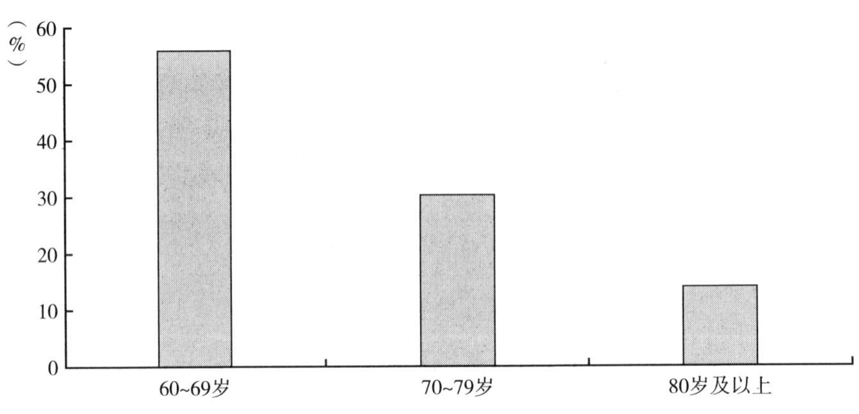

图6　中国老年人口年龄分布

化医学、生物技术、基因工程等。这些利好政策的出台，一方面会直接带动本行业发展，另一方面会引导资本涌入医药行业，带来投资增加。预计 2018 年，医药工业增加值增速将继续维持两位数，提高至 12.5% 左右。

同时国民健康及预防保护意识不断增强，全面二孩政策实施，居民可支配收入稳步增加，实行全民医保、支付能力提高；人口老龄化、城镇化水平还在提高（2017 年城镇化率 58.52%），都将对我国医药工业发展形成助推。预计2018年规模以上企业主营业务收入增速不低于13.0%，规模以上企业利润总额增速有望突破20.0%。

（五）政府依法履行药品监管职能

创新监管模式，风险全程管理，运用互联网、大数据、健康云等现代化技术，持续强化行业监管。2015年8月，国务院印发《关于改革药品医疗器械审评审批制度的意见》，2016年6月，国务院办公厅印发《药品上市许可持有人制度试点方案》，至2018年底，10个试点省市试点期将结束，2019年将全面实施。CFDA正在修订《中华人民共和国药品管理法》有关条例。2017年6月中国正式加入ICH，融入国际药品监管体系。中国相继出台多项利好政策，迎来了更高层面的开放。

二　中国医药发展迈进新时代

随着十九大报告提出“中国特色社会主义进入新时代”，“我国社会主要矛盾已经转化为人民日益增长的美好生活需要和不平衡不充分的发展之间的矛盾”，人民对健康生活的美好向往不断升级，将大大推动医药产业消费结构的改变和消费升级。

党中央国务院一直高度重视药品医疗器械质量安全和创新发展，指出要改革完善审评审批制度，加快推进仿制药质量和疗效一致性评价，推动企业提高创新和研发能力，早日实现药品医疗器械质量达到国际先进水平。

2017年10月8日，中共中央办公厅、国务院办公厅联合印发《关于深化审评审批制度改革鼓励药品医疗器械创新的意见》。文件宗旨：满足公众临床需要，提高仿制药的质量和疗效，促进药品、医疗器械创新，出台多项新政策；推动药品供给侧结构性改革，推进生物医药创新发展更规范化、更合规、更加注重生态和人文建设，抓住创新发展的战略机遇期，对接全球优质资源。

2018年4月《国务院办公厅关于改革完善仿制药供应保障及使用政策的意见》（以下简称《意见》）提出，一是定期制定并公布鼓励仿制的药品目录，引导企业研发、注册和生产；二是加强仿制药技术攻关，将鼓励仿制药品的关键共性技术研究列入国家相关科技计划；三是研究完善与我国经济社会发展水平和产业发展阶段相适应的药品知识产权保护制度，充分平衡药品专利权人与社会公众的利益。

《意见》坚持问题导向、标本兼治、综合施策，对于提高我国药品研发和创新能力、提高药品质量疗效、规范药品生产流通秩序、保障药品生产供应、促进合理用药、降低药品虚高价格、减轻全社会医药费用负担，以及促进医药产业供给侧结构性改革、加快产业转型升级、推进健康中国建设都具有非常重要的意义。

三　中欧医药　合作共赢

2017 年 6 月 2 日，李克强总理在中欧工商峰会上表示，中欧全方位合作稳步推进，合作共赢是主流。我们愿同欧方加快商谈高水平的投资协定，尽早启动自贸区联合可行性研究，提高贸易自由化便利化水平，促进双边贸易平衡发展，营造更开放、更公平、更规范的投资环境，形成双向开放、平等开放、互利双赢的格局，并在解决全球产能过剩问题、应对气候变化共同挑战等方面分享经验、加强合作。

（一）中国的进一步深化改革和扩大开放，为中欧医药合作注入新的动力

据中国海关总署数据，2017 年中欧贸易总额 3.9 万亿元（6200 亿美元），同比增长 15.5%，占中国外贸进出口总值的 14%。欧盟连续 10 年为中国第一大贸易伙伴。2017 年制剂出口额达 34.56 亿美元，同比增长 8.32%。对欧盟出口同比增长 53.5%。可以相信中国医药在法规监管、质量、技术方面将不断改进和完善。中欧合作互惠互利，进出口医药贸易保持每年 6% ~10% 的增长潜力。

2017 年，中国企业直接对外投资 212 亿美元，对欧投资 75 亿美元，位

居榜首。中国制药企业开始以多层次、多领域的方式来参与全球分工、合作（如科伦药业、复星医药、上药集团、人福医药、恒瑞医药等十大企业引领行业风向）。

《财富》公布的“2017 中国公司市值 500 强名单”中，医药行业有 33 家。目前，中国医药行业境内外上市公司近 300 家。目前中国医药行业的不足：创新投入不够、与欧美先进药企差距大、制药技术不够先进、药品质量待逐步提高、药企规模小而散等。

（二）欧洲医药之优势

欧洲拥有世界顶尖的名牌大学、研发机构群和公共研究资金；原研新药、新制剂研发实力和独特的优势；完善且严格的药品上市审批和监管程序（集中/非集中申请程序）；世界一流的制药企业，发展迅猛的生物制药产业集群（Novatis、Roche、AstraZeneca、Bayer、Genmab、Medigene 等）；一大批最高水准和工匠精神的制药业高端人才，产业链配套的制药设备生产商（IMA、Bosch、Romaco、HH 等）。中欧生物医药产业具有互补性和依存性：中国拥有庞大的医药市场、原料药生产优势、创新药、新技术的需求、各项贸易规则合规；欧洲拥有世界一流的制药设备、对优质新药原料药的需求、全球领先的制药技术、规范的药事法规、市场监管。

随着世界各国经济的发展，特别是新兴市场经济的发展，以及人民生活水平的提高，全球医疗支出不断增加，有力地促进了制药工业的发展，新的医疗技术、医疗器械、医药产品层出不穷，医药行业市场规模日益扩大。

目前中国制药产业整体上与欧、美、日等发达国家和地区相比还存在差距。加入 ICH 意味着中国医药产业将置身于全球格局中参与竞争。国内药品企业要抓住机遇，积极研究、了解 ICH 指导原则，并将这些技术要求融入企业产品研发、注册和生产的各个环节，真正转化为企业自身提高产品质量的规则，提高核心竞争力。

B.33
中俄制药合作交流前景广阔

中国化学制药工业协会

摘　要： 应俄罗斯卫生部的邀请，2017 年 6 月 25 日至 7 月 2 日，以中国化学制药工业协会资深副会长张明禹为团长的 15 人代表团赴俄罗斯访问。访问期间，代表团与俄罗斯相关机构及制药企业进行了深入交流，展望了合作前景。

关键词： 中俄交流　国际合作　开拓市场

应俄罗斯卫生部的邀请，2017 年 6 月 25 日至 7 月 2 日，以中国化学制药工业协会（以下简称“协会”）资深副会长张明禹为团长的 15 人代表团赴俄罗斯访问。代表团在俄罗斯期间受到俄罗斯卫生部、俄罗斯红十字会、全俄女性企业家协会、莫斯科卫生局、俄罗斯联邦西北医科大学及俄罗斯相关制药企业的热情接待，赴俄罗斯考察交流取得圆满成功，达到了预期效果。

6 月 27 日上午，协会代表团拜访了俄罗斯联邦西北医科大学，学校相关部门负责人与代表团举行了座谈。会议由真菌研究所所长瓦西里耶娃－喀什金主持，制药管理与经济、制药科技、医药化学与生药学教研室主任巴普雷什·尼古拉耶维奇，药理学教研室主任谢尔盖，精神病学与麻醉学教研室主任亚历山大，细胞科技研究实验室叶奴卡什维利分别介绍了各部门工作内容。圆桌会议之后代表团参观了分子基因实验室和大学历史博物馆。通过交流和参观，代表团深入了解了该学校的具体教学和研究情况，以及教学成果如何在临床和制药企业中应用。俄方热切表达了和中方在医学科研、制药和继续教育等方面展开深入合作的愿望。

6 月 27 日下午，协会代表团拜访了西北医科大学附属研究中心真菌研究所，所长瓦西里耶娃－喀什金热情接待并介绍了研究所的具体情况。代表团参观了第二真菌教研医院、分子基因微生物学实验室、俄罗斯病原菌集合实验室、蛋白质组学与光谱测定实验室、病原学与细胞学实验室等。代表团与研究所相关科研人员共同探讨了药品创新研发等情况。该研究所教育、医疗、科研三合一的工作体系给代表团留下了深刻印象。

6 月 29 日上午，代表团在俄罗斯红十字会办公大楼，与俄罗斯卫生部、俄罗斯红十字会、全俄女性企业家协会、俄罗斯国家药物管理局的有关人员进行会谈。俄方出席人员包括俄罗斯卫生部外联委副主席安东波娃·尤里雅·阿列国弗纳、全俄女性企业家协会主席依琳娜·瓦西里耶夫娜、莫斯科卫生局药物管理局局长索科洛娃·达吉安娜·瓦列亲诺夫那、莫斯科卫生局药物管理局副局长诺福克娃·尤里雅·尼卡拉耶夫纳、莫斯科卫生局医疗器械及药品售卖管理局局长科库斯基·康斯坦丁·亚历山大罗维奇、莫斯科卫生局医疗器械及药品售卖管理局副局长库尔诺索瓦·达吉安娜·伊格列夫那、莫斯科卫生局药品检验监督中心所长格里施纳·尤里雅·谢尔盖耶夫纳、Nanolek 制药公司药品研发部主管瓦季姆·S. 坡科若夫斯基。

会议由全俄女性企业家协会主席依琳娜·瓦西里耶夫娜女士主持。俄罗斯红十字会库路特伊娃·拉伊萨·季莫非耶夫那女士发表了欢迎致辞。俄罗斯卫生部外联委副主席安东波娃·尤里雅·阿列国弗纳先生在发表讲话时提到，中俄有深厚的历史文化渊源，目前两国在科技文化方面有很多合作；俄罗斯市场上已经有中国生产的药物和医疗器械在售卖，非常希望将来在保健、制药领域与中国有更加紧密的合作。瓦西里·耶夫先生是俄罗斯科学院院士，介绍了他所在的组织，其成员主要包括医师和医科大学领导，主要致力于延长俄罗斯国民寿命，为新技术研发出来的延长国民寿命的药物提供帮助，包括申请专利等辅助。该组织曾经与中国有过合作，现在与欧洲合作较多，参与了欧洲最大的牙科展，希望与中方将来也有进一步合作。协会代表团团长张明禹先生介绍了“中国医药产业基本概况和协会基本情况”，代表团团员刘晓悍先生介绍了“中国医药市场概况和主要政策”。之后，代表团团员与俄罗斯方面参会人员进行了深入细致的交流和研讨。

根据介绍，俄罗斯医药市场规模约 180 亿美元，俄罗斯制药企业的生产和销售以满足国内需求为主，近年来本土企业在俄罗斯医药市场中的份额在不断扩大，主要增长在医院部分。国内药品零售份额从 2013 年的 23% 提高至 2016 年的 30%，医院销售份额从 2013 年的 23% 提高至 2016 年的 34.5%。

俄罗斯政府制定了《2013～2020 年制药和医疗行业发展规划》，预计到 2020 年，本土制药企业在俄罗斯医药市场中的份额达到 50%。为考虑大众利益，所有在俄罗斯生产的药品都有 15% 的价格优惠。政府制定了一系列政策鼓励引入资金和产品，欢迎更多的国外产品到俄罗斯来生产。到 2020 年之前，如果已经有 2 个同类产品进入俄罗斯，则第 3 个产品进入难度较大，感兴趣的企业需要尽早布局。

最后，俄罗斯 Nanolek 制药公司介绍了公司的成立、生产、研发和市场拓展情况。该公司成立于 2011 年，员工 400 人，超过 1/3 是在工厂工作，厂房按照欧盟 GMP 标准建设，投资约 1 亿欧元，产品包括疫苗、生物药、心脑血管用药、抗病毒药、抗肿瘤药。

一 该公司目前有6种产品正在合作

（一）Polymilex

与荷兰 Bilthoven Biologicals 公司合作，研发生产针对俄罗斯市场的灭活脊髓灰质炎疫苗，2012 年与 Bilthoven Biologicals 公司拿到有关许可，2015 年开始在临床试验，2017 年开始生产和第一次交货。

（二）Pentaxim

和赛诺菲－巴斯德合作，研发生产预防 5 种传染病的综合性灭活疫苗，2016 年完成技术和 QC 转移，预计 2018 年开始生产上市。

（三）Influenza Vaccine

自主研发季节性流感疫苗，在 2013 年得到了美国麻省理工学院、美国 lentigen 公司、俄罗斯 Vector 公司的支持，2016 年开始一期临床试验，预计 2022 年开始生产。

（四）Idursulfase beta (Hunterase)

自 2015 年起与韩国绿十字公司合作，2017 年在进行状态评估，预计 2019 年开始生产。

（五）Infliximab biosimilar

英夫利昔单抗生物仿制药，自 2015 年与 EGIS/Celltrion 公司合作，预计 2019 年开始生产。

（六）Rituximab biosimilar

利妥昔单抗的生物仿制药，自 2013 年起与 mAbxience 公司合作，预计 2019 年生产上市。

该公司在总结中提到可以提供四项服务，包括生产制造、市场准入、监管支持、市场营销和销售，希望将来能与中方企业开展良好的合作。

代表团一致认为本次交流会组织得很成功，通过俄接待方的政策环境介绍和俄方同行的介绍，更加明晰了药品和原料药进入俄罗斯市场的准则和要求，为中国相关企业的原料药和药品进入市场提供了有效的信息。

6 月 29 日下午，代表团参访了布雷恩萨诺福 A 制药厂，受到了热情的接待和认真安排。该大药厂是俄罗斯三大药企之一，原为国有企业，转制后为股份制企业；原址在莫斯科市区，2014 年应俄罗斯政府要求搬到现在距莫斯科 75 公里的工业区，厂区占地 60 公顷。代表团参观了部分厂区，近距离参观了片剂和安瓿生产区域，之后与药厂总经理泽娜伊达・伊万诺夫娜・马斯科夫斯卡娅、药品质量总监欧里噶・尼科拉耶夫纳・米洛辛钦科等人进行了认真细致的交流。俄罗斯企业致力于满足和服务于本国医药市场需要的精神和以提高国民身体素质为己任的态度给代表团成员留下了深刻印象。

协会此次赴俄访问活动内容丰富，代表团成员均表示受益颇丰，对俄罗斯的医药市场有了一定了解，对加强和推进中国制药企业与俄罗斯制药企业和科研院所开展生产、贸易、研发和培训合作搭建了很好的平台，对推动中俄两国的医药产业发展必将产生深远影响。

此外，俄罗斯制药工业所需原料来源基本依靠进口，主要来自中国和印度，生产的制剂主要供国内市场需求，只有少部分出口到越南、古巴、独联体等周边国家。大型跨国药企在俄罗斯有小型生产企业，主要供应俄罗斯国内市场。通过参观座谈，可以感觉到俄罗斯医药健康产业有比较好的技术人员储备，科研能力较强，但由于缺乏资金，产业化程度不高，生产设施陈旧落后，剂型较单一。

通过本次出访，我们认为俄罗斯作为中国“一带一路”倡议的重要国家，对中国的制药企业同样是机遇与挑战并存的一个市场。对中国的原料药企业来说，应该积极主动地开拓这个市场，带动更多的原料药出口；对于制剂企业来说，应积极寻求把中国好的产品出口到俄罗斯，填补俄罗斯市场的不足，抢占俄罗斯 2020 年制药规划中所提到的市场机遇；同时控制好俄罗斯市场政策和资金方面的风险也是值得考虑的重中之重。

B.34
日本药品市场最新动向

龙本威*

摘　要： 日本人口老龄化进程加速，带来了药品需求的增加，同时也带来了医疗费用增加的压力，日本抑制医疗费用过快增长的政策对制药企业产生很大影响。如何保护企业“原研药”的利益，又适当调整药品价格，使医疗费用降下来，日本的政策有一定的借鉴作用。

关键词： 老龄化　日本　医疗费用

日本药品市场位列全球第三，2013 年起中国超越日本成为世界第二大药品市场。

2017 年世界医药市场排名如下：

第 1 位为美国、第 2 位为中国、第 3 位为日本。

表 1　2015～2021 年世界药品市场现状与预测

单位：百万美元，%

项目	2015 年		2016 年		2017 年		2021 年	
	金额	同比增长	金额	同比增长	金额	同比增长	金额	GAGR
世界市场	1072000	1	1148000	7	1225000	7	1568000	6
美国	433000	12	477000	10	520000	9	707000	8
中国	115000	7	123000	7	131000	7	168000	6

* 龙本威，北京和心诺泰医药科技有限公司董事长、博士。

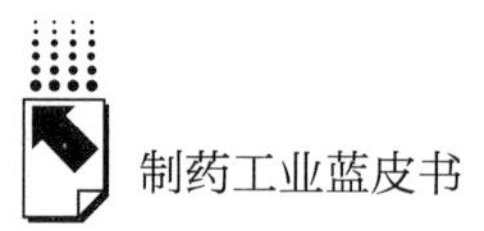

据权威机构预测，2016～2021年的五年间，世界药品市场年平均成长率为6%，仍将继续提升。

美国在经历了2012年专利失效的高峰过后，呈恢复趋势，仍旧为牵引世界市场的火车头。

中国市场仍将高速成长，中国人口老龄化会促进药品市场的发展，但医疗费用抑制政策的压力将增加，成为制约市场规模扩大的不利因素。

就日本药品市场而言，近年来老龄化进程加速带来了药品需求的增加。但药品价格的改订以及市场扩大再计算政策的实施，则给药品市场带来不利影响。

就过去的2017年而言，"大型药品"的贡献度增加，使得市场微增。

表2　日本药品市场

年份	2015	2016	2017	2021
市场(兆亿日元)	9.5258 (前同+7.2%)	9.4130 (前同▲1.2%)	9.5071 (前同+1.0%)	10.839 (前同+1.4%)
出口(亿日元)	1391	1550	1623	1950
进口(兆亿日元)	3.9511	3.6180	3.8450	4.9043
国内生产(兆亿日元)	6.633	6.26	6.1088	6.1703

2021年前日本药品市场的中期展望，将以1.4%年平均增长率小幅平稳扩大，具有以下影响因素。

随着老龄化社会的到来，抗癌药和老年痴呆症治疗药将加速开发，促进药品市场规模的扩大。

但同时医疗费抑制的相关政策将加强，其中日本政府关于《促进仿制药使用政策》的实施将对药品市场产生抑制效果。根据日本政府公布的政策，其中设定了仿制药占比2017年达到70%以上，2018～2020年达到80%以上。低价格的仿制药的普及将进一步阶段性拉低原研药市场价格。

创新药（Innovation）与药品价格制度的协调，是否有利于高价格新药的使用尚且未知。

表 3　2016 年日本前十大类治疗药

单位：亿日元，%

序号	药效分类	金额	同比增长
1	抗癌药	9600	17
2	抗病毒药	6100	22
3	糖尿病	5200	2
4	高血压	5100	-11
5	血栓症	4400	-7
6	免疫抑制药	3900	7
7	脂质调整·动脉硬化	3800	-5
8	制酸药·溃疡药	3800	-3
9	眼科药	3300	0
10	哮喘·慢性阻塞性肺病	3300	-2

表 4　2016 年日本前十大药品排名

单位：亿日元，%

序号	药品名称	药效分类	企业名称	销售额	同比增长
1	哈维尼复方制剂	C 型肝炎	吉利德科学公司	1647	-38.8
2	Nivolumab	癌症	小野药品工业	1039	391.3
3	替米沙坦片	高血压	安斯泰来制药	932	-4.1
4	阿瓦斯汀注射剂	癌症	中外制药	921	-1.8
5	LYRICA	疼痛	辉瑞	862	-1.8
6	埃索美拉唑镁	消化性溃疡	第一三共	840	1.9
7	索非布韦片	C 型肝炎	吉利德科学公司	713	-52.7
8	磷酸西他列汀片	糖尿病	MSD	709	-8.1
9	奥美沙坦酯片	高血庄	第一三共	694	-6.0
10	Xarelto	抗凝剂	拜耳公司	673	23.8

表 5　2016 年 4 月至 2017 年 3 月日本原研药制药企业排名前 5 位

单位：亿日元，%

序号	公司名称	销售额	增长率	销售利润	增长率	利润率	※RD 率
1	武田药品工业	17321	-4.2	1559	+19.1	9.0	18.0
2	安斯泰来制药	13117	-4.4	2608	+4.8	19.9	15.9
3	大塚 HD	11955	-16.2	1011	-32.1	8.5	14.1
4	第一三共	9551	-3.2	889	-31.8	9.3	22.4
5	卫材制药	5391	-1.6	591	+13.7	11.0	20.9

表6　2017 年 4 ~9 月日本原研药制药企业排名前 4 位

单位：亿日元，%

序号	公司名称	销售额	增长率	销售利润	增长率	利润率
1	武田药品工业	8814	3. 6	2343	44. 6	26. 6
2	安斯泰来制药	6398	-1. 8	961	-38. 8	15. 0
3	第一三共	4694	2. 5	488	-33. 5	10. 4
4	卫材制药	2851	5. 6	277	-28. 1	9. 7
合计		22756	2. 0	4069	5. 6	17. 9

表7　2016 年 4 月至 2017 年 3 月日本仿制药制药企业排名前 3 位

单位：亿日元，%

序号	公司名称	销售额	增长率	销售利润	增长率	利润率
1	日医工	1634	13. 8	86	-33. 7	5. 2
2	沢井制药	1324	7. 2	206	-11. 0	15. 6
3	東和药品	849	3. 5	69	-38. 3	8. 1

日本制定了抑制医疗费的政策，其中关于降低药品价格是重要一环，以达到降低国民医疗费用增长率，从而推动日本达成改善国家财政的目标。

日本抑制医疗费的政策对于制药企业产生很大影响。

原研药企业：收益率下降、研发投入减少。

仿制药企业：药品价格优势削弱。

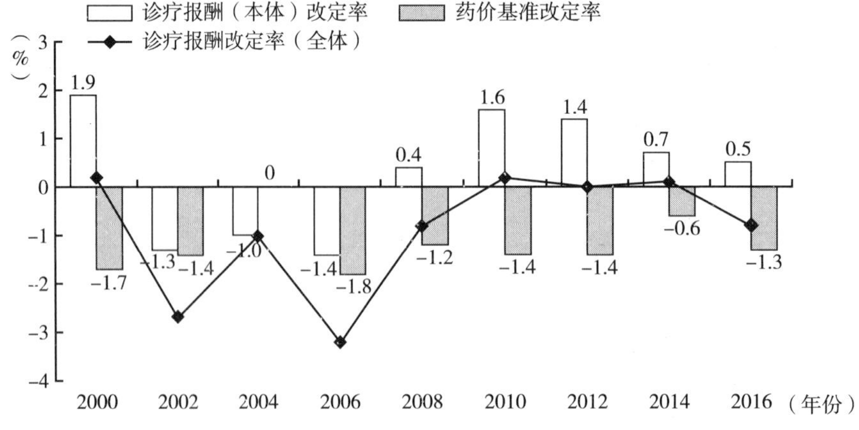

图 1　日本药品价格改定率

进入2018年，日本正在进行的关于彻底改革药品价格制度（草案）的讨论。

一　背景

随着超高价格药品的陆续登场、使药价按合理的机制进行调整。

控制由人口老龄化加速所带来的药品费用增长。

二　论点

（一）使“原研药”价格大幅度下调

1. 同规格仿制药使用率超过80%

当同规格仿制药上市时间达到10年，原研药药品价格要下调至仿制药价格的2.5倍；之后再经过6年，下调至与其仿制药相同的价格水准。

2. 同规格仿制药使用率未满80%

当同规格仿制药上市时间达到10年，原研药品价格要下调至其仿制药价格的1.5倍。

（二）详细划分“创新药加成目录药品（在一定期间维持药价不变）”

将制药企业按照研发业绩划分3类，采用不同程度的加成方式。

通过细化项目要求进行更详细的分类。

（三）根据市场规模重新计算药价

对市场规模已经超过350亿日元的药品进行最大25%的价格下调。

（四）变更药价改定频度

由现行两年一次改为每年一次。

B.35
科伦集团在哈萨克斯坦投资兴建制药企业的成功实践

四川科伦药业股份有限公司

摘　要： 科伦集团积极参与“一带一路”建设，随着丝绸之路经济带建设合作的深入，该公司在哈萨克斯坦注册成立了 KELU · KAZ，项目投资 5000 万美元，按欧盟 GMP 标准建设的塑瓶输液生产线和抗肿瘤小水针生产线一期工程已形成生产能力。该项目已被纳入哈萨克斯坦工业发展扶持计划和《2050 发展战略》规划。为哈萨克斯坦培养了专业技术人才，填补了该国医药生产领域的空白。

关键词： 科伦集团　KELU · KAZ　制药企业

科伦集团创始于 1996 年，经过 21 年的发展，已成为拥有海内外 100 余家分子公司、年销售收入超过 400 亿元的大型现代化医药集团，连续多年进入中国企业五百强榜单。

科伦集团旗下的四川科伦药业股份有限公司（以下简称“科伦药业”）是全球技术领先、规模最大的输液专业制造商，也是全球环保技术最先进、规模最大的抗生素原料和中间体生产企业。在输液板块，科伦已经具备了高端制造和新型材料双重赢利能力。2015 年，科伦自主研发的直立式聚丙烯输液袋荣获国家科技进步二等奖。与石四药强强联合为标志，科伦以昂扬的姿态进入寡头竞争的中国医药子领域——输液行业，并将成为行业集中度提升和结构优化（产业结构、市场结构）的大赢家。在未来的竞争中，科伦已占据极为有利的位置。

2010年6月，科伦甫一上市就投入巨资创立伊犁川宁生物技术有限公司，通过对水、煤炭、农副产品等优质自然资源的创新性开发和利用，构建了从中间体、原料药到制剂的抗生素全产业链。如今，现代农业和先进制造业形成了最强的跨界组合，川宁的成功使科伦成为国内首家在重大医药产品类别上拥有全球话语权的领袖级企业，执全球抗生素中间体行业之牛耳。

获得输液和抗生素中间体两项全球冠军之后，科伦开始冲击全球创新药第一方阵。科伦集团已成功构建了以成都研究院为核心，苏州、天津、美国新泽西生物大分子、国际仿制药研究分院为分支的集约化研发体系，位居中国医药企业创新能力的前列。科伦拥有国家级企业技术中心、国家大容量注射剂工程技术研究中心、大容量注射剂国家地方联合工程实验室和注射用包装材料国家地方联合工程实验室四大国家级创新平台。近年来，科伦从全球引进80余位曾就职于辉瑞、默克等国际知名企业的高端领军人才，组建了超过1800人的专业研发团队，使科伦在中国药企中拥有绝对数量和绝对质量的创新人才。在肿瘤、感染、糖尿病等重大疾病领域，科伦有342个优秀项目处于研发的不同阶段，其中已注册申报93项，未来五年可望有50~55个新药获批生产。

经过上市七年的蓄势，科伦的崛起元素已经达到临界点，新格局和新力量的序幕已经拉开。科伦必须立足本土，放眼全球，主动融入国家战略。由此，KELUN·KAZ应运而生，成为科伦国际化发展的重大里程碑。

一　KELUN·KAZ投资背景

KELUN·KAZ是科伦·哈萨克斯坦医药有限公司的英文缩写。21世纪初，科伦便通过代理销售的模式向哈萨克斯坦出口输液产品并迅速打入中亚市场，成为哈萨克斯坦最大的输液产品供应商，在哈萨克斯坦医药界和民众间树立了良好的口碑。

随着中国西进倡议的逐步落实与“新丝绸之路经济带”构想的逐渐成形，为积极响应中哈两国元首关于共建“丝绸之路经济带”和“光明之路”的倡议，科伦药业的决策层敏锐地抓住西进的机会并深入推进“一带一路”建设。以哈萨克斯坦为基点，投资兴建大型现代化制药企业，在满足哈萨克斯坦市场需求的基础上，撬动和辐射拥有 2 亿多人口的前独联体市场。KELUN · KAZ 选址地处欧亚大陆桥的哈萨克斯坦，工厂建设在中亚最大的城市阿拉木图，直接针对中亚、俄罗斯以及东欧市场作出重要战略布局。中亚各国制药工业相对落后，目前没有国外大型医药企业在中亚投资建厂，前独联体国家被认为是市场价值大约在 300 亿美元和年增长率为 20% 的药物市场，前景广阔。

二 KELUN · KAZ 的发展情况

2012 年 8 月 9 日科伦药业在哈萨克斯坦注册成立了 KELUN · KAZ，2012 年 11 月正式启动工厂建设，项目占地面积 4 万平方米、建筑面积 2 万平方米，于 2014 年 7 月竣工投产，项目总投资 5000 万美元。按欧盟 GMP 标准建设的塑瓶输液生产线和抗肿瘤小水针生产线，第一期建成可达年产塑瓶输液 6000 万瓶、小水针 2000 万支的生产能力。

KELUN · KAZ 现已注册完成品种超 40 个，其中抗肿瘤品种 14 个。随着工厂建成投产，哈萨克斯坦输液药物及先进医药制造技术本地化进程加快，安全、经济、高效的药品市场占有率超过 80%，满足了哈萨克斯坦人民的用药需求。公司先后开拓中亚及俄罗斯市场，输液市场在吉尔吉斯斯坦超过 30%；5 月成功开拓俄罗斯市场，目前市场占有率超过 10%；9 月在俄罗斯注册完成肿瘤药品种 2 个，有望年底投放市场。截至目前，工厂累计实现税收超过 2000 万元人民币，解决哈萨克斯坦社会就业 300 余人。

KELUN · KAZ 是科伦药业为融入“一带一路”倡议而作出的重大布局，该项目已被纳入哈萨克斯坦工业发展扶持计划和《2050 发展战略》规划。同时，依托先进的技术，公司承担的“输液关键共性技术研究及产业化示范”项目，帮助哈萨克斯坦掌握输液产品生产的核心技术，培养行业专业技术人才，填补了该国医药生产领域的空白。该项目因此获得了科技部2014年度对发展中国家科技援助项目的立项支持。

随着丝绸之路经济带建设合作的深入，与KELUN·KAZ形成强烈战略依托的是新疆川宁项目。川宁项目是科伦2010年上市后在伊犁总投资超过70亿元建成的全球最大抗生素中间体项目，这是新中国成立以来医药行业单笔投资最大的项目，将实现重点技术、重点环节的关键性突破，彻底解决抗生素产业链的源头问题。2017年中国已对哈萨克斯坦农产品开放市场。科伦药业积极构建中哈两国农业领域合作平台，在新疆霍尔果斯自贸区投资建设了年加工能力70万吨的生产基地，在哈萨克斯坦国设立科伦现代农业有限责任公司，计划从哈萨克斯坦进口黄豆、小麦、油葵等农产品进行深加工，延伸科伦药业产业链并巩固公司川宁项目的综合竞争优势。公司在哈萨克斯坦阿拉木图州、东哈州、北哈州分别发展订单种植，已签订合同90份，定单面积约3万公顷。公司正在大规模建设粮食收储基地，2018年计划定单种植将达10万公顷、收购超过30万吨农副产品，为中哈农业合作开拓更加广阔的前景。

科伦深知川宁生物及KELUN·KAZ的发展离不开国家“一带一路”倡议，离不开哈萨克斯坦政府的鼎力相助。正是这些指引与支持为企业创造了良好的市场环境，科伦才得以奏响丝路交响的华彩乐章。科伦将秉持“合作共赢、平衡发展、共同安全”的理念，为医药领域的国际合作和发展服务、为增进人类的健康福祉作出最大的努力。

附 录

Appendices

B.36
2017年化学原料药大类产量供应出口量分省份情况

中国化学制药工业协会

表1 2017年化学原料药大类产量、供应出口量分省份情况 I

单位：吨

省份	原料药合计		二十四大类合计		抗感染药物		解热镇痛药物		维生素类及矿物质类药物	
	产量	出口量	产量	出口量	产量	出口量	产量	出口量	产量	出口量
合　计	1327864	388624	740245	272973	97360	25389	101914	45312	214753	106092
北　京	2282	179	2282	179	225	108	0	0	84	53
天　津	4377	665	4377	665	6	0	45	0	8	8
河　北	352295	119126	106987	49817	14129	4490	22236	11273	59713	25394
山　西	11741	2655	11741	2655	11117	2655	30	0	73	0
内蒙古	18336	2102	18336	2102	15868	2099	0	0	2343	0
辽　宁	26706	15910	26706	15910	1536	253	0	0	18086	13581
吉　林	4376	1574	4376	1574	436	0	2154	634	5	0

续表

省份	原料药合计		二十四大类合计		抗感染药物		解热镇痛药物		维生素类及矿物质类药物	
	产量	出口量	产量	出口量	产量	出口量	产量	出口量	产量	出口量
黑龙江	1000	57	1000	57	650	57	0	0	0	0
上　海	6878	1709	6878	1709	1146	17	0	0	0	0
江　苏	55900	24887	55900	24887	5078	2449	150	148	26241	19224
浙　江	129526	50494	129526	50494	12577	4384	18712	5173	50007	12945
安　徽	54183	3090	54183	3090	973	286	116	0	12621	910
福　建	701	313	701	313	557	313	1	0	0	0
江　西	19789	6526	19789	6526	1558	241	0	0	10098	5518
山　东	495537	109924	153225	63581	14040	4176	51834	22360	31558	26462
河　南	4112	877	4112	877	2885	874	39	0	0	0
湖　北	52587	45619	52587	45619	3553	1787	6588	5723	3459	1607
湖　南	12922	53	12922	53	89	0	0	0	0	0
广　东	6480	488	6480	488	5558	388	0	0	0	0
广　西	1183	169	1183	169	552	2	8	0	55	0
海　南	0	0	0	0	0	0	0	0	0	0
重　庆	1273	321	1273	321	436	161	0	0	0	0
四　川	5910	1236	5910	1236	1244	550	0	0	402	390
贵　州	0	0	0	0	0	0	0	0	0	0
云　南	56259	453	56259	453	0	0	0	0	0	0
西　藏	0	0	0	0	0	0	0	0	0	0
陕　西	503	199	503	199	208	101	0	0	0	0
甘　肃	2608	0	2608	0	2608	0	0	0	0	0
青　海	46	0	46	0	0	0	0	0	0	0
宁　夏	329	0	329	0	329	0	0	0	0	0
新　疆	25	0	25	0	0	0	0	0	0	0

表 2　2017 年化学原料药大类产量、供应出口量分省份情况 II

单位：吨

省份	抗寄生虫病药		计划生育及激素类药物		抗肿瘤类药物		心血管系统类药物		呼吸系统类药物	
	产量	出口量	产量	出口量	产量	出口量	产量	出口量	产量	出口量
合　计	8188	2823	7341	3760	420	64	7623	3183	2917	515
北　京	0	0	4	2	0	0	129	16	0	0
天　津	0	0	155	27	0	0	5	0	0	0
河　北	0	0	143	6	6	0	5	1	1139	92

续表

省份	抗寄生虫病药		计划生育及激素类药物		抗肿瘤类药物		心血管系统类药物		呼吸系统类药物	
	产量	出口量	产量	出口量	产量	出口量	产量	出口量	产量	出口量
山　西	320	0	0	0	0	0	10	0	0	0
内蒙古	0	0	0	0	0	0	19	0	40	3
辽　宁	0	0	0	0	32	0	9	0	44	1
吉　林	0	0	0	0	0	0	35	0	440	110
黑龙江	0	0	0	0	0	0	44	0	197	0
上　海	58	0	12	0	11	0	347	4	7	0
江　苏	329	207	140	38	106	3	449	90	75	2
浙　江	469	109	311	233	35	14	4736	2670	78	0
安　徽	678	84	0	0	12	3	360	0	0	0
福　建	0	0	0	0	6	0	0	0	0	0
江　西	0	0	0	0	0	0	151	0	0	0
山　东	0	0	6187	3359	136	42	311	29	761	307
河　南	0	0	1	0	50	0	185	3	4	0
湖　北	5303	2084	168	88	0	0	1	1	0	0
湖　南	124	51	6	1	0	0	185	0	18	0
广　东	58	0	105	0	1	0	140	100	0	0
广　西	500	166	2	1	0	0	0	0	6	0
海　南	0	0	0	0	0	0	0	0	0	0
重　庆	52	3	0	0	0	0	0	0	0	0
四　川	28	20	80	0	0	0	391	268	77	0
贵　州	0	0	0	0	0	0	0	0	0	0
云　南	5	2	26	5	0	0	85	0	23	0
西　藏	0	0	0	0	0	0	0	0	0	0
陕　西	264	98	0	0	0	0	26	0	4	0
甘　肃	0	0	0	0	0	0	0	0	0	0
青　海	0	0	0	0	0	0	0	0	2	0
宁　夏	0	0	0	0	0	0	0	0	0	0
新　疆	0	0	0	0	25	0	0	0	0	0

表 3　2017 年化学原料药大类产量、供应出口量分省份情况Ⅲ

单位：吨

省份	中枢神经系统类药物		消化系统类药物		泌尿系统类药物		血液系统类药物		调节水、电解质及酸碱平衡类药物	
	产量	出口量	产量	出口量	产量	出口量	产量	出口量	产量	出口量
合　计	22018	16477	48624	22755	14667	364	3355	95	38763	3536
北　京	1	0	1280	0	25	0	0	0	271	0
天　津	510	500	0	0	34	7	0	0	8	0
河　北	9490	8554	0	0	13	7	112	0	0	0
山　西	34	0	156	0	0	0	0	0	0	0
内蒙古	0	0	0	0	0	0	66	0	0	0
辽　宁	1698	944	2742	1131	18	0	11	0	0	0
吉　林	1222	804	2	0	29	25	0	0	0	0
黑龙江	0	0	88	0	0	0	0	0	0	0
上　海	19	0	34	14	0	0	234	0	0	0
江　苏	626	172	684	28	372	167	38	9	5973	135
浙　江	379	158	4664	603	155	76	25	2	4331	2706
安　徽	12	0	832	704	0	0	318	83	364	0
福　建	0	0	50	0	0	0	0	0	0	0
江　西	1340	361	307	158	0	0	0	0	2940	248
山　东	5693	4939	5153	1724	14020	82	632	0	1	0
河　南	482	0	295	0	0	0	47	0	0	0
湖　北	3	2	21779	18386	0	0	0	0	0	0
湖　南	258	0	8568	0	0	0	1541	0	372	0
广　东	0	0	0	0	0	0	0	0	0	0
广　西	1	0	49	0	0	0	0	0	0	0
海　南	0	0	0	0	0	0	0	0	0	0
重　庆	198	43	4	0	0	0	29	1	0	0
四　川	29	0	1937	8	0	0	303	0	753	0
贵　州	0	0	0	0	0	0	0	0	0	0
云　南	24	0	0	0	0	0	0	0	23751	447
西　藏	0	0	0	0	0	0	0	0	0	0
陕　西	0	0	0	0	0	0	0	0	0	0
甘　肃	0	0	0	0	0	0	0	0	0	0
青　海	0	0	0	0	0	0	0	0	0	0
宁　夏	0	0	0	0	0	0	0	0	0	0
新　疆	0	0	0	0	0	0	0	0	0	0

表4　2017年化学原料药大类产量、供应出口量分省份情况Ⅳ

单位：吨

省份	麻醉类及其辅助类药物		抗组织胺及解毒类药物		酶及其它生化类药物		消毒防腐及创伤外科类药物		五官科类药物	
	产量	出口量	产量	出口量	产量	出口量	产量	出口量	产量	出口量
合　计	1207	330	304	4	49700	19764	35703	0	21	0
北　京	0	0	19	0	0	0	25	0	0	0
天　津	0	0	0	0	1959	123	1645	0	0	0
河　北	0	0	0	0	0	0	0	0	0	0
山　西	0	0	0	0	0	0	0	0	0	0
内蒙古	0	0	0	0	0	0	0	0	0	0
辽　宁	0	0	15	0	0	0	104	0	0	0
吉　林	50	0	0	0	3	0	0	0	0	0
黑龙江	0	0	0	0	0	0	0	0	0	0
上　海	0	0	51	0	4088	1674	0	0	0	0
江　苏	493	115	22	1	9650	2025	180	0	8	0
浙　江	2	1	14	3	1149	1	0	0	0	0
安　徽	0	0	0	0	20041	0	0	0	0	0
福　建	0	0	0	0	0	0	87	0	0	0
江　西	0	0	2	0	993	0	0	0	0	0
山　东	167	101	0	0	154	0	778	0	0	0
河　南	0	0	125	0	0	0	0	0	0	0
湖　北	0	0	0	0	11632	15942	101	0	0	0
湖　南	0	0	1	0	0	0	275	0	12	0
广　东	0	0	0	0	0	0	0	0	0	0
广　西	0	0	0	0	0	0	11	0	0	0
海　南	0	0	0	0	0	0	0	0	0	0
重　庆	494	113	50	0	0	0	0	0	0	0
四　川	0	0	4	0	30	0	152	0	0	0
贵　州	0	0	0	0	0	0	0	0	0	0
云　南	0	0	0	0	0	0	32345	0	0	0
西　藏	0	0	0	0	0	0	0	0	0	0
陕　西	0	0	0	0	0	0	0	0	0	0
甘　肃	0	0	0	0	0	0	0	0	0	0
青　海	0	0	0	0	0	0	0	0	0	0
宁　夏	0	0	0	0	0	0	0	0	0	0
新　疆	0	0	0	0	0	0	0	0	0	0

表 5　2017 年化学原料药大类产量、供应出口量分省份情况 V

单位：吨

省份	皮肤科类药物		诊断类药物		滋补营养类药物		制剂用辅料及附加剂类		其他化学原料药类		单列品种合计	
	产量	出口量	产量	出口量	产量	出口量	产量	出口量	产量	出口量	产量	出口量
合　计	113	20	5324	509	53570	20928	26277	1053	83	0	587618	115652
北　京	0	0	0	0	0	0	182	0	38	0	0	0
天　津	0	0	0	0	0	0	0	0	1	0	0	0
河　北	0	0	0	0	0	0	0	0	0	0	245307	69309
山　西	0	0	0	0	0	0	0	0	0	0	0	0
内蒙古	0	0	0	0	0	0	0	0	0	0	0	0
辽　宁	0	0	0	0	0	0	2411	0	0	0	0	0
吉　林	0	0	0	0	0	0	0	0	0	0	0	0
黑龙江	21	0	0	0	0	0	0	0	0	0	0	0
上　海	0	0	1	0	0	0	868	0	0	0	0	0
江　苏	18	14	4517	59	751	0	0	0	0	0	0	0
浙　江	63	5	801	450	30256	20928	761	33	0	0	0	0
安　徽	0	0	0	0	277	0	17578	1021	0	0	0	0
福　建	0	0	0	0	0	0	0	0	0	0	0	0
江　西	0	0	0	0	0	0	2400	0	0	0	0	0
山　东	1	0	0	0	21800	0	0	0	0	0	342311	46343
河　南	0	0	0	0	0	0	0	0	0	0	0	0
湖　北	0	0	0	0	0	0	0	0	0	0	0	0
湖　南	0	0	0	0	10	0	1461	0	0	0	0	0
广　东	0	0	0	0	0	0	616	0	0	0	0	0
广　西	0	0	0	0	0	0	0	0	0	0	0	0
海　南	0	0	0	0	0	0	0	0	0	0	0	0
重　庆	10	0	0	0	0	0	0	0	0	0	0	0
四　川	0	0	4	0	476	0	0	0	0	0	0	0
贵　州	0	0	0	0	0	0	0	0	0	0	0	0
云　南	0	0	0	0	0	0	0	0	0	0	0	0
西　藏	0	0	0	0	0	0	0	0	0	0	0	0
陕　西	0	0	0	0	0	0	0	0	0	0	0	0
甘　肃	0	0	0	0	0	0	0	0	0	0	0	0
青　海	0	0	0	0	0	0	0	0	44	0	0	0
宁　夏	0	0	0	0	0	0	0	0	0	0	0	0
新　疆	0	0	0	0	0	0	0	0	0	0	0	0

B.37
2017年化学制剂重点剂型产量分省份生产情况

中国化学制药工业协会

表1 2017年化学制剂重点剂型产量分省份生产情况

单位：万瓶/支/片/粒/袋

省份	粉针(冻干粉针)剂	注射液	片剂	其中:缓释、控释片	输液	胶囊剂	滴剂	颗粒剂
合　计	1653675	2900014	42195302	1835808	2329829	13658225	389079	2024243
北　京	71112	38090	3155798	292401	8195	672274	11	126065
天　津	3535	81931	957284	62280	49012	145609	5188	661
河　北	265480	116923	1961739	37395	166595	1097942	56314	467769
山　西	27071	64635	2343399	139407	12010	1053145	0	68685
内蒙古	869	201	122351	0	477	4936	0	2754
辽　宁	41519	23235	1264812	16851	13061	320654	7724	20400
吉　林	11732	19733	1329212	222	10289	2039339	78	32408
黑龙江	63775	25784	822435	1387	23361	357155	343	78124
上　海	45542	95772	2294230	86128	22372	512814	2815	11654
江　苏	117606	172512	5375009	388341	61275	897756	6259	26697
浙　江	27164	33248	1946163	89858	91936	824375	8347	29833
安　徽	45567	25745	285387	26560	608125	228636	1265	14975
福　建	4542	36568	316657	11113	26904	114118	89457	2685
江　西	5708	36520	3148313	0	31982	143123	2933	107564
山　东	275910	631009	3745824	415468	399642	1140619	204562	239893
河　南	230046	852686	2743419	34020	144309	733620	0	260199
湖　北	30282	273048	2819916	4430	20592	179062	0	36849
湖　南	52628	22194	605050	29913	63442	665111	0	63790
广　东	220414	63977	1368353	117629	28155	732548	240	124746

续表

省份	粉针（冻干粉针）剂	注射液	片剂	其中：缓释、控释片	输液	胶囊剂	滴剂	颗粒剂
广　西	13642	8383	502527	0	71648	85007	0	6471
重　庆	43003	60356	1078990	40061	28736	438277	370	69272
四　川	35429	78621	1851651	34399	272078	1063715	2633	163738
贵　州	0	0	0	0	35758	0	0	0
云　南	16137	102285	716162	4261	41930	85541	219	20511
陕　西	3769	32105	1058371	802	24703	82186	0	22671
甘　肃	898	4304	199431	0	72037	6438	0	25828
青　海	0	139	67854	0	0	17927	0	0
宁　夏	294	10	8302	2880	77	16299	320	0
新　疆	0	0	106665	0	1129	0	0	0

B.38
2017年美国 FDA 批准的新药（原始的新药申请和生物制品许可申请）

齐继成 译

表 1　2017 年 1 月美国 FDA 批准的新药（原始的新药申请和生物制品许可申请）

批准日期	药品名称和 FDA 申请号	活性成分	提交申报分类	优先审评	公司名称
2017 年 1 月 9 日	ARYMO ER NDA #208603	MORPHINE SULFATE （硫酸吗啡）	类型 5	标准	EGALET 公司
2017 年 1 月 9 日	NITROUS OXIDE, USP NDA #209989	NITROUS OXIDE （一氧化二氮）	UNKNOWN	未知	MATHESON TRI-GAS 公司
2017 年 1 月 11 日	ESBRIET NDA #208780	PIRFENIDONE （吡非尼酮）	类型 3	标准	GENENTECH 公司
2017 年 1 月 17 日	VANTRELA ER NDA #207975	HYDROCODONE BITARTRATE （重酒石酸氢可酮）	类型 3	标准	TEVA 品牌制药公司
2017 年 1 月 18 日	RHOFADE NDA #208552	OXYMETAZOLINE HYDROCHLORIDE （盐酸羟甲唑啉）	类型 10	标准	ALLERGAN 公司
2017 年 1 月 19 日	TRULANCE NDA #208745	PLECANATIDE （普卡那肽）	类型 1	标准	SYNERGY 制药公司

续表

批准日期	药品名称和 FDA 申请号	活性成分	提交申报分类	优先审评	公司名称
2017 年 1 月 26 日	TEPADINA NDA #208264	THIOTEPA （噻替派）	类型 5	标准	ADIENNE SA 公司
2017 年 1 月 27 日	VYVANSE NDA #208510	LISDEXAMFETAMINE DIMESYLATE （二甲磺酸赖右苯丙胺）	标签	标准	SHIRE 开发公司
2017 年 1 月 27 日	ARMONAIR RESPICLICK NDA #208798	FLUTICASONE PROPIONATE （丙酸氟替卡松）	类型 4	标准	TEVA 制药公司
2017 年 1 月 27 日	AIRDUO RESPICLICK NDA #208799	FLUTICASONE PROPRIONATE; SALMETEROL （丙酸氟替卡松;沙美特罗）	类型 4	标准	TEVA 制药公司
2017 年 1 月 27 日	CORPHEDRA NDA #208943	EPHEDRINE SULFATE （硫酸麻黄碱）	类型 5	标准	PAR 无菌产品公司
2017 年 1 月 28 日	VYVANSE NDA #208510	LISDEXAMFETAMINE DIMESYLATE （二甲磺酸赖右苯丙胺）	类型 3—新剂型	标准	SHIRE DEV 公司
2017 年 1 月 31 日	XYZAL ALLERGY 24HR NDA #209089	LEVOCETIRIZINE DIHYDROCHLORIDE （盐酸左旋西替利嗪）	类型 8—部分从处方药转换到非处方药	标准	美国赛诺菲—安万特公司
2017 年 1 月 31 日	XYZAL ALLERGY 24HR NDA #209090	LEVOCETIRIZINE DIHYDROCHLORIDE （盐酸左旋西替利嗪）	类型 8—部分从处方药转换到非处方药	标准	美国赛诺菲—安万特公司

注：“优先”审评指定用于治疗严重病症的药物的申请，并且与现有治疗剂相比，在严重病症的治疗、诊断或预防的安全性或有效性方面可提供明显的改善。“标准”审评指定为不符合优先审评指定标准的药物申请。下同。

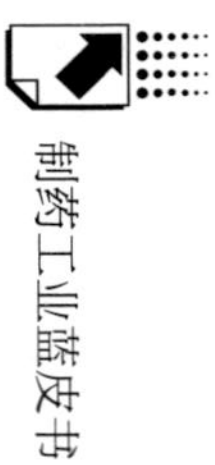

表 2　2017 年 2 月美国 FDA 批准的新药（原始新药申请和生物制品许可申请）

批准日期	药品名称和 FDA 申请号	活性成分	提交申报分类	优先审评	公司名称
2017 年 2 月 7 日	PARSABIV NDA #208325	ETELCALCETIDE	类型 1	标准	KAI 制药公司
2017 年 2 月 9 日	EMFLAZA NDA #208684	DEFLAZACORT（地夫可特）	类型 1	优先	MARATHON 制药公司
2017 年 2 月 9 日	EMFLAZA NDA #208685	DEFLAZACORT（地夫可特）	类型 1	优先	MARATHON 制药公司
2017 年 2 月 15 日	SILIQ BLA #761032	BRODALUMAB			VALEANT LUXEMBOURG 公司
2017 年 2 月 17 日	GANCICLOVIR NDA #209347	GANCICLOVIR（更昔洛韦）	类型 5	标准	EXELA 制药科学公司
2017 年 2 月 27 日	QTERN NDA #209091	DAPAGLIFLOZIN; SAXAGLIPTIN（达格列净;沙格列汀）	类型 4	标准	阿斯利康 AB 公司
2017 年 2 月 28 日	XERMELO NDA #208794	TELOTRISTAT ETHYL（特罗司他乙酯）	类型 1	优先	LEXICON 制药公司

表 3　2017 年 3 月美国 FDA 批准的新药（原始的新药申请和生物制品许可申请）

批准日期	药品名称和 FDA 申请号	活性成分	提交申报分类	优先审评	公司名称
2017 年 3 月 1 日	EPHEDRINE SULFATE NDA #208609	EPHEDRINE SULFATE（硫酸麻黄碱）	类型 5	标准	AKORN 公司
2017 年 3 月 3 日	NOCTIVA NDA #201656	DESMOPRESSIN ACETATE（醋酸去氨加压素）	类型 5	标准	SERENITY 制药公司

续表

批准日期	药品名称和 FDA 申请号	活性成分	提交申报分类	优先审评	公司名称
2017 年 3 月 8 日	NIPRIDE RTU NDA #209387	SODIUM NITROPRUSSIDE（硝普酸钠）	类型 5	标准	EXELA 制药科学公司
2017 年 3 月 9 日	VORICONAZOLE NDA #208562	VORICONAZOLE（伏立康唑）	类型 5	标准	XELLIA 制药公司
2017 年 3 月 9 日	VORICONAZOLE NDA #208562	VORICONAZOLE（伏立康唑）	类型 5	标准	XELLIA 制药公司
2017 年 3 月 13 日	KISQALI NDA #209092	RIBOCICLIB（瑞柏司可里布）	类型 1	优先	诺华制药公司
2017 年 3 月 17 日	LAMIVUDINE AND ZIDOVUDINE NDA #022018	LAMIVUDINE；ZIDOVUDINE（拉米夫定；齐多夫定）	类型 4	优先	PHARMACARE 有限公司
2017 年 3 月 21 日	XADAGO? NDA #207145	SAFINAMIDE（沙芬酰胺）	类型 1	标准	美国 NEWRON 制药公司
2017 年 3 月 23 日	SYMPROIC NDA #208854	NALDEMEDINE	类型 1	标准	SHIONOGI 公司
2017 年 3 月 23 日	BAVENCIO BLA #761049	AVELUMAB			EMD SERONO 公司
2017 年 3 月 27 日	ZEJULA NDA #208447	NIRAPARIB（尼拉帕尼）	类型 1	优先	TESARO 公司
2017 年 3 月 28 日	OCREVUS BLA #761053	OCRELIZUMAB			GENENTECH 公司
2017 年 3 月 28 日	DUPIXENT BLA #761055	DUPILUMAB			REGENERON 制药公司

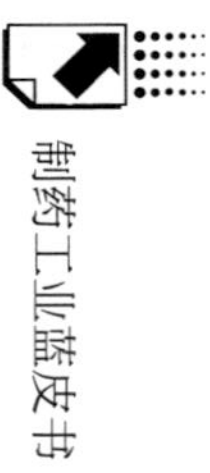

表 4　2017 年 4 月美国 FDA 批准的新药（原始新药申请和生物制品许可申请）

批准日期	药品名称和 FDA 申请号	活性成分	提交申报分类	优先审评	公司名称
2017 年 4 月 3 日	AUSTEDO NDA #208082	DEUTETRABENAZINE （丁苯那嗪）	类型 1	标准	美国 TEVA 制药公司
2017 年 4 月 11 日	INGREZZA NDA #209241	VALBENAZINE	类型 1	优先	NEUROCRINE 生物学公司
2017 年 4 月 20 日	CLINDAMYCIN IN0. 9% SODIUM CHLORIDE NDA #208083	CLINDAMYCIN;SODIUM CHLORIDE （克林霉素;氯化钠 ）	类型 5	标准	CELERITY 制药公司
2017 年 4 月 20 日	ROXYBOND NDA #209777	OXYCODONE HYDROCHLORIDE （盐酸羟考酮）	类型 5	优先	INSPIRION 释放科学公司
2017 年 4 月 21 日	RENFLEXIS BLA #761054	INFLIXIMAB-ABDA （英夫利昔单抗 - ABDA）			SAMSUNG BIOEPSIS 有限公司
2017 年 4 月 25 日	XATMEP NDA #208400	METHOTREXATE （甲氨蝶呤）	类型 3	标准	SILVERGATE 制药公司
2017 年 4 月 25 日	XATMEP NDA #208400	METHOTREXATE （甲氨蝶呤）	类型 3	标准	SILVERGATE 制药公司
2017 年 4 月 27 日	BRINEURA BLA #761052	CERLIPONASE ALFA			BIOMARIN 制药公司
2017 年 4 月 28 日	RYDAPT NDA #207997	MIDOSTAURIN （米哚妥林）	类型 1	优先	NOVARTIS 制药公司
2017 年 4 月 28 日	RYDAPT NDA #207997	MIDOSTAURIN （米哚妥林）	类型 1	优先	NOVARTIS 制药公司

续表

批准日期	药品名称和 FDA 申请号	活性成分	提交申报分类	优先审评	公司名称
2017 年 4 月 28 日	TYMLOS NDA #208743	ABALOPARATIDE	类型 1/4	标准	RADIUS 医疗保健公司
2017 年 4 月 28 日	ALUNBRIG NDA #208772	BRIGATINIB	类型 1	优先	ARIAD 公司

表 5　2017 年 5 月美国 FDA 批准的新药（原始新药申请和生物制品许可申请）

批准日期	药品名称和 FDA 申请号	活性成分	提交申报分类	优先审评	公司名称
2017 年 5 月 1 日	STERITALC NDA #205555	TALC	类型 5—新配方或新的生产公司	标准	NOVATECH SA 公司
2017 年 5 月 1 日	IMFINZI BLA #761069	DURVALUMAB			英国阿斯利康有限公司
2017 年 5 月 4 日	KISQALI；FEMARA NDA #209935	LETROZOLE；RIBOCICLIB（来曲唑；RIBOCICLIB ）	类型 4—新组合	标准	诺华制药 公司
2017 年 5 月 5 日	LAMIVUDINE AND TENOFOVIR DISOPROXIL FUMARATE NDA #207315	LAMIVUDINE； TENOFOVIR DISOPROXIL FUMARATE（拉米夫定；富马酸替诺福韦酯）	类型 4—新组合	标准	HETERO 有限公司 III
2017 年 5 月 5 日	RADICAVA NDA #209176	EDARAVONE（依达拉奉）	类型 1—新分子本体	标准	美国三菱田边医药开发公司
2017 年 5 月 8 日	MINOLIRA NDA #209269	MINOCYCLINE HYDROCHLORIDE（盐酸米诺环素）	类型 5—新配方或新的生产公司	标准	DR REDDYS 有限公司

续表

批准日期	药品名称和 FDA 申请号	活性成分	提交申报分类	优先审评	公司名称
2017 年 5 月 9 日	BAVENCIO BLA #761078	AVELUMAB			EMD SERONO 公司
2017 年 5 月 18 日	JADENU SPRINKLE NDA #207968	DEFERASIROX(地拉罗司)	类型 5—新配方或新的生产公司	标准	诺华制药公司
2017 年 5 月 22 日	KEVZARA BLA #761037	SARILUMAB			SANOFI SYNTHELABO 公司
2017 年 5 月 30 日	ZERVIATE NDA #208694	CETIRIZINE HYDROCHLORIDE (盐酸西替利嗪)	类型 3—新剂型	优先	NICOX OPHTHALMICS 公司

表 6　2017 年 6 月美国 FDA 批准的新药（原始新药申请和生物制品许可申请）

批准日期	药品名称和 FDA 申请号	活性成分	提交申报分类	优先审评	公司名称
2017 年 6 月 6 日	GLEOLAN NDA #208630	AMINOLEVULINIC ACID HYDROCHLORIDE (盐酸氨基戊酮酸)	类型 3—新剂型	优先	NX 开发公司
2017 年 6 月 7 日	NORVIR NDA #209512	RITONAVIR (利托那韦)	类型 3—新剂型	优先	ABBVIE 公司
2017 年 6 月 15 日	SYMJEPI NDA #207534	EPINEPHRINE (肾上腺素)	类型 5—新配方或新的生产公司	标准	ADAMIS 制药公司
2017 年 6 月 15 日	CALCIUM GLUCONATE NDA #208418	CALCIUM GLUCONATE (葡萄糖酸钙)	类型 7—未经新药申请批准的已销售的药品	标准	美国 FRESENIUS KABI 公司
2017 年 6 月 19 日	COTEMPLA XR - ODT? NDA #205489	METHYLPHENIDATE (哌甲酯)	类型 3—新剂型	标准	NEOS 治疗剂公司

续表

批准日期	药品名称和FDA申请号	活性成分	提交申报分类	优先审评	公司名称
2017年6月19日	BAXDELA NDA #208610	DELAFLOXACIN （德拉沙星）	类型1—新分子实体	优先	MELINTA 治疗剂公司
2017年6月19日	BAXDELA NDA #208611	DELAFLOXACIN （德拉沙星）	类型1—新分子实体	优先	MELINTA 治疗剂公司
2017年6月20日	MYDAYIS NDA #022063	MIXED SALTS OF A SINGLE -ENTITY AMPHETAMINE （单一实体安培胺的混合盐）	类型3—新剂型	优先	SHIRE 开发公司
2017年6月22日	RITUXAN HYCELA BLA #761064	HYALURONIDASE; RITUXIMAB （透明质酸酶；利妥昔单抗）			GENENTECH 公司
2017年6月23日	BEVYXXA NDA #208383	BETRIXABAN （贝曲西班）	类型1—新分子实体	优先	PORTOLA 制药公司
2017年6月29日	TRIPTODUR NDA #208956	TRIPTORELIN （曲普瑞林）	类型5—新配方或新的生产公司	标准	ARBOR 制药公司
2017年6月30日	EFAVIRENZ, LAMIVUDINE, AND TENOFOVIR DISOPROXIL FUMARATENDA #204119	EFAVIRENZ; LAMIVUDINE; TENOFOVIR DISOPROXIL FUMARATE （依非韦伦；拉米夫定；富马酸替诺福韦酯）	类型4—新组合	优先	HETERO 药品有限公司
2017年6月30日	PANTOPRAZOLE SODIUM NDA #209463	PANTOPRAZOLE SODIUM （泮托拉唑钠）	类型5—新配方或新的生产公司	标准	EXELA 制药科学公司

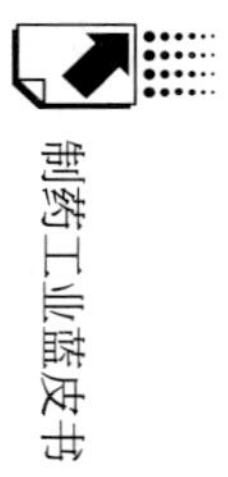

表 7　2017 年 7 月美国 FDA 批准的新药（原始新药申请和生物制品许可申请）

批准日期	药品名称和 FDA 申请号	活性成分	提交申报分类	优先审评	公司名称
2017 年 7 月 5 日	OMEPRAZOLE NDA #209400	OMEPRAZOLE （奥美拉唑）	类型 8—部分从处方药转换到非处方药	标准	DEXCEL 制药公司
2017 年 7 月 7 日	ENDARI NDA #208587	L-GLUTAMINE （L－谷氨酰胺）	类型 5—新的配方或新的生产公司	标准	EMMAUS 医药公司
2017 年 7 月 13 日	TREMFYA BLA #761061	GUSELKUMAB （古塞库单抗）			杨森生物技术公司
2017 年 7 月 14 日	ZYPITAMAG NDA #208379	PITAVASTATIN MAGNESIUM （匹伐他汀镁）	类型 2—新活性成分	标准	美国 ZYDUS 制药公司
2017 年 7 月 17 日	NERLYNX NDA #208051	NERATINIB MALEATE （马来酸来那替尼）	类型 1—新分子实体	标准	PUMA BIOTECH 公司
2017 年 7 月 18 日	VOSEVI NDA #209195	SOFOSBUVIR；VELPATASVIR；VOXILAPREVIR（索非布韦；维帕他韦；伏西瑞韦）	类型 1—新分子实体和类型 4—新组合	优先	GILEAD 科学公司
2017 年 7 月 19 日	LUSDUNA NDA #208722	INSULIN GLARGINE （甘精胰岛素）	Type 5—新的配方或新的生产公司	标准	默沙东公司
2017 年 7 月 20 日	BENLYSTA BLA #761043	BELIMUMAB （贝利木单抗）			葛兰素史克公司
2017 年 7 月 26 日	NITYR NDA #209449	NITISINONE （尼替西农）	类型 5—新的配方或新的生产公司	标准	CYCLE 制药有限公司

表8　2017年8月美国FDA批准的新药（原始新药申请和生物制品许可申请）

批准日期	药品名称和FDA申请号	活性成分	提交申报分类	优先审评	公司名称
2017年8月1日	IDHIFA NDA #209606	ENASIDENIB （恩西地平）	类型1—新分子实体	优先	CELGENE公司
2017年8月2日	DOLUTEGRAVIR，LAMIVUDINE，AND TENOFOVIR DISOPROXIL FUMARATE NDA #209670	DOLUTEGRAVIR；LAMIVUDINE；TENOFOVIR DISOPROXIL FUMARATE （度鲁特韦；拉米夫定；富马酸替诺福韦酯）	类型4—新组合	优先	MYLAN制药公司
2017年8月3日	QVAR NDA #207921	BECLOMETHASONE DIPROPIONATE （丙酸倍氯米松）		标准	NORTON WATERFORD有限公司
2017年8月3日	MAVYRET NDA #209394	GLECAPREVIR；PIBRENTASVIR	类型1—新分子实体和类型4—新组合	优先	ABBVIE公司
2017年8月3日	VYXEOS NDA #209401	DAUNORUBICIN；CYTARABINE （柔红霉素；阿糖胞苷）	类型4—新组合	优先	CELATOR制药公司
2017年8月3日	GEMCITABINE NDA #209604	GEMCITABINE （吉西他滨）	类型5—新的配方或新的生产公司	标准	ACCORD医疗保健公司
2017年8月4日	CAROSPIR NDA #209478	SPIRONOLACTONE （螺内酯）	类型3—新剂型	标准	CMP制药公司
2017年8月4日	NIKITA NDA #209875	PITAVASTATIN （匹伐他汀）	类型2—新的活性成分	标准	LUPIN有限公司
2017年8月17日	LYNPARZA NDA #208558	OLAPARIB （奥拉帕尼）	类型3—新剂型	优先	阿斯利康公司

续表

批准日期	药品名称和 FDA 申请号	活性成分	提交申报分类	优先审评	公司名称
2017 年 8 月 17 日	DRAX EXAMETAZIME NDA #208870	TECHNETIUM TC – 99M EXAMETAZIME (锝 Tc99m 依沙美肟)	类型 5—新配方或新的生产公司	标准	JUBILANT DRAXIMAGE 公司
2017 年 8 月 17 日	BESPONSA BLA #761040	INOTUZUMAB OZOGAMICIN (奥英妥珠单抗)			惠氏制药公司
2017 年 8 月 18 日	DUZALLO NDA #209203	LESINURAD; ALLOPURINOL	类型 4—新组合	标准	ARDEA 生物科学公司
2017 年 8 月 18 日	DOLUTEGRAVIR, LAMIVUDINE, AND TENOFOVIR DISOPROXIL FUMARATE NDA #209618	DOLUTEGRAVIR; LAMIVUDINE; TENOFOVIR DISOPROXIL FUMARATE (拉米夫定;富马酸替诺福韦酯)	类型 4—新组合	优先	AUROBINDO 制药有限公司
2017 年 8 月 24 日	GOCOVRI NDA #208944	AMANTADINE (金刚烷胺)	类型 3—新剂型	标准	ADAMAS 制药公司
2017 年 8 月 25 日	CYLTEZO BLA #761058	ADALIMUMAB – ADBM			勃林格殷格翰公司
2017 年 8 月 29 日	BENZNIDAZOLE NDA #209570	BENZNIDAZOLE (苄硝唑)	类型 1—新分子实体	优先	CHEMO 研究公司

续表

批准日期	药品名称和 FDA 申请号	活性成分	提交申报分类	优先审评	公司名称
2017 年 8 月 29 日	VABOMERE NDA #209776	MEROPENEM；VABORBACTAM （美罗培南；VABORBACTAM）	类型 1—新分子实体和类型 4—新组合	优先	REMPEX 制药公司
2017 年 8 月 30 日	AUSTEDO NDA #209885	DEUTETRABENAZINE （丁苯那嗪）	类型 9—新的适应症作为独特的新药申请（NDA）被提交，批准后与原始的新药申请（NDA）合并	优先	TEVA 品牌制药公司

表 9　2017 年 9 月美国 FDA 批准的新药（原始新药申请和生物制品许可申请）

批准日期	药品名称和 FDA 申请号	活性成分	提交申报分类	优先审评	公司名称
2017 年 9 月 1 日	PALONOSETRON HYDROCHLORIDE NDA #207364	PALONOSETRON HYDROCHLORIDE （盐酸帕洛司琼）		标准	SOMERSET 治疗剂公司
2017 年 9 月 1 日	ADMELOG NDA #209196	INSULIN LISPRO（赖脯胰岛素）	类型 5—新配方或新的生产公司	标准	美国赛诺菲—安万特公司
2017 年 9 月 1 日	MYLOTARG BLA #761060	GEMTUZUMAB OZOGAMICIN （吉妥单抗奥佐米星）			惠氏制药公司
2017 年 9 月 5 日	TRACLEER NDA #209279	BOSENTAN （波生坦）	类型 5—新配方或新的生产公司	标准	ACTELION 制药有限公司

续表

批准日期	药品名称和 FDA 申请号	活性成分	提交申报分类	优先审评	公司名称
2017 年 9 月 12 日	DAPTOMYCIN NDA #208385	DAPTOMYCIN（达托霉素）	类型 5—新配方或新的生产公司	标准	SAGENT 制药公司
2017 年 9 月 14 日	ALIQOPA NDA #209936	COPANLISIB（库潘尼西）	类型 1—新分子实体	优先	拜耳医药保健公司
2017 年 9 月 14 日	MVASI BLA #761028	BEVACIZUMAB – AWWB			AMGEN 公司
2017 年 9 月 15 日	ADZENYS ER NDA #204325	AMPHETAMINE（安非他明）	类型 3—新剂型	标准	NEOS 治疗剂公司
2017 年 9 月 15 日	SOLOSEC NDA #209363	SECNIDAZOLE（赛克硝唑）	类型 1—新分子实体	优先	SYMBIOMIX 治疗剂公司
2017 年 9 月 18 日	XHANCE NDA #209022	FLUTICASONE PROPIONATE（丙酸氟替卡松）	类型 5—新配方或新的生产公司	标准	美国 OPTNOSE 公司
2017 年 9 月 18 日	TRELEGY ELLIPTA NDA #209482	FLUTICASONE FUROATE; UMECLIDINIUM; VILANTEROL（糠酸氟替卡松；芜地溴铵；维兰特罗）	类型 5—新配方或新的生产公司	标准	葛兰素史克公司
2017 年 9 月 26 日	CLOROTEKAL NDA #208791	CHLOROPROCAINE HYDROCHLORIDE（盐酸氯普鲁卡因）	类型 5—新配方或新的生产公司	标准	SINTETICA SA 公司
2017 年 9 月 28 日	VERZENIO NDA #208716	ABEMACICLIB（玻玛西尼）	类型 1—新分子实体	优先	礼来公司
2017 年 9 月 29 日	FIASP NDA #208751	INSULIN ASPART（门冬胰岛素）	类型 5—新配方或新的生产公司	标准	诺和诺德公司

表10　2017年10月美国FDA批准的新药（原始新药申请和生物制品许可申请）

批准日期	药品名称和FDA申请号	活性成分	提交申报分类	优先审评	公司名称
2017年10月2日	ASCOR NDA #209112	ASCORBIC ACID （维生素C）	类型7—没有批准的新药申请已销售的药品	标准	MCGUFF制药公司
2017年10月6日	ZILRETTA NDA #208845	TRIAMCINOLONE ACETONIDE （醋酸曲安奈德）	类型5—新配方或新的生产公司	标准	FLEXION治疗剂公司
2017年10月11日	LYRICA CR NDA #209501	PREGABALIN （普瑞巴林）	类型5—新配方或新的生产公司	标准	辉瑞公司
2017年10月12日	FOSAPREPITANT NDA #210064	FOSAPREPITANT （福沙吡坦）	类型5—新配方或新的生产公司	标准	美国TEVA制药公司
2017年10月20日	BYDUREON BCISE （exenatide extended-release）injectable suspension NDA #209210	EXENATIDE （艾塞那肽）	类型3—新剂型	标准	阿斯利康AB公司
2017年10月20日	DAPTOMYCIN NDA #209949	Daptomycin for Injection, 350 mg/vial.（注射用达托霉素350 mg/小瓶）	类型5—新配方或新的生产公司	标准	XELLIA制药公司
2017年10月20日	CARBON DIOXIDE NDA #210816	CARBON DIOXIDE （二氧化碳）	医疗气体	未知	美国LISS公司
2017年10月25日	VARUBI NDA #208399	ROLAPITANT （罗拉匹坦）	类型3—新剂型	标准	TESARO公司

续表

批准日期	药品名称和 FDA 申请号	活性成分	提交申报分类	优先审评	公司名称
2017 年 10 月 30 日	PREXXARTAN NDA #209139	VALSARTAN（缬沙坦）		标准	CARMEL 生物科学公司
2017 年 10 月 31 日	CALQUENCE NDA #210259	ACALABRUTINIB	类型 1—新分子实体		ACERTA PHARMA BV 公司

表 11　2017 年 11 月美国 FDA 批准的新药（原始新药申请和生物制品许可申请）

批准日期	药品名称和 FDA 申请号	活性成分	提交申报分类	优先审评	公司名称
2017 年 11 月 2 日	Vyzulta（latanoprostene bunod ophthalmic solution）0.024% NDA #207795	LATANOPROSTENE BUNOD	类型 1—新的分子实体	标准	BAUSCH 和 LOMB 公司
2017 年 11 月 6 日	BORTEZOMIB NDA #205004	BORTEZOMIB（硼替佐米）	类型 5—新的配方和新的生产公司	标准	美国 FRESENIUS KABI 公司
2017 年 11 月 8 日	PREVYMIS NDA #209939	LETERMOVIR（乐特莫韦）	类型 1—新的分子实体	优先	默沙东公司
2017 年 11 月 8 日	PREVYMIS NDA #209940	LETERMOVIR（乐特莫韦）	类型 1—新的分子实体	优先	默沙东公司
2017 年 11 月 9 日	Cinvanti（aprepitant）injectable emulsion NDA #209296	APREPITANT（阿瑞匹坦）	类型 3—新剂型	标准	HERON 治疗剂公司

续表

批准日期	药品名称和 FDA 申请号	活性成分	提交申报分类	优先审评	公司名称
2017 年 11 月 13 日	ABILIFY MYCITE NDA #207202	ARIPIPRAZOLE （阿立哌唑）	类型 4—新组合	标准	OTSUKA 制药有限公司
2017 年 11 月 14 日	TEKTURNA NDA #210709	ALISKIREN （阿利吉仑）	类型 3—新剂型	优先	NODEN 制药公司
2017 年 11 月 14 日	FASENRA BLA #761070	BENRALIZUMAB			阿斯利康 AB 公司
2017 年 11 月 15 日	MEPSEVII BLA #761047	VESTRONIDASE ALFA-VJBK			ULTRAGENYX 制药公司
2017 年 11 月 16 日	HEMLIBRA BLA #761083	EMICIZUMAB			GENENTECH 公司
2017 年 11 月 21 日	PALONOSETRON NDA #208109	PALONOSETRON HYDROCHLORIDE （盐酸帕洛司琼）	类型 5—新配方或新的生产公司	标准	美国 FRESENIUS KABI 公司
2017 年 11 月 21 日	JULUCA NDA #210192	DOLUTEGRAVIR；RILPIVIRINE（度鲁特韦；利匹韦林）	类型 4—新组合	优先	VIIV 医疗保健公司
2017 年 11 月 28 日	IMPOYZ NDA #209483	CLOBETASOL PROPIONATE （丙酸氯倍他索）	类型 5—新配方或新的生产公司	标准	PROMIUS 制药公司
2017 年 11 月 28 日	CLENPIQ NDA #209589	SODIUM PICOSULFATE；MAGNESIUMOXIDE；ANHYDROUS CITRIC ACID（匹可硫酸钠；氧化镁；无水柠檬酸）	类型 3—新剂型	标准	FERRING 制药公司
2017 年 11 月 30 日	SUBLOCADE NDA #209819	BUPRENORPHINE （丁丙诺啡）	类型 3—新剂型	优先	INDIVIOR 公司

表 12　2017 年 12 月美国 FDA 批准的新药（原始新药申请和生物制品许可申请）

批准日期	药品名称和 FDA 申请号	活性成分	提交申报分类	优先审评	公司名称
2017 年 12 月 1 日	OGIVRI BLA #761074	TRASTUZUMAB-DKST			MYLAN GMBH 公司
2017 年 12 月 5 日	LONHALA MAGNAIR NDA #208437	GYCOPYRROLATE	类型 3—新剂型和类型 4—新组合	标准	SUNOVION 公司
2017 年 12 月 5 日	OZEMPIC NDA #209637	SEMAGLUTIDE （索马鲁肽）	类型 1—新分子实体	标准	诺和诺德公司
2017 年 12 月 8 日	SINUVA NDA #209310	MOMETASONE FUROATE （糠酸莫米松）	类型 3—新剂型	标准	INTERSECT ENT 公司
2017 年 12 月 11 日	XEPI NDA #208945	OZENOXACIN （奥泽沙星）	类型 1—新分子实体	标准	FERRER INTERNACIONAL S. A. 公司
2017 年 12 月 11 日	ADMELOG NDA #209196	INSULIN LISPRO （赖脯胰岛素）	类型 5—新配方或新的生产公司	标准	美国赛诺菲安万特公司
2017 年 12 月 13 日	IXIFI BLA #761072	INFLIXIMAB-QBTX			辉瑞公司
2017 年 12 月 14 日	ALTAFLUOR BENOX NDA #208582	FLUORESCEIN SODIUM；BENOXIONATE HYDROCHLORIDE （荧光素钠；盐酸 BENOXIONATE）	类型 4—新组合	优先	ALTAIRE 制药公司
2017 年 12 月 14 日	ESKATA NDA #209305	HYDROGEN PEROXIDE （过氧化氢）	类型 5—新配方或新的生产公司	标准	ACLARIS 治疗剂公司
2017 年 12 月 14 日	GOPRELTO NDA #209963	COCAINE HYDROCHLORIDE （盐酸可卡因）	类型 5—新配方或新的生产公司	标准	GENUS 生命科学公司

续表

批准日期	药品名称和 FDA 申请号	活性成分	提交申报分类	优先审评	公司名称
2017 年 12 月 18 日	RHOPRESSA NDA #208254	NETARSUDIL （奈他地尔）	类型 1—新分子实体	标准	AERIE 制药公司
2017 年 12 月 19 日	PREXXARTAN NDA #209139	VALSARTAN （缬沙坦）	类型 3—新剂型	标准	CARMEL 生物科学公司
2017 年 12 月 19 日	STEGLATRO NDA #209803	ERTUGLIFLOZIN （埃格列净）	类型 1—新分子实体	标准	默沙东公司
2017 年 12 月 19 日	STEGLUJAN NDA #209805	ERTUGLIFLOZIN; SITAGLIPTIN （埃格列净；西他列汀）	类型 1—新分子实体和类型 4—新的组合	标准	默沙东公司
2017 年 12 月 19 日	SEGLUROMET NDA #209806	ERTUGLIFLOZIN; METFORMIN HYDROCHLORIDEERTUGLIFLOZIN; METFORMIN HYDROCHLORIDE （埃格列净；盐酸二甲双胍）	类型 1—新分子实体和类型 4—新的组合	标准	默沙东公司
2017 年 12 月 20 日	MACRILEN NDA #205598	MACIMORELIN （马西瑞林）	类型 1—新分子实体	标准	AETERNA ZENTARIS GMBH 公司
2017 年 12 月 21 日	BIVALIRUDIN;0.9% SODIUM CHLORIDE NDA #208374	BIVALIRUDIN;0.9% SODIUM CHLORIDE （比伐卢定；0.9% 氯化钠）	类型 5—新配方或新的生产公司	标准	CELERITY 制药公司
2017 年 12 月 21 日	SIKLOS NDA #208843	HYDROXYUREA （羟基脲）	类型 3—新剂型	优先	ADDMEDICA SAS 公司

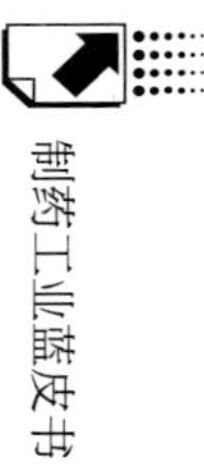

续表

批准日期	药品名称和 FDA 申请号	活性成分	提交申报分类	优先审评	公司名称
2017 年 12 月 21 日	GIAPREZA NDA #209360	ANGIOTENSIN II （血管紧张素 Ⅱ）	类型 1—新分子实体	优先	LA JOLLA 制药公司
2017 年 12 月 22 日	LUMIFY NDA #208144	BRIMONIDINE TARTRATE （酒石酸溴莫尼定）	类型 5—新配方或新的生产公司	标准	BAUSCH & LOMB 公司

表 13　美国 FDA 新药申请提交分类

分类	含义	分类	含义
类型 1	新分子实体	类型 8	处方药转为非处方药
类型 2	新的活性成分	类型 9	新的适应症或请求，在类型 9 新药申请下批准后没有销售的药品
类型 3	新剂型	类型 10	新的适应症或请求，在类型 10 新药申请下批准后被销售的药品
类型 4	新组合	类型 1/4	类型 1，新分子实体，和类型 4，新组合
类型 5	新制剂或其他差异	类型 2/3	类型 2，新的活性成分，和类型 3，新的剂型
类型 6	新的适应症或请求，同一申请人	类型 2/4	类型 2，新的活性成分和类型 4，新的组合
类型 7	以前销售但没有被批准的新药申请	类型 3/4	类型 3，新剂型，和类型 4，新组合

B.39

2017年 CFDA 批准的上市新药

张自然*

摘　要： 2017年医改各项政策逐步落地，我国全面取消以药养医、坚定不移地推进医药创新和一致性评价及加速仿制药的发展。2017年医药上市企业业绩弱于大市，新版医保目录的出台也必将重塑医药新格局。创新药研发逐步成为医药企业差异化的关键，研发能力突出的药企进入收获期。一致性评价由国务院推动，力度超前，首批通过了一致性评价的品种目录业已出台。

关键词： 上市药品　文号统计　CFDA

一　2017年批准上市药品概况

2017年，总局批准上市药品394个（以药品批准文号计），其中化学药品369个，中药民族药（以下简称“中药”）2个，生物制品23个；国产药品278个，进口药品116个；国产药品中化学新药28个，中药新药1个，生物制品10个，化学仿制药238个，中药仿制药1个；纳入优先审评审批品种53个，占13.5%。

* 张自然，中投中财基金管理有限公司执行董事、博士。

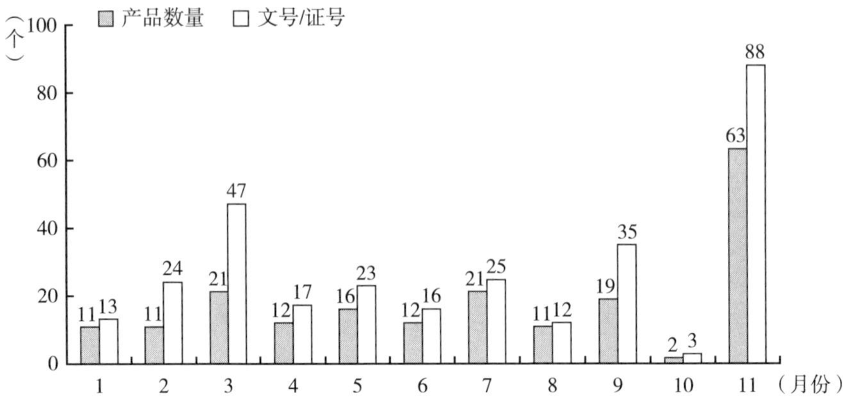

图 1　2017 年 CFDA 新发批文情况

资料来源：信狐药迅。

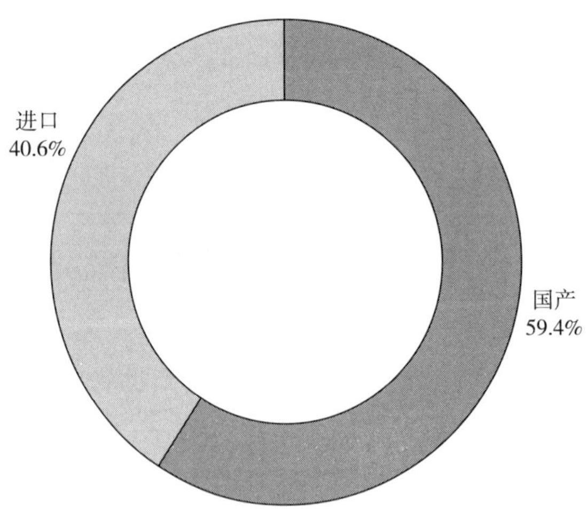

图 2　进口和国产文号统计

资料来源：信狐药迅。

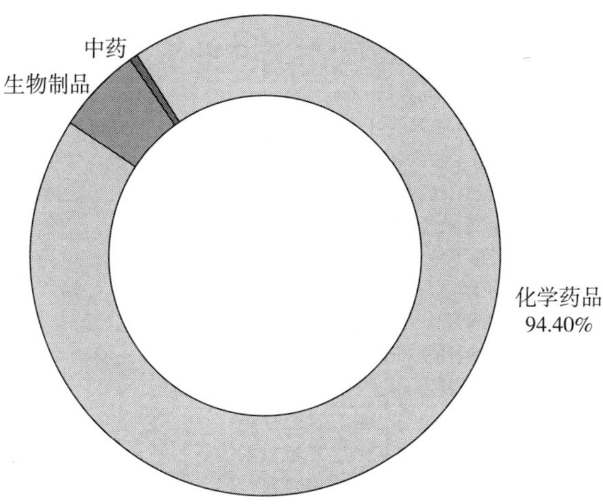

图3　药品类型文号统计

资料来源：信狐药迅。

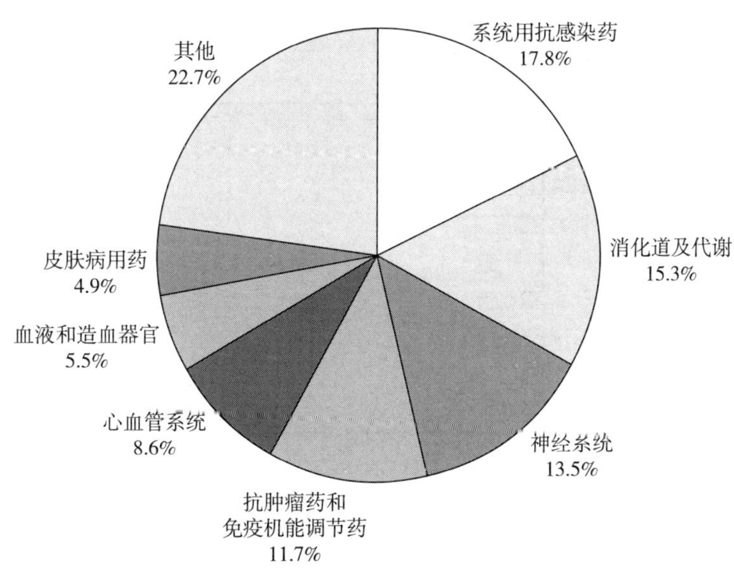

图4　治疗领域药品统计

资料来源：信狐药迅。

二　2017年国产药获批情况分析

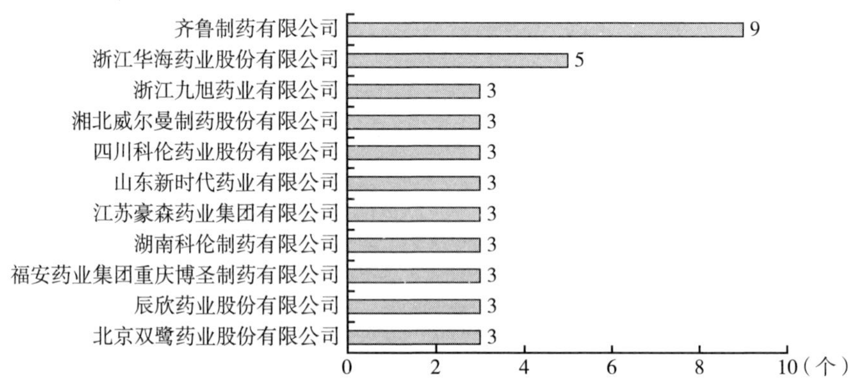

图5　企业文号统计

资料来源：信狐药迅。

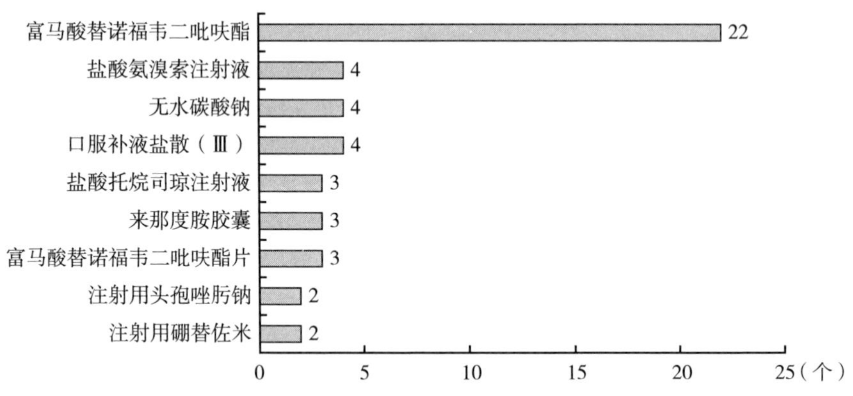

图6　药品文号统计

资料来源：信狐药迅。

2017年，虽然没有国产新药上市，但首仿药品的价值很高，如北京双鹭的来那度胺胶囊等。

表1　国产药品

药品名称	企业	适应症
来那度胺胶囊	北京双鹭	多发性骨髓瘤
注射用帕瑞昔钠	湖南科伦	术后疼痛
拉坦噻吗滴眼液	齐鲁制药	青光眼
曲伏前列素滴眼液	湖北远大天天明	青光眼
注射用醋酸卡泊芬净	江苏恒瑞	真菌感染
脂肪乳氨基酸(17)葡萄糖(11%)注射液	四川科伦	补充能量和体液
洛索洛芬钠凝胶膏	湖南九典	疼痛

资料来源：信狐药迅。

其他重点品种：按新的药品注册办法申报，上市后视同通过一致性评价的注射用培美由塞二钠和注射用阿奇霉素；乙肝、艾滋病抗病毒治疗重磅药品替诺福韦等。

表2　其他重点品种

药品名称	企业	适应症
富马酸替诺福韦二吡呋酯胶囊	福建广生堂	乙肝、艾滋病
富马酸替诺福韦二吡呋酯片	齐鲁制药	乙肝、艾滋病
富马酸替诺福韦二吡呋酯片	安徽贝克	乙肝、艾滋病
富马酸替诺福韦二吡呋酯片	正大天晴	乙肝、艾滋病
注射用阿奇霉素	海南普利	抗感染
注射用培美曲塞二钠	四川汇宇	肺癌
马来酸桂哌齐特注射液	福州海王福药	脑血管
复方醋酸钠林格注射液	江苏正大丰海	扩充血容量
23价肺炎球菌多糖疫苗	玉溪沃森	肺炎疫苗

资料来源：信狐药迅。

中药方面，产品上市基本处在停止状态，2016年有2个批文，2017年仅有3个药品获批，如丹龙口服液、杞黄降糖胶囊。

三　2017年进口药获批情况分析

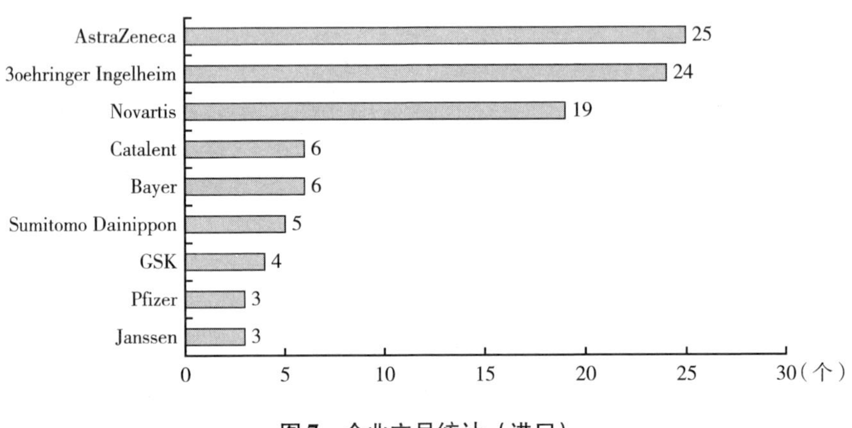

图7　企业文号统计（进口）

资料来源：信狐药迅。

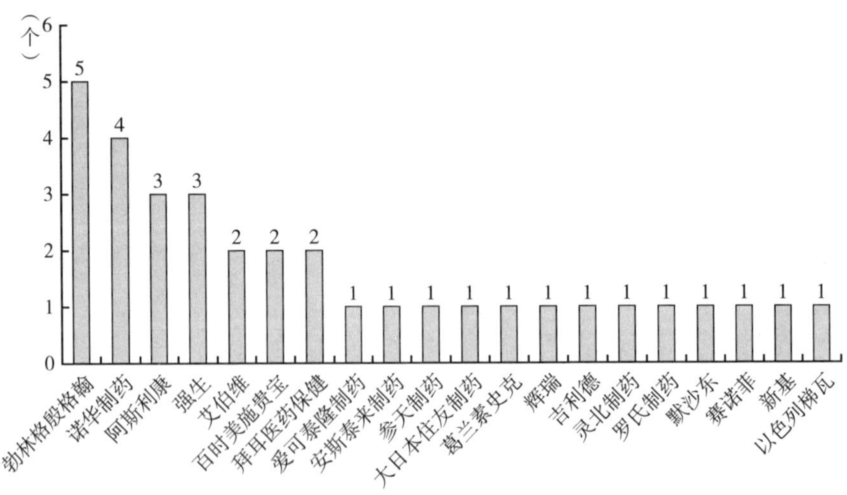

图8　2017年在中国首次注册的进口化药

注：时间范围：2017年1月1日至12月31日。

资料来源：GBI SOURCE。

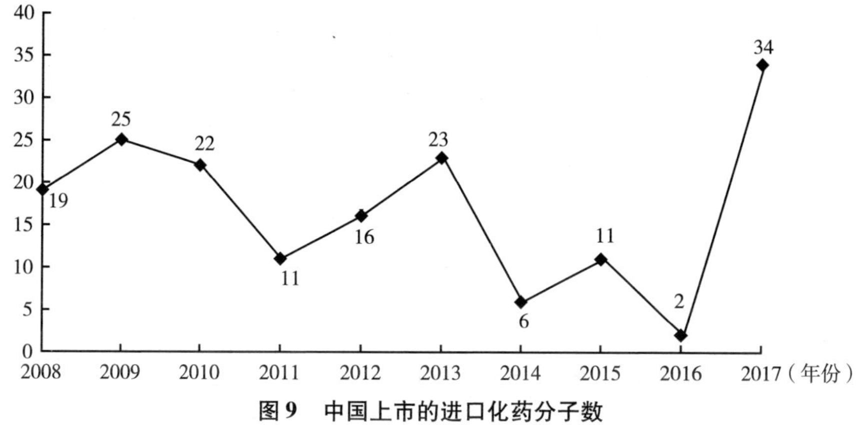

图9　中国上市的进口化药分子数

注：时间范围：2008年1月1日至2017年12月31日。图中数据是每年在中国新获批的分子数，不包含原料药，亦不包括既往已上市分子的新适应或新剂型获批，下同。

资料来源：GBI SOURCE。

表3　2017年首次在中国注册的进口生物药

产品名称	适应症	商品名	注册厂商	中国首次注册日期	国际上首次获批日期
戈利木单抗	强直性脊柱炎	欣普尼	强生	2017年12月28日	2009年/美国、欧盟
乌司奴单抗	银屑病	喜达诺	强生	2017年11月7日	2009年/美国
德谷胰岛素	2型糖尿病	诺和达	诺和诺德	2017年9月20日	2014年/欧盟
奥马珠单抗	哮喘	茁乐	诺华制药	2017年8月24日	2002年/澳大利亚
四价宫颈癌疫苗	宫颈癌	佳达修	默沙东	2017年5月18日	2006年/美国

注：国际上首次批日期根据网络公开整理。时间范围：2017年1月1日至12月31日。

资料来源：GBI SOURCE。

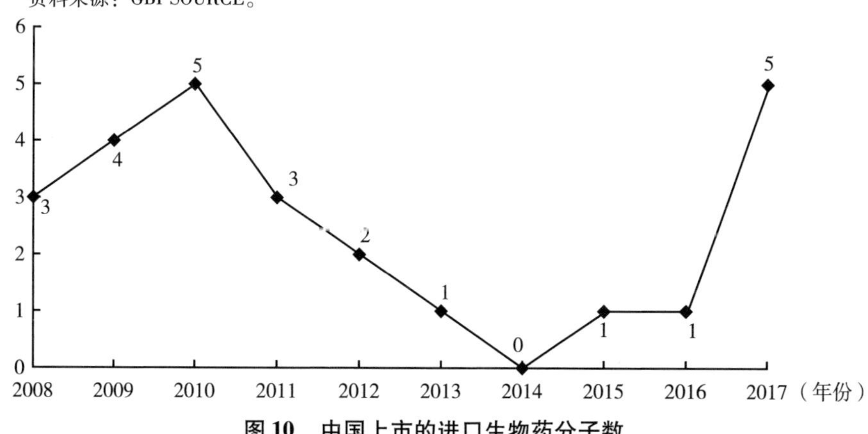

图10　中国上市的进口生物药分子数

注：时间范围：2008年1月1日至2017年12月31日。

资料来源：GBI SOURCE。

表 4　进口药品最多的是抗肿瘤药

药品名称	企业	适应症
培唑帕尼片	GSK	肾细胞癌
马来酸阿法替尼片	Boehringer Ingelheim	肺癌
维莫非尼片	Roche	黑色素瘤
磷酸芦可替尼片	Novartis	白血病
瑞戈非尼片	Bayer	胃肠间质瘤
甲磺酸奥希替尼片	AstraZeneca	肺癌
伊布替尼胶囊	Catalent	白血病
注射用阿扎胞苷	Baxte	白血病

资料来源：信狐药迅。

表 5　进口药品中糖尿病药物

药品名称	企业	适应症
达格列净片	AstraZeneca	2 型糖尿病
利格列汀二甲双胍片	Boehringer Ingelheim	2 型糖尿病
沙格列汀二甲双胍缓释片	AstraZeneca	2 型糖尿病
恩格列净片	Boehringer Ingelheim	2 型糖尿病
利司那肽注射液	Sanofi-Aventis	2 型糖尿病
德谷胰岛素注射液	Novo Nordisk	2 型糖尿病
卡格列净片	Janssen	2 型糖尿病

资料来源：信狐药迅。

表 6　治疗丙肝的新型抗病毒药物扎堆获批

药品名称	企业	适应症
索磷布韦片	Gilead	丙肝
阿舒瑞韦软胶囊	Catalent	丙肝
盐酸达拉他韦片	Astra Zeneca	丙肝
奥比帕利片	Fournier	丙肝
西美瑞韦胶囊	Janssen	丙肝
达塞布韦钠片	AbbVie	丙肝

资料来源：信狐药迅。

B.40
2017年中国化学制药工业优秀企业和优秀产品品牌榜

中国化学制药工业协会　中国医药商业协会　中国非处方药物协会
中国医药企业发展促进会　国药励展展览有限公司

表1　2017年中国医药行业企业集团十强

序号	企业名称
1	中国医药集团总公司
2	华润医药控股有限公司
3	上海医药集团股份有限公司
4	四川科伦药业股份有限公司
5	中国远大集团有限责任公司
6	天津市医药集团有限公司
7	石药控股集团有限公司
8	齐鲁制药有限公司
9	上海复星医药（集团）股份有限公司
10	华北制药集团有限责任公司

表2　2017年中国化学制药工业企业综合实力百强

序号	企业名称
1	扬子江药业集团有限公司
2	上海医药集团股份有限公司（制药工业）
3	辉瑞制药有限公司
4	正大天晴药业集团股份有限公司
5	阿斯利康制药有限公司
6	拜耳医药保健有限公司
7	辅仁药业集团有限公司
8	上海复星医药产业发展有限公司
9	赛诺菲（杭州）制药有限公司

续表

序号	企业名称
10	浙江海正药业股份有限公司
11	上海现代制药股份有限公司
12	鲁南制药集团股份有限公司
13	山东罗欣药业集团股份有限公司
14	丽珠医药集团股份有限公司
15	江苏豪森药业集团有限公司
16	华北制药股份有限公司
17	瑞阳制药有限公司
18	西安杨森制药有限公司
19	天津金耀集团有限公司
20	江苏先声药业有限公司
21	华润双鹤药业股份有限公司
22	深圳信立泰药业股份有限公司
23	珠海联邦制药股份有限公司
24	北京四环制药集团
25	浙江新和成股份有限公司
26	赛诺菲(北京)制药有限公司
27	天津红日药业股份有限公司
28	普洛药业股份有限公司
29	东北制药集团股份有限公司
30	江苏万邦生化医药集团有限责任公司
31	山东新华制药股份有限公司
32	重庆药友制药有限责任公司
33	江苏奥赛康药业股份有限公司
34	北京泰德制药股份有限公司
35	哈尔滨誉衡药业股份有限公司
36	湖南尔康制药股份有限公司
37	宜昌人福药业有限责任公司
38	远大医药(中国)有限公司
39	鲁南贝特制药有限公司

续表

序号	企业名称
40	迪沙药业集团有限公司
41	石家庄四药有限公司
42	成都康弘药业集团股份有限公司
43	海正辉瑞制药有限公司
44	京新控股集团有限公司
45	山东新时代药业有限公司
46	辰欣药业股份有限公司
47	山东齐都药业有限公司
48	悦康药业集团有限公司
49	卫材(中国)药业有限公司
50	浙江仙琚制药股份有限公司
51	惠氏制药有限公司
52	山东鲁抗医药股份有限公司
53	中美天津史克制药有限公司
54	常州四药制药有限公司
55	施慧达药业集团(吉林)有限公司
56	天圣制药集团股份有限公司
57	哈药集团制药总厂
58	礼来苏州制药有限公司
59	施维雅(天津)制药有限公司
60	天方药业有限公司
61	哈药集团三精制药有限公司
62	南京正大天晴制药有限公司
63	吉林四环制药有限公司
64	亚宝药业集团股份有限公司
65	安徽丰原药业股份有限公司
66	齐鲁安替制药有限公司
67	海思科医药集团股份有限公司
68	北京嘉林药业股份有限公司
69	浙江金华康恩贝生物制药有限公司
70	凯莱英医药集团(天津)股份有限公司
71	南京圣和药业股份有限公司
72	锦州奥鸿药业有限责任公司
73	青岛黄海制药有限责任公司

续表

序号	企业名称
74	齐鲁天和惠世制药有限公司
75	华仁药业股份有限公司
76	华北制药河北华民药业有限责任公司
77	齐鲁制药(海南)有限公司
78	昆明积大制药股份有限公司
79	扬子江药业集团南京海陵药业有限公司
80	中国大冢制药有限公司
81	华润赛科药业有限责任公司
82	国药集团致君(深圳)制药有限公司
83	江苏天士力帝益药业有限公司
84	湖南千金湘江药业股份有限公司
85	北京四环制药有限公司
86	山东达因海洋生物制药股份有限公司
87	苏州东瑞制药有限公司
88	浙江莎普爱思药业股份有限公司
89	苏州二叶制药有限公司
90	海口市制药厂有限公司
91	合肥立方制药股份有限公司
92	上海强生制药有限公司
93	江苏吴中医药集团有限公司
94	住友制药(苏州)有限公司
95	天津武田药品有限公司
96	桂林南药股份有限公司
97	齐鲁安替(临邑)制药有限公司
98	利君制药有限责任公司
99	参天制药(中国)有限公司
100	葛兰素史克制药(苏州)有限公司

表3　2017年中国化学制药工业创新型优秀企业品牌

序号	企业名称
1	石药控股集团有限公司
2	正大天晴药业集团股份有限公司
3	浙江海正药业股份有限公司
4	江苏豪森药业集团有限公司
5	辰欣药业股份有限公司
6	江苏奥赛康药业股份有限公司
7	海思科医药集团股份有限公司

表4 2017年中国化学制药工业成长型优秀企业品牌

序号	企业名称
1	湖南尔康制药股份有限公司
2	澳诺(中国)制药有限公司
3	苏州二叶制药有限公司
4	哈尔滨誉衡药业股份有限公司
5	武汉人福药业有限责任公司
6	江苏万邦生化医药集团有限责任公司
7	扬子江药业集团南京海陵药业有限公司
8	天津武田药品有限公司
9	正大天晴药业集团股份有限公司
10	福建汇天生物药业有限公司
11	赛诺菲(北京)制药有限公司
12	天津红日药业股份有限公司
13	湖北东信药业有限公司
14	桂林南药股份有限公司
15	南京圣和药业股份有限公司

表5 2017年中国化学制药工业制剂出口型优秀企业品牌

序号	企业名称
1	瑞阳制药有限公司
2	桂林南药股份有限公司
3	华北制药股份有限公司
4	浙江海正药业股份有限公司
5	四川科伦药业股份有限公司
6	石家庄四药有限公司
7	人福普克药业(武汉)有限公司
8	山东新华制药股份有限公司
9	浙江京新药业股份有限公司
10	齐鲁天和惠世制药有限公司
11	远大医药(中国)有限公司
12	礼来苏州制药有限公司
13	上海医药集团股份有限公司
14	深圳立健药业有限公司
15	海口市制药厂有限公司

表6　2017年中国化学制药工业原料药出口型优秀企业品牌

序号	企业名称
1	齐鲁安替(临邑)制药有限公司
2	石药控股集团有限公司
3	浙江新和成股份有限公司
4	普洛药业股份有限公司
5	齐鲁制药有限公司
6	上海现代制药股份有限公司
7	珠海联邦制药股份有限公司
8	山东新华制药股份有限公司
9	华北制药股份有限公司
10	上海医药集团股份有限公司
11	凯莱英医药集团(天津)股份有限公司
12	浙江海正药业股份有限公司
13	丽珠医药集团股份有限公司
14	东北制药集团股份有限公司
15	天津金耀集团有限公司
16	山东鲁抗医药股份有限公司
17	齐鲁天和惠世制药有限公司
18	浙江仙琚制药股份有限公司
19	桂林南药股份有限公司
20	山东新时代药业有限公司
21	陕西汉江药业集团股份有限公司

表7　2017年中国化学制药工业药用辅料优秀企业品牌

序号	企业名称
1	湖南尔康制药股份有限公司
2	安徽黄山胶囊股份有限公司
3	安徽山河药用辅料股份有限公司
4	湖州展望药业有限公司
5	曲阜市天利药用辅料有限公司
6	曲阜市药用辅料有限公司

表8　2017年中国化学制药工业两化融合推进优秀企业品牌

序号	企业名称
1	华北制药集团有限责任公司
2	江苏万邦生化医药集团有限责任公司
3	南京正大天晴制药有限公司
4	扬子江药业集团有限公司
5	浙江金华康恩贝生物制药有限公司
6	亚宝药业集团股份有限公司
7	江苏豪森药业集团有限公司
8	四川科伦药业股份有限公司
9	山东鲁抗医药股份有限公司
10	国药集团致君(深圳)制药有限公司
11	华仁药业股份有限公司
12	浙江新和成股份有限公司
13	青岛黄海制药有限责任公司
14	广东利泰制药股份有限公司
15	宜昌人福药业有限责任公司
16	山东齐都药业有限公司
17	远大医药(中国)有限公司

表9　2017年中国化学制药工业专利药、原研药优秀产品品牌

序号	企业名称	产品名称	商品名(商标名)
1	辉瑞制药有限公司	阿托伐他汀钙片	立普妥
2	赛诺菲(杭州)制药有限公司	硫酸氢氯吡格雷片	波立维
3	辉瑞制药有限公司	苯磺酸氨氯地平片	络活喜
4	赛诺菲(北京)制药有限公司	甘精胰岛素注射液	来得时
5	辉瑞制药有限公司	注射用头孢哌酮钠舒巴坦钠	舒普深
6	施慧达药业集团(吉林)有限公司	苯磺酸左旋氨氯地平片	施慧达
7	正大天晴药业集团股份有限公司	异甘草酸镁注射液	天晴甘美
8	石药控股集团有限公司	丁苯酞软胶囊	恩必普

续表

序号	企业名称	产品名称	商品名(商标名)
9	葛兰素史克(中国)投资有限公司	沙美特罗替卡松粉吸入剂	舒利迭
10	赛诺菲(杭州)制药有限公司	厄贝沙坦片	安博维
11	辉瑞制药有限公司	枸橼酸西地那非片	万艾可
12	赛诺菲(北京)制药有限公司	格列美脲片	亚莫利
13	施维雅(天津)制药有限公司	盐酸曲美他嗪片	万爽力
14	施维雅(天津)制药有限公司	格列齐特缓释片	达美康缓释片
15	辉瑞制药有限公司	阿奇霉素干混悬剂/片	希舒美
16	礼来苏州制药有限公司	精蛋白锌重组赖脯胰岛素混合注射液(25R)	优泌乐 25 Humalog Mix 25
17	施维雅(天津)制药有限公司	培哚普利叔丁胺片	雅施达
18	成都康弘药业集团股份有限公司	康柏西普眼用注射液	朗沐
19	上海医药集团股份有限公司	丹参酮ⅡA 磺酸钠注射液	诺新康
20	卫材(中国)药业有限公司	盐酸多奈哌齐片	安理申
21	礼来苏州制药有限公司	头孢克洛系列制剂	希刻劳 Ceclor
22	哈尔滨誉衡药业股份有限公司	鹿瓜多肽注射液	松梅乐、欣梅乐
23	辉瑞制药(无锡)有限公司	注射用盐酸表柔比星	法玛新
24	辉瑞制药有限公司	盐酸舍曲林片	左洛复
25	葛兰素史克(天津)有限公司	那曲肝素注射液	速碧林
26	桂林南药股份有限公司	注射用青蒿琥酯	ARTESUN
27	桂林南药股份有限公司	青蒿琥酯阿莫地喹片	ARTESUN-PLUS
28	桂林南药股份有限公司	青蒿琥酯片+磺胺多辛乙胺嘧啶片	ARTECOSPE

表 10　2017 年中国化学制药工业 OTC 优秀产品品牌

序号	企业名称	产品名称	商品名(商标名)
1	惠氏制药有限公司	碳酸钙 D3 片	钙尔奇
2	浙江莎普爱思药业股份有限公司	苄达赖氨酸滴眼液	莎普爱思
3	山东达因海洋生物制药股份有限公司	维生素 AD 滴剂(胶囊型)	伊可新
4	仁和(集团)发展有限公司	小儿氨酚烷氨颗粒	优卡丹
5	中美天津史克制药有限公司	布洛芬缓释胶囊	芬必得
6	国药控股星鲨制药(厦门)有限公司	维生素 D 滴剂	日日高
7	拜耳医药保健有限公司	复合维生素片	爱乐维
8	拜耳医药保健有限公司	铝碳酸镁片	达喜

续表

序号	企业名称	产品名称	商品名(商标名)
9	惠氏制药有限公司	多维元素片	善存
10	哈药集团三精制药有限公司	葡萄糖酸钙口服溶液	三精
11	仁和(集团)发展有限公司	萘敏维滴眼液	闪亮
12	上海强生制药有限公司	布洛芬混悬液/布洛芬混悬滴剂	美林©
13	中美天津史克制药有限公司	莫匹罗星软膏	百多邦
14	海南快克药业有限公司	复方氨酚烷胺胶囊	快克
15	仁和(集团)发展有限公司	复方氨酚烷胺胶囊	仁和可立克
16	华润三九医药股份有限公司	复方醋酸地塞米松乳膏	999 皮炎平
17	西安杨森制药有限公司	硝酸咪康唑乳膏	达克宁
18	安士制药(中山)有限公司	维 D 钙咀嚼片/儿童维 D 钙咀嚼片	迪巧
19	中美天津史克制药有限公司	双氯芬酸二乙胺乳胶剂	扶他林
20	华润三九医药股份有限公司	小儿氨酚黄那敏颗粒	999
21	赛诺菲(北京)制药有限公司	多烯磷脂酰胆碱胶囊	易善复
22	东北制药集团股份有限公司	地衣芽孢杆菌活菌系列制剂	整肠生
23	山东新时代药业有限公司	奥利司他胶囊	舒尔佳
24	上海强生制药有限公司	酚麻美敏片/酚麻美敏混悬液	泰诺©
25	中美天津史克制药有限公司	丙酸氟替卡松鼻喷雾剂	辅舒良
26	哈药集团三精制药有限公司	双黄连口服液	三精
27	西安杨森制药有限公司	曲安奈德益康唑乳膏	派瑞松
28	西安杨森制药有限公司	酮康唑乳膏	金达克宁
29	澳诺(中国)制药有限公司	葡萄糖酸钙锌口服溶液	金辛金丐特

表 11　2017 年中国化学制药工业生物生化制品优秀产品品牌

序号	企业名称	产品名称	商品名(商标名)
1	成都康弘药业集团股份有限公司	康柏西普眼用注射液	朗沐
2	珠海联邦制药股份有限公司	重组人胰岛素注射液	优思灵 USLIN© R
3	上海医药集团股份有限公司	注射用糜蛋白酶	信谊
4	东北制药集团股份有限公司	地衣芽孢杆菌活菌系列制剂	整肠生
5	江苏万邦生化医药集团有限责任公司	注射用重组人促红素(CHO 细胞)	怡宝
6	齐鲁制药有限公司	重组人粒细胞刺激因子注射液	瑞白
7	石药控股集团有限公司	聚乙二醇化重组人粒细胞刺激因子注射液	津优力
8	厦门特宝生物工程股份有限公司	重组人粒细胞刺激因子注射液	特尔津

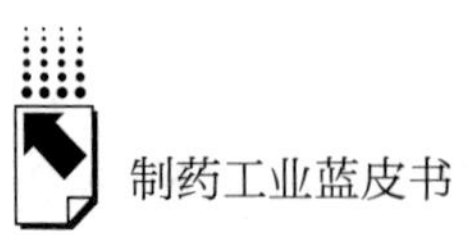

续表

序号	企业名称	产品名称	商品名(商标名)
9	哈药集团生物工程有限公司	重组人促红素注射液(CHO 细胞)	雪达升
10	厦门特宝生物工程股份有限公司	聚乙二醇干扰素 α-2b 注射液	派格宾
11	厦门特宝生物工程股份有限公司	注射用重组人白细胞介素-11	特尔康

表 12　2017 年中国化学制药工业抗肿瘤和免疫调节剂类优秀产品品牌

序号	企业名称	产品名称	商品名(商标名)
1	山东新时代药业有限公司	替吉奥胶囊	维康达
2	江苏先声药业有限公司	重组人血管内皮抑制素	恩度
3	江苏先声药业有限公司	注射用奈达铂	捷佰舒
4	江苏先声药业有限公司	氟尿嘧啶植入剂	中人氟安
5	扬子江药业集团有限公司	紫杉醇注射液	福王
6	赛诺菲(杭州)制药有限公司	注射用奥沙利铂	乐沙定
7	江苏天士力帝益药业有限公司	替莫唑胺胶囊	蒂清
8	齐鲁制药(海南)有限公司	盐酸帕洛诺司琼注射液	欧赛
9	赛诺菲(杭州)制药有限公司	多西他赛注射液	泰索帝
10	贵州柏强制药有限公司	斑蝥酸钠维生素 B6 注射液	艾易舒
11	石药控股集团有限公司	盐酸多柔比星脂质体注射液	多美素
12	福建汇天生物药业有限公司	来氟米特片	妥抒
13	江苏奥赛康药业股份有限公司	注射用右丙亚胺	奥诺先
14	正大天晴药业集团股份有限公司	盐酸帕洛诺司琼注射液	止若
15	瑞阳制药有限公司	注射用盐酸托烷司琼	尤明
16	辉瑞制药(无锡)有限公司	注射用盐酸表柔比星	法玛新
17	扬子江药业集团有限公司	注射用培美曲塞二钠	培德
18	普洛药业股份有限公司	乌苯美司胶囊	百士欣
19	齐鲁制药有限公司	多西他赛注射液	多帕菲
20	齐鲁制药有限公司	替吉奥胶囊	苏立
21	江苏先声药业有限公司	盐酸帕洛诺司琼注射液	诺威
22	海正辉瑞制药有限公司	注射用盐酸表柔比星	艾达生
23	山东新时代药业有限公司	注射用盐酸表柔比星	力创
24	江苏吴中医药集团有限公司	匹多莫德口服溶液	芙露饮

表13　2017年中国化学制药工业调血脂类优秀产品品牌

序号	企业名称	产品名称	商品名(商标名)
1	辉瑞制药有限公司	阿托伐他汀钙片	立普妥
2	北京嘉林药业股份有限公司	阿托伐他汀钙片	阿乐
3	浙江京新药业股份有限公司	瑞舒伐他汀钙片	京诺
4	鲁南贝特制药有限公司	瑞舒伐他汀钙片/胶囊	瑞旨
5	天方药业有限公司	阿托伐他汀钙胶囊	尤佳
6	华润双鹤药业股份有限公司	匹伐他汀钙片	冠爽
7	鲁南贝特制药有限公司	阿昔莫司胶囊	益平
8	山东罗欣药业集团股份有限公司	辛伐他汀片	罗奇

表14　2017年中国化学制药工业降血压类优秀产品品牌

序号	企业名称	产品名称	商品名(商标名)
1	辉瑞制药有限公司	苯磺酸氨氯地平片	络活喜
2	施慧达药业集团(吉林)有限公司	苯磺酸左旋氨氯地平片	施慧达
3	赛诺菲(杭州)制药有限公司	厄贝沙坦片	安博维
4	华润双鹤药业股份有限公司	复方利血平氨苯蝶啶片	0号
5	青岛黄海制药有限责任公司	硝苯地平缓释片(Ⅱ)	伲福达©
6	石药控股集团有限公司	马来酸左旋氨氯地平片	玄宁
7	赛诺菲(杭州)制药有限公司	厄贝沙坦氢氯噻嗪片	安博诺
8	上海医药集团股份有限公司	卡托普利片	常络
9	施维雅(天津)制药有限公司	培哚普利叔丁胺片	雅施达
10	上海现代制药股份有限公司	硝苯地平控释片	欣然
11	迪沙药业集团有限公司	坎地沙坦酯片	迪之雅
12	华润赛科药业有限责任公司	苯磺酸氨氯地平片	压氏达
13	常州四药制药有限公司	缬沙坦胶囊	缬克
14	上海医药集团股份有限公司	复方利血平片	福降
15	苏州东瑞制药有限公司	苯磺酸氨氯地平片	安内真
16	拜耳医药保健有限公司	尼莫地平片	尼膜同
17	天津力生制药股份有限公司	吲达帕胺片	寿比山
18	鲁南贝特制药有限公司	缬沙坦分散片	平欣

表 15　2017 年中国化学制药工业其他心脑血管类优秀产品品牌

序号	企业名称	产品名称	商品名(商标名)
1	赛诺菲(杭州)制药有限公司	硫酸氢氯吡格雷片	波立维
2	石药控股集团有限公司	丁苯酞软胶囊	恩必普
3	石药控股集团有限公司	丁苯酞氯化钠注射液	恩必普
4	鲁南贝特制药有限公司	单硝酸异山梨酯系列制剂	欣康
5	施维雅(天津)制药有限公司	曲美他嗪片	万爽力
6	瑞阳制药有限公司	注射用环磷腺苷葡胺	尤力
7	哈尔滨誉衡药业股份有限公司	注射用磷酸肌酸钠	莱博通
8	上海医药集团股份有限公司	注射用二丁酰环磷腺苷钙	力素
9	北京四环制药有限公司	马来酸桂哌齐特注射液	克林澳
10	赛诺菲(北京)制药有限公司	依诺肝素钠注射液	克赛
11	上海医药集团股份有限公司	丹参酮ⅡA 磺酸钠注射液	诺新康
12	鲁南贝特制药有限公司	米力农注射液	鲁南力康
13	瑞阳制药有限公司	注射用葛根素	麦普宁
14	吉林四环制药有限公司	曲克芦丁脑蛋白水解物注射液	源之久
15	北京泰德制药股份有限公司	贝前列素钠片	凯那
16	南京正大天晴制药有限公司	地奥司明片	葛泰
17	瑞阳制药有限公司	盐酸曲美他嗪片	根克通
18	哈药集团生物工程有限公司	前列地尔注射液	曼新妥
19	瑞阳制药有限公司	注射用单硝酸异山梨酯	平福

表 16　2017 年中国化学制药工业抗感染类优秀产品品牌

序号	企业名称	产品名称	商品名(商标名)
1	正大天晴药业集团股份有限公司	恩替卡韦分散片	润众
2	辉瑞制药有限公司	注射用头孢哌酮钠舒巴坦钠	舒普深
3	丽珠医药集团股份有限公司	注射用伏立康唑	丽福康
4	瑞阳制药有限公司	注射用美洛西林钠舒巴坦钠	开林
5	住友制药(苏州)有限公司	注射用美罗培南	美平
6	葛兰素史克制药(苏州)有限公司	拉米夫定片	贺普丁
7	正大天晴药业集团股份有限公司	注射用比阿培南	天册
8	辉瑞制药有限公司	阿奇霉素干混悬剂/片	希舒美
9	瑞阳制药有限公司	注射用美洛西林钠	力扬
10	华北制药股份有限公司	注射用阿莫西林钠克拉维酸钾	安灭菌
11	齐鲁天和惠世制药有限公司	注射用哌拉西林钠他唑巴坦钠	邦达

续表

序号	企业名称	产品名称	商品名(商标名)
12	普洛药业股份有限公司	头孢克肟分散片	天立威
13	华润双鹤药业股份有限公司	甲磺酸左氧氟沙星注射液	利复星
14	正大天晴药业集团股份有限公司	阿德福韦酯胶囊	名正
15	石药控股集团有限公司	阿莫西林胶囊	
16	珠海联邦制药股份有限公司	阿莫西林胶囊	联邦©阿莫仙©
17	葛兰素史克(天津)有限公司	富马酸替诺福韦二吡呋酯片	韦瑞德
18	上海医药集团股份有限公司	注射用盐酸头孢替安	锋替新
19	礼来苏州制药有限公司	头孢克洛系列制剂	希刻劳 Ceclor
20	四川科伦药业股份有限公司	奥硝唑氯化钠注射液	妥苏
21	海口市制药厂有限公司	注射用美罗培南	安吉利
22	西安杨森制药有限公司	伊曲康唑胶囊	斯皮仁诺
23	华北制药股份有限公司	注射用哌拉西林钠他唑巴坦钠	强林坦
24	浙江海正药业股份有限公司	注射用替加环素	海正力星
25	东北制药集团股份有限公司	注射用磷霉素钠	复美欣

表 17　2017 年中国化学制药工业消化系统类优秀产品品牌

序号	企业名称	产品名称	商品名(商标名)
1	阿斯利康制药有限公司	艾司奥美拉唑镁肠溶片	耐信
2	正大天晴药业集团股份有限公司	异甘草酸镁注射液	天晴甘美
3	山东罗欣药业集团股份有限公司	注射用兰索拉唑	兰川
4	江苏奥赛康药业股份有限公司	注射用奥美拉唑钠	奥西康
5	正大天晴药业集团股份有限公司	甘草酸二胺肠溶胶囊	天晴甘平
6	丽珠医药集团股份有限公司	艾普拉唑肠溶片	壹粒安
7	瑞阳制药有限公司	注射用左卡尼汀	律定方
8	成都康弘药业集团股份有限公司	枸橼酸莫沙必利分散片	新络纳
9	赛诺菲(北京)制药有限公司	多烯磷脂酰胆碱胶囊	易善复
10	东北制药集团股份有限公司	地衣芽孢杆菌活菌系列制剂	整肠生
11	瑞阳制药有限公司	复方甘草酸苷胶囊	康尔伴
12	江苏奥赛康药业股份有限公司	注射用兰索拉唑	奥维加
13	浙江海正药业股份有限公司	丁二磺酸腺苷蛋氨酸肠溶片	喜美欣
14	山东新时代药业有限公司	奥美拉唑肠溶片	奥美
15	常州四药制药有限公司	奥美拉唑肠溶胶囊	奥克
16	卫材(中国)药业有限公司	雷贝拉唑钠肠溶片	波利特
17	常州四药制药有限公司	注射用奥美拉唑钠	奥克

表 18　2017 年中国化学制药工业神经、精神系统类优秀产品品牌

序号	企业名称	产品名称	商品名(商标名)
1	江苏先声药业有限公司	依达拉奉注射液	必存
2	宜昌人福药业有限责任公司	枸橼酸舒芬太尼注射液	人福舒芬
3	石药控股集团有限公司	注射用奥拉西坦/胶囊	欧来宁
4	卫材(中国)药业有限公司	甲钴胺片/注射液	弥可保
5	宜昌人福药业有限责任公司	注射用盐酸瑞芬太尼	瑞捷
6	吉林四环制药有限公司	脑苷肌肽注射液	欧迪美
7	赛诺菲(杭州)制药有限公司	丙戊酸钠缓释片/溶液/注射剂	德巴金
8	西安杨森制药有限公司	盐酸氟桂利嗪胶囊	西比灵
9	卫材(中国)药业有限公司	盐酸多奈哌齐片	安理申
10	成都康弘药业集团股份有限公司	阿立哌唑口崩片	博思清
11	西安杨森制药有限公司	利培酮片	维思通
12	石药控股集团有限公司	盐酸曲马多片	奇迈特
13	辉瑞制药有限公司	盐酸舍曲林片	左洛复
14	成都康弘药业集团股份有限公司	盐酸文拉法辛缓释片	博乐欣
15	扬子江药业集团南京海陵药业有限公司	甲钴胺胶囊	奇信
16	扬子江药业集团有限公司	盐酸达克罗宁胶浆	达己苏
17	卫材(中国)药业有限公司	甲磺酸倍他司汀片	敏使朗
18	齐鲁制药有限公司	胞磷胆碱钠胶囊	思考林
19	葛兰素史克(天津)有限公司	盐酸帕罗西汀片	赛乐特
20	上海医药集团股份有限公司	盐酸度洛西汀肠溶片/肠溶胶囊	奥思平
21	上海医药集团股份有限公司	阿立哌唑片	奥派
22	吉林省博大制药股份有限公司	依达拉奉注射液	易达生
23	西安杨森制药有限公司	托吡酯片	妥泰
24	锦州奥鸿药业有限责任公司	小牛血清去蛋白注射液	奥德金
25	丽珠医药集团股份有限公司	注射用鼠神经生长因子	丽康乐

表 19　2017 年中国化学制药工业血液及造血系统类优秀产品品牌

序号	企业名称	产品名称	商品名(商标名)
1	蓬莱诺康药业有限公司	注射用矛头蝮蛇血凝酶	巴曲亭
2	上海医药集团股份有限公司(上海医药集团青岛国风药业股份有限公司)	多糖铁复合物胶囊	红源达
3	锦州奥鸿药业有限责任公司	注射用白眉蛇毒血凝酶	邦亭

续表

序号	企业名称	产品名称	商品名(商标名)
4	山东齐都药业有限公司	羟乙基淀粉130/0.4氯化钠注射液	齐都天雪
5	哈药集团生物工程有限公司	重组人促红素注射液(CHO细胞)	雪达升
6	华北制药金坦生物技术股份有限公司	重组人促红素注射液(CHO细胞)	济脉欣
7	华润双鹤药业股份有限公司	羟乙基淀粉(200/0.5)氯化钠注射液	盈源

表20　2017年中国化学制药工业内分泌及激素类优秀产品品牌

序号	企业名称	产品名称	商品名(商标名)
1	拜耳医药保健有限公司	阿卡波糖片	拜唐苹
2	赛诺菲(北京)制药有限公司	格列美脲片	亚莫利
3	迪沙药业集团有限公司	格列吡嗪片	迪沙
4	施维雅(天津)制药有限公司	格列齐特缓释片	达美康缓释片
5	扬子江药业集团南京海陵药业有限公司	依帕司他片	唐林
6	丽珠医药集团股份有限公司	注射用醋酸亮丙瑞林微球	贝依
7	亚宝药业集团股份有限公司	硫辛酸注射液	亚宝力舒
8	江苏万邦生化医药集团有限责任公司	格列美脲片	万苏平
9	华润双鹤药业股份有限公司	格列喹酮片	糖适平
10	江苏万邦生化医药集团有限责任公司	胰岛素注射液	
11	天津武田药品有限公司	伏格列波糖片	倍欣
12	山东新时代药业有限公司	米格列醇片	瑞舒
13	江苏万邦生化医药集团有限责任公司	羟苯磺酸钙胶囊	可元
14	青岛黄海制药有限责任公司	盐酸二甲双胍缓释片	麦特美©
15	山东新华制药股份有限公司	格列美脲片	佳和洛
16	江苏万邦生化医药集团有限责任公司	精蛋白锌胰岛素注射液(30R)	

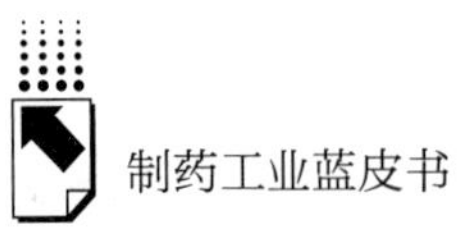

表 21　2017 年中国化学制药工业调节水、电解质及酸碱平衡和矿物质、营养补充类优秀产品品牌

序号	企业名称	产品名称	商品名(商标名)
1	四川科伦药业股份有限公司	基础输液	科伦
2	山东齐都药业有限公司	基础输液	齐都牌
3	石家庄四药有限公司	基础输液	石门
4	华润双鹤药业股份有限公司	基础输液	双鹤
5	中国大冢制药有限公司	基础输液	COP
6	江苏正大丰海制药有限公司	混合糖电解质注射液	新海能
7	华润双鹤药业股份有限公司	转化糖注射液	英凡舒
8	广东利泰制药股份有限公司	氨基酸注射液	普洛氨
9	海思科医药集团股份有限公司	转化糖电解质注射液	海斯维
10	海思科医药集团股份有限公司	注射用脂溶性维生素 I/II	天兴
11	华润双鹤药业股份有限公司	果糖注射液	护川
12	江苏正大丰海制药有限公司	果糖注射液	丰海能
13	辰欣药业股份有限公司	丙氨酰谷氨酰胺注射液	辰佑
14	山东罗欣药业集团股份有限公司	注射用水溶性维生素	维济
15	东北制药集团股份有限公司	左卡尼汀系列制剂	东维力
16	四川科伦药业股份有限公司	脂肪乳注射液	科伦

表 22　2017 年中国化学制药工业儿童用药优秀产品品牌

序号	企业名称	产品名称	商品名(商标名)
1	山东达因海洋生物制药股份有限公司	维生素 AD 滴剂(胶囊型)	伊可新
2	哈药集团三精制药有限公司	葡萄糖酸钙口服溶液	三精
3	上海强生制药有限公司	布洛芬混悬液/布洛芬混悬滴剂	美林©
4	东北制药集团股份有限公司	地衣芽孢杆菌活菌系列制剂	整肠生
5	国药集团致君(深圳)制药有限公司	头孢克肟颗粒	达力芬
6	哈药集团三精制药有限公司	双黄连口服液	三精
7	礼来苏州制药有限公司	头孢克洛干混悬剂	希刻劳 Ceclor
8	澳诺(中国)制药有限公司	葡萄糖酸钙锌口服溶液	金辛金丐特
9	江苏先声药业有限公司	阿莫西林颗粒	再林
10	华润双鹤药业股份有限公司	注射用牛肺表面活性剂	珂立苏
11	海南快克药业有限公司	小儿氨酚黄那敏颗粒	小快克

续表

序号	企业名称	产品名称	商品名(商标名)
12	鲁南贝特制药有限公司	盐酸西替利嗪糖浆	贝分
13	海正辉瑞制药有限公司	注射用盐酸伊达比星	艾诺宁
14	亚宝药业集团股份有限公司	葡萄糖酸钙口服液	丁桂
15	亚宝药业集团股份有限公司	葡萄糖酸锌口服液	丁桂
16	上海强生制药有限公司	对乙酰氨基酚口服混悬液/对乙酰氨基酚混悬滴剂	泰诺©泰诺林©
17	浙江仙琚制药股份有限公司	匹多莫德颗粒	谱乐益
18	哈药集团制药六厂	小儿氨酚黄那敏颗粒	护彤
19	山东齐都药业有限公司	小儿复方氨基酸注射液(19AA－I)	久伴
20	哈药集团世一堂制药厂	布洛芬颗粒	安瑞克
21	迪沙药业集团有限公司	牛磺酸颗粒	
22	山东达因海洋生物制药股份有限公司	复方碳酸钙泡腾颗粒	盖笛欣

表 23　2017 年中国化学制药工业妇科用药优秀产品品牌

序号	企业名称	产品名称	商品名(商标名)
1	浙江仙琚制药股份有限公司	黄体酮胶囊	益玛欣
2	常州四药制药有限公司	卡前列素氨丁三醇注射液	安列克
3	东北制药集团股份有限公司	卡前列甲酯栓	卡孕
4	西安杨森制约有限公司	硝酸咪康唑栓	达克宁
5	迪沙药业集团有限公司	克林霉素磷酸酯阴道泡腾片	

表 24　2017 年中国化学制药工业其他各科用药优秀产品品牌

序号	企业名称	产品名称	商品名(商标名)
1	鲁南贝特制药有限公司	吸入用七氟烷	益君宁
2	辉瑞制药有限公司	枸橼酸西地那非片	万艾可
3	浙江莎普爱思药业股份有限公司	苄达赖氨酸滴眼液	莎普爱思
4	上海医药集团股份有限公司	硫酸羟氯喹片	纷乐
5	鲁南贝特制药有限公司	孟鲁司特钠片/咀嚼片	平奇
6	江苏万邦生化医药集团有限责任公司	非布司他片	优立通
7	山东新时代药业有限公司	酮咯酸氨丁三醇胶囊/注射液	尼松
8	瑞阳制药有限公司	复方氨酚烷胺胶囊	联强

续表

序号	企业名称	产品名称	商品名(商标名)
9	华润紫竹药业有限公司	左炔诺孕酮片	金毓婷
10	昆明积大制药股份有限公司	盐酸坦洛新缓释片	积大本特
11	上海医药集团股份有限公司	注射用苯磺顺阿曲库铵	库泰
12	浙江仙琚制药股份有限公司	罗库溴铵注射液	
13	重庆莱美药业股份有限公司	纳米炭混悬注射液	卡纳琳
14	迪沙药业集团有限公司	洛索洛芬钠片	洛那
15	浙江金华康恩贝生物制药有限公司	汉防己甲素片	金康
16	国药集团致君(深圳)坪山制药有限公司	双氯芬酸钠缓释片	迪根
17	山东罗欣药业集团股份有限公司	洛索洛芬钠分散片	方荆
18	浙江海正药业股份有限公司	硫酸氨基葡萄糖胶囊	伊索佳
19	杭州康恩贝制药有限公司	盐酸坦索罗辛缓释胶囊	必坦
20	浙江仙琚制药股份有限公司	醋酸曲安奈德注射液	
21	山东齐都药业有限公司	甘露醇注射液	
22	哈尔滨誉衡药业股份有限公司	鹿瓜多肽注射液	松梅乐、欣梅乐

表 25　2017 年中国化学制药工业药用辅料优秀产品品牌

序号	企业名称	产品名称	商品名(商标名)
1	安徽黄山胶囊股份有限公司	明胶空心胶囊	旌川牌
2	湖南尔康制药股份有限公司	药用甘油	湘尔康
3	安徽山河药用辅料股份有限公司	微晶纤维素	
4	安徽黄山胶囊股份有限公司	肠溶明胶空心胶囊	旌川牌
5	曲阜市天利药用辅料有限公司	糊精	天辅
6	曲阜市天利药用辅料有限公司	微晶纤维素	天辅
7	湖南尔康制药股份有限公司	药用丙二醇	湘尔康
8	安徽山河药用辅料股份有限公司	低取代羟丙纤维素	
9	曲阜市天利药用辅料有限公司	倍他环糊精	天辅
10	湖州展望药业有限公司	可溶性淀粉	湖菱牌
11	河南正弘药用辅料有限公司	蔗糖	

表 26　2017 年中国化学制药工业绿色制药特设奖

序号	企业名称	项目简述
1	天津金耀集团有限公司	9－羟基 AD 生产皮质激素类药物产业化新工艺
2	华北制药股份有限公司	绿色酶法阿莫西林生产工艺开发及产业化
3	常州四药制药有限公司	抗高血压沙坦类药物的绿色关键技术及产业化
4	凯莱英医药集团(天津)股份有限公司	绿色制药—连续性反应技术的开发与应用

表 27　2017 年中国化学制药工业创新药特设奖

序号	企业名称	产品名称	商品名(商标名)
1	石药控股集团有限公司	丁苯酞氯化钠注射液	恩必普
2	成都康弘药业集团股份有限公司	康柏西普眼用注射液	朗沐

表 28　2017 年中国化学制药工业仿制药特设奖

序号	企业名称	产品名称	商品名(商标名)
1	齐鲁制药有限公司	吉非替尼片	伊瑞可
2	正大天晴药业集团股份有限公司	盐酸帕洛诺司琼胶囊	若善
3	昆明积大制药股份有限公司	盐酸帕洛诺司琼注射液	法伊丁

Abstract

This book is the annual report of *Blue Book of Pharmaceutical Industry*, *i. e. the 2018 Report on China's Pharmaceutical Industry Development.* This book consists of ten chapters, namely, General Report, Policies and Regulations, Industry Development, Keynote Reports, Technological Innovation, Green Pharmaceuticals, Credit Construction, Regional Development, International Development, and Appendices, which focuses on analyses and studies of developments of the pharmaceutical industry and relevant hot issues. The General Report reviews the development of China's pharmaceutical industry during the period of the "12th Five-Year Plan", analyzes the economic situation of 2017, and forecasts the development during the period of the "13th Five-Year Plan" .

Apart from the General Report, other chapters address such subjects as relevant policies for the pharmaceutical industry, the development statuses of different models, the trends of corporate transformation and innovation, etc.

The chapter of Policies and Regulations analyzes the impact of the health insurance payment system reform on the usage of drugs, interprets the influence of new policies about medicines and drugs on the pharmaceutical industry from the perspective of policies, and conducts a depth analysis on policies related with generic drugs. The chapter of Industry Development studies the operation and the combination between industry and finance of listed pharmaceutical corporations, and the status quo and prospect of the production of infusion solutions in China; conducts a general analysis on the development of OTC drugs, and interprets and discusses the sustainable development of the antibiotic industry. The chapter of Keynote Reports analyzes the development and application of new techniques for oral solid dosages, introduces the synthetic processes of several drugs and pharmaceutical intermediates, comments on the R&D progress and prospect of new drugs on throes and Parkinson's disease, and studies the hypoglycemic agents' market in 2017. The chapter of Technological Innovation conducts a depth analysis on China's drug innovation through the *Declaration for Pharmaceutical Innovation* co-signed by 8 domestic and international pharmaceutical industry associations, provides brief introduction of the R&D, production and marketing of four first sorts approved by the authorities during the period of "12th Five-Year Plan", namely, Apatinib, Icotinib, Chidamide and Conbercept. The chapter of Green Pharmaceuticals conducts a depth analysis on China's promotion of green pharmaceuticals and efforts in achieving the sustainable development. The chapter of Credit Construction offers a comprehensive introduction of the credit system construction in the pharmaceutical industry, and GSK releases its report on social responsibilities. The chapter of Regional Development mainly analyzes the status quo of the development of our major pharmaceutical provinces—Jiangsu Province and Shandong Province, and expects the future development. The chapter of International Cooperation studies the internationalization of China's pharmaceutical industry, introduces "2017 APEC Business Ethics for SMEs Forum" and the development of multi-national pharmaceutical enterprises in China, analyzes the cooperation between China and Europe, and between China and Russia, provides the latest trends of Japanese drug market, and presents Kelun Group's engagement in "the Belt and Road" initiative. The appendices mainly include new drugs approved by FDA and CFDA in 2017, the 2017 Brand List issued by China Pharmaceutical Industry Association, and the output of major chemical drugs in 2017.

This book is an annual report systematically reflecting the development of China's pharmaceutical industry. It isauthoritative, comprehensive, systematic, foresighted and pragmatic, with rich materials, detailed content and accurate data. Closely combining with the status quo of the industry and the latest trends in the world, it is an important document with a relatively higher value for studying and guiding the development of the pharmaceutical industry and facilitating the supply-side structural reform in medicine.

Keywords: Pharmaceutical Industry; Policies and Regulations; Technological Innovation; Environmental-friendly; International Cooperation

Contents

I General Report

Abstract: The pharmaceutical industry is a major industry concerning the national economy and people's livelihood, and a key field in the "Made in China 2025" plan and the emerging strategic industries. The pharmaceutical industry covers chemical drugs (API, dosages), biological drugs (vaccines, biologicals), Chinese patent drugs, excipient, and pharmaceutical equipment. This report first reviewed the development of China's pharmaceutical industry during the "12th Five-Year", analyzed the economic situation in 2017, and studied the prospect of the development during the "13th Five-Year" . The pharmaceutical industry in our country has great prospects in the future.

Keywords: Pharmaceutical Industry ; 12th Five-Year; 13th Five-Year

Ⅱ Policies and Regulations

Abstract: The health insurance payment system reform has a great impact on the drug market. The drugs covered by the health insurance drug catalogue accounts for about 60% of the domestic drug market scale. The health insurance has become the biggest buyer in the drug market. Establishing the goals of the health insurance payment system correctly is central to the reform. Effectively keeping some outstanding issues under control, such as unreasonably high prices of drugs, excessive medical treatment and drug ratios, is an important subject the reform faces. Focus the goal of the reform on the payment methods of the health insurance, establish three systems of " Global Budget, Diseases Related to Groups, Health Insurance Payment Standard", and shift from the previous post payment to advance payment. Actually, it's a system of payment partly in kind and partly in cash. With this payment method, the management of hospitals, doctors' diagnosis and treatment, the procurement of drugs, the categorization of drug prices, pharmaceutical enterprises' marketing, and the government's supervision will also change accordingly.

Keywords: Hierarchical Medical System; Diseases Related to Groups; Total Amount Control; Supervision of Conducts

Abstract: After the No. 44 document being issued in 2015, an unprecedented reform based on innovation spread across the pharmaceutical industry in China. On one hand, 170000 marketed drugs on the market are undergoing the consistency evaluation; on the other hand, the adoption of MAH (Marketing Authorization Holder) unties the bond between drug approvals and drug manufacturing enterprises, keeps new drug manufacturing enterprises from entering the market, and improves the utilization rate of the industry's capacity.

Keywords: Consistency Evaluation; MAH (Marketing Authorization Holder); Pharmaceutical Industry

B. 4 Interpretation of Policies Related with Promoting the Development of Generic Drugs *Lai Shiqing* / 030

Abstract: This report provided a depth analysis on "Opinions on the Reform and Perfection of Policies on the Supply and Use of Generic Drugs". Starting with how to effectively guide the quality and ordered production of generic drugs, optimize the structure of the pharmaceutical industry, enhance the techniques related with generic drugs, perfect the protection of drugs' intellectual property rights, encourage the R&D of new drugs, clarify the paths of compulsory licensing for drug patents, and improve the efficacy of generic drugs, this report analyzed the key points of the above mentioned document: insist on encouraging both innovation and generics, and solve the problems of availability, efficacy and affordability. The aim is to facilitate our leap from a big pharmaceutical country to a strong one.

Keywords: Policy Interpretation; Generic Drugs; Guarantee the Supply; Policies on the Use

Abstract: The author of this report, Dr. Zhang Ziran analyzed how to lower drug prices through accelerating the development of ANDA. While the U. S. has great capacity for the R&D of drugs, it's still the biggest market of generic drugs in the world. According to the statistics of IMS, the global market of generic drugs had a scale of USD 160 trillion, in which the U. S. accounted for USD 50 trillion. Most of the currently marketed drugs (170000 drug approvals) in China are generic drugs, and China's market of generic drugs has a scale of nearly RMB 500 trillion.

Keywords: Generic Drugs; Consistency Evaluation; Drug Expenditures

Ⅲ Industry Development

Abstract: The data of listed companies is an important index reflecting the development of the industry. Based on the 2017' annual reports disclosed by 172 listed companies in the pharmaceutical industry, this report analyzed their revenue scale, profit level, investment in the R&D, market value scale, management measures, strategic layout, etc. , and summarized the status quo and future trend of the development of the pharmaceutical industry in China.

Keywords: Listed Companies; Pharmaceutical Industry; Strategic Layout

B. 7 Development Environment and Trends of the Pharmaceutical Industry in China

Tai Hanjun / 060

Abstract: The pharmaceutical industry is the most sensitive industry to the impact of policies. With the gradual implementation of a series of policies issued by the government in the last two years, the survival and development of the pharmaceutical industry have changed a lot. This report analyzed the new regulations and the policy environment and forecasted the huge change trend that would be brought to the industry.

Keywords: Priority Review; Consistency Evaluation; Two-Invoice System; National Drug Reimbursement List

B. 8 The Development Status Quo and Prospect of the Infusion Solutions Industry in China

Shi Jianhui / 093

Abstract: This report briefly introduced the main items of infusion solutions and the development status quo of the industry in China. It analyzed the currently existing problems and challenges they face. From a professional perspective, it suggested to rationalize the market order, adjust the competitive pattern, perfect the quality control, innovate packaging forms and speed up the pace of "going global", in order to promote the healthy and steady development of China's infusion solutions industry.

Keywords: Infusion Solutions; Items; Competitive Pattern

B. 9 The Overview of Classified Regulation on Prescribed Drugs and Over-the-Counter Drugs in China

China Nonprescription Medicines Association / 106

Abstract: This report reviewed the progress of implementing the classified regulation on drugs in China. Since the official implementation of "Classified Regulation Measures on Prescribed Drugs and Over-the-Counter Drugs" on January 1st, 2000, the OTC drugs market has been developing steadily. The public gained better knowledge and greater awareness of self-medication. Regarding some common diseases and non-severe diseases, the public can more conveniently obtain and use the OTC drugs approved by the government that are "safe to take, with definite efficacy and stable quality, and convenient to use", which reflects China's adoption of the international drug regulation models.

Keywords: Prescribed Drugs; Over-the-Counter Drugs; OTC; Self-Healthcare; Self-Medication

B. 10 The Sustainable Development of the Antibiotics Industry

DSM Sinochem Pharmaceuticals / 115

Abstract: It is conservatively estimated that 700000 people die from Antimicrobial Resistance (AMR) in the world each year. In 2050, the number will reach 10 million each year. This poses the problem of Antimicrobial Resistance (AMR) as the biggest threat to human beings. AMR is a natural phenomenon, but it is accelerated and spread by human behaviors, such as the poor sanitation, inadequate measures to prevent and control infection, the misuse of antibiotics, and pollution from drug production, international travels, food trade, etc.

According to "AMR Review", the supply chain releases an estimated 30000 - 70000 tons of antimicrobial active waste in the environment. The concentrations of some antibiotics found in public waters near Indian factories are thousands or tens of thousands of times higher than the normal standard, which makes antibiotic resistant bacteria the focus for researches. "AMR Review 2016" suggested to set the lowest standard as soon as possible in order to prevent the antibiotic waste from being emitted into the environment, and to strengthen monitoring, pointing out that the production of antibiotics and inadequate waste treatment are problems worth our particular concern.

As the producer of API for antibiotics, DSM Sinochem Pharmaceuticals is dedicated to the sustainable development. It replaces the traditional chemical processing with self-invented enzyme processing and becomes the first antibiotics manufacturing enterprise in the world to test the antibiotic active waste in its production waste.

Keywords: Antibiotics; Sustainable Development; DSM Sinochem Pharmaceuticals

Ⅳ Keynote Reports

Abstract: The oral solid dosages are still the most common dosages in the international drug markets because of their easy production, relatively higher cost-effectiveness and high acceptance of patients. It's predicted that the international oral solid dosage market will grow to USD 926. 3 trillion in 2027 from USD 493. 2 trillion in 2017, CAGR of which is 6. 5% . The highest sales data in the international drug markets also goes to oral solid dosages. This report introduced the major development trends of solid dosages in the world. More pharmaceutical enterprises are using cleaner, more flexible and more effective continuous production processes. It also analyzed the 21st century's latest progress on the development and application of new techniques for oral solid dosage production in the world.

Keywords: Oral Solid Dosage; Continuous Production Processes; Development and Application of Techniques

B. 12 The Introduction to the Synthetic Processes of Several Drugs and Pharmaceutical Intermediates

Zhang Lun / 134

Abstract: China is a big pharmaceutical manufacturing country in the world, not a strong one yet. Especially in production processes and synthetic technologies, there is still a big gap between the advanced international level and ours. In recent years, Chinese scientists and technicians improved the synthetic processes of many drugs and pharmaceutical intermediates and made quite a progress. This report introduced the new synthetic processes of several drugs and pharmaceutical intermediates.

Keywords: Drugs; Synthetic; Process

B. 13 The Introduction to Several New Preparations and New Dosage Forms Just Got Approved in Other Countries

Huang Shengyan / 143

Abstract: In 2017, the preparations got approved in other countries mainly include digital tablets, oral compound preparations, oral controlled release preparations, intravenous emulsions, micellar nanoparticles injections, antibody drug coupling (ADC) injections, compound drug injections, controlled release injections, etc. High-tech is strikingly applied to preparations. The first drug with digital receiving and tracking system could track patients and remind them to take drugs. Dosage forms which are difficult to produce, such as controlled release injections that would release the actives once a month or once every two years, micellar nanoparticles injections, and antibody drug coupling (ADC) injections, got approved in succession.

Keywords: Digital Tablets; Controlled Release Preparations; Micellar Nanoparticles

B. 14 Review of and Comment on Analgesics Developed and Approved *Xu Zhengkui* / 152

Abstract: 59 analgesics were developed and approved in the last 50 years, all of which are still in use with few new breakthroughs. This report analyzed the reasons from different perspectives.

Keywords: Analgesics; Nonsteroidal Anti-Inflammatory Drugs; Drug Targets; Opioids

B. 15 Parkinson's Disease and the R&D Progress of Its Medication *Zhang Xiao* / 161

Abstract: This report reviewed the history of humans' consistent fight with Parkinson's disease, a neurological disorder of middle-aged and elder people, in the last 200 years. Medication is still the primary means. The author analyzed the progress of medication and studied 10 major kinds of drugs for clinical use.

Keywords: Parkinson's Disease; Levodopa; Receptor Agonist; Ergotine

Abstract: This report analyzed the market trends of several drugs for Type 2 diabetes in clinical use.

Keywords: Acarbose; Voglibose; Miglitol; Melbine

V Technological Innovation

Abstract: From March 22 to 23, 2017, eight Chinese and foreign associations and chambers of commerce, including China Pharmaceutical Industry Association, held a forum to discuss the construction of new sustainable pharmaceutical ecosystem in China, to develop new means to promote pharmaceutical innovation in China, and support the early achievement of the general goal of "Healthy China 2030". The forum announced the *Declaration for Pharmaceutical Innovation*. Based on this declaration, multi-stakeholders will collaborate with each other and support each other to facilitate the construction of Healthy China and make greater contribution to pushing forward human civilization.

Keywords: Declaration; Healthy China 2030; Communication

Abstract: The main theme of China's pharmaceutical industry now is deepening the reform, integration and promotion, and innovation and development. This report analyzed the status quo of the development of China's pharmaceutical industry, and pointed out the industry's inadequacy in concentration, innovation ability, and the level of internationalization. It interpreted the development trend of the pharmaceutical reform under the guidance of various medical and health care reform policies. Meanwhile, it introduced measures and achievements of Shanghai Pharmaceuticals Holding Co. Ltd. in accelerating reform and innovation and cultivating and developing agency under new situations.

Keywords: Pharmaceutical Industry; Reform and Innovation; Shanghai Pharmaceuticals Holding Co. Ltd.

B. 19 Good News to Patients with Advanced Gastric Cancer: Introduction of Apatinib Mesylate Tablets

Jiangsu Hengrui Medicine Co. , Ltd. / 204

Abstract: Jiangsu Hengrui Medicine Co. , Ltd. invested a huge amount of money and spent 10 years in innovatively developing the new drug of category 1. 1—Apatinib Mesylate Tablets, which is the small molecule anti-angiogenesis targeting drug targeting VEGFR2, and also the first oral dosage proved to be safe and effective at the medication of advanced gastric cancer. The drug effectively addresses the clinical dilemma of patients of advanced gastric cancer with no drugs to use, and brings the hope of survival to them.

Keywords: Targeting; Advanced Gastric Cancer; Apatinib Mesylate Tablets

B. 20 The First Small Molecule Targeting Anti-Cancer Drug in China: Introduction of Icotinib Hydrochloride Tablets

Betta Pharmaceuticals Co. , Ltd. / 212

Abstract: Icotinib Hydrochloride Tablets (Conmana) are the small molecule targeting anti-cancer drug developed by Betta Pharmaceuticals Co. , Ltd. , which is used in the medication of advanced non-small cell lung cancer. Icotinib Hydrochloride has completely new chemical and crystalline structures, is an epidermal growth factor receptor (EGFR) tyrosine kinase inhibitor with high activity and high selectivity. Its compound structure and crystalline form patents were awarded the 14th and 16th China Patent Gold Awards respectively. China holds complete independent intellectual property right to this drug. It is widely used in clinical practice after entering the market and brings good news to patients with lung cancer.

Keywords: Targeting; Non-small Cell Lung Cancer; Patent

B. 21 "Pioneer of Innovative Drugs" in China: Introduction of Chidamide

Shenzhen Chipscreen BioS Co. , Ltd. / 215

Abstract: Chidamide is the first brand name anti-cancer drug in China, and is used to cure T-cell lymphoma (listed as a rare disease) . Chidamide's unique chemical structure of benzamides brings about high selectivity in targeting. It can induce and activate patients' own specific (CD8 + mediated CTL) and unspecific (NK-medicated CTL) anti-tumor cellular immunity, generating more lasting clinical effects and longer survival time.

Shenzhen Chipscreen BioS Co. , Ltd. is the first enterprise in China that got successful in the R&D of modern anti-cancer drug and got approved to pass the Green channel of CFDA.

Keywords: T-cell Lymphoma; Rare Disease; Targets

Abstract: Conbercept is so far the only innovative drug in China to be named by WHO, and is the symbolic achievement of the national "Major New Drug Innovation" special project within the "12th Five-Year Plan". It has been awarded as "One of the Top Ten Scientific Breakthroughs of Ophthalmology in China" and the "Innovative Drug with the Greatest Clinical Value". Conbercept is mainly used to cure wet age-related macular degeneration, and is the biologics of anti vascular endothelial growth factor (VEGF). This report described the history of Conbercept's R&D by Kanghong Pharmaceutical Group.

Keywords: Conbercept; Ophthalmology; VEGF

Ⅵ Green Pharmaceuticals

Abstract: This report analyzed the development of the pharmaceutical industry in China and the environmental pressure the API manufacturing enterprises now face. It introduced the promotion and guidance work both the Chinese government and industry associations have done to facilitate the green manufacturing of pharmaceutical enterprises in industry policy making and emission standard setting. It shared with the readers the pollution reduction measures at the source and the terminal pollution treatment technologies that Chinese pharmaceutical enterprises mainly use. This report also stated the key working direction of API manufacturing enterprises in constructing the green manufacturing system.

Keywords: API; Green Pharmaceuticals; Whole Process Control; North China Pharmaceutical

Abstract: With the continuous extension of the global medical market, the problem of environmental pollution becomes more and more serious. The environmental pollution caused by API manufacturing is an important problem waiting to be addressed. This report analyzed that the main reason of the pollution caused by the pharmaceutical industry was the process technologies, and the pollution was rooted in the out-dated and coarse process technologies. It pointed out the key in addressing the environmental protection problems of the pharmaceutical industry was to have the enterprises develop, introduce and use new technologies and new process technologies to improve the yield rate and reduce the raw material consumption, to eliminate the waste generated during the manufacturing process, but not passive treatment because of the supervision by the laws and regulations. This report analyzed the state and advantages of the development of green pharmaceutical technologies through classic cases, mainly introduced the flow chemistry technology developed by Asychem with advantages unmatched by traditional process technologies.

Keywords: Environmental Pollution; Green Chemical Technologies; Flow Chemistry Technology; Process Optimization

Ⅶ Credit Construction

B. 25 Speeding up the Construction of the Pharmaceutical Industry Credit System

Xie Weiping / 249

Abstract: This report reviewed a series of important documents about the social credit system construction released by the government since 2014, which covers various aspects, such as top-level design, infrastructure, practical guidance, etc. It pointed out that in the new era when the whole society is collectively pushing the credit system construction, as the organizers, leaders and promoters, pharmaceutical industry associations should try to explore ways and methods to construct the credit system, to contribute to the healthy and sustainable development of the pharmaceutical industry.

Keywords: Social Credit; Industry Credit Construction; Sharing of Credit Information; Incentive and Punishment Mechanism

B. 26 GSK China, Corporate Social Responsibility Report in 2018

Wang Ruimin, *Yu Suiqing* / 259

Abstract: GSK is one of the earliest multi-national pharmaceutical enterprises that entered China. With the gradual perfection and development of Chinese market economy, GSK constantly revises its own business philosophy, and integrates the social responsibilities enterprises should take into the development of the corporate, and have achieved considerable success.

Keywords: GSK China; CSR; Innovation

Ⅷ Regional Development

Abstract: The pharmaceutical industry in Jiangsu Province has a long history. Jiangsu is now a major pharmaceutical province, and has strategically shifted from quantity to quality, and from big to strong. In 2017, the pharmaceutical economy in Jiangsu ran well. The main business revenue of the pharmaceutical industry in the whole province was RMB 45. 9231 billion yuan, the profit was RMB 50. 988 billion yuan, and the export delivery value was RMB 36. 693 billion yuan. Jiangsu's pharmaceutical industry continues to push forward the industrial structure adjustment and opens its door wider to the outside. The pharmaceutical configuration is characterized by cluster development and is "one city with six districts". In this new age, Jiangsu's pharmaceutical industry will try to strengthen its endogenous driving force and speeds up its innovative development and internationalization process.

Keywords: Jiangsu; Pharmaceutical Industry; Structure Optimization; Innovative Development

Abstract: The pharmaceutical industry in Shandong Province has developed into an industry system with complete industrial categories that include drugs, medical devices, sanitary materials, medical packaging, pharmaceutical machinery, etc. Its major economic indicators remain at the top of the national list for 12 years in a row.

Keywords: API; Chemical Preparations; Shandong

Ⅸ International Cooperation

B. 29 Analysis of the Internationalization of China's Pharmaceutical Industry from 2017 to 2018

Abstract: In 2017, there was an increasing need in the international medical market, China's reform of the supply side had achieved initial success, the pharmaceutical industry had undergone further transformation and upgrade, enterprises had accelerated the internalization pace, there was steady increase in pharmaceutical export, imports continued to increase rapidly, and the capital operation was normalized. In 2018, the general international trade environment of medicine is improving; with the implementation of the "13th Five-Year" plans for the pharmaceutical industry, China's pharmaceutical industry will develop in the direction of being more orderly, with more high-tech component, more environmental-friendly, more energy-saving, with more added value and downward extension. It's estimated that in 2018, the international trade and investment of pharmaceuticals in China will continue to develop steadily.

Keywords: Pharmaceuticals Industry; Internationalization; International Trade

B. 30 The 2017 APEC Business Ethics for SMEs Forum

China Pharmaceutical Industry Association / 303

Abstract: From September 7 to 8, 2017, the 2017 APEC Business Ethics for SMEs Forum was held in Hanoi, Vietnam. About 200 participants attended the forum. The Executive President of China Pharmaceutical Industry Association, Mr. Pan Guangcheng, attended the forum and delivered keynote speeches.

Keywords: APEC; Business Ethics; Codes of Ethics; Pharmaceutical

B. 31 The Situation and Prospect of the Innovative Development of Multi-national Pharmaceutical Enterprises in China

R&D-based Pharmaceutical Association Committeeof China Association of Enterprises with Foreign Investment (*RDPAC*) / 311

Abstract: This report analyzed the development of multi-national pharmaceutical enterprises dedicated to establishing pharmaceutical R&D innovation centers that are based in China, serve the whole world, and have international competitiveness. According to RDPAC, its member enterprises now establish 31 R&D centers in China, and invest RMB 8 billion yuan a year, which account for 10% of their total revenue in China. The multi-national pharmaceutical enterprises introduce advanced countries' GMP into China, and take it as the standard to build drug manufacturing bases in China. Those enterprises also introduce advanced pharmacovigilance system into China, to analyze, evaluate, prevent and control all essentials that affect quality in the whole life cycle of drugs. Those multi-national enterprises firstly introduced ideas that brought about impact and conflict into China, then integrated innovative R&D, manufacturing and operating patterns into the pharmaceutical industry in China to help the domestic enterprises align with international standards, and developed with the whole industry. They become important partners in realizing the goals of "Healthy China" and improving the living standards of residents and patients.

Keywords: Multi-national Enterprises; Introducing Norms; Innovative Eco-system; Chinese Pharmacovigilance System

Abstract: On April 16th, China Pharmaceutical Industry Association and the European Federation of Pharmaceutical Industries and Associations co-held 2018 China/EU Pharmaceutical Industry Forum at Basel, Switzerland. The Chairman of Chang Zhou Si Yao Pharmaceuticals Co., Ltd., Mr. Tu Yongrui, delivered the keynote speech "EU-China Cooperation, Opening up the Future", introducing the development of China's pharmaceutical industry and the cooperation between China and EU in the pharmaceutical industry.

Keywords: Chinese Market; the Pharmaceutical Industry; Win-Win Cooperation

Abstract: At the invitation of Russian Ministry of Health, from June 25 to July 2, 2017, China Pharmaceutical Industry Association (CPIA) led a delegation of 15 members to visit Russia with the Senior Deputy President of CPIA, Mr. Zhang Mingyu as the delegation head. During this visit, the delegation had a deep communication with relevant organizations and pharmaceutical enterprises in Russia, and discussed the prospects of the cooperation.

Keywords: China-Russia Communication; International Cooperation; Exploring Markets

B. 34 Latest Trends of the Drug Market in Japan

Abstract: The Japanese society is undergoing an accelerating process of aging, which increases the need for drugs and the pressure of higher medical expenditures. Japanese policies preventing the medical expenditures from increasing too rapidly have great impact on pharmaceutical enterprises. How to reach a balance between protecting enterprises' benefits regarding reference listed drugs and controlling drug prices in order to lower the medical expenditures? The policy adjustment in Japan may be used for reference.

Keywords: Aging Society; Japan; Medical Expenditures

B. 35 Successful Practices of Kelun Group in Building Pharmaceutical Plants in Kazakhstan

Abstract: In responding to the initiative of "The Belt and Road", with the deepening of the cooperation in construction along the Silk Road Economic Belt, Kelun Group established KELU KAZ in Kazakhstan with the investment of USD 50 million. The first phase programs of its plastic bottle infusion line and anti-tumor liquid injection line constructed according to the EU GMP standards have had the production capacity. This project has been listed in Kazakhstan Industrial Development Supporting Plan and the plan of "2050 Development Strategies". It helps Kazakhstan train professionals and fills this country's gap in the pharmaceutical production.

Keywords: Kelun Group; KELU KAZ; Pharmaceutical Plants

X Appendices

皮书起源

“皮书”起源于十七、十八世纪的英国，主要指官方或社会组织正式发表的重要文件或报告，多以“白皮书”命名。在中国，“皮书”这一概念被社会广泛接受，并被成功运作、发展成为一种全新的出版形态，则源于中国社会科学院社会科学文献出版社。

皮书定义

皮书是对中国与世界发展状况和热点问题进行年度监测，以专业的角度、专家的视野和实证研究方法，针对某一领域或区域现状与发展态势展开分析和预测，具备原创性、实证性、专业性、连续性、前沿性、时效性等特点的公开出版物，由一系列权威研究报告组成。

皮书作者

皮书系列的作者以中国社会科学院、著名高校、地方社会科学院的研究人员为主，多为国内一流研究机构的权威专家学者，他们的看法和观点代表了学界对中国与世界的现实和未来最高水平的解读与分析。

皮书荣誉

皮书系列已成为社会科学文献出版社的著名图书品牌和中国社会科学院的知名学术品牌。2016 年，皮书系列正式列入“十三五”国家重点出版规划项目；2013~2018 年，重点皮书列入中国社会科学院承担的国家哲学社会科学创新工程项目；2018 年，59 种院外皮书使用“中国社会科学院创新工程学术出版项目”标识。

权威报告·一手数据·特色资源

皮书数据库

ANNUAL REPORT(YEARBOOK) DATABASE

当代中国经济与社会发展高端智库平台

所获荣誉

- 2016年，入选“‘十三五’国家重点电子出版物出版规划骨干工程”
- 2015年，荣获“搜索中国正能量 点赞2015”“创新中国科技创新奖”
- 2013年，荣获“中国出版政府奖·网络出版物奖”提名奖
- 连续多年荣获中国数字出版博览会“数字出版·优秀品牌”奖

成为会员

通过网址www.pishu.com.cn访问皮书数据库网站或下载皮书数据库APP，进行手机号码验证或邮箱验证即可成为皮书数据库会员。

会员福利

- 使用手机号码首次注册的会员，账号自动充值100元体验金，可直接购买和查看数据库内容（仅限PC端）。
- 已注册用户购书后可免费获赠100元皮书数据库充值卡。刮开充值卡涂层获取充值密码，登录并进入“会员中心”—“在线充值”—“充值卡充值”，充值成功后即可购买和查看数据库内容（仅限PC端）。
- 会员福利最终解释权归社会科学文献出版社所有。

社会科学文献出版社 SOCIAL SCIENCES ACADEMIC PRESS (CHINA) 皮书系列

卡号：438516838156

密码：

数据库服务热线：400-008-6695

数据库服务QQ：2475522410

数据库服务邮箱：database@ssap.cn

图书销售热线：010-59367070/7028

图书服务QQ：1265056568

图书服务邮箱：duzhe@ssap.cn

中国社会发展数据库（下设12个子库）

全面整合国内外中国社会发展研究成果，汇聚独家统计数据、深度分析报告，涉及社会、人口、政治、教育、法律等12个领域，为了解中国社会发展动态、跟踪社会核心热点、分析社会发展趋势提供一站式资源搜索和数据分析与挖掘服务。

中国经济发展数据库（下设12个子库）

基于“皮书系列”中涉及中国经济发展的研究资料构建，内容涵盖宏观经济、农业经济、工业经济、产业经济等12个重点经济领域，为实时掌控经济运行态势、把握经济发展规律、洞察经济形势、进行经济决策提供参考和依据。

中国行业发展数据库（下设17个子库）

以中国国民经济行业分类为依据，覆盖金融业、旅游、医疗卫生、交通运输、能源矿产等100多个行业，跟踪分析国民经济相关行业市场运行状况和政策导向，汇集行业发展前沿资讯，为投资、从业及各种经济决策提供理论基础和实践指导。

中国区域发展数据库（下设6个子库）

对中国特定区域内的经济、社会、文化等领域现状与发展情况进行深度分析和预测，研究层级至县及县以下行政区，涉及地区、区域经济体、城市、农村等不同维度。为地方经济社会宏观态势研究、发展经验研究、案例分析提供数据服务。

中国文化传媒数据库（下设18个子库）

汇聚文化传媒领域专家观点、热点资讯，梳理国内外中国文化发展相关学术研究成果、一手统计数据，涵盖文化产业、新闻传播、电影娱乐、文学艺术、群众文化等18个重点研究领域。为文化传媒研究提供相关数据、研究报告和综合分析服务。

世界经济与国际关系数据库（下设6个子库）

立足“皮书系列”世界经济、国际关系相关学术资源，整合世界经济、国际政治、世界文化与科技、全球性问题、国际组织与国际法、区域研究6大领域研究成果，为世界经济与国际关系研究提供全方位数据分析，为决策和形势研判提供参考。

法律声明